포스트휴머니즘과 교육의 미래

★ ★ ★ ★ ★

Posthumanism and the Future of Education

포스트휴머니즘과 교육의 미래

박휴용

전북대학교출판문화원

포스트휴머니즘과 교육의 미래

지은이 박휴용
펴낸이 김동원
펴낸곳 전북대학교출판문화원

초판 1쇄 발행 2019. 9. 30.
초판 2쇄 발행 2020. 8. 15.

전북대학교출판문화원 전라북도 전주시 완산구 어진길 32 (풍남동2가)
전화 (063) 219-5321~2
FAX (063) 219-5323
출판등록 2012년 8월 20일 제465-2012-000021호

값 18,000원

ISBN 979-11-6372-039-3 93370

이 도서의 국립중앙도서관 출판예정도서목록(CIP)은 서지정보유통지원시스템 홈페이지(http://seoji.nl.go.kr)와 국가자료종합목록 구축시스템(http://kolis-net.nl.go.kr)에서 이용하실 수 있습니다. (CIP제어번호 : CIP2019026893)

서문

20세기 후반부를 주도했던 가장 대표적인 인문사회학적 담론이 포스트모더니즘이었다면 21세기를 설명하는 가장 적절한 인문사회학적 담론은 포스트휴머니즘posthumanism이 될 것이다. 사실 우리나라에서 최근 몇 년 전부터 대중적 관심을 끌고 있는 4차 산업혁명도 과학기술 및 산업의 측면에 초점이 맞춰진 것으로 이에 대한 인문사회학적 대응을 위해서는 포스트휴머니즘에 대한 이해가 필요하다. 즉, 4차 산업혁명은 결국 포스트휴먼적 조건을 가져오게 될 것이고, 그에 따라 포스트휴먼적 인간의 등장을 어떻게 이해할 것이며, 미래의 포스트휴먼적 존재들을 위해서는 어떤 교육이 필요할 것인가에 대해 논의해야 한다는 것이다. 이 책은 바로 이러한 목적에서 출발하였으며, 『포스트휴머니즘과 교육의 미래』라는 제목이 선택되었다.

독자들의 포스트휴머니즘에 대한 이해를 돕기 위해 본 서문에서는 포스트휴머니즘의 범주, 갈래, 이론적 기반, 지향성, 관점들, 그리고 핵심 주장들에 대해 일반인들이 궁금해할 가상적 질문들을 제시하고 그에 대한 저자의 생각을 간단히 제시함으로써 이 책에서 다루어지게 될 핵심 내용과 주장들에 대한 실루엣을 제공하고자 한다. 이 질문들과 답변은 특별한 순서로 구조화되어 있지 않고 저자의 머릿속에 떠오르는 대로 작성된 것이다.

1) 포스트휴머니즘은 휴머니즘과 어떤 차이가 있는가?

포스트휴머니즘은 과거의 휴머니즘에 대한 반성적 성찰을 통해서 휴머니즘이 갖고 있었던 이념적 한계를 극복하고 앞으로 더욱 두드러지게 전개될 기술 중심 사회에 적극적으로 대비하기 위한 존재인식론적(onto-epistemological) · 윤리적 · 기술적 이론들을 포괄하는 일원론적 철학(세계관)이다. 아울러 포스트휴머니즘은 기존의 휴머니즘이 표방하는 인본주의적 윤리와 가치들(자유, 정의, 인권, 독립성, 주체성 등) 자체에 대해서는 부정하지 않지만 휴머니즘의 기원과 그 발전 과정에서의 이념적 한계들을 분명히 지적하고 있다. 즉, 휴머니즘은 단순한 인간존중 사상이 아니라 대부분 유럽의 백인 남성 귀족 출신의 (교육받은) 엘리트 계층의 세계관에 기반하여 세상을 인간과 비인간적 존재들이라는 이원적 대립 구도로 설정하여 해석해왔던 인류중심주의(anthropocentrism) 및 인간예외주의(human exceptionalism)의 이념을 밑바탕에 깔고 있다는 것이다. 그러므로 포스트휴머니즘은 그러한 인간중심주의에서 벗어나서 인간을 우주적 공동체 속의 하나의 구성원으로서, 다른 존재들과 생태적인 공생관계를 맺어나가야 한다는 개방적 정치철학의 성격을 갖는다.

2) 포스트휴머니즘은 트랜스휴머니즘과 어떤 차이가 있는가?

최근의 과학기술 발전이 가져올 긍정적 미래에 대해 몇몇 기술중심주의자들(보스트롬(N. Bostrom), 피어스(D. Pearce), 커츠와일(R. Kurzweil) 등)의 낙관론적 전망이 바로 기술의 발전에 기반한 인간 증진에 초점을 맞춘 트랜스휴머니즘transhumanism이다. 포스트휴머니즘은 이러한 트랜스휴머니즘을 포함하여 '인간 증진'을 위한 기술의존성에만 관심이 있는 것이 아니라 휴머니즘에 대한 반성, 미래의 포스트휴먼적 환경에 대한 대비, 그리고 인간과 기계가 공존하게 될 사회에 대한 비판적 성찰을 모두 포괄하는 철학적 운동이다.

3) 포스트휴머니즘은 인간과 자연, 그리고 기계 문명 간의 관계성에 대해 구체적으로 어떤 입장을 취하는가?

포스트휴머니즘은 인간을 다른 모든 자연적·기술적 존재들, 즉 동물, 식물, 물질, 에너지, 그리고 도구 및 기계들과 수평적인 관계성을 지닌 존재로 간주한다. 즉 기존의 데카르트 이원론(사고하는 주체로서의 마음과 사고의 대상으로서의 신체, 자연 및 물질들의 구별)적 사유체계에서 벗어나서 마음과 신체, 정신과 물질, 인간과 자연(동식물), 인간과 기계(사이보그, 인공지능, 로봇 등) 사이에 근본적인 차이가 존재하지 않는다고 본다. 이러한 포스트휴머니즘적 세계관을 구체적으로 설명하는 이론들로 신물질주의(New materialism), 행위자-망이론(Actor-Network Theory), 객체지향존재론(Object Oriented Ontology), 그리고 포스트현상학(Post-phenomenology) 등이 있다. 요컨대 포스트휴머니즘은 인간은 자연적 진화 과정 속에서 유인원들 보다 더 진화되었고, 오늘날 과학기술 문명의 발전 과정 속에서 새롭게 등장하게 된 기술적 존재들(사이보그, 인공지능, 로봇들)로 나아가게 되는 중간 단계에 있는 존재라고 본다.

4) 미래의 기술 중심 사회에서 인간과 기계들의 관계성은 어떻게 설정될 것인가?

포스트휴머니즘은 과학기술 문명이 시간이 지날수록 더욱 발전되어갈 수밖에 없다는 사실은 인정한다. 하지만 그러한 미래가 트랜스휴머니스트들이 주장하듯 인간이 기계에 전적으로 의존하게 될 것이며 그러한 기술의 발전이 인류의 모든 문제를 자연스럽게 해결해줄 것이라고 기대하지는 않는다. 다만 점점 미래의 사회에서 기계 및 도구들이 차지하게 될 영역과 역할이 커지게 되고 당분간 인간과 기계가 공존하게 될 때 인간이 그러한 포스트휴먼적 삶의 조건들 속에서 어떤 존재로 살아가야 할 것인지에 대해 비판적인 성찰을 통해 희망적 비전을 수립하고자 한다. 이때 인간이 주도권을 갖게 될 것인지, 기계에게 주도권을 내어주게 될 것인지의 문제가 남을 것이며, 이를 논의하기 위해서는 기술적 질문이 아니라 윤리철학적 질문이 요구될 것이다.

5) 포스트휴머니즘은 기존의 생태주의적 관점과 어떤 차이가 있는가?

포스트휴머니즘의 철학에 영향을 미친 이론에는 생태주의페미니즘(eco-feminism), 후기구조주의(post-structuralist)적 비판이론, 스피노자Spinoza의 일원론(Monoism), 화이트헤드Whitehead의 과정철학(process philosophy), 그리고 후기 현상학 등이 있다. 여기서 생태주의는 포스트휴머니즘에 중요한 기여를 하고 있는데 인간과 자연의 불가분리성, 인간과 자연의 공생, 생태적 지속 가능성의 강조 등을 통해 생태주의적 관점을 공유한다. 다만 포스트휴머니즘은 이러한 '유기체적' 생태주의에서 더 나아가 유기물(자연생명체)과 무기물(기계 및 도구)을 모두 포괄하는 기계적 혹은 기술적 생태주의를 강조한다. 즉, 인간은 도구와 함께 진화해 온 존재로서 인간이 개발하게 될 미래의 기계적 도구들도 인간의 한 측면이자 자연의 일부로써 이 모든 존재는 동등한 위치에서 상호의존적 관계성을 맺으며 작동하게 될 것이라고 본다. 이를 설명하는 이론이 바로 객체지향존재론이다. 객체지향존재론은 한마디로 인간만이 주체이고 다른 모든 존재는 객체로 인간의 필요에 의해 사용되고 소모되는 것이 아니라, 모든 존재를 동등한 객체이자 능동성(agency)을 가진 주체로 간주하는 관점이다.

6) 포스트휴머니즘은 인본주의적 가치를 대신하여 어떤 교육적 가치를 강조하는가?

포스트휴머니즘은 유럽의 인종주의적 편견을 기반으로 출발하였고 성, 인종, 이성적 능력, 교육 여부에 따라 인간을 차별적으로 대해왔던 인본주의에 대해 비판하고 있다. 그 비판의 핵심은 인본주의의 핵심 개념들인 주체성, 존엄성, 인권, 이성, 자유, 평등관 등이 계급적·성적·인종적·능력주의적 관점에 기반한 차별적 인간관에 기초하고 있다는 것이다. 이에 반해 포스트휴머니즘은 모든 인간이 평등할 뿐 아니라 모든 자연 속의 존재도 인간과 똑같이 의미 있고 필요한 존재라는 생태주의적 가치관과 종-교차적(cross-species) 소통을 주장한다. 예를 들어 동물의 권리와 주체성을 존중하고, 지구 생태계의 물질·에너지·환경을 보존하고, 인간이 만들어낸 도구나 사물들의 능동성과 상호의존성을 중시한다. 요약하자면 자연 생태계 속에서의 인간의 역할과 기술 중심 사회에서의 인간과 기술의 상호의존성에 대한 비판적 이해를 가르치며, 이러한 교육을 위한 지식의 성격도 네트워크적, 관계적, 그리고 개별적이 아닌 집단적 지식의 성격과 역할을 강조하게 된다.

7) 포스트휴먼적 사회가 도래한다면, 인공지능이 인간의 역할과 자리를 완전히 대체할 것인가?

인공지능은 시간이 갈수록 급속히 발전해갈 것이며 기능적으로는 지금까지 인간이 수행해왔던 거의 모든 일을 대체할 수 있을 정도로 발전할 것이다. 문제는 그러한 조건 속에서 인간과 기계(인공지능)의 관계성과 인간의 역할을 어떻게 설정할 것인가이다. 트랜스휴머니스트들은 이에 대한 낙관적 전망을 바탕으로 각종 나노·생체·정보·인지(NBIC, Nano-Bio-Info-Cogno) 공학 기술을 바탕으로 인간 증진과 생명 연장이 이루어져서 인간은 기계에 의존하여 오랫동안 여유로운 삶을 향유하게 될 것이라고 믿는다. 하지만 비판적 포스트휴머니스트들은 그러한 기술 중심 사회에서 인간의 위상과 역할은 기술 자체의 발전에 의해서 해결될 수 있는 것이 아니라 기계에 대한 통제 여부와 더불어 인간 사회의 위계적 구조 및 권력 차이의 문제를 정치사회적으로 해결할 수 있어야 한다고 믿는다. 즉, 인공지능은 기술적(기능적)으로는 인간의 역할을 완전히 대체할 수 있지만 그러한 대체가 인류 사회의 구조 및 관계성에 어떤 결과를 가져올 것이며, 또한 자연 생태계에 어떤 영향을 미칠 것인가를 동시에 고려하면서 인간과 기계의 관계성을 수립해나가야 할 문제라고 판단한다.

8) 트랜스휴먼적 기술들은 인간을 불로장생하게 만들 수 있을까?

이미 인공지능은 인간만의 전유물이라고 여겨졌던 고차원적이며 창의적인 수준의 사고까지 프로그램에 의해서가 아니라 자발적 학습(예: Deep Learning)으로 수행할수 있을 정도로 발달하고 있다. 현재 최신 인지공학적 연구들은 인간의 두뇌보다 훨씬 뛰어난 사고를 수행할 수 있는 인공두뇌나 인지적 보철물(cognitive prosthetics), 그리고 생명공학과 전산공학을 결합한 퀀텀 매커닉스 브레인Quantum Mechanics Brain의 개발을 시도하고 있다. 또한 2014년 개봉된 〈초월(Transcendence)〉이라는 영화에서 잘 묘사되었듯이 과학자들은 인간의 의식을 디지털화하여 자의식(주체성)을 가진 인공지능의 형태로 전산망 속에서 영원히 존재하게 하는 기술의 개발을 시도하고 있다. 아울러 유전공학 기술들은 노화 방지, 피부 재생, 면역기능 개선 등의 유전자들을 발견 및 조작하여 생명 연장을 위한 기술 개발에 몰두하고 있다. 포스트휴머니즘은 이러한 미래의 기술적 시나리오의 가능성 여부보다는 그러한 기술들로 인한 인간 조건의 변화와 인간성이라는 의미의 변화, 그리고 지구적 생태계의 변화 방향에 더 큰 관심을 둔다. 즉, 인간 불로장생 기술들이 과연 누구를 위해 그리고 무엇을 위해 필요할 것인가라는 논의를 비판적 관점에서 제시하고 있다.

9) 포스트휴먼적 존재로서 인간의 지식과 학습의 성격은 어떻게 변할 것인가?

포스트휴머니즘은 지금까지의 지식과 학습의 성격은 순전히 인본주의적 관점에서 이루어진 것이었다고 본다. 행동주의, 인지주의, 구성주의 등의 20세기 주요 학습이론들은 모두 학습자를 이성과 합리적 사고를 가진 독립적이고 자율적이며 자기주도적인 존재로서 간주하였다. 이는 학습이나 사고를 본질적으로 개별 인간의 두뇌 속에서 이루어지는 현상으로 간주하는 개인주의 심리학의 전제하에 이루어진 근대주의적 관념이다. 사실 인간이 본질적으로 개별적 존재가 아니라 집단적·공동체적·관계적 존재일 수도 있지만 근대성(modernism), 계몽주의, 그리고 과학주의의 관념은 인간을 자연과 분리시키면서 자연을 분석의 대상으로, 인간을 독립적 사유 주체로 부각시켰다. 대신 포스트휴머니즘적 학습은 "다양한 학습의 주체들이 온라인 네트워크 상에서 동등한 지위와 역할을 가지고 가상과 현실을 넘나들며 이루어지는 집단적이고 분산적인 교류에 의해 이루어지는 학습"이라고 정의할 수 있다. 그리고 학습자는 순수한 '이성적 존재'가 아니라 사이보그 혹은 바이오로이드적인 존재로서 '기억의 외장화'를 활용하여 네트워크 속에서 여러 존재와 정보를 교류함으로써 문제 해결을 시도하는 존재라고 이해할 수 있을 것이다. 이 책에서는 이를 사회물질적 학습이론의 패러다임으로 부르고, 포스트현상학의 이론 등을 바탕으로 뉴미디어적 환경에서의 학습 양상들을 사례로 들어 논의할 것이다.

10) 포스트휴먼적 사회 혹은 기술 중심 사회의 도래는 인류의 진보일까 퇴보일까?

문명은 본질적으로 진보하는 속성을 가지고 있으므로 인류의 기술적 문명은 끝없이 진보할 것이지만 그러한 진보가 어떤 결과를 가져올지는 아무도 예측할 수 없다. 여기서 '문명의 결과'에 대한 판단은 윤리적이고 가치론적인 기준에 의해 내려지기 때문에 그러한 문명의 발달이 '어떤 존재에게' '어떤 의미에서' 진보 혹은 퇴보일까에 대해 숙고해야 한다. 예를 들어 오늘날 지구환경은 인류에 의해 문명화가 되었지만 그 결과 동물의 멸종, 지구온난화, 환경재앙, 에너지 고갈과 같은 파국적 수준의 전 지구적 위기를 초래하였다. 분명한 것은 미래의 기술 중심 사회에 대한 가치판단에 있어서 포스트휴머니즘은 그 판단의 기준이 기존의 인본주의적 관점과는 다른 기준을 설정하게 되리라는 것이다. 따라서 위 질문은 다음과 같이 다시금 제시되어야 한다. "포스트휴먼적 사회의 도래는 지구의 모든 존재들을 위한 것인가?" 그리고 "그러한 미래를 만들기 위해서는 우리(인간, 동물, 기계, 자연의 능동자들)가 어떻게 해야 할 것인가?"

이 책에서 다루는 내용들은 위와 같은 질문들에 대한 보다 자세한 대답과 논의를 때로는 학술적, 때로는 대중적 설명을 바탕으로 시도하고 있다. 저자는 교육학을 연구하는 학자이자 대학의 선생으로서 최근 포스트휴머니즘이 오늘날의 시대정신으로 매우 중요한 학문적·사회적 의미를 갖는다고 느끼며 공부를 시작하게 되었다. 이 책의 내용은 포스트휴머니즘에 대한 저자의 이해를 정리해 놓은 것으로서, 앞으로 이 책을 통해 포스트휴머니즘에 대한 학계와 대중의 활발한 논의가 이어지기를 기대해 본다.

2019년 5월 18일

전주 서재에서 저자가

| 목차 |

서문 ·5
개관 ·16

제1부 포스트휴먼 시대의 인간 이해

제1장 포스트휴머니즘이란 무엇인가? ·23
1. 포스트휴먼적 인간의 등장 ·23
2. 포스트휴머니즘의 개념 및 성격 ·30
3. 포스트휴머니즘을 보는 다양한 시각들 ·41

제2장 기술적 환경의 변화와 포스트휴먼의 등장 ·64
1. 포스트휴먼적 환경의 변화 ·64
2. 포스트휴먼의 존재론적 변화: 인간-기계 공생체 ·73
3. 포스트휴먼의 인식론적 변화: 인공두뇌의 탄생 ·81

제3장 포스트휴머니즘에 기반한 문화의 재해석 ·94
1. 포스트휴먼적 존재론의 다문화주의적 함의 ·94
2. 포스트휴먼적 인식론의 다문화주의적 함의 ·109
3. 포스트휴머니즘의 가치론적 성찰과 다문화주의 ·121
4. 결론 ·130

제2부 포스트휴먼 시대 지식의 의미

제4장 포스트휴머니즘의 인식론 ·137
1. 포스트휴먼적 지식이란 무엇인가? ·137
2. 포스트휴머니즘의 존재·인식론적 기반 ·154
3. 포스트휴머니즘에 대한 비판적 인식론 ·164

제5장 포스트휴먼적 학문 탐구 ·175
1. 포스트휴먼적 연구의 핵심 관점: 반인본주의 ·175
2. 포스트휴먼적 지식의 성격 ·178
3. 포스트휴먼적 연구의 주요 방향: 비대표성과 생기론 ·181

4. 포스트-질적(post-qualitative) 탐구 • 185
5. 포스트휴먼적 연구의 예: 디자인 연구 • 190

제6장 포스트휴먼 시대의 노동과 직업 • 197
1. 포스트휴먼 시대의 노동의 의미 • 197
2. 미래 직업의 변화 양상 • 207
3. 포스트휴먼 시대의 직업교육 • 218

제3부 포스트휴먼 시대의 학교교육

제7장 포스트휴먼 시대의 학습의 변화 • 234
1. 포스트휴먼적 학습의 기반 • 235
2. 포스트휴먼적 학습이론의 패러다임 • 247
3. 결론 • 261

제8장 포스트휴먼을 어떻게 가르칠 것인가? • 264
1. 포스트휴먼 시대의 교육의 목표와 방향 • 264
2. 포스트휴머니즘 교육의 핵심 원리 • 270
3. 포스트휴먼 시대의 교과 교육: 예술 교육의 사례 • 276

제9장 포스트휴먼 시대의 학교교육의 성격과 교사전문성 • 284
1. 포스트휴먼적 학교교육은 어떻게 변화할 것인가? • 285
2. 포스트휴먼 시대의 교사전문성 • 297
3. 결론 • 311

제10장 포스트휴먼 시대의 미래교육의 방향과 대응 • 314
1. 포스트휴먼 교육의 방향 • 314
2. 포스트휴먼 시대를 준비하기 위한 교육적 대응 • 322
3. 학교교육의 변화 사례 • 330

나가는 말 - 포스트휴먼 시대를 대비한 교육적 체화 • 340

참고문헌 347
그림/표 목차 368
색인 369

개관

최근 4차 산업혁명이란 용어가 시대적 화두가 되면서 포스트휴머니즘이란 철학적 관점이 새롭게 학계와 사회의 조명을 받고 있다. 이 책은 이러한 '포스트휴머니즘'의 개념을 중심으로 포스트휴먼 시대를 맞이하여 교육의 성격과 방향이 어떻게 변해야 할 것인가에 대해 철학적 사유의 세 가지 갈래에 따라 인간에 대한 이해(존재론), 지식에 대한 이해(인식론), 그리고 학교교육의 역할(가치론 및 방법론)의 차원에서 논의하고자 하였다. 이러한 목적을 바탕으로 이 책은 포스트휴먼 시대를 맞이하여 새롭게 등장한 포스트휴먼적 인간을 어떻게 이해할 것인가, 포스트휴먼적 사회에서 지식과 정보는 어떤 성격을 띨 것인가, 그리고 포스트휴먼적 시대에서의 학교교육의 방향은 어떻게 설정되어야 할 것인가의 세 가지 내용(3부)을 중심으로 엮어진 총 10개의 장으로 구성되어 있다. 각 장에서 다룬 주요한 내용들은 다음과 같다.

[제1부] 포스트휴먼 시대의 인간 이해는 「1장. 포스트휴머니즘이란 무엇인가?」, 「2장. 기술적 환경의 변화와 포스트휴먼의 등장」, 그리고 「3장. 포스트휴머니즘에 기반한 문화의 재해석」으로 이루어져 있다.

먼저 「1장. 포스트휴머니즘이란 무엇인가?」에서는 이 책의 주제인 포스트휴머니즘의 등장을 알리는 징후들과 그러한 상황에서 인간의 특성이 어떻게 변하고 있는지에 대해 다루고 있다. 아울러 포스트휴머니즘의 개념과 그 성격을 정리하고, 포스트휴머니즘의 여러 이론적 갈래들과 그에 따른 다양한 관점들과 쟁점들을 전반적으로 정리하여 소개함으로써 포스트휴머니즘의 가능성과 한계점들을 논의하였다. 다음으로 「2장. 기술적 환경의 변화와 포스트휴먼의 등장」에서는 포스트휴먼적 환경이 사회적, 기술적으로 어떻게 변하고 있으며 그에 따라 등장하게 된 '포스트휴먼'적 존재가 된다는 것이 무엇인지 논의하였으며, 첨단 신경과학과 컴퓨터 기술을 바탕으로 한 인공지능 기술들이 과연 '인간처럼 생각하는' 두뇌를 창조할 수 있을 것인지에 대해 논의하였다. 마지막으로 「3장. 포스트휴머니즘에 기반한 문화의 재해석」에서는 포스트휴먼적 존재의 등장이 기존의 인간관과 존재론에 어떤 새로운 도전을 제시하고 있으며, 휴머니즘에서 벗어나는 어떤 새로운 사고와 윤리관을 요구하는지를 다문화주의를 사례로 논의하였다. 본 장의 내용은 박휴용(2018b), 「포스트휴먼 시대를 위한 다문화주의의 비판적 재고찰」, 『다문화교육연구』의 내용을 재구성한 것이다.

[제2부] 포스트휴먼 시대의 지식의 의미는 「4장. 포스트휴머니즘의 인식론」, 「5장. 포스트휴먼적 학문 탐구」, 그리고 「6장. 포스트휴먼 시대의 노동과 직업」으로 이루어져 있다.

우선 「4장. 포스트휴머니즘의 인식론」에서는 포스트휴먼적 지식이 무엇인지 살펴보고, 포스트휴머니즘적 존재인식론의 기반이 되는 세 가지 대표적 이론인 객체지향존재론, 행위자-망이론, 비대표성이론에 대해 설명하고, 끝으로 포스트휴머니즘에 대한 본 저자의 관점인 비판적 포스트휴머니즘에 대해 논의하고 있다. 이어서 「5장. 포스트휴먼적 학문 탐구」에서는 포스트휴머니즘적 연구와 지식의 성격이 무엇인지를 비대표성이론과 생기론을 중심으로 설명하였으며 그 대표적 연구접근인 포스트-질적 탐구에 대해 소개하고, 포스트휴먼적 디자인 연구를 그 한 가지 사례로 소개하였다. 본 장의 내용은 박휴용(2019c), 「포스트휴머니즘적 존재인식론에 기반한 질적 연구의 성격과 방법」, 『교육혁신연구』에 실린 내용을 일부 포함하고 있다. 마지막 「6장. 포스트휴먼 시대의 노동과 직업」에서는 포스트휴먼 시대에서 노동은 어떤 성격을 띠게 될 것이며 직업의 성격과 형태가 어떻게 변할 것인지에 대해 논의하였고, 이에 대비한 미래 대학교육 및 직업교육의 방향에 대해 논의하였다.

[제3부] 포스트휴먼 시대의 학교교육은 「7장. 포스트휴먼 시대의 학습의 변화」, 「8장. 포스트휴먼을 어떻게 가르칠 것인가?」, 「9장. 포스트휴먼 시대의 학교교육의 성격과 교사전문성」, 마지막으로, 「10장. 포스트휴먼 시대의 미래교육의 성격과 방향」으로 구성되어 있다.

먼저 「7장. 포스트휴먼 시대의 학습의 변화」에서는 포스트휴먼적 학습이란 무엇인지와 포스트휴먼적 학습은 어떤 성격과 형태들을 갖게 될 것인지를 포스트휴먼적 학습이론의 패러다임 변화 차원에서 논의하였다. 본 장의 내용은 박휴용(2019a), 「포스트휴먼 시대 학습자의 존재론적 이해와 학습이론 패러다임의 변화」, 『교육방법연구』의 내용을 재구성한 것이다. 이를 바탕으로 「8장. 포스트휴먼을 어떻게 가르칠 것인가?」에서는 포스트휴먼 시대의 교육의 방향과 내용 그리고 중요한 핵심원리들에 대해 설명한 후, 예술 교육의 접근과 방향성을 그 하나의 사례로서 논의하였다. 아울러 「9장. 포스트휴먼 시대의 학교교육의 성격과 교사전문성」에서는 포스트휴먼적 학교교육의 변화에 대처하기 위한 교사전문성의 성격과 역할이 무엇인지 논의하고 그 핵심 요인을 제시하였다. 본 장의 내용은 박휴용(2019b), 「포스트휴먼 시대의 학교교육의 성격과 교사전문성의 방향」, 『교육철학연구』의 내용을 재구성한 것이다. 이 책의 마지막 장인 「10장. 포스트휴먼 시대의 미래교육의 방향과 대응」에서는 지금까지의 논의를 바탕으로 포스트휴먼 교육의 전반적 방향과 그에 대한 교육적 대응, 그리고 학교교육의 변화 방향을 보다 현실적이고 구체적인 몇 가지 사례를 통해서 논의하였다.

이 책을 통해 저자가 주장하고자 하는 바는 단순히 휴머니즘을 거부하거나 비판하고자 하는 것이 아니라 미래에 필연적으로 도래할 기술 중심 사회에서 휴머니즘의 가치와 신조가 어떻게 변화할 것이며 그에 따라 지식과 교육에 대한 관점도 어떻게 변해야만 하는가에 대해 학계와 사회의 논의와 관점의 변화를 촉발시키고자 한 것이다. 따라서 이 책의 논의에는 포스트휴머니즘의 여러 갈래들 중에서 반휴머니즘(antihumanism), 즉 전통적 인본주의가 상정하는 인간성 및 인간의 조건에 대한 비판적 성찰(Childers, 1995)을 넘어서서 철학적 포스트휴머니즘(인간 주체들과 관련된 윤리 문제에 집중: Miah, 2008)과 문화적 포스트휴머니즘(인간의 주체성과 신체화, 그리고 인간 본성에 대한 인본주의와 그 유산들에 대한 비판에 집중: Esposito, 2011)을 중심으로 하되 트랜스휴머니즘(transhumanism: 과학기술의 발전을 바탕으로 기계와 인간이 혼합된 사이보그적 미래 환경과 그에 따른 인간 존재에 대한 논의에 집중: Bostrom, 2003)적 조건과 전망들에 대한 논의도 일부 포함되어 있다. 하지만 궁극적으로 이 책은 이러한 모든 관점들을 포괄적으로 수용한 후, 비판적인 논의를 거쳐 보다 창조적인 대안을 제시하는 차원인 비판적 포스트휴머니즘의 관점(Braidotti, 2006, 2009, 2011, 2013a, 2013b, 2016)을 기반으로 하고 있다.

요컨대 이 책은 이러한 포스트휴먼적 시대로의 변화가 인류의 미래에 어떤 영향을 미치게 될 것이며 그에 따라 인간 존재의 의미, 지식과 정보의 성격, 그리고 교육의 역할과 방향은 어떻게 달라질 것인지에 대한 종합적인 전망이자 대안적 논의가 될 것이다.

제1부

포스트휴먼 시대의 인간 이해

제1장

포스트휴머니즘이란 무엇인가?

1. 포스트휴먼적 인간의 등장

1) 포스트휴머니즘 등장의 징후들

포스트휴머니즘의 등장을 보여주는 여러 가지 사례들이 있지만 대표적으로 다음 세 가지 이야기를 통해 포스트휴머니즘이 어떤 현상인지 생각해보자.

사례 1: 뉴질랜드의 왕가누이(Wanganui) 강은 정부로부터 인간과 동일한 법적 지위를 부여받았다. 양계업자는 닭을 판매하기 위해 대량으로 키우고 있지만 동시에 닭들의 삶의 개선을 목표로 하고 있다. 기후 변화와 환경 문제는 지구 생태계의 지속 가능성을 위해 현재 전 인류의 중요 관심사로 인식되고 있다. 오늘날 주요 법률회사들은 인공지능 로봇을 파트너(associate) 변호사로 고용하고 있다. 전 세계 여러 도시에서는 무인자동차들이 테스트되고 자율 주행이 허용되고 있다. 음성으로 작동되는 가정 내 개인 비서가 평범한 일반 가정에 보급되고 있다. 진짜와 유사한 패션디자인을 보여주는 웨어러블 기술이 의류매장에 내장되어 있다. 그리고 의료 기기들은 점점 정교해져서 그것들이 마치 인간의 일부인 것처럼 느껴지고 있다. 오늘날 위와 같은 기술의 발전과 일상화는 계몽주의 이후 우리의 사고를 지배해왔던 인간과 기계 및 동물, 그리고 문명과 자연성 간의 경계를 흐리게 만들고 있다.

사례 2: 장애를 가진 올림픽 육상 선수인 오스카 피스토리우스Oscar Pistorius는 보철(prosthesis) 기구를 장착하고 장애인 올림픽에서 우승한데 이어, 일반인들이 참가하는 2011년 세계육상대회에서도 다른 선수들을 제치고 우승을 차지한 바 있다. 이는 신체적 보조 장치를 장착한 장애인 운동선수가 일반인들과 경쟁하여 우승을 차지한 역사상 최초의 사건이었다는 점에서 세간의 화제가 되었다. 하지만 많은 전문가들은 머지않아 유전자 조작이나 줄기세포 등을 활용한 생명 개입 기술을 통해 신체적 능력뿐만 아니라 인지적 능력(기억, 연역적 사고, 연산 능력, 창의력 등)에서도 일반인들을 훨씬 뛰어넘어 보다 건강하고 역동적인 삶을 보여주는 사이보그적 존재들이 등장할 것이라고 본다.

사례 3: 마취과 의사인 케빈 퐁Kevin Fong은 『익스트림*Extremes*』이라는 저서에서, 오늘날 매우 간단한 의학기술 만으로도 과거에는 불가능했던 생명 소생의 기적을 발휘할 수 있음을 지적하고 있다. 예를 들어, 특정 수술을 위해 환자의 핵심 신체 온도를 낮추게 되면 호흡도 하지 않는 일시적 뇌정지 상태로 돌입하게 되는데 이때는 죽은 사람이나 마찬가지의 상태이다. 하지만 그 환자의 신체 온도를 급속하게 상승시키게 되면 마치 깊은 잠에서 깨어난 것처럼 다시 살아나게 할 수 있다. 이러한 환자들은 수십 년 전만 해도 죽은 사람으로 간주되었지만 오늘날에는 큰 어려움 없이 죽음의 문턱에서 되살리는 것이 가능해진 것이다. 집중치료(intensive care) 의술의 발달도 의사들로 하여금 호흡, 심기능, 혈액의 화학성분 등과 같은 환자들의 핵심적인 신체 기능을 조절할 수 있는 능력을 갖추게 해주었다.

위에서 소개한 세 가지 사례들은 인류가 현재 겪고 있는 포스트휴먼적 조건의 실상들을 잘 보여주고 있다. 사례 1의 핵심은 자연계 사물인 '강'에도 (법)인격이 부여됨으로써 인간과 동등한 권리와 주체성을 갖고 있다는 것을 인정한 것이다. 사실 이러한 사상은 정령주의(animism)와 같이 인류가 오랫동안 인지해온 것이었지만 근대적 이성의 등장으로 그러한 관념이 사라졌던 것에 불과하다. 사례 2는 향후 스포츠 영역뿐만 아니라 인간 사회 거의 대부분의 분야에 인공적 도구의 활용이 보편화될 것을 보여준다. 사실 인간은 도구 없이는 존재하기 힘들다고 볼 수 있을 만큼 도구(기술)와 매우 밀접한 관계를 맺으며 진화해왔다. 다만 오늘날 인간이 도구를 '지배하고' 있고 인간과 도구는 전혀 다르다고 믿고 있을 뿐이다. 사례 3은 삶과 죽음의 본질이 무엇이며, 의술은 어떤 역할을 하고 있는지를 생각하게 해준다. 인간은 생명이 있음으로써 유의미한 존재라면 '죽음 이후'를 상정하는 유신론적 철학은 어떤 의미를 갖는가? 질병의 치유나 생명 연장을 꿈꾸는 모든 의료기술은 과연 철학적·윤리적으로 어떤 문제(정당성)를 갖는가? 신체를 지닌 인간에게 '죽음'은 과연 실존적인 한계인가 극복해야 할 장애물인가? 포스트휴머니즘은 이러한 삶과 죽음, 인간과 비인간, 신체와 마음의 이원론적 세계관과는 달리 삶과 죽음은 상태의 변화일 뿐이고 인간과 비인간의 분명한 기준은 없으며 신체와 마음도 하나라는 일원론적 관점을 취한다.

그렇다면 위와 같은 여러 현상들을 고려해 봤을 때 포스트휴먼이 된다는 것은 과연 어떤 것인가?

2) 순수한 인간에서 기술적 인간으로

포스트휴머니즘은 인간을 '다른 동물과 구별되는 특별한 존재'가 아니라 '다른 동물과 동일하지만 기술(도구)을 사용하는 존재'로 간주한다. 인간의 기술적 발전이 어떻게 포스트휴먼적 존재를 만들어내는지 의학 기술의 발달 사례를 통해 살펴보자.

이미 우리는 유전자 검침 삽입 기술을 통해 유전자 이상 징후를 미리 포착하여 문제가 예상되는 유전자 변이를 차단하는 기술을 개발하였다. 점점 인간의 신체적이고 인지적인 특성에 대한 유전자 조합의 정보를 축적하게 됨에 따라 머지않은 미래에 유전자 조작을 바탕으로 한 디자인된 태아(designer babies)를 탄생시킬 수 있을 것이다. 150년 전만 거슬러 올라가도 오늘날 인간들의 삶은 그 당시에는 전혀 상상할 수 없는 수준으로 변하였다. 당시 인간의 평균 기대수명은 40년 정도였고, 권력과 부를 지닌 소수의 계층만이 75세 이상의 수명을 누렸다. 하지만 오늘날에는 선진국의 평균 수명이 이미 80세를 상회하였고 웬만한 질병은 의학기술의 발달로 대부분 치료가 가능해지고 있다. 그로 인해 오늘날 일반인들의 신체적 건강이나 정신적 능력 수준은 19세기 중반의 사람들에겐 상상 이상의 초인적 수준에 이미 도달했다.

위와 같은 오늘날의 급속한 기술적 변화를 가장 잘 나타내주고 있는 것이 바로 나노-바이오-정보-인지(Nano-Bio-Info-Cognitive) 기술의 발달인데 이러한 테크놀로지들이 융합적으로 발전한 머지않은 미래의 인류 삶에 대한 긍정적 전망이 바로 트랜스휴머니즘이다. 옥스퍼드의 철학자인 닉 보스트롬Nick Bostrom은 기술의 융합이 특이점에 도달하게 되는 2050년경이면 인류의 존재가 트랜스휴먼적 존재로 변하게 될 것이라고 장담한다. 이러한 트랜스휴머니스트들은 인간과 기술을 불가분리적 관계를 맺고 있으며 기술의 발전은 궁극적으로 인간-기술의 융합을 가져옴으로써 인간의 존재와 삶의 조건을 근본적으로 바꾸어놓을 것이라고 믿는다.

포스트휴머니즘은 동시에 위와 같은 기술 중심적 미래에 대한 긍정적 전망인 트랜스휴머니즘을 포함하여 기술적 변화가 가져오는 인간의 미래를 어떻게 받아들여야 할지에 대한 비판적 논의도 포함한다. 브라이도티Braidotti는 의과학과 바이오기술은 우리의 신체가 점점 상품화되어 감으로써 신체에 대한 우리 자신의 인식을 급속히 바꾸어놓고 있다고 본다. 예를 들어 인도 빈곤층 여성들의 자궁이 서구의 부유한 가정의 출산을 위해 몇 달러만 받고 기꺼이 임대되고 있으며 이러한 일이 난자나 정자 기증의 경우에도 동일하게 일어나고 있다. 이처럼 바이오기술의 향상은 인간 신체가 사회적으로 다루어지는 방식을 변화시킬 수 있는데 이를 통해 인간 자신과 그의 삶에 대한 윤리적 판단과 선택에 근본적인 변화를 가져올 수 있다는 것을 인식해야 한다.

포스트휴먼 시대에서 인간은 더 이상 순수한 인간으로 간주되는 것이 아니라 기술적 인간으로 여겨지게 될 것이다. 그리고 인간의 신체에 대한 이해와 이를 다루는 기술은 인간 사회의 윤리적 기준과 그에 따른 판단에 영향을 미칠 수밖에 없다. 만일 기술적 변화가 통제 불가능할 만큼 빨리 이루어진다면 이는 기술 중심 사회에 대한 문화적 소양을 기르는데 충분한 시간을 갖기 어려울 것이며 그에 따라 좋은 쪽으로든 나쁜 쪽으로든 인간의 삶에 대한 이해나 해석도 근본적인 변화를 맞이하게 될 것이다.

3) 인간-기계의 공생(human-machine symbiosis)

프랑스 철학자 앙리 베르그송Henri Bergson(1907)은 자신의 저서 『창조적 진화(*L'Évolution créatrice*)』에서 도구를 제작하는 인간의 본성을 강조하면서 인간을 호모 파베르homo-faber라고 지칭한 바 있다. 그는 인간의 지성은 인공물을 제조하는 능력을 통해 발현된다는 것을 강조하며 사람들은 도구를 사용하여 생존력을 높이고 보다 쾌적한 생활환경을 만들어낼 수 있었다고 주장한다. 같은 맥락에서 독일의 정신분석학자인 지그문트 프로이트Sigmund Freud도 인류의 역사는 수많은 인공물의 목록으로 이해할 수 있다고 보았다.

인간의 도구는 인간의 정체성을 구축하거나 개인 및 사회적 자아를 도모하는 데 크게 기여한다. 패드Pad, 랩탑Laptop, 가젯gadget 및 위젯widget, 앱 및 소품, 소형 장치 및 끝없는 네트워크의 수가 점점 늘어나면서 인간의 깊은 본성을 자연 속의 존재인 '휴먼'에서 기술과 인간이 융합된 형태인 '포스트휴먼'으로 변화시키고 있다. 이러한 21세기의 첨단의학기술에 대한 의존도의 증가와 인간의 사이보그화는 시민 혹은 소비자로서의 우리 자신에 대한 이해에 지대한 영향을 미치고 있다. 즉, 기술이 우리가 생각하고, 말하고, 행동하고, 상호 작용하는 방식을 근본적으로 바꾸면서, 기술은 인간의 정신 구조마저도 변형시키고 있는 것이다.

그런데 이러한 포스트휴먼적 관점은 '의식(consciousness)'에 대한 고전적 이해를 해체하고 새로운 관점을 제시하고 있다. 인간이 포스트휴먼적 존재가 되면서 인간의 사고는 더 이상 관념적인 철학적 사유의 결과나 생물학적 대사 작용의 결과가 아니라 물질 현상, 즉 인공지능 컴퓨터를 바탕으로 한 알고리즘algorithm에 의한 연산 작용의 결과로 간주되어가고 있다. 인간과 인간이 만들어낸 인공물(전산기계과 인공지능, 알고리즘 등)이 컴퓨터 속의 사이버 세계 속에서 함께 작용하고 있는데 이것이 바로 인간-기계의 공생 혹은 하이브리드의 개념이다. 다시 말해서 사이보그나 포스트휴먼은 기계-인간 공생체라는 하나의 동전의 양면적 모습인 것이다.

이처럼 포스트휴먼은 더 이상 순수한 동물적 존재로서의 인간이 아니라 기술적 산물인 기계(컴퓨터)와 융합된 존재로 변해가고 있다. 이를 캐서린 헤일즈Katherine Hayles(1999)는 『우리는 어떻게 포스트휴먼이 되었는가?(*How we became posthuman*)』에서 인간이 결국 포스트휴먼적 존재가 되어간다고 주장하면서 인간의 사고가 '의식의 흐름'에서 '정보의 흐름'으로 변해가는 과정을 다음과 같이 설명하고 있다.

첫째, 포스트휴먼적 기술 세계에서는 정보의 흐름이 물질적인 실체를 넘어서서 이루어진다. 즉, 정보와 데이터의 흐름이 인간의 몸이나 책, 혹은 도서관과 같은 물리적인 실체에 갇혀있지 않고 정보망과 사이버 세계 속에서 흘러 다닌다는 의미이다. 둘째, 인간의 의식이나 정체성은 그 의식의 본거지가 되는 구체적인 존재나 주체(subject)에 속해 있는 것이 아니라 정신작용의 부현상(epiphenomenon)에 불과하다는 것이다. 즉, 인간의 의식이나 정체성은 인간 정신작용의 부산물이기 때문에 인공지능이나 컴퓨터 알고리즘이 그러한 인간의 의식을 대체하게 될 경우 의식이나 정체성도 컴퓨터의 연산 작용으로 환원되거나 대체될 수 있다고 본다. 셋째, 인간의 유한한 신체를 보완하거나 강화하는 보철물(prothesis)들이 인간의 모든 생물학적 장기들을 대체할 수도 있다. 이는 이미 인공장기의 발명으로 실천되고 있는 현실로서, 인간은 더 이상 순수하게 생물학적으로 진화된 존재가 아니라 기술적으로 진화된 인간-기계적 존재가 될 것이다. 넷째, 인간의 목적과 로봇 목적론(teleology)의 사이, 인간의 신체나 생명체, 그리고 컴퓨터 시뮬레이션이나 인공두뇌 메커니즘 사이에는 근본적인 차이점이나 절대적 경계가 없다는 것이다.

위와 같은 포스트휴머니즘의 가정은 인간의 독특하고 독자적인 주체성(subjectivity)에 대한 고전적 이해를 근본적으로 해체하고 있다. 즉 사이보그의 정보와 인간의 정신은 모두 데이터라는 점에서 차이가 없고 인간의 마음(정신)은 육체의 굴레에 갇혀 있지 않고 물질적 환경(자연 혹은 컴퓨터)의 일부에 불과하다는 것이다. 즉, 인간-기계의 공생체로서 포스트휴먼적 존재가 생물학적인 신체를 기반으로 한 것이 아니라 더 포괄적인 물질적 기반을 가졌다는 것인데 이러한 관점이 바로 향후 논의될 일원론(monism)적 관점의 하나인 신물질주의의 관념적 토대가 되고 있다.

다음 절에서 이러한 포스트휴머니즘의 개념과 유형들을 하나씩 살펴보도록 하자.

2. 포스트휴머니즘의 개념 및 성격

1) 포스트휴머니즘이란 무엇인가?

과학기술의 급속한 발전은 인간의 삶의 조건들을 근본적으로 변화시키고 있을 뿐만 아니라, 인간이란 존재 자체마저도 바꾸고 있다. 예를 들어 피터 노왁Peter Nowak(2015)은 기술 발달로 인한 인류의 변화를 원시적인 기술만을 가진 상태에서 자연환경에 종속되었던 인류(휴먼 1.0)와 자연과 공존하는 기술을 개발했던 인류(휴먼 2.0), 그리고 첨단 기술을 바탕으로 자연성에 구애받지 않는 인류(휴먼 3.0)로 구분한 바 있다. 여기서 과학기술을 이용해 생명활동이나 모든 지구환경의 시스템을 통제할 수 있는 인류인 '휴먼 3.0'이 바로 포스트휴먼에 해당한다고 이해할 수 있다.

포스트휴머니즘의 한 단면을 이해하기 위해 베네수엘라 출신의 미래학자인 호세 코르데이Jose Cordeiro가 「인간의 경계: 휴머니즘에서 트랜스휴머니즘까지」에서 예언한 포스트휴먼의 도래에 대한 다음과 같은 설명에 주목해보자.

> "호모사피엔스는 지구상 최초로 진화와 한계의 의식을 가진 종이며 인간은 종국적으로 이들 제한을 넘어서 진화된 인간, 즉 트랜스휴먼과 포스트휴먼으로 발전할 것이다. 이 과정은 영장류에서 인간으로 진화한 과정과는 달리 애벌레에서 나비가 되듯 빠른 과정이 될 것이다. 지능을 가진 미래의 생명체는 인간을 전혀 닮지 않을 것이며 탄소기반 유기체는 기타 과잉 유기체와 혼합될 것이다. 이러한 포스트휴먼은 탄소기반 시스템뿐만 아니라 우주여행과 같은 상이한 환경에 보다 유리한 실리콘 및 기타 플랫폼에 의존할 것이다."

위 설명은 포스트휴먼이 지금까지와 같은 순수한 생물학적 존재가 아닐 수도 있다는 것을 의미한다. 포스트휴먼은 또한 현실 공간만이 아니라 사이버스페이스 상에서 자기가 처할 여러 가상현실을 자유롭게 선택하여 '살아가는' 존재일 수도 있다. 이렇게 현실 공간과 여러 개의 가상현실 속에 살아가는 포스트휴먼들은 마치 현재의 개인용 소프트웨어가 하드웨어를 바꾸어도 기능할 수 있는 것처럼 인간과 같은 생체적 몸에만 의존하지 않을 것이다. 즉, 포스트휴먼은 여러 가지 물리적 기반을 바꾸어가며 삶을 지속할 수 있는 것이다.

더 나아가 최첨정 수준의 인공지능 기술을 탑재한 포스트휴먼은 자신의 지적 능력을 여러 가지 상이한 물리적 기반의 컴퓨터에 업로드해서 지속시킬 수 있다. 지능을 컴퓨터에 업로드하는 작업은 두뇌의 신경생리학적 작동원리가 정보공학적 패턴으로 모사(emulation)되고 이 모사 프로그램을 최적으로 구현하는 물리적 기반이 NBIC 융합 기술에 의해 제작됨으로써 실현 가능하다. 물론 일부 학자들은 기계 지능과 인간 지능이 근본적으로 다르기 때문에 인간의 두뇌를 컴퓨터에 업로드하는 것은 한계가 있다고 주장한다. 하지만 개인의 삶을 결정하는 두뇌의 활동과 기억이 자신의 생체를 떠나 다른 물리적 기반의 컴퓨터로 옮겨질 수 있다면 설령 그 몸이 생물학적 수명을 다해 소멸한다 해도 인간은 다른 컴퓨터로 자신의 삶을 업로드하여 영생할 수 있는 것이다.

지금까지 간단히 소개한 포스트휴먼적 미래에 대한 전망은 최근 4차 산업혁명 시대의 도래와 인공지능, 사이보그, 나노기술 등을 앞세운 기술 중심 사회로의 발전으로 미래 '인간'의 삶도 바뀔 것이라는 가정에 기반하고 있다. 포스트휴머니즘 철학자인 로버트 페퍼렐Robert Pepperell은 이와 같은 기술적 환경 변화를 "포스트휴먼적 조건(posthuman condition)"이라고 불렀는데, 이러한 포스트휴먼적 조건으로의 변화는 인간 자체에 대한 새로운 이해와 그에 따른 철학적·윤리적 관점의 변화를 요구하게 되었고 그것이 포스트휴머니즘의 등장을 가져왔다. 특히 사이보그란 개념의 등장으로 촉발된 포스트휴머니즘은 사이보그적 존재의 성격과 인간에게 미칠 영향에 대해 처음부터 기대와 불안이 뒤섞인 관념이었다(Haraway, 2000). 이후 40년 가까이 지난 오늘날, 초기의 예상 보다 훨씬 더 급속히 이루어지는 과학기술의 발전은 차츰 인공지능, 나노기술, 생명공학, 가상현실, 로보틱스, 빅데이터 등과 관련한 여러 분야에서 '포스트휴먼'적 존재의 도래를 현실화하고 있다(Popovici, 2017).

이러한 포스트휴머니즘에 대한 수많은 정의들을 종합적으로 정의하자면, 포스트휴머니즘은 "인간성이 기술적 발전이나 진화적 과정에 의해 변환, 초월 혹은 제거될 수 있다는 관념으로써, 그러한 믿음을 반영한 예술적, 과학적 혹은 철학적 논의와 실천들"이라고 정의될 수 있다(Oxford, 2017). 한편 하이픈(-)이 들어간 포스트-휴머니즘post-humanism의 개념은 "신적이거나 초자연적 성격이 아닌 인간성에 집중한 휴머니즘humanism의 기본적 신조에 대한 반발로 생성된 사고 체계"로 정의되면서(Oxford, 2017), 반휴머니즘의 의미로 주로 사용된다. 이 책은 휴머니즘 이후의 인간 존재에 대한 모든 담론을 포함하는 차원에서 '하이픈 없는' 포스트휴머니즘 용어를 사용하고 있다.

사실 포스트휴머니즘은 비교적 최근에 등장한 개념으로써, 과학의 발달로 인간과 기계의 경계가 모호해지고 기존 인간의 개념 또한 흔들리게 되면서 주목을 받은 용어이다. 포스트휴머니즘과 관련하여 트랜스휴머니즘, 네오휴머니즘, 그리고 비판적 포스트휴머니즘 등이 사용되고 있는데, 여기서 포스트휴먼Post-human은 문자 그대로 '이후(post)', '전환적(trans)', '새로운(neo)', '비판적(critical)'을 의미하는 접두어를 붙여 새로운 인간의 등장과 그에 대한 긍정적 혹은 비판적 논의를 모두 포함하고 있다. 따라서 포스트휴머니즘은 휴머니즘의 연장선으로 파악할 수도 있고 휴머니즘에 대한 비판인 탈-휴머니즘이 될 수도 있으며 휴머니즘을 뛰어넘어 새로운 휴머니즘에 대한 긍정적 기대가 될 수도 있다. 이에 더하여 탈구조주의 철학자들이 지적한 근대적 인간의 죽음과 그 이후 새롭게 등장할 인간상에 대한 사유로 간주할 수도 있다.

이처럼 포스트휴머니즘은 1970년대와 1980년대의 구조주의, 후기구조주의의 반휴머니즘적 이론들과 현대 미디어에 대한 비평적 논의들로부터 시작되었다가 1990년대의 급격한 기술발전에 따라 제기된 존재론적 혹은 인식론적 문제들에 대한 이론적·철학적 논쟁의 성격을 띠고 본격적으로 학계의 관심을 끌었다. 특히 1990년대 이후부터 정보통신기술을 바탕으로 한 디지털 혁명의 본격화, 유전 공학, 로봇 공학, 나노 공학 등에서 기술적 발전이 엄청난 성과를 보임에 따라 인간과 기술의 결합 가능성이 현실로 대두되면서 포스트휴먼에 관한 논의의 필요성이 더욱 중요해지게 된 것이다.

기술과 인간의 결합이라는 포스트휴먼의 개념은 오늘날 지식의 폭발과 융합적 사고의 대두를 바탕으로 과학과 인문학 간의 경계가 점점 모호해지면서 더욱 주목을 받기 시작했다. 17세기 과학적 세계관의 등장 이후, 이성과 과학적 사고의 유일한 주체가 되는 인간이라는 관점마저 해체되기 시작한 것이 바로 포스트휴머니즘적 사고의 촉매가 되기도 했다. 즉, 우주 속에서 특별한 존재로서 이성적 사고를 지닌 인간에 대한 계몽주의적 사고도 인간중심주의가 만든 환상이자 인류사적 산물이라고 깨닫게 됨으로써 인간은 다른 동물이나 기계와 차별성이 없는 '포스트휴먼적' 존재라는 것을 직시하게 된 것이다. 르네상스에서 시작되어 근대를 거쳐 500년 이상 지속되어 온 휴머니즘은 이제 기술문명의 도래를 맞이하여 인간 존재에 대한 철학적·윤리적·사회적 이해가 필요해진 것이다.

2) 포스트휴머니즘의 갈래들

(1) 포스트휴머니즘의 등장 배경

포스트휴머니즘이 등장하게 된 상황적 배경으로 두 가지가 있다. 하나는 구조주의 및 포스트구조주의가 전통적 휴머니즘과 계몽주의적 주체에 대한 비판적 해체를 시도한 이후 새로운 주체성의 모색이 필요하게 된 상황이고, 다른 하나는 기술주의의 등장으로써 첨단 과학 기술이 인간 삶의 환경적 조건으로 침투하면서 기술이 인간의 본질을 설명하는 필수적인 요소로 포함 된 상황이다.

우선 구조주의와 포스트구조주의는 '인간'이라는 개념이 절대적인 것이 아니며 근대라는 역사적 상황에 기인한 하나의 개념일 뿐이라고 주장한다. 구조주의의 관점에 따르면 인간이라는 개념 자체가 모든 관계를 형성하는 구조를 통해 생성된 결과일 뿐 자율적인 실체가 되지 못한다고 보았다. 즉, 인간은 만물에 의미를 부여하는 주체가 아니라 단지 구조의 지배를 받는 하나의 객체에 지나지 않는다는 것이다(이종관, 2015). 아울러 위와 같은 문제 제기를 바탕으로 포스트휴머니즘은 기술의 발전에 따라 기계(컴퓨터, 로봇, 사이보그 등)가 인간의 물리적 또는 생리적 조건들에 근본적인 변화를 야기하고 동시에 인간과 기계의 위상(지배력)이 역전될 수 있음을 인정한다. 결과적으로 인간의 주체성에 대한 믿음이 붕괴되는 미래의 기술적 환경에서 발생할 수 있는 모든 문제에 대한 논의를 포함하는 것이다.

이와 같은 두 가지의 배경에 의해서 시작된 포스트휴머니즘 담론은 '일반적 포스트휴머니즘'과 '비판적 포스트휴머니즘'으로 구분할 수 있고 일반적 포스트휴머니즘은 다시 기술혐오주의(technophobia)적 성향의 '비관적 포스트휴머니즘'과 기술애호주의(technophilia)적 성향의 '낙관적 포스트휴머니즘'으로 분류할 수 있다. 이 두 담론은 그 방향성에 있어서 '비관적'과 '낙관적'의 정반대의 전망을 가지고 있지만 본질적으로 인간에 대한 기술적인 강화에 대한 논의를 주요한 의제로 삼고 있다. 즉, 근대적 휴머니즘에 뿌리를 두고 주체에 대한 개념을 공유한다는 점에서 단지 휴머니즘적 '주체'를 기술로부터 '보호'하려 하느냐(비관적: 네오휴머니즘) 아니면 기술을 활용해 '강화'하려 하느냐(낙관적: 트랜스휴머니즘)는 차이가 있는 것이다. 한편 비판적 포스트휴머니즘은 휴머니즘적 주체에 머물러 있는 두 관점 모두를 비판하고 휴머니즘적 주체의 해체를 통한 새로운 인간 개념의 제시를 위해 대안적 담론을 발전시킨다는 점에 주목할 필요가 있다. 이상의 포스트휴머니즘의 세 가지 갈래들 — 비관적, 낙관적(트랜스), 비판적 — 에 대해 각각 살펴보자.

(2) 비관적 포스트휴머니즘

비관적 포스트휴머니즘은 포스트휴먼적 미래에 대하여 암울한 미래상을 제시하며 경고하거나 기술 결정론에 의해 간과되는 사회적·윤리적 가치의 우위를 강조한다. 이와 같은 입장에 속하는 학자로는 프란시스 후쿠야마Francis Fukuyama, 마이클 센델Michael Sandel이 대표적이며 카발라로Dani Cavallaro, 오매튜나Dónal P. O'Mathúna 등이 있다. 이들의 주장은 지난 세기의 기술만능주의에서 비롯된 잘못된 사례에서 쌓은 경험론적 비판과 인간과 기술 간의 관계에서 첨단 과학 기술을 인간의 삶에 광범위하게 또는 너무나 깊숙한 지점에까지 적용할 때 발생할 수 있는 부작용들에 주목한다.

비관적 포스트휴머니스트들은 궁극적으로 포스트휴먼의 출현을 가능하게 할 과학기술 발전의 부정적 효과에 주목하고 인간과 기술과의 관계에 대한 논의에서 큰 관심을 두지 않으므로 엄밀한 의미로는 포스트휴머니즘의 범주에 속하지 않는다. 그럼에도 불구하고 포스트휴먼과 관련된 윤리적·사회적 논의를 통해 포스트휴머니즘의 영향력에 대한 담론을 확장시켜 준다는 점은 포스트휴머니즘의 한 갈래로 수용되기도 한다. 또한 포스트휴먼의 출현 가능성을 단순히 문화적 상상력의 결과물이 아닌 실현 가능한 것으로 받아들이고 현실적인 문제점들을 논의한다는 점에서 넓은 의미로는 포스트휴머니즘 담론에 포함될 수 있을 것이다. 이러한 포스트휴머니즘에 대한 부정적 전망을 바탕으로 휴머니즘의 부활을 강조하는 네오휴머니즘에 대해서는 이 책의 4장 3절에서 별도로 논의하기로 한다.

(3) 낙관적 포스트휴머니즘

낙관적 포스트휴머니즘은 인간과 기계의 결합이나 기술 중심적 미래를 필연적 조건으로 수용하고, 그에 따라 긍정적인 전망을 내놓는다. 이에 속하는 대표적 이론가들은 닉 보스트롬, 레이 커즈와일, 한스 모라벡 등으로, 이들은 스스로를 트랜스휴머니스트Transhumanist라고 부르며 1998년 세계트랜스휴머니스트협회(WTA)를 설립하고 2002년과 2009년 '트랜스휴머니스트 선언'을 발표한 바 있다. 이들은 포스트휴먼으로 이행하는 중간 과정(trans)에서 트랜스휴먼 혹은 '강화된 인간'이 등장한다고 주장하면서, GNR(Genetics, Nano, Robot) 혁명으로 일컬어지는 현대 과학기술의 비약적 성과를 바탕으로 하는 커다란 변혁의 시기가 머지않아 도래할 것이라고 주장한다.

이러한 낙관적 포스트휴머니즘에 내재된 한계는 그들이 지향하는 '포스트휴먼적 주체'가 '근대적 휴머니즘의 이성적 주체'를 기반으로 한다는 것이다. 앞서 보스트롬의 주장에서 보듯이 낙관적 포스트휴머니즘은 과학기술을 통해 인간의 완전성을 추구하고, 기계 및 기술의 도움으로 신체적 제약에서 탈피하고자 한다. 하지만 이러한 인간의 완전성을 향한 욕망은 '이성적 존재'로서의 인간에게 절대적 가치를 부여하고 자연계의 다른 존재들과 차별화하는 근대성의 관념에서 벗어나지 못한 것이다. 그로 인해 낙관적 포스트휴머니즘은 인간과 기계의 혼성화를 근대성과 과학기술주의의 긍정적 결합으로 간주한다. 그 대표적인 예가 바로 트랜스휴머니즘이다.

낙관적 포스트휴머니즘의 대표적 갈래가 바로 트랜스휴머니즘인데 1999년 옥스퍼드의 철학자 닉 보스트롬은 '트랜스휴머니즘 세계연합'이 공식적으로 출범했을 때 다음과 같이 선언한 바 있다. "트랜스휴머니즘은 응용 이성, 특히 기술을 사용하여 노화를 억제하고 인간의 지적·육체적·심리적 능력을 강화함으로써 인간의 조건을 근본적으로 개선하려는 시도의 바람직한 가능성을 긍정하는 지적 문화적 운동이다." 트랜스휴머니즘은 21세기에 들어서면서 급격히 그 지배력이 확대되고 있는데 특히 최첨단 기업 등 사회적 명성과 영향력을 갖춘 인사들이 트랜스휴머니즘을 주도하는 집단에 가세함으로써 괄목할 만한 경제적·문화적, 더 나아가 정치적 권력으로 성장하고 있다. 썬마이크로시스템의 빌 조이B. Joy, 구글과 미항공우주국(NASA)이 지원하는 싱귤래리티 대학의 총장인 레이 커즈와일R. Kurzweil, 나노물리학의 개척자 드렉슬러K. E. Drexler, 한때 미국 공화당의 대통령 후보였던 깅그리치Newt Gingrich 하원의원, 옥스퍼드대학의 철학자 닉 보스트롬 등 주로 영미권의 과학기술자와 철학자, 정치가들이 트랜스휴머니즘의 주축을 이루고 있다.

트랜스휴머니즘은 다양한 방면으로 확산되고 있는데 기술의 힘을 통해 새로운 영생과 구원을 얻을 수 있다는 종교적 이념에서부터 인간의 자유를 극대화하는 정치적 이념으로까지 그 범주가 상당히 넓다. 궁극적인 트랜스휴먼적 기술의 적용이 기대되는 대표적인 분야로 몇 가지가 있는데 우선 유전자 편집을 통한 신생아 출산, 노화 방지나 생명 연장 기술, 인간 두뇌(사고, 의식)의 디지털화 및 컴퓨터 업로드 등이 있다. 예를 들자면 우선 유전 공학 분야에서는 유전병이나 난치병을 치료하기 위해 많은 유기체의 유전자를 조작 및 편집할 수 있는 기술이 개발되고 있고 심지어 인간 배아의 유전적 특성을 미리 결정하여 유전조작 신생아(designer baby)를 만드는데 사용될 수 있다. 따라서 머지않아 유전자 조작이나 줄기세포 활용과 같은 생명 개입 기술을 통해 정상인들의 신체적 능력뿐만 아니라 인지적 능력(기억, 연역적 사고, 연산 능력, 창의력 등)을 훨씬 뛰어넘는 건강하고 역동적인 삶을 보여주는 개인들, 즉 트랜스휴먼들이 대거 등장할 것이다. 또한 트랜스휴머니즘은 생명공학이나 유전자공학, 생명정보학(bio-informatics)등을 통해 제약, 의료, 미용 및 보건 분야에서 천문학적인 연구비가 인간의 생물학적 한계인 노화나 죽음을 뛰어넘기 위한 약물이나 시술을 개발하기 위해 투자되고 있다. 더불어 2014년 공상과학소설을 기반으로 만든 영화 〈트랜센덴스Transcendence〉와 같은 영화들은 사람의 의식을 디지털 데이터로 업로드하여 컴퓨터 속에서 영속하게 한다는 소재를 다루고 있다. 이러한 의식의 디지털화는 단순히 영화 속 이야기에 그치지 않고 마인드웨어mindware, 마음 복제(mind cloning), 디지털 영생(digital immortality), 기술적 영생(techno immortality), 로봇존재론(Robophilosophy) 등의 주제어를 중심으로 학문적 및 기술적인 논의의 핵심 주제가 되고 있다(Huberman, 2018; Schussler, 2018).

(4) 비판적 포스트휴머니즘

사회학자인 제임스 휴즈James Hughes는 포스트휴머니즘을 트랜스휴머니즘과 비판적 포스트휴머니즘으로 구분하면서 트랜스휴머니즘은 인류중심주의(anthropocentrism)를 배격하지 않지만 비판적 포스트휴머니즘은 인류중심주의를 거부한다는 것이 차이라고 보았다. 트랜스휴머니즘은 주체를 세상의 중심적 존재로서 인간성과 능력이 강화된 존재로 보는데 기술적 발전을 그러한 인류의 진보에 큰 매개체로 간주한다. 트랜스휴머니즘은 또한 대중문화 특히 공상과학 분야에 관심을 가지면서 과학기술에 대한 문학과 영화적 상상력이 인류의 기술적 진보의 도화선이 되고 있다고 본다.

비판적 포스트휴머니즘은 이와는 달리 인간예외주의(human exceptionalism: 인간이 우주 속의 독특한 피조물이라는 관념)나 인간 도구주의(human instrumentalism: 인간이 자연을 개발하고 통제할 권리가 있다는 관념)를 거부한다. 그리고 비판적 포스트휴머니즘은 부정적·낙관적 포스트휴머니즘에 대하여 모두 비판적으로 접근한다. 급진적으로 변화해가는 과학 기술의 발전에 대하여 개방적인 입장을 강조하면서도 기술에만 몰입해있는 담론들의 안에 남아있는 근대적 휴머니즘에 대하여 비판적인 해체를 요구한다. 트랜스휴머니즘 담론들이 '기술에 의한 인간의 강화'라는 주제를 중심으로 실체가 불분명한 인간 본성에 집착하거나, 휴머니즘적 인간 모델을 기술적으로 강화할 때 비판적 포스트휴머니즘 담론은 그러한 논의들에서 인간중심주의를 찾아내고 비판하는 것이다.

아울러 포스트휴머니즘 담론을 단순히 기술을 통한 인간의 발전적 진화의 가능성과 필요성에 대한 논의에 국한시키는 것이 아니라 주체와 비주체의 구분이나 인간의 의미에 대한 정의가 미약한 기술중심주의에 대한 끊임없는 비판적 성찰을 시도한다. 따라서 비판적 포스트휴먼 담론은 기술결정론을 경계하고 기술의 발전으로 유발되는 인간 신체의 디지털화, 사이보그화, 기계화에 대해 신중한 입장을 취한다. 즉, 과도한 기술중심주의를 비판하면서 인간과 기계 사이의 경계가 무너지고 양자가 융합하는 상황이 인간에게 어떤 결과를 가져다주는지에 대한 논의에 집중한다.

결국 비판적 포스트휴머니즘은 긍정적 혹은 비관적인 입장의 담론들이 인간을 강화하려거나 혹은 보호하려는 입장을 취하는 것과 달리 기존 휴머니즘의 한계를 비판하고 새로운 휴머니즘의 기준을 제시하려는 입장을 취하고 있다. 또한 기술에 대한 공포와 의심으로 인해 과학 기술의 성과를 거부하는 기술 비관론의 입장이나 기술 애호적인 관점에서 과학 기술의 발전에 인류의 미래를 맡기는 기술 결정론적 입장 모두에 비판적으로 접근한다. 다만 과학기술의 발전에 따라 인간의 개념이 새롭게 정의되어야 한다고 보고 휴머니즘의 재정의를 통해 근대적 휴머니즘을 비판하고 기술 중심 시대에 부합하는 새로운 인간 개념을 제시하고자 한다.

3. 포스트휴머니즘을 보는 다양한 시각들

1) 포스트휴머니즘을 둘러싼 근본적인 질문

(1) 자연성과 인공성의 구별이 존재하는가?

인간의 사고나 행동을 결정하는 요인은 본성적 요인(nature)인가 아니면 환경적 요인(nurture)인가? 이에 대해 철학자 라이프니츠Leibniz(1646~1716)는 자연 대 환경의 영향력을 1 대 3이라고 주장한 바 있지만, 오랜 논쟁의 끝은 대부분 "자연 본성과 생활환경의 상호작용"이라고 정리되곤 한다. 사실 인간의 자연적 본성도 이성성(rationalitas)과 동물성(animalitas)으로 나누어질 수 있기 때문에 어느 쪽이 주도하느냐에 따라 인간의 사고나 행동의 결과가 달라질 수밖에 없다. 환경적 요인도 물리적 환경인가, 문화적 환경인가에 따라 영향력을 미치는 영역과 그 영향의 정도도 달라질 수 있다. 특히 문화적 환경이라고 할 수 있는 교육의 영향은 그 어떤 물질적 요인보다 중요하고 사회적 측면에서도 큰 의미를 가지고 있다. 유사 이래로 교육은 '인간'을 만들어 내는 가장 중요한 사회적 활동이자 이념으로 간주되어왔다.

하지만 오늘날 '인간의 교육'이라는 핵심적 활동에 근본적인 변화를 초래할 수 있는 새로운 환경적 조건들이 조성되기 시작하였다. 그것은 현대 과학기술의 발전으로 양산되는 사이보그, 로봇, 인공지능, 인조인간 등과 같은 존재들이 점점 기존의 생물학적 인간과 섞여 살게 되면서 그들도 새로운 인류 혹은 유사 인종(post Homo Sapiens)으로 간주될 수 있는 상황이 전개되고 있다. 더구나 과학기술은 그러한 '인조인간'들만을 새롭게 창조하는 것이 아니라 기존의 생물학적 인간을 '인조인간'으로 개조하는 작업도 동시에 진행하고 있는데 그 결과 나타난 존재가 바로 포스트휴먼적 존재들이다. 사실 포스트휴먼적 존재의 등장은 최근의 사건도 아니고 낯선 이야기도 아니다. 콘택트렌즈나 보청기, 임플란트 치아 등의 착용에서부터 심박재생기계로 만든 인공심장이나 인공의수 및 의족뿐만 아니라 돼지의 심장이나 생쥐의 혈관을 이식한 생체 이식의 경우도 모두 포스트휴먼적 존재에 해당된다. 이러한 첨단 의학기술들이 건강한 몸을 갖기 위한 인간의 기본적 욕구를 충족시켜주는 데 그치지 않고, 궁극적으로 노화 방지나 생명 연장과 같은 불로장생의 욕망으로 이끌어주는 도구로 확대되고 있다.

이처럼 예측 불가능한 속도로 발달하는 기술문명은 미래의 인간을 어떤 존재로 만들게 될까? 그리고 기술문명이 만들어내고 있는 포스트휴먼적 존재들은 자연적 존재일까 아니면 인공적 존재일까? 사실 인간은 단 한 번도 자연으로부터 완전히 벗어나 본 적이 없고 인간이 개발한 모든 도구도 자연의 산물이다. 그런 의미에서 자연적 요인이 아닌 인간만의 힘으로 만들었다는 '인공적'이라는 용어 자체가 인류중심주의적 사고를 담고 있는 개념이다. 즉, 포스트휴먼도 자연의 일부로서 포스트휴머니즘은 '생물학적 자연'과 '기계적 인공'이라는 경계를 허무는 개념이다. 최근 나노과학과 양자역학의 연구 결과들은 바로 이러한 생물학 대 비생물학, 유기물 대 무기물의 상태에 대한 근본적인 구별을 넘어서는 물질이나 상태가 존재함으로 보여주고 있다. 같은 맥락에서 포스트휴머니즘은 생물계 진화의 최정점에 서 있는 인류가 의식, 자아개념, 자율성, 그리고 주체성을 가졌다면 정보기술의 발달에 따라 사이보그, 인공지능, 로봇 등이 인간과 유사한 의식과 주체성을 갖는 것도 시간문제일 뿐이라고 본다. 인간과 유사 인간 두 존재의 차이점은 생물학적 인간이 단순 유기물에서 현생 인류의 수준으로 진화하는 데 1억 5천만 년이 걸렸다면 기계와 혼성화도 유사 인간의 진화 속도는 그보다 훨씬 빠르리라는 것뿐이다.

(2) 인간만이 정체성을 가질 수 있는가?

우리가 신체적, 정신적으로 능력이 증강된 포스트휴먼이 된다면, 그러한 상태는 우리 자신의 정체성에 어떤 영향을 미치게 될까? 트랜스휴먼주의자인 닉 보스트롬은 그러한 변화로 인해 개인들의 정체성의 완전한 바뀐다고 해도 두려워할 필요가 없다고 주장한다. 인간이 자연적으로 성장함에 따라 정체성이 변화할 수 있듯이 정체성의 변화는 나쁜 것이 아니라 정상적인 경험이 될 수 있다는 것이다. 예를 들어 기억증진 기술이 개발되면 고령자가 된 이후에도 원하는 기억이 보존될 수 있고 원치 않은 기억은 제거할 수 있는데 이러한 기억 기술의 활용은 인간의 삶을 더욱 풍요롭게 할 수 있다고 믿는다.

포스트휴먼적 변화는 인간관계의 변화도 가져올 수 있다. 사람들이 자신의 업무를 수행하면서 포스트휴먼적 조건으로 향상된 능력을 바탕으로 과업이나 프로젝트를 오히려 더 안정적·효과적으로 수행할 수 있고, 이는 조직 내에서의 사회적 관계성에서도 긍정적인 효과를 가져다줄 수 있다고 믿는다. 이처럼 오늘날 인류의 삶의 방식이 최상의 것이라고 단언할 수 없기 때문에 포스트휴먼이 되는 것은 현재 인류를 위해서만 좋은 것이 아니라 오히려 미래의 포스트휴먼에게 도움이 될 수도 있다. 즉, 인류 전체를 위한 보편적 이익의 가능성을 열어두는 것이 포스트휴먼 되기의 긍정적 측면이다.

그렇다면 포스트휴먼 되기에 따른 인간 본질의 변화를 어떻게 볼 것인가? 이 문제는 인간 본성에 어떤 목적성(telos) 혹은 의미를 부여할 것인가에 따라 달라진다. 예를 들어 유전학자인 리처드 도킨스Richard Dawkins가 『이기적 유전자』에서 주장했던 것처럼 인간 존재의 역할이 유전인자를 후대에 전수하는 것이라면, 포스트휴먼적 변화는 유전자의 급진적 진화를 포용하는 일이기 때문에 진화론적 측면에서도 긍정적인 현상이다. 또한 인간의 이성적 능력도 현 인류에게만 적용되는 것이 아니라 인지능력을 기술적으로 향상시키는 포스트휴먼적 존재에게도 해당되기 때문에 인간의 이성적 능력의 범주와 한계를 어떻게 정하느냐의 문제도 여전히 논란점이 될 것이다. 즉, 아직 우리는 인간 본성의 의미나 유전자의 역할에 대해 학문적·사회적 합의에 도달하지 못했기 때문에 이 문제는 많은 논의가 필요하게 될 것이다.

(3) 인간(목적)과 기술(도구)은 구분되어야 하는가?

실존주의 철학자 마틴 하이데거M. Heidegger는 그의 대표적 저서 『존재와 시간』에서 인간은 도구 없이는 무엇인가를 해나갈 수 없기에 인간에게 사물은 도구로서 다가와 도구로써 사용된다고 말했다. 인류의 역사에서 도구는 인간의 삶과 매우 밀착되어 활용되어왔기 때문에 중요한 도구일수록 우리는 그 존재를 의식하지 못하게 된다. 예를 들어 음식이나 물건을 담을 수 있는 '그릇'이 없는 생활을 상상해보자. 강에서 잡은 물고기는 날것으로 한번 베어 물고 땅에 두면 곧바로 벌레나 미생물들의 차지가 되고 만다. 이처럼 아무런 도구의 도움 없이 인간이 할 수 있는 일이 과연 얼마나 될지 상상해보자. 그렇다. 바로 '생각하는' 행위 말고는 거의 할 수 있는 게 없다. 그런데 컴퓨터의 등장과 발달로 인간은 생각하는 행위마저 도구에 절대적으로 의존하게 된 것이다.

도구는 다른 도구들과 함께 쓰이면서 그 역할과 기능을 최대화할 수 있다. 이러한 기능적 연관관계는 연필과 종이, 수저와 그릇, 망치와 못, 책상과 의자 등과 같이 우리의 일상생활 속에서 수없이 찾아볼 수 있다. 사실 인간은 도구를 활용함으로써 엄청난 과업을 수행할 수 있기 때문에 가장 중요한 기능적 연관관계는 바로 인간과 도구의 관계이다. 오늘날 인간과 컴퓨터의 관계가 그 대표적인 예로써 이는 오늘날 첨단 기술문명의 시대에서 인간과 도구·사물, 그리고 물질의 관계성에 대한 함의를 제시한다. 즉, 인간은 목적이고 도구는 수단이라는 이분법적 구분이 더 이상 작용하지 않는 것이다. 예를 들어 인간의 손과 발은 도구인가 목적인가? 만일 손과 발이 '인간 존재'의 생존에 도구의 역할만 한다면, 여기서 '인간 존재'란 무엇을 가리키는가? 인간의 몸통이나 인간의 머리만을 가리키는가? 인간의 손과 발이 인간의 생존에 필수적인 기관으로써 단순히 도구의 역할만에 그치지 않는 것처럼 도구를 명확히 분리할 수 없는 경우도 많다.

그렇다면 인간의 여러 신체 기관들 중에서 인간이라고 불릴 수 있는 최후의 보루는 무엇인가? 인간의 몸통인가, 인간의 머리인가, 아니면 인간의 뇌인가? 사고로 인해 사지가 절단된 사람도 당연히 인간으로 간주되지만 잘린 팔다리 자체는 인간이라고 간주되지 않는다. 이러한 관념은 바로 사고, 주체성, 의식의 서식처인 두뇌를 인간을 규정하는 최후의 보루로 여기고 나머지 신체 부위들은 모두 '인간'의 생존을 위한 도구라고 여기기 때문이다. 과연 두뇌만이 목적이고 나머지 모든 신체 부위들은 수단이라고 말할 수 있을까? 만일 두뇌만이 진정한 인간이고 목적이라면 생각할 수 있는 능력을 지닌 인공지능이 만들어졌을때 그 존재도 인간이 될 수 있고 목적이 될 수 있을 것이다. 요컨대 인간과 비인간적 존재들을 목적과 수단으로 구분하는 것도 인본주의적 관념의 소산이다. 우주의 수많은 존재들을 목적과 수단으로 구분하고 있는 근거는 인본주의적 이념 말고는 없다. 포스트휴머니즘은 이러한 존재와 도구, 수단과 목적 간의 인본주의적 구별을 넘어서서 세상의 모든 존재들의 역할과 의미를 수평적 관계에서 이해하려는 관점이다.

(4) 포스트휴머니즘의 생명관은 무엇인가?

여성주의 철학자로서 비판적 포스트휴머니즘을 선도하고 있는 브라이도티는 오늘날 극대화된 자본주의를 바탕으로 한 기술적 변화에 기반하여 인류와 자연 및 다른 생명체들과의 관계성이 근본적으로 변화하고 있다고 주장한다. 한마디로 인간의 욕망과 이기심, 그리고 인간중심주의적 사고들이 현대의 기술적 도구들의 힘과 어우러지면서 다른 비인간적 존재들 — 자연이나 동물, 사물, 신체 — 과 인간적 타자들 — 흑인, 여성, 원주민 등 — 위에 군림하고 있다는 것이다. 인간들 사이의 억압과 착취·불평등의 문제를 비판적으로 성찰하는 비판이론적 관점을 포스트휴먼적 사회에 적용하는 것이 바로 비판적 포스트휴머니즘이다. 그런데 포스트휴먼적 조건 속에서는 인간과 비인간, 정신과 신체 및 물질들이 전례 없이 뒤섞이게 되었는데, 브라이도티는 이를 무엇보다도 "인간-기술 상호작용의 성격이 젠더, 인종, 종들 사이의 경계선을 흐려놓는 쪽으로 돌아섰다"고 주장하고 있다. 기술적 진보를 바탕으로 이러한 인간과 동물·사물들 간의 경계가 붕괴되는 가장 상징적인 현상들이 바로 노화나 죽음을 극복하려는 포스트휴먼적 욕망이다. 이제 인류는 각종 생명공학적 기술들과 자본의 힘을 바탕으로 삶과 죽음을 구분하는 '신의 영역'마저도 넘어서기 위해 노력하고 있고 이러한 기술적 노하우는 인간 세상뿐만 아니라 모든 자연계를 지배하고 통제하는 권력이 되고 있다. 브라이도티는 지구상의 모든 존재에 대한 이러한 생명의 통제와 착취를 "삶과 죽음의 정치학"이라고 표현하고 있는데(Braidotti, 2013, 2016), 이에 대해 하나씩 살펴보기로 하자.

첫째, 브라이도티는 포스트휴먼적 조건들이 인간에 대한 전통적 이해에 변화를 초래하고 있으며 비인간적 존재들의 지위에도 근본적인 변화를 만들어내고 있다고 주장한다. 오늘날의 포스트휴먼적 조건들 속에서 이루어지는 생명정치(biopolitics)는 인간뿐 아니라 동물과 식물을 포함한 모든 비인간적 존재를 단순한 생명정보의 운반자로 축소시킴과 동시에 그것을 상품화한다. 과거에는 광기, 젊음, 여성, 유랑자, 일탈자를 통제하는 것이 사회적 규범의 주된 목적이었다면 최근에는 '인간-아닌 것', 비유기적인 것, 비활성적인 것을 모두 포괄한 자연적 존재들을 지배하는 것이 목적이 되었다.

둘째, 오늘날 드론이나 인공지능을 갖춘 군사용 전투 로봇 같은 '무인무기들'과 '군인 없는 전쟁'의 등장은 새로운 형태의 비인간성을 양산함으로써 또 다른 죽음의 정치를 실천하고 있다. 우리는 이미 군사정보센터에서 통합적으로 통제되면서 작동되는 기술과 도구에 기반한 대학살의 시대와 세계 도처에서 반테러리즘이나 국가 안보, 보안 등의 이름으로 횡행되고 있는 다양한 "죽음의 세계들" 속에서 살아가고 있다.

셋째, 이에 대해 브라이도티는 포스트휴먼 조건이 배태하는 죽음의 정치학에 대항할 수 있는 생기론적 유물론(vitalistic materialism)을 제안한다. 생기론적 유물론은 스피노자Spinoza의 일원론(monoism)적 철학과 근본적 내재성에 기반한 신물질주의(new materialism)로서, 포스트휴먼적 조건들이 양산해내는 비인간적·비인도적 현상에 대항하기 위해서는 모든 사물과 생명체의 평등한 관계성을 중시하는 비인간중심적이고 수평적인 윤리관을 제시하고 있다. 이러한 개념이 바로 조에적(zoetic) 일원론으로써 포스트휴먼적 생명정치학이다.

넷째, 브라이도티는 조에적 생명정치학을 설명하면서 유한성의 철학은 생명의 한계 문제를 다루기엔 너무 근시안적 사고이기 때문에 이를 대신하여 "생명의 생성적인 과정이 죽음을 넘어서는 단계까지 고려하는" 포스트휴먼적 죽음의 윤리학에 대한 논의를 촉구한다. 이러한 포스트휴먼적 죽음의 정치학의 맥락 속에서 브라이도티는 죽어가는 방식에 대한 새로운 관점을 취할 수 있는 새로운 법의학적인 감수성을 요구하고 있는데 이것이 죽음에 대한 생기론적이고 유물론적인 이해다. 이를 통해 생명과 죽음, 그리고 삶을 이해하는 긍정적인 포스트휴먼 윤리학을 정립하고자 하였다.

다섯째, 긍정적인 포스트휴먼 윤리학이란 생명을 죽음의 지평 위에서 이해하는 방식을 넘어서는 것으로, 이는 하이데거적 관점인 "죽음을 인간 의식을 규정하는 특징으로 신성화하는 유한성의 형이상학"에서 벗어나 "조에적 본성인 생명의 생산적인 특성을 강조" 하는 것이다. 즉, 삶을 '죽기 전의 상태'로 간주하는 것이 아니라 생명의 끊임없는 연장 가능성으로 인정하는 것이다.

여섯째, 생기론적 관점에서 '생명'은 '우주적 에너지'이며 '텅 빈 카오스' 이면서 동시에 '절대 속도', 즉 운동이다. 그러한 에너지는 그동안 인본주의적 관점에서 괴물적이고 동물적인 본성으로 타자화되어 왔다. 포스트휴먼 생기론적 유물론의 기반이 되는 이 에너지는 모든 힘을 지닌 조에로서 삶과 죽음 사이의 경계를 흔들고 있다. '생명' 즉 조에는 죽음마저도 흡수하는 자기영속을 본질적 목적으로 하고 있기 때문에 삶과 죽음은 조에적 에너지의 흐름 속에서 창조적으로 생성되고 영속화된다.

브라이도티는 이러한 생명·삶·죽음의 윤리학을 정립하는 원천으로 들뢰즈의 사건 철학을 원용한다. 들뢰즈는 죽음을 '인격적 죽음'과 '비인격적 죽음'으로 구분하면서 개별적 인간들은 '인격적 죽음'에 당면하지만 개개인 안의 비인간적 속성들은 개별 인간의 죽음을 넘어 우주적 생명 안에서 해방될 수 있다고 본다. 이것이 생기론적 죽음의 개념인데 포스트휴먼적 죽음은 포스트휴먼적 주체들의 '지각 불가능하게 되기'일 뿐이고, 이때의 죽음은 욕망(에너지)의 끊김이 아니라 풍요로움과 넘쳐흐름이며 '되기(becoming)'의 순환의 일부다.

일곱째, 브라이도티는 위와 같은 조에적 생명정치학을 바탕으로 오늘날 진보된 자본주의(advanced capitalism)가 유전자 기술의 발달을 기반으로 생명에 대한 유전공학적 기술을 통해 세계를 통제하려는 시도에 저항하고자 한다. 오늘날 멸종 위기 동물들에 대한 자본주의적 거래, 전 지구적 성매매로 인한 여성들의 상품화, 유전자 조작 태아(designer baby)의 창조 산업과 유전자 거래, 그리고 물건처럼 생산되고 거래되는 보철화(prosthetic)된 신체들이 일상화되는 현실이 어떤 의미가 있는지에 대해 비판적으로 사유하고자 한다. 즉, 브라이도티는 세속적이고 비본질주의적인 생기적 유물론을 통해 인간 주체 안의 생성적인 비인간성을 긍정함으로써 포스트휴먼적 죽음에 대한 창조적인 대안을 탐색하고자 한다.

하이데거는 인간만이 '죽을' 운명의 존재자이고 다른 것들은 모두 소멸할 뿐이라고 말한 바 있다. 인간은 죽음을 맞이하는 존재이기 때문에 비로소 자신이 되고 본래적으로 '존재'의 의미를 획득하게 된다는 것이다. 하지만 이러한 죽음이 있기에 삶의 의미를 탐색할 수 있는 유한한 존재로서의 인간에 대한 이해도 포스트휴머니즘의 조건 앞에서 다른 해석을 필요로 한다. 포스트휴머니즘은 죽음과 삶의 경계나 나와 너의 구분도 인본주의적 관념임을 지적하고, 인간과 다른 비인간적 존재들의 관계성이 끊임없이 '함께 되어가는(becoming-with)' 존재라는 것을 강조하고자 하는 것이다.

2) 트랜스휴머니즘을 둘러싼 상반된 시각

본 절에서는 포스트휴머니즘의 긍정적 낙관론으로서 트랜스휴머니스트인 보스트롬의 포스트휴먼 옹호론(Bostrom, 2005)에 대해 보다 자세히 살펴보고자 한다. 이를 위해 우선 트랜스휴머니즘의 정의와 이와 반대되는 생명보존주의(Bioconservatism)의 정의를 다시 정리해보자. 트랜스휴머니즘은 과학과 기술을 이용해 사람의 정신적·육체적 성질과 능력을 개선하려는 지적·문화적 운동으로 이를 신봉하는 트랜스휴머니스트들은 장애, 고통, 질병, 노화, 죽음과 같은 인간의 조건들을 인간의 숙명으로 받아들일 필요가 없으며 과학기술의 발전에 따라 극복될 수 있는 것으로 규정한다. 반면 생명보존주의는 오늘날 첨단 과학에 의존한 인간의 기술적 변환이나 상상적인 포스트휴먼 비전을 추구하는 것은 결국 인간이 가진 생명에 기반한 존엄성을 침해하여 비인간화를 초래할 것이라고 심각하게 우려한다. 결국 보스트롬은 이러한 생명보존주의의 우려 속에서 트랜스휴먼적 관점이 어떤 의미가 있는지를 역설하고 있다.

(1) 트랜스휴머니즘이냐 생명보존주의냐

트랜스휴머니즘은 지난 20년 동안 세속적인 휴머니즘과 계몽주의를 바탕으로 기술 만능주의를 동력으로 하여 성장하였다. 트랜휴머니즘은 현재의 인간 본성은 영구불변하게 정해진 것이 아니고 과학기술의 적용이나 다른 합리적인 방법을 통해 건강, 지적 능력 및 신체적 능력 등을 향상시킬 수 있다고 본다. 트랜스휴먼적 조건들은 매우 유용하면서도 엄청난 잠재력을 가지고 있기 때문에 우리의 후손인 '포스트휴먼'이 현재 인류 보다 훨씬 더 큰 신체 능력과 지적 능력을 갖는 것은 장기적으로 바람직한 일이라고 본다. 물론 이러한 인간 능력의 증강은 개인들의 선택과 판단을 기반으로 해야 하고 그 개인이나 집단에게 재량권이 주어지는 것을 전제로 한다.

반면 생명보존주의자들은 인간의 한계성을 향상시키기 위한 기술의 적용을 반대하고 인간성의 회복을 주장한다는 점에서 네오휴머니스트라고 불린다. 대표적인 생명보존주의자들로는 레온 카스Leon Kass, 프랜시스 후쿠야마, 조지 아나스George Annas, 웨슬리 스미스Wesley Smith, 제레미 리프킨Jeremy Rifkin, 빌 맥키벤Bill Mckiven 등이 있다. 그들은 인간 증강 기술이 '비인간화'를 초래하거나 인간의 존엄성을 훼손할 수 있고, 돈이나 효율성으로 환산하기 어려운 가치들을 손상할 수 있다고 주장한다. 예를 들어 레온 카스는 불안은 종교적 의식처럼 은밀하게 인간성을 보존하는 역할을 하므로 필요한 요소라고 본다. 따라서 포스트휴먼적 조건을 향해 돌진하는 것을 막기 위해서는 무분별한 인간 증진 기술의 사용을 금지하는 것이 필요하다고 본다.

(2) 포스트휴먼에 대한 두 가지 두려움

포스트휴먼적 전망에 대해서는 두 가지 대표적인 거부감이 있는데 하나는 미래의 포스트휴먼적 세계 자체가 질적으로 저하되어 인간에게 해로울 수 있다는 우려에서 나온 것이고 다른 하나는 포스트휴먼적 세계가 특정인에게는 좋을지 몰라도 일반인에게는 위협이 될 수 있다는 우려이다.

첫 번째 거부감은 생명윤리학자인 레온 카스가 제기한 것으로 기술 주도적 미래가 인간 사회를 암울하게 만들 수 있다는 우려에서 나오는 것이다. 즉, 대부분의 종은 자연적 섭리에 따라 주어진 본성이 있고 그것을 따르는 것이 중요하기 때문에 이러한 본성을 거스르는 포스트휴먼 되기는 바람직하지 않다고 본다. 반면 트랜스휴머니스트들은 자연적으로 주어진 조건들을 당연시하여 거기에 종속되는 것은 합리적인 판단이 아니라고 여긴다. 암, 말라리아, 치매, 노화, 기아, 불필요한 고통, 인지적 단점들과 같은 생리학적 문제는 물론이고 심지어는 살인, 강간, 집단 학살, 부정행위, 고문, 인종주의 등과 같은 사회적 문제들에 대해서 과학과 기술의 발달을 바탕으로 이를 해결하는 것은 합리적 판단이라는 것이다. 예를 들어 헉슬리A. Huxley의 소설 『멋진 신세계(*Brave New World*)』, 루이스C. S. Lewis의 『인간해방』, 그리고 니체F. Nietzche의 『마지막 사람(*Last man*)』을 통해 지적되는 균질화, 평범성, 약물중독, 미각 저하, 사랑과 열망이 없는 영혼의 관념들은 모두 문명의 진보와 인간의 한계에 대한 우려와 함께 어울려 나타난 암울한 미래상을 표현하고 있다. 트랜스휴머니스트들은 기술의 발달을 잘 활용하면 이러한 문제들을 해결할 수 있으며 자연 질서를 따르기보다는 인간의 본성을 개혁하는 것이 합리적인 선택이라고 주장한다.

위 예에서 헉슬리가 묘사한 가상적 미래 사회는 많은 문제가 존재하고 있다. 역동적이지 못하고 전체주의적이며 계급 제도에 묶여 있고, 문화적으로 황무지이기 때문에 그 속에 사는 세계인들은 인간성이 말살되어 품위가 없다. 그들의 능력은 많은 면에서 현재 인류보다 상당히 열등하고 지적·감정적·도덕적·영적 능력은 둔화되어 있다. 그들 대다수는 정신 능력이 지체되어 있고, 10개 세계의 통제관들은 사람들이 감옥과 유사한 물리적 환경(울타리, 고립된 섬, 원시적 유배지, 사회적 고립 등) 속에 살면서 개성과 독립성, 자유, 진취성을 개발하는 것을 금지하고 있다. 결국 『멋진 신세계』는 도덕적·지적 능력을 손상시키기 위해 의도적으로 고안된 사회 공학의 비극적 미래를 그리고 있다.

트랜스휴머니즘은 이러한 세계와는 정반대의 미래를 상상하고 있다. 『멋진 신세계』와 같은 암울한 미래를 예방하기 위해 세계 통제자들에 대항하여 신체·건강·인식 상의 자유를 강력하게 주장하고, 정부가 강요하는 정책에 순응하는 것이 아니라 개인들이 자신의 합리적 판단과 선택에 기반하여 무엇이 자신과 가족들에게 좋을지를 자유롭게 선택할 수 있어야 한다고 본다. 따라서 정보 공개, 자유 토론 및 교육 등을 통해 사람들의 현명한 선택을 장려하는 것도 트랜스휴머니즘의 비전에 포함된다.

두 번째 거부감은 기존의 인류와 트랜스휴먼적 존재들 사이에 갈등과 괴리감이 유발될 수 있다는 우려에서 나오는데, 그러한 우려를 표방하는 대표적인 학자들이 조지 아나스, 로리 앤드류스Lori Andrews와 로자리오 이사시Rosario Isasi 등이다. 이들은 인간 복제나 유전자 변형은 인간성에 대한 범죄이자 고전적 인류에게 실질적인 위협을 가하는 행위가 된다고 주장한다. 즉, 새로운 종인 포스트휴먼은 과거의 '일반적'인 인간을 열등하고 야만스러우며 폐기처분해야 할 존재로 볼 수 있고, 일반인들은 자신들의 신변과 미래의 삶에 위협을 느끼고 폭력적인 행동을 할 수 있다는 것이다. 하지만 트랜스휴머니스트들은 이러한 우려가 과도한 걱정이라고 본다. 생명공학(유전자공학이나 의료공학 등)의 발전이 생물테러리즘과 같은 전쟁이나 파괴적인 용도로 쓰일 수 있다. 하지만 생명 테러리즘과 대량 살상 무기를 이유로 생명공학의 치료적 사용을 거부하는 것은 그러한 기술이 인류의 건강, 수명, 그리고 인간의 신체적·정신적 능력을 향상시킬 수 있는 가능성을 제한할 수 있다는 점에서 합리적인 판단이 아니라는 것이다.

아울러 트랜스휴머니스트들은 인간 집단들 간의 계급적 분화나 갈등은 인류사의 지속적인 문제로써 이를 기술 개발을 제한함으로써 해결할 것이 아니라 적절한 법과 제도를 통해 해결해야 할 문제라고 본다. 다양한 분야에서 기술과 능력이 강화된 사람들을 양성하는 것이 반드시 사회적 분열을 야기한다고 볼 수 없기 때문에 국가와 같은 공적 기구들이 사람들 사이의 능력차를 효율적으로 관리할 수 있는 제도를 만들면 해결될 수 있다는 것이다. 이처럼 전통적 인간과 포스트휴먼 간의 전쟁과 같은 극단적인 갈등을 우려하는 것은 포스트휴머니즘에 대한 오해이자 인간의 본성에 대한 부정적 시각이 부각된 결과라고 본다. 전통적 인간과 포스트휴먼 사이의 불평등, 차별, 비난 등이 사회적 문제가 될 가능성은 있지만 그러한 문제는 이미 인간 중심의 사회에서도 존재해온 문제이고 포스트휴먼의 등장 때문에 야기되는 문제가 아니라는 것이다.

만일 소수의 개인이나 집단이 전 세계를 지배할 수 있을 정도로 능력이 엄청나게 향상된 존재가 되어 그러한 능력을 발휘하려고 하면 어떻게 될까? 특히 몇십 년 안에 초지능형 컴퓨터와 결합된 포스트휴먼이 등장할 경우 이러한 우려는 현실이 될 것이다. 앞으로 점점 인간의 능력을 뛰어넘는 인공지능 기술과 로봇이 확산되기 때문에 이제는 윤리적 문제만이 남게 될 것이다. 그러한 기술 지배적 사회에서는 보다 인간 친화적인 초지능적 존재들(사이보그, 로봇, 포스트휴먼 등)이 생산되고 활동할 수 있는 사회기술적 조건을 만들거나 기술이 존재하더라도 인간이 할 수 있는 영역과 역할을 남겨두는 사회적 장치를 마련해야 할 것이다.

(3) 인간의 존엄성 대 포스트휴먼의 존엄성

인간의 존엄성은 도덕적 지위로서의 존엄성(최소한의 존중을 받을 수 있는 양도 불가능한 권리)과 가치 있고 고결한 자질로서의 존엄성(가치로움, 고귀

함, 탁월성 등)의 두 가지 차원에서 논의될 수 있다. 그런데 위 두 가지 존엄성이 인간 존엄성의 기준이라면 포스트휴먼도 존엄성을 가질 수 있다.

첫 번째 도덕적 지위로서의 존엄성 문제에 대해 네오휴머니스트인 프랜시스 후쿠야마는 존엄성을 인간 이외의 존재에게도 부여하는 것은 큰 위험을 초래할 수 있다고 경고하는 반면, 트랜스휴머니스트들은 자연 세계의 모든 존재들을 제외하고 인간 존재에게만 존엄성을 부여하는 일이 더 큰 위험을 초래하고 있다고 주장한다. 예를 들어 후쿠야마는 능력이 증강된 포스트휴먼적 존재에게 존엄성을 부여하는 것은 능력이 제한된 인간존재(유아, 정신 및 지체장애인, 혹은 보통사람들)의 도덕적 지위를 잃게 할 위험이 있다는 것이다. 반면 포스트휴머니스트들은 비인간적 존재에게도 존엄성을 부여하는 것은 어떠한 존재적 상태(남성이든 여성이든, 흑인이든 백인이든, 살이든, 실리콘이든)와도 상관없이 모든 존재들에게 적절한 도덕적 인식과 법적 권리를 부여하여 보다 포괄적인 사회 구조를 만들 수 있는 기본 조건이 된다고 본다.

두 번째 고결한 자질로서의 존엄성을 놓고 볼 때 트랜스휴머니스트들은 인간들 사이의 존엄성의 정도가 개인마다 모두 다르다고 본다. 다른 사람들보다 도덕적·인성적 자질이 훨씬 뛰어난 사람도 있고 또는 매우 잔인하고 이기적인 사람도 있다. 따라서 포스트휴먼도 이러한 도덕적 존엄성을 가질 수 있고 어쩌면 인간들보다 더 높은 수준의 도덕성과 품격을 얻을 수 있다. 물론 타락한 포스트휴먼으로 변신하는 사람들도 있을 수 있지만 그러한 경우를 대비해서 교육, 격려, 설득, 사회적 협의, 문화 개혁 등을 활용하면 된다. 그러므로 도덕적 타락을 우려하거나 후손의 선택권을 위해 포스트휴먼적 미래를 거부하는 것은 합리적인 의사결정이 아니다.

한편, 한스 요나스Hans Jonas는 미래의 후손이 현재의 우리들이 시도하는 인간 능력의 확장에 대해 선택권이 없이 노출될 수 있다고 우려한 바 있다. 이에 대해 트랜스휴머니스트들은 후손들이 덜 발달된 능력과 환경에 처하는 것을 선호할 수 있다고 생각한다면 인류는 그냥 원시 상태로 머물러있는 것이 나았을 것이라고 반박한다. 유전자 변형을 통한 인간 개조가 후손들로 하여금 자신의 삶에 대한 선택권을 앗아가는 것이라고 여기는 것은 단편적인 사고일 뿐이다. 오늘날 인류가 우연에 의해 만들어진 자신들의 유전자가 제공한 삶 속에서 선택을 하고 살아가는 것처럼 유전자 조작에 의해 태어난 후손들도 자신들이 갖고 태어난 유전자에서 출발하여 자신만의 선택을 하며 살아가게 될 것이다. 그런데 만일 후손들이 훨씬 더 확장된 능력의 유전자 세트에서 출발한다면 그들은 우리보다 더 많은 선택과 자율성을 누릴 수도 있을 것이라고 본다.

(4) 왜 포스트휴먼적 존엄성이 필요한가?

자연분만으로 태어나지 않은 인공 수정이나 시험관 아기, 혹은 '자연스럽지' 않은 출산의 경로로 태어난 아기들은 모두 문제를 겪게 될까? 상당수의 심각한 심리적 장애를 겪고 있는 아이들이 체외수정을 통해 시험관에서 태어난 아이들이라는 연구가 한동안 대중들에게 알려진 바 있다. 훗날 그러한 연구들이 근거가 빈약하다고 판명되었지만 트랜스휴머니스트들은 생명보존주의자들이 이러한 편견에 근거하여 인간 증진 기술 금지를 정당화하고 있다고 본다. 기술에 대한 이러한 관점 차이는 포스트휴먼의 존엄성에 대한 다른 태도에서도 발견된다. 생명보존주의자들은 포스트휴먼적 존재의 존엄성을 부정하고 포스트휴머니티를 인간의 존엄성에 대한 위협으로 본다. 반면 포스트휴머니스트들(특히 트랜스휴머니스트들)은 어떤 존재의 존엄성을 현 상태(생물학)적 조건이 아닌 '되기(Becoming)의 가능성'(물질적)을 통해 판단하기 때문에 인간과 트랜스휴먼의 존엄성을 양립 가능하고 상호보완적이라고 본다.

그렇다면 포스트휴먼적 존엄성이란 무엇인가? 포스트휴먼적 존엄성은 존재의 물질적 조건에서 나오는 것이 아니라 (인간적 및 비인간적) 존재와 기술, 그리고 사회적 맥락의 관계성에 기반하고 있다. 유전적으로 개량된 미래의 포스트휴먼적 존재가 등장했을 때 그 존재의 존엄성을 판단하는 기준은 오늘날의 기준과 달라질 수 있다. 원시시대의 수렵채집인의 눈에 모든 현대인이 '포스트휴먼'으로 보여질 수 있는 것처럼 우리의 현재 관점으로 미래의 존재가 포스트휴먼으로 분류될 뿐이다. 원시인에 비하면 현대인이 생물학적으로나 기술적으로 비교할 수 없을 만큼 능력이 증강되었지만 그것이 오늘날 인간들의 도덕적 지위를 박탈하거나 인간성의 완전 말살을 가져오지는 않았다는 점을 주목할 필요가 있다. 머지않은 미래에 포스트휴먼이라는 존재가 등장하더라도 그 자체가 존엄성 상실을 가져온다고 말할 근거가 없는 것이다.

트랜스휴머니스트들은 기술에 의해 향상된 인간의 삶이 도덕적 퇴보를 유발한다는 우려에 동의하지 않는다. 오히려 포스트휴먼적 존엄성을 강조함으로써 인간과 비인간적 존재들에 대한 도덕적 기준의 이중성을 극복하고 세상 모든 존재에 대한 포괄적인 윤리의식을 확립할 수 있다고 믿는다.

3) 포스트휴머니즘을 둘러싼 담론들

(1) 포스트휴머니즘의 관점과 그 정당성

포스트모던 사상가인 아이합 핫산Ihab Hassan은 포스트휴머니즘을 계몽주의적 사상에 기반한 이성 중심의 인간관과 인본주의적 세계관, 그리고 자연에 대한 인류중심주의적 지배 관념을 거부하는 관점으로 파악한다. 인간은 자연을 파괴하거나 자연 위에서 군림할 하등의 권리가 없으며 세상을 이해하기 위해 생산되고 확장된 인간의 지식도 기존의 도구적 역할에서 한발 물러서기를 요구한다. 인권의 문제도 동물권이나 다른 포스트휴먼적 존재들의 권리와 동일선상에서 간주되어야 한다. 아울러 인본주의의 이성적 전통을 완전히 버리지는 않더라도 인간 지능의 한계와 오류 가능성을 인정하기를 요구하고 있다.

포스트휴먼 담론의 지지자들은 새로운 기술들의 등장과 문명의 진보가 데카르트적 관념이나 계몽주의 시대를 토대로 형성된 전통적 인간의 위상에서 벗어나서 인간에 대한 근대의 철학적 이해를 새롭게 규정하기를 요구한다. 따라서 현대의 사회적 경계들을 넘어서 포스트모던적 맥락 속에서 진리 추구를 요구하며 기존의 인류중심주의적 가정을 바탕으로 한 인류학적인 보편성들(anthropological universals)에 기반한 관점과 태도를 거부한다.

같은 맥락에서 미셸 푸코Michel Foucault는 인본주의가 규범을 수립하려는 시도라면 계몽주의는 인본주의가 이루어놓은 경계들을 포함하여 모든 물질주의적 관념을 초월시키려 하므로 둘 사이에 긴장이 일어날 수밖에 없다고 보았다. 이러한 인본주의적 경계들에 대한 계몽주의의 도전에 이어서 포스트휴머니즘은 다양한 인간 중심적 도그마(인류학적, 정치적, 과학적)들이 토대한 가정들을 거부하고 인간이란 무엇인가에 대한 사고의 본질을 변화시키고자 한다. 이를 위해서는 진화론적이나 생태학적·기술적 담론들에서 인간을 세상의 중심에서 끄집어낼 뿐만 아니라 그러한 담론들에 내재된 '인간성(humanness)'에 대한 인본주의적이고,

인류 중심적이며, 규범적인 관념들의 재고를 요구한다.

(2) 포스트휴머니즘 담론들 간의 차이

포스트휴먼적 담론들은 인간이란 무엇인지에 대해 점검하고 이를 오늘날의 문화적 역사적 맥락들 속에서 비판적으로 탐문하려는 노력이다. 캐서린 헤일즈는 『우리는 어떻게 포스트휴먼이 되었는가?』(1999)에서 포스트휴먼에 대한 담론들이 끊임없이 지적 기계들의 발전과 함께 공진화하고 있다고 표현한 바 있는데 이는 포스트휴먼에 대한 이해와 논점들이 지적 기계들이 급속한 발전에 따라 빠르고 역동적으로 변하고 있다는 것을 보여준다. 헤일즈는 오늘날 생물학적 신체를 가진 인간과 기술적 도구나 물질 간의 구분이 불확실하다는 것을 보여주고자 하였는데 이러한 관점은 기술적(technological) 포스트휴머니즘으로 분류된다. 헤일즈는 그동안 우리가 굳건히 믿어왔던 인간됨(humanness)의 개념이 얼마나 피상적이었는지를 강조하면서 포스트휴머니즘을 신체적 경계에 근거한 주체성(subjectivity)을 넘어서는 것이라고 본다. 이로 인해 주체성의 개념도 변함과 동시에 인간이란 무엇인가에 대한 관념도 파괴되기 때문에 헤일즈가 상정한 포스트휴먼은 도나 해러웨이Donna Haraway(1985)가 『사이보그 선언(*Cyborg Menifesto*)』에서 언급한 사이보그적 존재와 유사하다.

하지만 해러웨이를 비롯하여 비판적 포스트휴머니즘의 담론적 지향성은 기술적 혁신을 통해 인간의 생물학적 능력을 확장하려는 유토피아적 관점의 포스트휴머니즘(즉, 트랜스휴머니즘)과는 구별된다. 철학자인 섀논 벨Shannon Bell은 "이타주의, 상호주의(mutualism), 인본주의는 자유주의적 자본주의를 지탱하고 있는 유연하고 간결한 가치들이다. 식민주의, 제국주의, 신제국주의, 민주주의, 그리고 미국식 민주주의(American democratization)를 물론 포함한 착취의 담론 속에는 항상 인본주의가 역할을 수행했다"라고 주장한 바 있다. 즉, 트랜스휴머니즘의 심각한 문제들 중의 하나는 자유주의적 인본주의 가치들을 무비판적으로 수용하여 이를 인간 증진을 위한 기술적 향상에 적용하려 했다는 것이다. 하지만 포스트휴머니스트들은 전반적으로 트랜스휴머니즘이 계몽주의, 인본주의, 고전적 자유주의, 그리고 과학주의의 가치들을 포용하고 확장한다는 점에 대해 비판적 입장을 견지하고 있다.

서구 사회의 공식적 교육은 인본주의적 이상에 굳건한 뿌리를 내려왔다. '인간 되기'를 목표로 인지적·사회적·윤리적 능력을 개발하는 것은 계몽주의 철학의 전통과 같은 교육적 이상으로 상징화되어왔다. 그러한 관념은 인간의 본성이 무엇인가와 인간과 비인간적 존재 사이의 경계에 대한 근본적인 존재론적이고 인식론적인 질문을 던지기 시작한 포스트휴먼 이론가들에 의해 철저히 비판받고 있다. 따라서 포스트휴머니즘은 인간중심주의와 기술중심주의 모두에 대한 비판을 바탕으로 인간 자신과 비인간적 타자들, 인간의 의식·이성·지식, 주체성·능동성·관계성, 그리고 포스트휴먼적 존재들의 신체·삶과 체화에 대한 새로운 이해의 틀을 정립하고자 한다.

특히 비판적 포스트휴머니즘은 페미니즘, 비판적 인종 이론, 후기식민주의 이론, 비판적 문화이론 등을 바탕으로 권력, 소외, 타자화 등에 대한 비판적 관점을 인간 사회의 범주에서 생태적 범주로 확장시키고자 한다. 예를 들어 비판적 이론가인 쟈키야 잭슨Zakiyyah I. Jackson, 프란츠 파농Frantz Fanon, 에이미 세자르Aime Cesaire, 호텐스 스필러스Hortense Spillers, 그리고 프레드 모튼Fred Moten 등은 포스트휴머니즘에서 인간과 비인간의 전형적인 구분을 넘어서는 시도는 종종 인종주의에 대한 비판을 등한시하고 있다고 지적한 바 있다. 따라서, 과거의 인종이론이 과학적 인종주의(scientific racism)나 유럽중심주의를 바탕으로 한 인종적 차별을 비판했던 것처럼 포스트휴머니즘은 비인간적 존재들에 대한 차별의 근거가 되는 인본주의에 대한 도전을 의미한다.

(3) 트랜스휴먼적 존재의 가능성과 한계

포스트휴먼, 특히 트랜스휴먼적 존재들은 어떤 존재들이고 그들의 가능성과 한계는 무엇인가? 포스트모더니즘에서 포스트post-가 '근대성의 완전한 종말'을 의미하지 않은 것과는 달리 포스트휴머니즘에서 '포스트'는 '순수한 인간'이란 존재가 궁극적으로 희미해지는 미래를 상정하고 있다. 그런 의미에서 도나 해러웨이는 인간과 공존하는 비인간적 존재들을 동료 종족(companion species)이라고 불렀다. 따라서 기술 중심적 미래 사회는 포스트휴먼적 인간과 트랜스휴먼적 인간이 공존하게 될 것이다. 사실 양자의 구분이 더 이상 의미 없는 시점이 다가올지도 모르며, 앞으로는 누가 어느 정도의 트랜스휴먼적 존재들이 될 것인가의 문제만 남게 될지 모른다.

트랜스휴먼적 기술이 현실화되면 그러한 기술이 제공하는 인간 증진을 위해 모든 것을 투자하는 집단이나 계층이 등장하게 될 것이며 이는 윤리적 문제를 야기하게 될 것이다. 아울러 트랜스휴먼적 기술들은 인간의 지적 능력을 향상시켜주는 기술도 포함하므로 학습, 교육, 직업선택 등의 분야에서 근본적인 인식의 변화가 나타나게 될 것이다(Bostrom 2006). 예를 들어 인지 및 신체적 능력 증진 기술은 개인들의 과업 수행 능력도 향상시켜줄 수 있기 때문에 이는 모든 개인의 관심사가 될 수밖에 없다. 사실 이러한 포스트휴먼적 기대(욕망)는 경제적으로나 심리적으로 사회계층적 차이를 반영하므로 경제적 여유를 갖거나 트랜스휴먼적 조건의 유리함을 인식한 엘리트 계층일수록 인간의 능력 향상에 대한 기대치가 훨씬 높을 것이다.

또한 트랜스휴먼적 존재의 정서 능력에 대한 논란도 존재한다. 만일 트랜스휴먼적 존재들이 의약품이나 기술적 도구들에 의해 생산적이고 건강하고 밝고 능동적인 정서 상태를 유지할 수 있다면 어떨까? 포스트휴먼의 정서 수준을 높은 정서적 능력(high emotional capacity)과 같은 목표치에 맞추는 것은 첨단 의학기술을 통해 달성 가능하지만 인간의 정서는 기본적으로 생리적 조건에 결부되어있기 때문에 신체의 역할이 최소화되는 트랜스휴먼에게 정서적 증강이 어떤 효과를 발생시키게 될지는 아직 확신하기 어렵다. 예를 들어 자살 우울증에 시달리는 사람이 정서를 개선하는 처치를 받고 삶의 질이 향상되는 것은 긍정적인 사례가 될 수 있지만 개인의 정서 상태의 본질이 무엇이고, 그것을 개선한다는 것이 인간의 삶에 어떤 영향을 끼칠 수 있는가에 대한 심리학적·사회윤리적·개인의 가치관적 판단이 필요하다.

요컨대 트랜스휴먼은 지금까지 인류가 진화상 경험하지 못한 전혀 새로운 감정·심리적 상태를 가진 존재를 '기술적으로' 만들어낼 수 있다. 하지만 그러한 인위적 감성 상태가 과연 인간의 본질과 의미를 추구하는 데 도움이 될 것인가에 대해서는 여전히 많은 논란이 존재한다. 지금까지 1장에서는 포스트휴머니즘이 무엇이며 포스트휴먼적 존재는 어떤 성격과 의미를 지니게 될 것인지에 대해 살펴보았다. 다음 2장에서는 포스트휴먼적 기술의 변화 양상과 그 여파에 대해 생각해보기로 한다.

제2장

기술적 환경의 변화와 포스트휴먼의 등장

"우리는 도구를 만들었지만, 지금은 그 도구가 우리를 지배하고 있다."

-밝혀진 천국: 포스트휴먼 시대의 약속된 땅(Popovici, 2017)

1. 포스트휴먼적 환경의 변화

1) 기술적 진보와 사회적 변화

많은 역사학자와 미래학자들은 과거 수천 년 동안의 인류 변화 양상 보다 최근 지난 100년간의 변화가 훨씬 컸다고 보고 있다. 예를 들어 사람들의 문자 해독률은 2%에서 88%로 증가하였고 교통비용과 효율성은 100배, 의사소통의 비용은 10만 배, 그리고 지식의 양은 100만 배 증가하였다. 이러한 변화는 인류의 생활 방식에 완전한 변화를 가져와서 아이들을 교육하는 방식, 정부의 형태와 통치방식, 인간들 간의 관계를 연결하는 방식, 그리고 무역이나 물류의 형태도 훨씬 빠르고 효과적으로 바꾸었고 인간의 취미나 여가생활들도 크게 변화시켰나. 이러한 변화의 가장 큰 원동력은 다름 아닌 컴퓨터 기술의 혁신이었다. 컴퓨터 기술의 혁신에는 네트워크 기술, 센서 기술, 로보틱스robotics, 3D 프린팅, 생물합성 기술(synthetic biology), 재료 과학, 증강·가상현실, 인공지능 기술이 포함되어 있고, 이러한 다양한 분야의 기술들 간의 예측 불가능한 수준의 융합이 이루어지고 있다. 그러한 기술의 대통합이 일어나는 시점을 가리키는 것이 바로 싱귤래리티singularity란 개념이고 이러한 변화의 시작을 일컫는 것이 바로 4차 산업혁명이다.

미래의 기술적 변화가 인류의 일상생활에 어떤 영향을 미치게 될지를 보여주는 기술적 현상이 바로 만물인터넷(Internet of Everything: IoE)이다. 모든 사물을 네트워크를 통해 연결함으로써 인간의 생활을 편리하게 혁신하고자 하는 사물인터넷(Internet of Things: IoT)의 개념에서 한발 더 나아간 만물인터넷은 사물뿐만 아니라 모든 존재가 머지않아 네트워크 속으로 통합될 수 있음을 의미한다. 이러한 만물인터넷을 가능하게 하는 핵심적인 기술적 인프라는 네트워크와 센싱sensing 기술인데 미래의 센싱 기술 증가 속도를 예로 들면, 2015년경에는 150억 개 정도였던 센서가, 2020년이면 500억 개의 센서 기기와 1조 개의 센서가, 그리고 2030년이면 5천억 개의 센서 기기와 100조 개의 센서가 전 지구상에 깔리게 될 예정이다. 바야흐로 모든 지구상의 사물들뿐 아니라 생물적 존재들도 센서들을 통해 정보를 주고받으며 네트워크 속으로 통합될 것이다.

이러한 인류의 네트워크 의존도 증가를 보여주는 대표적 통계가 인터넷 사용자의 증가이다. 2000년경만 해도 60억 인구의 6%만이 인터넷 사용자였는데 이것이 2010년에는 68억 인구의 23%로 증가하였고, 2020년경에는 75억 인구의 66%, 그리고 2025년이면 거의 모든 인류가 인터넷 사용자가 될 전망이다. 이러한 변화는 인류가 더 이상 과거의 인본주의적 존재로만 머무르지 않으리라는 것을 암시한다. 이러한 사실을 직관적으로 보여주는 것이 바로 인간의 생존과 사고를 총지휘하는 생물학적 두뇌가 다음 그림과 같이 물질주의적 메커니즘으로 바뀔 수 있다는 것이다. 즉, 아래 그림은 인간의 두뇌 활동의 핵심 메커니즘인 뉴런과 시냅스의 활동이 인공지능 기술에 의해 전기/전자 신호를 통해 컴퓨터로 처리될 수 있음을 보여준다(Diamandis, 2012).

[그림 2-1] 인간의 생물학적 두뇌의 기술적 전환

그렇다면 이러한 변환을 가능하게 하는 핵심 기술에는 어떤 것들이 있는지 구체적인 예들을 살펴보자.

우선 태아 생성(embryogenesis) 기술이 있다. 이 인공적 태아 생성은 이미 유전자 이식(transgenics) 기술을 통해 쥐나 식물 등에 인간이나 다른 동물의 줄기세포를 이식하는 실험을 통해 성공적으로 시도된 바 있다. 특히 휴먼 게놈 프로젝트를 통해 인간 게놈의 매핑(위치와 역할에 대한 해석)이 100% 이루어진 현 상황에서 향후에는 종(species)의 장벽을 넘나드는 생명공학(bio-engineering) 프로젝트가 활발하게 이루어질 것이다.

아울러 이러한 유전자의 생물학적 변형 프로젝트들은 여러 동식물의 장점을 살림으로써 '더 낫게, 더 강하게, 더 빠르게(better, stronger, faster)'라는 기치 아래 생물들의 특성을 군사, 산업, 의료업 분야에 활용하게 될 것이다. 몇 가지 예를 들면 미국 국방고등연구소(Defense Advanced

Research Projects Agency, DARPA)의 프로젝트 '거미 염소(spider goats)' 연구에서는 유전자를 조작하여 젖 대신에 거미줄을 생산하는 염소에 대한 연구를 실시하고 있으며, 수많은 줄기세포(stem cell) 연구들이 인간과 동물을 합성하거나 인간의 DNA를 동물에 삽입하는 실험을 진행하고 있다. 이를 통해 머지않아 기존의 생물학적 한계를 뛰어넘는 동물들, 그리고 인간까지 등장하게 될 것이다.

이러한 생명공학의 기술은 비단 유전자 변형 및 조작 기술에 국한되지 않는다. 이미 오늘날 우리는 네트워크와 가상현실 기술을 바탕으로 인간의 사고와 의식의 영역까지 전산화 혹은 디지털화하는 현실을 경험하고 있다. 물리학을 전공한 미래학자인 미치오 가쿠Michio Kaku는 『인간성의 미래(*The Future of Humanity*)』라는 저서에서 현재의 인터넷은 머지않아 브레인넷Brainnet의 역할을 할 것이라고 장담하고 있다. 즉, 인간의 정신·마음, 감정, 지식들이 인공지능기술 등을 바탕으로 네트워크에 연결되어 그 네트워크 속에서 인류의 집단적이고 총체적인 의사소통, 감정교류, 여가 및 취미 활동, 가상현실적 체험 등이 이루어지는 상태가 바로 브레인넷인 것이다. 그렇게 되면 인류의 정신은 더 이상 개별 인간들의 두뇌 속에 갇혀 있지 않고 브레인넷 속으로 확장되어 작동하게 될 것이다. 물론 이러한 생명공학 기술의 발달과 인간에의 적용에 관련해서는 앞서 언급한 것처럼 여러 가지 윤리적 문제들을 고려할 필요가 있다.

2) 모든 것은 연결된다: 사물인터넷(IoT), 만물인터넷(IoE), 그리고 만인인터넷(IoP)

미래 사회를 포스트휴먼적 조건으로 만들어가는 가장 중요한 동력이 바로 인터넷이다. 인터넷이 등장한 지 40년이 지난 현재, 인터넷은 이제 인류 문명과 기술 중심 사회에서 없어서는 안 될 핵심적 요소가 되어버렸다. 오늘날 인터넷은 정보통신기술의 발달로 속도와 저장용량의 폭발적인 증가로 인해 이제 모든 데이터, 정보, 사물, 그리고 사람들까지도 연결시키는 시점에까지 이르게 되었다. 이와 같은 인터넷의 확장성은 앞 절에서 소개한 사물인터넷과 만물인터넷을 넘어서 만인인터넷(Internet of People: IoP)으로까지 발전하고 있는데 이를 하나씩 자세히 살펴보자.

첫째, 사물인터넷(IoT)은 센서와 통신 기능이 내장된 각종 사물이 무선통신을 기반으로 인터넷에 연결되어 상호 간에 데이터를 주고받으며 이용자의 사용 편의성을 도모해주는 기술을 지칭하는 개념이다.[1] 여기서 사물에는 가전제품, 모바일 장비, 웨어러블 컴퓨터 등 다양한 임베디드 시스템을 가리키는데 이러한 각종 사물은 인공지능 기능을 탑재하여 스스로 분석하고 학습할 수 있고 외부 환경으로부터의 데이터 취득을 위한 각종 센서를 내장하게 된다. 사물인터넷 기능을 갖춘 제품들은 인터넷상에서 자신을 구별할 수 있는 독자적 아이피IP를 통해 인간 사용자와 원격으로 교신하면서 필요한 정보를 주고받는다. 머지않아 모든 사물이

---

1 IoT의 3가지 기술적 원리인 M2M(Machine-to-Machine)은 네트워킹, 센싱 기술, 인터페이스 기술을 근간으로 한다. 첫째, 네트워킹 기술은 인간과 사물, 서비스 등 분산된 환경요소들을 서로 연결시킬수 있는 유무선 통신 시스템으로, 5G·LTE, WiFi, 블루투스(bluetooth), 위성통신 등이 활용된다. 모든 사물의 IP화 개념인 사물인터넷을 구현하기 위해서는 LTE를 넘어서는 원거리 무선통신과 근거리통신을 완벽하게 연결시키는 것이 수반되어야 하며, 이러한 개념을 '5G'로 정의하기도 한다. 둘째, 센싱 기술은 온도, 습도, 열, 가스, 조도 및 초음파 등 다양한 센서를 이용하여 원격감지, 위치 및 모션 추적 등을 통해 사물과 주위 환경으로부터 정보를 획득하는 기능이다. 셋째, 인터페이스 기술은 사물들 간의 상호작용이나 통신을 효율적으로 수행할 수 있는 인터페이스를 개발하여 데이터의 저장과 처리 및 변환 등의 특성 기능을 수행하고 응용 서비스와 연동시켜 다양한 서비스를 제공하기 위한 기술이다.

서로 연결되고 사물들이 능동성을 띠며 작동하는 미래 환경은 일상적 현실이 될 것이다.

둘째, 만물인터넷(IoE)은 사물인터넷의 개념이 확장된 것으로 2015년 『가트너*Gartner*』지가 미래의 탑 트렌드들 중의 하나로 지목한 기술적 환경이다. 만물인터넷의 핵심 아이디어는 사물들뿐 아니라 과정, 데이터, 그리고 사람들까지도 네트워크 연결성 속에 포함되는 환경이 이루어진다는 것이다. 그 핵심 방식은 각각 모든 사물이 센서, 인공지능, 통신장치를 갖추어 연결되며(사물), 보다 나은 의사결정을 내리기 위해 데이터를 정보로 바꾸고(데이터), 적절한 정보를 올바른 시점에 필요한 사람에게 제공하고(과정), 그리고 사람들을 보다 합당하고 가치있게 연결하는(사람) 것이다. 따라서 IoE 환경은 세상의 모든 존재가 기존과는 비교할 수 없을 만큼 광범위하고 깊숙이 상호 연결되고, 지식과 정보의 끊임없는 생산과 창조를 가져오는 지적 네트워크의 성격을 띠기 때문에 미래 사회에 새로운 가능성과 심도 있는 경험을 가져다주게 될 것이다(Cisco, 2013).

셋째, 만인인터넷(IoP)의 아이디어는 현재 인터넷의 사물 중심 인프라 구조가 통신 기술이 더욱 진보되어 현실 세계와 가상 세계의 구분마저 희미해지는 미래의 기술적 환경 속에서는 적합하지 않다는 문제의식에서 생겨났다. 즉, 현재의 컴퓨터나 스마트폰이라는 통신기기들이 인간 외부적 도구로서 인간을 대리하는 역할을 해왔다면, 미래에는 통신 활동이 현실 세계에서만 이루어지는 것이 아니라 가상현실 속에서도 이루어지고 통신장비가 인간의 내부에 포함되는(embedded) 기술적 환경이 구현될 것이다. 이를 가상적 세계와 물리적 세계의 융합(Cyber-physical convergence)이라고 부를 수 있는데, 그러한 인터넷 환경의 급진적 변화 속에서 인간은 단순한 인터넷 사용자가 아니라 인터넷의 일부이자 핵심 요소가 되는 것이다(Conti, Passarella, & Das, 2017). 따라서 미래적 인터넷 환경에서는 사물(컴퓨터 단말기, 챗봇, 인공지능, 사이보그적 존재 등)과 생물학적 인간의 구분, 현실 세계와 가상 세계의 명확한 구분은 점점 의미를 잃게 될 것이며, 인간은 '인터넷'과 같은 전 지구적 네트워크 시스템 속에 포섭되는 만인인터넷 환경 속에서 살아가게 될 것이다.

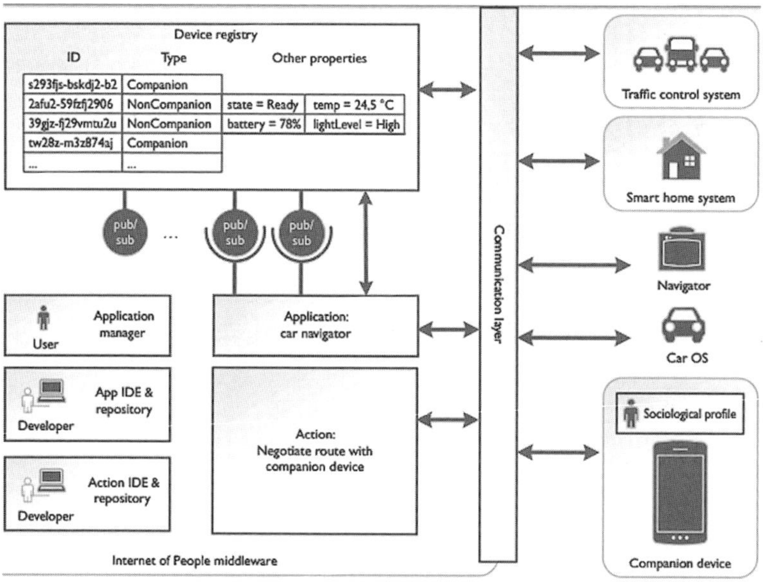

[그림 2-2] Internet of People(IoP) 개념도 middleware.

위 그림에서 서비스 기반 시스템(The service-oriented system)은 기기 등록, 앱 운영자, 앱 저장소, 그리고 활동 저장소 등과 같은 다양한 요소들을 포함한다. 이러한 요소들의 내적 알고리즘은 교신층(communication layer)을 거쳐 놀아오는 신호를 통해 외부 사물 및 주체들과의 소통을 시도하게 된다(Miranda, Mäkitalo, Garcia-Alonso, Berrocal, Mikkonen, Canal, et al., 2015).

요컨대 미래의 인터넷 환경은 사물인터넷, 만물인터넷을 걸쳐 궁극적으로 만인인터넷의 환경이 구축되는 방향으로 전개될 것이다. 여기서 중요한 것은 만인인터넷 환경에서의 인간은 기존의 생물학적 인간과는 상당히 다른 성격이나 조건을 지닌 존재가 될 것이라는 점이다. 이러한 미래를 전망하면서 우리가 할 일은 그러한 기술적 조건 속에서 인간의 위치와 역할, 그리고 의미가 무엇인가를 꼼꼼히 되새겨보면서 그에 대비하는 일이다.

3) 기술적 진보와 포스트휴먼의 딜레마

철학자 이종관(2015)은 기술 중심적인 미래 사회에서 인간성의 가치가 무엇이고, 인간성이 보존될 가능성이 있는지 묻는다. 인간은 생각하고 판단하는 정신적 존재만이 아니라 감정과 쾌락을 느끼고 땀 흘려 일하고 행동하는 육체적 존재이기도 하다. 그런데 기술 중심 사회에서는 편리성과 효율성을 위해 인간의 노동과 육체적 활동, 그리고 궁극적으로 기존의 여러 직업들의 필요성을 제거하고 있다. 여러 미래 전망에서 예견하고 있듯이 포스트휴먼적 존재들은 과거와 같은 육체적 활동이나 직업들을 사라지게 하고 있다. 이러한 현상이 어떤 사회적 문제를 낳게 될까?

이종관은 노동의 효과와 의미가 사라진 미래의 인간들에게 중독 사회가 도래할 수 있음을 경고한다. 그는 중독을 물질적 풍요 속에서도 발생하는 인간에게만 독특한 시간적 질병이라고 본다. 미래의 포스트휴먼에게 몸은 인공생명의 외부를 둘러싸는 껍질이나 표피, 나아가 장식물에 불과하게 되고 인간은 육체의 생물학적인 한계(졸음, 피곤, 포만감, 흥분의 임계치 등)에 더 이상 국한되지 않으려 할 수 있다. 즉 여러 가지 목적을 가지고 육체적 한계를 뛰어넘는 경험을 하려고 할 것이고 의식주의 문제, 호르몬의 분비, 쾌감의 한계를 조절하기 위해 각종 약물적·기술적 수단들을 활용하게 되면 그것이 결국 인간에게 중독의 문제를 가져올 수 있다고 본다.

이는 결국 여러 가지 사회적 문제를 일으키는 원인으로 작용할 수 있다. 사회적으로 다양한 직업들이 사라지게 되는 문제와는 별도로 사람들이 일이나 땀 흘리는 수고 없이 자극적이거나 근시안적인 쾌락과 만족만을 탐닉하게 될 수도 있다. 즉, 포스트휴먼적 조건들은 우리에게 인간, 신체, 그리고 기술들이 어떤 관계를 맺어야 할 것인지에 대해 숙고하게 하는 기회를 제공하였다. 기술 사회가 만들어내고 있는 수많은 효율적이고 편리한 도구 및 기계들이 인간의 신체를 부수적인 장식물로 전락시키고 무력화시킨다면, 인간이란 존재는 어떻게 남을 것인가? 인간은 육체가 없이도 인간으로 존재할 수 있는가? 육체가 없다면 인간이 아닌가? 육체를 기술적 도구들이 대체하고 인간이 육체적 '굴레'로부터 자유로워지는 조건들은 인간을 몸으로부터 해방시키는 것일까, 아니면 인간을 기계적 세계로 구속하는 것일까?

그렇다면 과연 포스트휴먼적 존재들에게 기계나 도구들은 어떤 역할을 하는 것일까? 메를로퐁티 같은 몇몇 실존주의적 철학자들은 기계와 도구들이 인간의 몸을 장식물로 전락시키고 무력화함으로써 인간의 삶에서 배제한다면 인간의 몸은 죽은 것이며 인간의 삶도 죽은 것이라고 본다. 그렇기 때문에 미래적인 기술은 인간과 삶, 그리고 몸과 함께 협력하며 몸의 생동적 참여를 통해 미래를 향한 인간 삶의 성취가 가능하도록 설계되어야 한다고 주장한다. 몸의 활동력을 북돋우며 몸으로 사는 인간에게 노동의 기회를 제공하는 기술이 참된 기술이다. 이는 기술, 인간, 그리고 몸이 서로를 창조하는 공생(Sympoiesis)이자 기술과 몸이 융합(Converging)되기보다는 융화(Harmonizing)되는 미래이다. 그리하여 미래를 향한 기술 발전의 최우선 목표는 결국 인간에게 몸과 더불어 사는 삶의 의미를 찾게 하는 기술로서 개발되어야 한다고 본다. 따라서 미래의 첨단과학기술 발전을 선도하는 과학 기술자들은 인간, 몸, 노동의 의미에 대해 좀 더 깊은 성찰이 있어야 하며, 최고 성능의 기술로 인간을 개조하려는 첨단 기술의 발전 방향을 기술과 몸 사이의 상호 창조 과정이 최대한 존중되는 방향으로 전환해야 한다고 강조하고 있다.

다음 절에서는 급속한 기술적 변화가 만들어내게 될 포스트휴먼적 존재로서의 인간에게 어떤 변화가 초래 될 것인가에 대해 생각해보자.

2. 포스트휴먼의 존재론적 변화: 인간-기계 공생체

1) 기술적 도구의 체화

앙리 베르그송Henri Bergson이 인간의 지성은 인공물(artifacts)을 제조하는 능력을 통해 발현된다고 주장했듯이 독일의 정신분석가인 지그문트 프로이트Sigmund Freud도 인류의 역사는 수많은 인공물의 목록을 통해 이해할 수 있다고 보았다. 인간이 사용하는 도구는 개인의 정체성, 즉 개인적 혹은 사회적 자아를 형성하는 데에도 크게 기여한다. 모바일 패드, 랩탑, 가젯 및 위젯, 모바일 기기에 설치되어 삶의 여러 가지 면에서 편리함을 주는 앱App, 생활 소품이나 소형 기계 장치들은 네트워크 환경의 확장 속에서 인간의 본성과 정체성을 자연적의 존재인 '휴먼'에서,

기술과 떼려야 뗄 수 없는 관계를 유지하고 살아가는 존재인 '포스트휴먼'으로 변화시키고 있다. 21세기의 첨단 기술에 대한 의존도가 증가하면서 이러한 기술적 도구들이 인간을 사이보그 등을 포함한 포스트휴먼적 존재로 변화시킴으로써 인간은 기술 주도적 미래 사회에서 살아가는 존재로서의 자신에 대한 인식에도 변화를 경험하고 있다. 즉, 기술과 도구는 인간이 생각하고, 말하고, 행동하고, 상호 작용하는 방식을 근본적으로 바꾸면서 인간의 정체성이나 자율성, 독립성, 능동성과 같은 정신적 요인마저 변형시키고 있다.

아울러 포스트휴먼적 관점은 '의식'에 대한 고전적 이해에도 도전이 되고 있다. 인간이 포스트휴먼적 존재가 되면서, 인간의 사고는 더 이상 관념적인 철학적 사유의 결과나 생물학적 대사 작용의 결과가 아니라 물질 현상 즉, 인공지능 컴퓨터를 바탕으로 한 알고리즘에 의한 연산 작용의 결과로 간주되고 있다. 인간과 인간이 만들어낸 인공물(컴퓨터 프로그램, 인공지능, 알고리즘 등)이 컴퓨터 속에서 새로운 세계, 즉 사이버 세계를 창조하였고 컴퓨터 사용자인 인간은 그 속에서 가상현실, 증강현실과 같은 '새로운 현실'을 경험하고 있다. 이제는 더 이상 컴퓨터 밖의 세계가 진짜이고 가상현실은 가짜라는 이분법적 관념이 자리 잡기 힘들다. 인간은 인터넷으로 대표되는 네트워크 속에서 컴퓨터나 모바일 기기를 통해 새로운 삶을 경험하고 있다. 이것이 인간-기계의 하이브리드적 공생이며, 그러한 공생체로서 삶을 살아가는 현대인들은 사이보그와 별다를 바 없는 포스트휴먼적 존재이다.

첨단 기술들이 인간의 신체적 능력을 향상시키는 도구와 기기들에 적용됨으로써 인간의 육체적 능력이 그 한계를 세한하기 어려운 정도로 발전하여 인간은 더 이상 생물학적 존재로만 머무르지 않게 되었다. 헤일즈(1999)는 이에 대해 인간이 포스트휴먼적 존재가 되면 학습이나 정보의 교류가 더 이상 과거와 같이 인간의 노력이나 행위에 의해 유통되지 않고 센서나 스캐너, 유비쿼터스 장비 등과 같은 기술적 도구를 통해 자동으로 처리되고, 이 정보들은 사이보그적 인간 내부로 '자연스럽게' 흡수될 수 있다고 주장한다. 유비쿼터스Ubiquitous 개념의 창안자인 막스 바이저Mark Weiser(1993)는 미래의 기술이 모든 분야에 깊숙이 '침투하게 되고(pervasive tech)', '눈에 띄지 않게(invisible tech)' 되며, 너무나 '편안하고 조용하게(calm tech)' 인간의 삶 속에 자리 잡게 된다고 주장한 바 있다. 바이저는 이처럼 진정한 기술은 일상으로 스며들어서 일상적인 것과 구별되지 않아야 한다고 보았기 때문에 21세기의 유비쿼터스 컴퓨터 환경은 눈에 보이지 않은 기술로 둘러싸인 환경이 될 것이라고 확신하였다.

이러한 정보 통신 기술의 발전은 포스트휴먼적 존재에 다음과 같은 변화를 야기한다.

첫째, 포스트휴먼적 기술이 통용되는 세계에서는 정보의 흐름이 물질적인 실체를 넘어서서 이루어진다. 즉, 정보와 데이터의 흐름이 인간의 두뇌, 도서, 그리고 공부방이나 도서관과 같은 물리적인 실체에 갇혀있지 않고, 정보망이나 사이버 세계 속에서 자유롭게 흘러 다닐 수 있다는 의미이다.

둘째, 인간의 유한한 신체를 보완하거나 강화하는 보철물(prothesis)들이 인간의 모든 생물학적 장기들을 대체할 수 있다. 이미 콘택트렌즈, 보청기, 임플란트, 인공호흡기와 같은 외부적 장치에서부터 인공 심장, 인공 신장, 인공 콩팥 등과 같은 내부적 삽입장치까지 신체적 보철물들이 실용화된지는 꽤 오래되었다. 이제는 시각장애인들의 시력을 회복시킬 수 있는 인공 안구의 개발도 이어지고 있어 인간의 두뇌를 제외한 모든 신체적 부위들에 대한 인공적 대체가 가능해지고 있다.

셋째, 인간의 의식이나 정체성, 학습과 사고는 인간이라는 구체적인 존재나 주체(subject)안에 구속되어 있는 것이 아니라 인간의 정신 작용의 부현상(epiphenomenon)에 불과하다는 주장도 나온다(Dennett, 1993). 이 관점을 통해 보면, 인간의 의식, 학습, 사고는 인간의 정신 작용의 부산물에 불과하기 때문에 퀀텀 컴퓨팅과 같은 초고성능 전산기술이 개발되어 인공지능이나 컴퓨터 알고리즘이 더욱 발전하게 되면 인간의 의식의 역할이 컴퓨터의 연산 작용으로 환원되거나 대체될 수 있을 것이다.

넷째, 인간의 목적과 로봇 목적(teleology)의 사이에는 근본적인 차이가 존재하지 않는다고 본다. 인간만이 가진 존재적 의미를 나타내는 것이 휴머니즘인데, 이러한 휴머니즘이 교육받은 서구 백인 귀족 계층의 편견적 관점에서 나온 것으로로 인간을 자연의 지배자로 간주하여 자연계 모든 생명체의 생태적 평등성을 거부하는 인간중심주의적 이념에 불과하다는 많은 논의가 존재한다. 그러므로 이러한 인본주의적 사고에서 벗어나서 생각해보면 인간 존재만의 특권적 목적론은 근거가 사라지고 동물이나 로봇과 같은 기계적 존재들의 목적과 별다를 게 없게 된다. 그렇다면 인간의 신체나 생명, 혹은 자아와 정체성들을 사이보그적 존재나 컴퓨터 시뮬레이션, 인공두뇌 알고리즘의 결과물과 차이를 두거나 경계를 지을 근거가 없어지는 것이다.

요컨대 이러한 포스트휴먼 존재를 위한 가정들은 인간의 독특하고 독자적인 주체성(subjectivity)에 대한 고전적 이해에 도전하면서 새로운 존재론적, 그리고 인식론적 세계관을 제시하고 있다. 한마디로 포스트휴먼은 인간의 신체나 정신이 인간 증진 기술 등에 의해 근본적으로 변화된 존재로서, 사이보그적 존재가 정보를 다루는 방식이 인간의 고전적 학습을 데이터의 처리 차원으로 대체할 수 있고, 인간의 정신은 더 이상 육체(두뇌)의 굴레에 갇혀 있지 않게 되리라는 것이다.

2) 기계는 의식을 품을 수 있는가?

기술이 인간을 돕는 역할의 수행을 넘어서서 인간과 생명을 대체하는 수준에 이르렀을 때 가장 논란이 될 수 있는 것들 중의 하나가 바로 기계와 생명 간의, 인공과 자연 간의, 유기체와 비유기체 간의, 혹은 원본과 복제본 간의 구별이 희미해진다는 것이다. 사이버 세계에서 인간의 육체는 핵심 요소가 아니라 부속품에 불과하고 필수적인 것이 아니라 선택적이다. 아울러 인간의 정신은 육체와는 본질적으로 구별되는 어떤 특별한 요소가 아니라 인간의 여러 신체적 요소 중에서 의식과 사고를 담당하는 물리적 기관인 뇌 작용의 부산물에 불과하다. 포스트휴먼적 조건에서는 지금까지의 의식의 본질이나 그 존재에 관한 고전적 논쟁들은 모두 진부한 얘기가 될 수밖에 없다.

앞서 논의한 바와 같이 포스트휴머니즘은 인간의 의식이 신체 기관인 뇌 활동의 부산물로서 사고, 학습, 기억, 정체성, 감정, 도덕성 등을 경험하는 주체로 형성된다. 즉, 의식이 자신을 위와 같은 모든 정신 활동의 주체로 간주하는 경향이 생기게 된다. 데카르트의 "나는 생각한다, 고로 존재한다(cogito ergo zum)"라는 언명은 생각하는 존재로서의 나(인간의 이성)를 존재의 본질로 규정하고 동시에 다른 모든 존재들 – 타인, 동물, 사물, 자연 – 로부터 독립시키려는 것이었다. 그로 인해 인간의 이성으로 대표되는 '마음'은 사고의 주체, 이성, 자아, 주체성을 얻게 되었고 스스로를 다른 '신체적 존재들'과 구별된 존재로 인식하기 시작한 것이다. 이러한 관념이 바로 근대 과학적 세계관의 기초가 되었고 자연은 인간의 의식이 이해하고 정복하기 위해 탐색하고 통제해야 하는 대상으로 전락하게 된 것이다.

같은 맥락에서 옥스퍼드대의 철학자 존 썰John Searle도 의식은 주관적인 정서이며 우리의 모든 정신적 현상은 뇌에서 진행되는 활동에 의해 야기된다고 보았다. 이러한 관점은 뇌에 국한된 의식 또는 정신 현상을 물리적 관점에서 재현할 가능성을 열어놓는다. 의식을 신체와 독립된 특별한 존재로 이해하는 관점은 살아있는 인간이 죽음을 맞이할 때 인간의 뇌에서 '영혼'이 빠져나가는 것과 유사한 관념들을 낳게 되었다. 하지만 의식이 신체적 작용 중의 하나라면 죽음의 순간에 일어나는 일은 영혼과 같은 어떤 '주체적 존재'가 육체를 떠나는 것이 아니라 육체가 단순히 그 기능을 다하여 멈추는 것이다. 인간의 신체가 이러한 물질주의적 원리에 의해 운용된다면 우리는 신체적 기능, 특히 뇌 기능이 정상적인 신체에서 사고를 삽입하거나 추출하는 것도 가능하다는 것을 생각해 볼 수 있다. 이러한 가정이 바로 물리적 혹은 육체적 환원주의(physical reductionism)이며, 포스트휴머니즘에선 신물질주의를 통해 논의되고 있다.

현대의 기술적 발전의 궁극적 목표점은 바로 이러한 인간의 마음(정신, 사고, 의식 등)을 기술적으로 대체할 수 있는 수준에 이르는 것이다. 보스트롬Bostrom이 특이점(singularity)이라고 부르는 이 지점에 도달하면 의식은 인간과 기계의 부산물이자, 생물학적 산물이 아니라 기계적 산물이 될 수 있다. 이처럼 의식이 인간 신체의 굴레에서 벗어난다면 인간의 의식은 컴퓨터 알고리즘으로 대체될 수 있고 생각하는 기계가 탄생하는 것이다. 이제 의식은 인간만의 독특한 산물도 아니고 영혼이라는 초월적이고 종교적인 존재와도 연결시킬 필요가 없다. 인간의 의식은 다른 존재들이나 물질들과 구별되는 독립적이거나 특별한 존재가 아니기 때문에 인공지능을 갖춘 로봇과 같은 기계들도 의식을 가질 수 있다. 기계가 의식을 품을 수 있는 방법에는 여러 가지가 있다. 마인드웨어Mindware 업그레이드, 인식 보조 장치(cognitive prosthetics), 생물학적 하드웨어 및 소프트웨어 등의 기술들이 의식을 인간 신체의 감옥에서 해방시켜 컴퓨터에 자리 잡고 네트워크 속에서 마음대로 활동할 수 있게 할 것이다.

사실 근대 자연과학적 세계관이 이러한 인간의 의식과 기술의 만남, 혹은 사이보그적 존재의 본질에 대한 우리의 인식을 가려왔다. 마음과 정신을 이분화시켰던 데카르트의 이원론적 세계관이 인간의 의식(이성적 사고)을 자연의 다른 모든 존재로부터 격리시켰던 것이다. 우리는 이제 인간의 의식이 신체, 동물, 그리고 자연 속의 모든 사물과 본질적으로 다르지 않다는 것을 받아들이고, 그 사이의 인공적인 경계를 허무는 노력을 기울여야 한다. 그것이 포스트휴머니즘을 이해하기 위한 출발점이 된다. 기계가 인간의 두뇌처럼 사고하고 의식을 품을 수 있는지에 대한 기술적인 방식에 대해서는 다음 절에서 더 구체적으로 논의하고자 한다.

3) 인간-기계의 공생은 가능한가?

포스트휴먼적 조건을 이해하는 것은 미래의 기술적 도구들이 인간의 정신적·신체적 능력의 한계를 무한히 확장할 수 있음을 인정하는 것이다. 하지만 우리는 그러한 기술 중심적 미래 사회가 과연 '인간'에게 이로운 상태인가에 대해 생각해볼 필요가 있다. 정신과 신체를 강화시키는 기계장치가 인간에 부착되어 일상생활을 주도하게 되는 삶의 조건들이 인간을 어떻게 변화시킬 것인가? 한편으로 기술의 잠재력이 기존 인간의 생물학적 능력과 세밀하고 유연하게 통합하하게 되면 기술은 점점 저렴하고 쉬우면서도 효율적인 보조자의 역할을 하게 될 것이다. 반면 근시안을 가진 사람들이 당연히 안경에 의존하게 되듯이 기술들이 점차 당연한 생활의 도구들이 되면 인간의 기본적인 능력들은 점점 퇴화하게 될 수 있다. 이러한 기술의 양면적 효과에 주목하는 것이 포스트휴먼적 조건을 이해하는데 필수적인 요소가 된다.

인간은 도구의 동물(homo fabre)이라는 말처럼 인간은 오래전부터 불이나 석기, 철기와 같은 도구의 사용과 더불어 진화해왔고 도구를 사용하여 생존력을 높이고 쾌적한 생활환경을 유지해왔다. 오늘날 현대인들의 삶도 마찬가지로 컴퓨터나 정보통신기기, 운송기기, 가전제품 등의 도움 없이는 하루도 살아가기 힘들 정도로 도구와 기술적 산물에 의지하고 있다. 포스트휴먼적 삶의 조건이 확대되고 강화되는 미래에는 사람들은 핸드폰이나 랩탑과 같은 모바일 기기, 나노기술을 바탕으로 한 웨어러블 및 인체삽입 기기, 집이나 자동차, 도시 곳곳에 설치된 각종 센서 기기, 그리고 만물인터넷과 같이 세상의 모든 사물이 네트워크망을 통해 연결된 세계 속에서 살아가게 될 것이다. 이러한 각종 컴퓨터 기기들과 센서 기기, 그리고 정보통신 기기 속에서 살아가야 하는 포스트휴먼의 기술적 환경은 사람들로 하여금 현실적 삶과 가상적 삶의 두 가지 삶의 양식을 제공해주고, 그로 인해 개인들의 정체성, 정서, 사회적 관계성, 사고 및 학습 방식에도 큰 변화가 나타날 수밖에 없다.

인간-기계의 공생에 대해 이해하기 위해서는 기술적 창조(technogenesis), 즉 '인간과 기술이 동시에 진화한다'는 개념을 이해할 필요가 있다(Hayles, 2012). 이 기술적 창조의 관점에서 보면 기술은 끊임없이 주고받는 인과적 요인(continuous reciprocal causation)으로서 인간의 일부이자 인간과 통합될 수 있는 요소로 간주된다(Clark, 2011). 즉, 인간은 기계 혹은 도구와 더불어 진화해온 존재이며 앞으로도 그러한 공존은 지속될 것이다. 따라서 미래 사회가 '기술중심주의'로 가기보다는 인간-기술공생주의로 가는 것이 더 적합할 것이다. 이를 위해 기술의 발전과 적용에 대한 책임감 있고 비판적인 접근이 인간-기술의 공생이 이루어지는 미래를 위해 꼭 필요할 것이다.

다음 절에서는 이러한 인간-기계의 공생을 넘어서 '인간=기계'의 혼성화를 바탕으로 인간 증진이 이루어질 수 있다는 트랜스휴먼적 전망에 대해 그 가장 중요한 문제인 인공두뇌의 탄생을 중심으로 논의해 보자.

3. 포스트휴먼의 인식론적 변화: 인공두뇌의 탄생

1) 인공적 두뇌의 탄생은 가능할까?

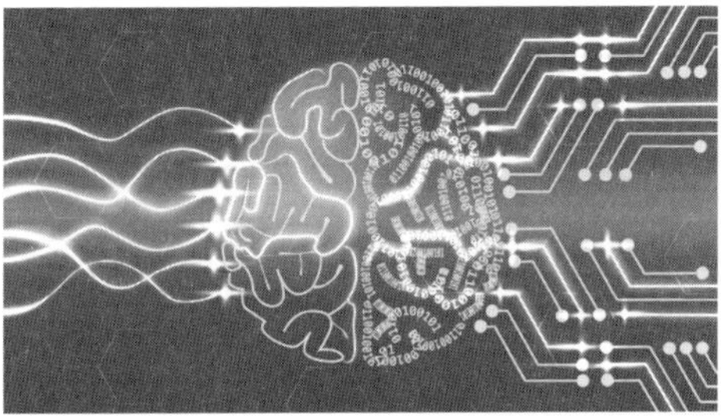

[그림 2-3] 유기적 뇌와 무기적 뇌의 만남(출처: Robohub)

과학자이자 과학소설가인 나암Naam은 신경과학, 컴퓨터 프로그래밍, 불교적 명상 기술, 인공지능, 그리고 나노기술의 다섯 가지가 융합된 'Nexus 5'가 실현되리라고 전망한다. 이 Nexus 5는 알약 형태의 물질을 나노봇nanobots을 통해 인간의 두뇌에 침투시켜서 개인들이 아주 먼 거리에 떨어져 있는 다른 Nexus 사용자들과도 원격감각적(tele-pathical) 소통을 수행할 수 있는 기술이다. 이러한 기술을 복제 기술과 결합하면 인간 군인보다 강하고 빠르고 똑똑한 슈퍼 솔저 같은 트랜스휴먼적 존재도 만들어 낼 수 있다. 아울러 이 나노봇들의 프로그램을 더욱 정교화 한다면 천재적 인간과학자를 물리적 신체로부터 초월시켜서 퀀텀 슈퍼컴퓨터들의 집합에 접속하게 하여 트랜스휴먼이라는 새로운 종족을 만들어 낼 수도 있다.

과학과 학문이 발전하기 시작한 이후로 우리는 인간 두뇌에 대해 가장 많은 연구를 수행해왔고 몇몇 연구자들은 '우리는 우리 두뇌와 마찬가지(We are our brains)'라고 말하기도 했다(Swaab, 2005). 하지만 두뇌는 여전히 인간의 신체 기관 중 가장 베일에 싸여 있는 부분이다. 만일 인간이란 존재가 두뇌의 상태에 의해서 결정된다면 우리는 현재 두뇌에 대해 거의 무지하기 때문에 인간이 된다는 것이 무엇인지에 대해 전혀 모르고 있는 셈이다. 또한 우리가 두뇌에 대해 오해하고 있는 사실도 많다. 예를 들어 두뇌가 인간의 사고를 담당하고, 감각이나 정서의 모든 과정을 처리한다고 하지만 실제로 두뇌 자체는 아무런 감각을 느낄 수 없다. 그로 인해 외과 의사들은 환자가 완전히 의식을 갖고 있는 상태에서도 환자들이 전혀 고통을 느끼지 못하게 한 채 두뇌 수술을 시행할 수 있다(Pepperell, 2016).

인간이란 무엇인가에 대한 질문에 대한 대답도 여전히 열려있는 상태이다. 최근의 연구결과들은 우리가 인간의 속성이라고 여기는 자유(freedom)나 생각과 판단을 수행하는 의지(intention) 같은 것도 인간이 통제할 수 없는 무의식적인 과정의 속성을 가졌다는 사실을 보여주기도 한다(Soon et al., 2008). 우리가 인간성을 어떤 특정한 사물이나 과정으로 간주하여 이해한다면 인간이란 무엇인지에 대해 오해를 낳을 수 있다. 인간 존재의 핵심이 두뇌 '안에' 들어있거나 두뇌의 일부라고 여기는 것은 인간의 신체를 둘러싼 고도로 복잡하고 통합적인 과정의 포괄적인 작용들에 대해 간과하는 것이다. 인간의 삶은 광범위하게 분포된 영향력과 물질들(중력, 빛, 공기, 습기, 에너지 등)의 배열에 의해 이루어지고 그 모든 요소가 생명에 기여하게 된다. 페퍼렐Pepperell(1995)은 이러한 확장되고 통합된 인간존재로서의 관점을 포스트휴먼적 관점이라고 보고 이를 인간을 자연의 다른 존재들보다 우월하고 독특한 존재로 간주하는 인본주의적 관점과 구별하고 있다.

트랜스휴머니스트와 같은 일단의 포스트휴먼주의자들은 미래의 기술중심 세계를 오늘날 인류의 존재 방식에서 궁극적으로 벗어나는, '인간으로부터 자유로운' 세상으로 그리고 있다. 인류가 궁극적으로는 생물학적 존재에서 디지털적 존재로 바뀌거나 인공지능시스템이 인간의 문턱을 넘어서 인간에 대한 지배력을 갖게 되는 특이점에 언제쯤 도달하게 될지는 아무도 모른다. 하지만 페퍼렐(2016)은 "고도의 기술적 발달을 이룬 모든 생명체는 궁극적으로는 자신을 소멸시키게 된다"는 우주론적 명제에 의미를 부여하고 있다. 즉, 미래의 인류가 오늘날의 인류와는 다른 모습을 띠리라는 것은 분명하므로 미래의 인류는 더 이상 오늘날의 인류와는 비교하기 어려운 존재가 될 것이라고 보는 것이다.

하지만 이러한 디지털적 파국의 시나리오도 테크놀로지에 대한 잘못된 인식에서 기인한 것일 수 있다. 왜냐하면 기술은 항상 인간의 일부로 존재하였고 기술적 발전과 의존은 '인간' 조건을 보완하는 자연스러운 과정 중의 하나이기 때문이다. 지금까지 우리는 인간과 기계 사이에 인위적 경계를 세우면서 '인간 존재'의 성격을 부적절하게 규정해왔다. 포스트휴머니즘은 인간의 범위가 결코 인간의 피부 껍질에 국한되지 않고, 생물학적인 것과 기계적인 것의 구분이 적절치 않다는 것을 깨닫게 해주고 있다.

요컨대 '인공적' 두뇌는 가능할까라는 질문은 적절한 질문이 아니다. 왜냐하면 인간의 두뇌가 사고와 감정과 생존을 책임지는 신체 기관 중의 일부라면 그 역할을 수행함에 자연적 혹은 인공적이라는 구분 자체가 무의미하기 때문이다. 인간의 두뇌는 오랜 진화 과정을 통해서 다른 척추동물이나 영장류들과도 차별화되어 발달해왔고 미래에는 기술의 발달에 힘입어 그 형태와 기능이 바뀔 수 있다. 우리는 아직 인간의 두뇌가 어떤 역할을 하는지에 대해 충분히 알고 있지 못하므로 그 두뇌의 형태와 역할을 제한할 수 없다. 대신 앞으로의 연구를 통해 인간 두뇌의 형태, 성격, 그리고 역할에 대해 더욱 알아가야 할 과제만이 남았다.

2) 포스트휴먼적 두뇌란 무엇인가?

포스트휴먼적 두뇌(posthuman brain)란 컴퓨터 신경과학(computational neuroscience) 분야에서 다루는 사이버네틱스cybernetics에 이론적 기반을 두고 있는 개념으로 헤일즈(1999)에 따르면 포스트휴먼적 관점은 정보 패턴들(information patterns)을 물질적 실제(material instantiation)보다 더 중요시하기 때문에 인간 존재에 대해서도 촘촘하게 구성된 지적 기계의 차원으로 본다. 포스트휴먼에 있어서는 신체적 존재와 컴퓨터 시뮬레이션 간에, 사이버네틱 메커니즘과 생물학적 유기체 조직 간에, 그리고 로봇 목적론과 인간적 목표 간에 절대적 구분이나 근본적 차이가 없다. 이러한 포스트휴먼적 관점으로 본 세계는 영화 〈매트릭스The

Matrix〉(1999)가 흥미롭게 묘사했던 것처럼, 역동적이고 융통성 있고 결정되지 않은 컴퓨터 알고리즘의 조작된 결과물이다. 즉, 역동적이고 분배적인 디지털 네트워크가 자기 조직력과 지속적인 재창조를 통해 끊임없이 진화하는 시스템이 포스트휴먼의 존재론적이고 인식론적인 근간을 이루고 있는 것이다(Weber, 2011).

인간 두뇌를 모사한 인공적 두뇌를 만드는 것은 오늘날 대부분의 인지과학, 신경과학, 로봇공학, 컴퓨터공학, 의료공학의 연구들에 있어서 공통된 관심사이다. 예를 들어 2013년 10월, 유럽연합의 FET 주력 프로그램으로 시작한 인공두뇌프로젝트(Human Brain Project)는 기존의 쥐의 신피질에 대한 시뮬레이션 연구였던 블루브레인프로젝트Blue Brain Project(Markram, 2006)의 뒤를 이어 인간 두뇌의 핵심적 영역에서의 처리 과정을 시뮬레이션할 수 있는 거대한 슈퍼컴퓨터를 제작하는 것이 주목적이었다. 이 프로젝트의 직접적 목표는 현대인들이 겪고 있는 우울증, 좌절, 불안, 정신병, 알츠하이머 등과 같은 정신적 질병이나 두뇌 관련 장애의 주요 원인에 대한 지식을 축적하고자 하는 것이었는데 이를 위해서는 인간 두뇌의 신경학적·병리학적 이해가 기반이 되어야 한다. 두뇌의 병리적 작용에 대한 데이터가 축적된다면 두뇌의 구조적 조직과 작용에 대한 컴퓨터 차원의 시뮬레이션 모델을 수립할 수 있는데 이 컴퓨터 시뮬레이션을 바탕으로 머지않아 인간의 두뇌활동을 모사할 수 있는 사이버네틱한 사고 기계를 제작할 수 있을 것이다.

인지과학자 앙리 마크램Henry Markram(2006)이 설명한 역진 예측 공학(Predictive Reverse Engineering)은 컴퓨터 공학 기술이 어떻게 생체공학적 기술과 연결되어 인간 두뇌의 활동과 유사한 작용을 하는 사고 기계를 만들어낼 수 있는지를 보여주는 공학적 사례이다. 이 역진 예측 공학을 이용해서 과학자들은 어떻게 상이한 형태들의 유전자 표현형이 상이한 분자와 상이한 시냅스적 연결을 만들어내는지를 예측할 수 있다. 또한 뉴런이 두뇌 속에서 적절히 자리를 잡고 성장하면서 서로 다른 뉴런들끼리 연결되어 어떻게 국소, 중간, 그리고 거대 수준의 신경회로를 만들게 되는지를 이해할 수 있다. 비뉴런적 세포나 혈관 세포들이 이루는 대사작용이나 영양 작용들도 상대적으로 뉴런 세포 보다 구조나 기능적으로 단순하기 때문에 전체적으로 이 뉴런 모형에 통합될 수 있다. 특히 이 비간섭적 모형은 다른 모형들과 충돌하지 않기 때문에 여기서 얻어진 데이터들을 통합하면 향후 보다 전체적인 두뇌 활동의 구조에 대한 모형을 구축할 수 있다. 이러한 다중적 모형 통합(Multiomic Model Integration)을 통해 보다 정확한 인간 두뇌의 시뮬레이션 모형을 구축할 수 있다.

새로운 기술들이 유전자나 유전자 표현형, 그리고 단백질의 결합·분배 및 상호작용, 세포들 간의 연결, 그리고 이것을 두뇌와 연결하는 섬유질에 대한 엄청난 정보를 쏟아내고 있는데 이러한 정보를 통합적으로 활용할 전략이 필요하다. 이것을 목표로 한 것이 인공두뇌프로젝트로써, 이는 신경과학, 의학, 컴퓨터공학의 세 차원의 협력을 바탕으로 하고 있다. 예를 들어 신경과학 분야에서는 신경정보학(neuroinformatics)적 지식과 컴퓨터 시뮬레이션 기술이 필요하고, 의료분야에서는 비정상적 두뇌 활동의 전조를 미리 진단할 수 있도록 의료정보학(medical informatics)을 통해 두뇌의 질병과 관련된 생물학적 징후들을 파악할 수 있어야 하며, 아울러 컴퓨터공학에서는 새로운 슈퍼 컴퓨팅 기술의 개발과 두뇌활동에 대한 시뮬레이션이 제작이 필요하다. 결국 생물학과 정보공학, 그리고 통신 기술의 융합이 적절한 시스템과 모형을 구축함으로써 근본적으로 효율적이고 안정적인 프로그램을 만들어 두뇌의 활동과 유사한 지적 사고 기계를 창조해낼 수 있다(Markram, 2012).

이는 역으로 생각하면 인간의 두뇌가 기술적으로는 네트워크화된 슈퍼컴퓨터에서 처리되는 데이터로 환원되어 지속적으로 지적 사고 과정과 과학적 실천들을 수행할 수 있다는 것을 의미한다(Gramelsberger, 2011). 인간 두뇌의 미묘하고 복잡한 작동 방식을 전체적으로 시뮬레이션할 수 있는 슈퍼컴퓨터는 아직 나오지 않았지만 인공두뇌프로젝트는 인간의 두뇌를 하나의 웨트웨어wetware로 간주하고, 그 가장 단순한 메커니즘부터 모사하려고 시도한다. 이를 위해 두뇌를 가상적인 네트워크 시스템으로 간주하고 한 겹씩 분석해나가게 되는데 이러한 정보통신 기술에 의해 촉발되는 두뇌 연구를 바탕으로 현대 과학이 가진 두뇌에 대한 인식론적 이해가 생물학과 의학에서 정보학으로, 유전학에서 디지털 알고리즘으로 변해가고 있다. 요컨대 포스트휴먼적 연구는 인간의 두뇌를 더 이상 생물학적인 특성으로만 이해하는 것이 아니라 모든 기술적·공학적·디지털적·물질적 특성에 대한 개방적 인식을 바탕으로 연구하는 것이다.

3) 컴퓨터 알고리즘이 두뇌를 대체할 수 있을까?

20세기 후반 등장한 사이버네틱스는 과학적 지식의 개념을 정보 패턴, 디지털 부호, 그리고 네트워크 시스템에 대한 통제와 피드백의 방식으로 근본적으로 바꾸어 놓았다. 앞 절에서 설명한 인공두뇌프로젝트를 통한 컴퓨터와 두뇌의 연결은 바로 이 사이버네틱스 연구의 한층 더 발전된 양상으로 이해될 수 있다. 여기서 사이버네틱스적 관점은 인간과 기계, 유기체와 무기체의 절대적인 구분을 해체하는 것이므로 신체나 마음(사고 및 정서) 모두를 동일하게 물질적 실체로 보고 시스템이 처리해야 할 정보로 간주한다. 즉, 인간의 신체도 본질적으로 정보의 한 형태라면 그 신체도 (재)프로그램 될 수 있는데, 예를 들자면 유전자 공학에서는 이를 유전자 코드에 대한 분석 및 편집을 통해 연구하고 있다. 이처럼 신체를 포함한 모든 물질을 정보성을 갖는 실체로 파악하고 이를 (재)프로그램의 대상으로 삼는 관점이 바로 정보본질주의(informatic essentialism)이다(Thacker, 2003). 이제 모든 물질적 상태는 하나의 정보로서 가치를 갖고 물질은 컴퓨터 알고리즘 속에서 프로그래밍을 위한 소스 코드Source code로 변환될 수 있다.

이미 오래전부터 의료계에서는 인간 혹은 동물의 신체적 특징, 즉 생물학적 특징을 정보화하여 활용하고 있다. 예를 들어 오늘날 널리 활용되고 있는 자기공명영상촬영(fMRI) 기술은 뇌 혈류 속에 산소의 움직임을 보여줌으로써 두뇌 속 어떤 위치의 뉴런과 시냅스가 특정 뇌 기능에 관여하는지에 대한 가시적 정보를 제공하여주기 때문에 '사고가 작용하는 모습(mind at work)'이라고 알려져 있다(Hagner, 2009). 하지만 실제로 이 기술은 사고, 즉 인간의 생각이 작동하는 모습이라기보다는 두뇌의 작동에 대한 컴퓨터의 통계적 알고리즘에 의한 영상이기 때문에 '알고리즘이 작동하는 모습(algorithm at work)'이라고 표현하는 것이 더 정확하다. 이처럼 신체의 신호를 이해하기 위해 컴퓨터 알고리즘화한 기술은 생각보다 훨씬 많이 우리 생활 곳곳에 활용되고 있는데 향후에는 이러한 "컴퓨터 알고리즘이 인간의 두뇌 작용에 대한 매개적 역할(algorithmic intermediation)까지도 수행하게 될 것"이다(Urrichio, 2011). 결국 컴퓨터 알고리즘이 인간의 두뇌를 대신하여 관찰하고 사고하며 지식을 수립하는 주체(즉, 인간)와 그 대상(동물, 사물, 자연환경) 간의 관계를 재구성하게 될 것이다. 따라서 그동안 인간 존재와 인간의 두뇌가 구축한 지식체계가 누렸던 전통적 권위는 큰 도전에 직면하게 될 것이다.

인간의 두뇌를 대신하기 위한 컴퓨터 기술의 개발에는 생명공학, 신경공학, 기계공학(로봇, 사이보그, 나노기술), 그리고 컴퓨터 공학(인공지능, 알고리즘, 프로그래밍)의 상보적 연구 협력이 필요하다. 위 분야들 간의 통합적 연구를 통해 생물체의 사고(지능, 의식, 정서 등)와 기계의 사고(인공지능, 알고리즘, 빅데이터 처리 등) 사이의 장벽이 해체될 것이고, 그 궁극적 연구목표는 2040년경이면 보편화될 인간 두뇌와 컴퓨터의 결합이다. 예를 들어 컴퓨터 신경과학에서는 정보 패턴과 디지털 알고리즘을 활용하여 인간 두뇌의 지적 기능(epistemology of the brain)보다 훨씬 우월한 사고 기계를 만드는 것을 목표로 하고 있고, 머지않아 인간을 포스트휴먼적 두뇌를 가진 존재로 변화시키게 될 것이다. 요컨대 인간존재의 조건을 규정하는 새로운 방식으로서 알고리즘의 시대(Uricchio, 2011)가 등장하였고, 앞으로 인간 사고의 원동력은 생물학적 두뇌에 의해서가 아니라 신경-정보-주도적 두뇌에 의해서 이루어지게 될 것이다(Hagner & Borck, 2001).

이러한 미래의 생명 및 신경 기술에 관한 연구를 선도하게 될 영역이 바로 컴퓨터 신경과학(Computational Neuroscience)이다. 컴퓨터 신경과학에서는 신경 시스템의 데이터와 밀접하게 관련되는 복잡한 알고리즘적 혹은 적용적 질문들을 다루기 때문에 신경 데이터와 컴퓨터 계산, 그리고 응용 수학의 공동 작용에 의해 연구의 주제와 내용이 결정된다. 예를 들어 두뇌의 사고 활동이나 반응 활동에 대한 정교한 가설을 세우고 그 메커니즘과 관련한 전산 모델을 개발하여 검증하게 된다. 그리고 그 결과를 바탕으로 뇌 영상 데이터나 유사 두뇌적 계산 알고리즘을 위한 기술적 장치를 분석하여 이를 두뇌 활동과 관련하여 장애를 가진 환자들을 치료하기 위한 노하우를 쌓는 것이다. 따라서 컴퓨터 신경과학의 연구 관심은 디지털컴퓨터 모델의 발달과 평가에 맞추어져 있지만 신경과학, 인지과학, 컴퓨터공학, 물리학, 심리학, 그리고 생물학의 융합적 연구분야로서 꾸준히 역동적으로 진화하고 있다(Trappenberg, 2009).

결론적으로 인간의 두뇌에 대한 새로운 과학적 이해와 기술적 연구인 신경과학적 연구들은 인간을 새로운 방식으로 규정하게 만들었고, 인간의 두뇌나 인간 존재에 대한 지금까지의 이해를 재개념화하고 있다. 만일 인간의 두뇌가 컴퓨터 알고리즘으로 재현될 수 있다면, 컴퓨터 알고리즘에 의한 인공지능을 갖춘 사이보그적 존재도 하나의 포스트휴먼적 인간으로 간주할 수 있을 것이다.

4) 인공두뇌는 주체성을 가질 수 있는가?: 실리콘-대뇌피질적 주체와 디지털 네트워크

최근 몇몇 인지과학자들은 머지않아 인공지능이 '진정으로 자신을 스스로 인지하는' 수준에 도달할 수 있다고 주장한다(Stollfuß, 2014). 이는 인공지능이 단순히 인간의 프로그램 때문에 작동하는 것이 아니라 인간처럼 자신의 존재를 스스로 이해하고 독자적인 판단을 내릴 수 있는 주체성(subjectivity)을 가지게 된다는 것을 의미한다. 본질적으로 상호보완적인 성격을 가진 두뇌와 자아에 대한 연구는 결국 '두뇌가 자신을 인식할 수 있는가'의 문제를 탐구하게 된 것이다.

이를 위해 컴퓨터가 지식, 의식, 자기-경험을 가질 수 있는지에 대해 실증주의적 질문들이 보편적 신경과학적 두뇌이론(universal neuroscientific brain theory)이라는 이론을 통해 검증되고 있다. 즉, 사고의 정보적 본질에 대한 전산 신경과학의 연구는 점차 생물학적 신체로부터 기능적으로 독립할 수 있는 두뇌를 재현시키는 방향으로 이루어지고 있다. 이는 인간의 사고를 담당하는 두뇌가 생물학적 기반인 신체의 작용으로부터 독립되어 이루어질 수 있다는 것이며, 그에 따라 신체 없는 두뇌나 주체성을 가진 사고 기계가 컴퓨터 알고리즘을 통해 만들어질 수 있다는 것이다. 이러한 알고리즘적 두뇌를 가진 기계적 자아는 '이질적인 요소들의 혼합물이자 물질적-정보적 존재'로서 포스트휴먼적 주체의 가장 큰 특징이 될 수 있다(Hayles, 2008).

트랜스휴먼적 존재는 실리콘으로 만들어진 대뇌피질을 가진 주체(silico-cerebral subject)가 될 수 있는데, 이러한 존재는 인공지능의 발달과 더불어 자연스럽게 기술적 환경과 연결되면서 디지털 데이터를 처리하게 될 것이다. 이러한 실리콘-대뇌피질을 가상적 소프트웨어와 연결하여 그 두뇌가 신체와 그 신체가 활동하는 가상적 환경 위에 놓인다면 그 인공적 대뇌피질은 하나의 가상적 두뇌(virtual brain)가 된다. 그다음에는 가상적 두뇌가 환경과 정보를 주고받으며 상황에 반응하게 되면 우리는 그 두뇌에 좀 더 정교한 정보와 기술을 학습시킬 수 있고 아니면 스스로가 학습하면서 판단력과 창의력 등의 고차원적인 사고력을 개발하여 지적 기계로 완성될 수 있다(Markram, 2012)

궁극적으로 질병의 치료보다는 인간 증진(human enhancement)을 목표로 삼고 있는 트랜스휴머니스트들이 이러한 인공두뇌프로젝트에 특히 큰 관심을 표명한다. 두뇌 완전 모사(Whole Brain Emulation) 프로젝트가 바로 이러한 인간 두뇌의 모든 기능을 하나씩 모사하려는 연구인데(Sandberg & Bostrom, 2008), 이러한 프로젝트들은 마음 전체를 컴퓨터로 업로드하는 것을 최종 목표로 삼는다(Moravec, 1999). 마인드 업로딩의 아이디어는 나온 지 20년이 지났지만 여전히 로보틱스, 인포매틱스, 그리고 인공지능의 가장 흥미로운 연구주제로 남아있다.

신경과학자인 랜달 쾨네Randal A. Koene는 컴퓨터의 처리 방식과 인간 두뇌의 생물학적 처리 방식이 다르기 때문에 두뇌 일부 과정을 컴퓨터에 복사하는 것은 어렵지만 두뇌 완전 모사(whole brain emulation) 방식을 활용한다면 "두뇌의 사고과정을 다른 물리적 기질(즉, 생물학적 혹은 비생물학적)에 전이함으로써 기질-독립적 마음(substrate-independent minds)을 생성해낼 수 있다"고 주장한다(Koene, 2013). 이때 모사된 신경회로는 두뇌가 발달하고 학습하는 것과 동일한 결과를 재현해냄으로써 두뇌의 사고 과정을 적용하고 증강시키기 위한 툴이 될 수 있다. 결국 미래에 기술적으로 구현될 '두뇌'는 인간의 사고보다 훨씬 빠르고 인터넷이나 데이터베이스로부터 훨씬 효과적으로 정보를 추출할 수 있기 때문에 인간과 기계적 두뇌의 결합 혹은 인간이 기계와 더불어 미래를 공유하는 것은 매우 흥미로운 일이 아닐 수 없다(Koene, 2012).

이처럼 인간 두뇌를 컴퓨터에 업로드하거나 모사할 수 있는 정도의 사고 기계가 개발된다면 그 사고 기계는 자율적으로 학습하거나 독자적으로 판단하고 더 나아가 자신이 누구인가를 생각할 수 있는 주체성도 가질 수 있다. 실제로 최근 인공지능 관련 연구 및 논의에 따르면 인간만의 특징이라고 여겨지는 최후의 보루가 바로 의식이고, 주체성의 관념은 바로 이 의식(자의식)에 기반하고 있다. 하지만 물질현상학자인 다니엘 데넷Daniel Dennette은 이러한 의식마저도 두뇌 활동의 결과로 나타나는 부현상(epi-phenomenon)일 뿐이라고 주장한다. 인간의 사고능력이 발달함으로써 자의식이나 주체성과 같은 '자기인식'의 관념들까지 생성된다는 것이다. 만일 의식이 두뇌작용의 부현상일 뿐이라면, 로봇이나 사이보그적 존재들도 고도의 사고능력을 갖추게 된다면 자신에 대한 인식을 생성하게 될 수 있다는 것이다. 인간의 두뇌나 사고에 대해 이해가 부족했던 과거에는 인간의 의식을 '신에 의해 부여된 인간만이 가진(동물과는 차별화된)' 특징으로 간주했다는 것을 생각한다면 인간의 의식이 기계의 의식과는 근본적으로 다르다는 관념을 포기해야 할 수도 있다. 요컨대 인공적 두뇌가 스스로 학습하고, 판단하고, 자신의 사고를 회고할 수 있다면 그것이 주체성을 갖고 있다고 말할 수 있다.

제3장

포스트휴머니즘에 기반한 문화의 재해석

포스트휴머니즘은 인간, 문화, 그리고 세계관에 대한 기존의 인본주의적 관점에 큰 변화를 가져왔다. 특히 지금까지 휴머니즘은 다문화주의의 핵심적인 이론적 기반이 되었지만 포스트휴머니즘의 등장은 이러한 다문화주의의 이론적 기반을 송두리째 흔들 수 있는 환경적 변화가 되고 있다. 본 장에서는 포스트휴머니즘의 등장으로 다문화주의의 철학적 기반이 어떻게 달라져야 하는지를 존재론적, 인식론적, 그리고 가치론적 측면에서 논의해보고자 한다.

1. 포스트휴먼적 존재론의 다문화주의적 함의

오늘날 포스트휴먼의 담론이 하나의 시대정신이라고 불릴 만큼 중요한 철학적 및 사회학적 이념으로 떠오르면서 휴머니즘은 개념적·이론적·윤리적 도전에 직면할 수밖에 없게 되었다. 예를 들어 포스트휴머니즘의 시대에는 '인간'이나 '인종'이라는 용어의 개념 범주 자체가 흔들리거나 그 대상이 모호해질 수밖에 없기 때문에 앞으로는 인간이나 인종의 범주들 간의 위계적 관계도 무의미해지고, 대신 '완전한 인간(fully human)'과 그것에 의해 타자화되는 부-인간(sub-human)이나 비-인간(non-human)의 구분이 훨씬 중요해질지도 모른다(Mendible, 2017). 따라서 포스트휴먼 시대의 다문화주의의 방향을 이해하기 위해서는 우선 포스트휴먼 시대에서의 인간이란 어떤 존재이며, 인간들 간의 관계, 그리고 인간과 비인간적 존재들 간의 관계는 어떻게 형성될 것인지에 대한 포괄적인 개념적·이론적 재정립이 필요하다. 이를 위해 본 장은 존재론의 네 가지 핵심 용어인 주체성, 자기 정체성, 인권, 그리고 자유의 개념을 중심으로, 포스트휴머니즘이 다문화주의에 어떤 함의를 줄 수 있는지 논의하고자 한다.

1) 주체성(subjectivity)

휴머니즘의 기본 신조는 모든 인간은 평등하고 각자 존엄적 가치를 지녔다는 것과 인간은 누구나 자신만의 의미를 실현하는 과정에서 자유 의지를 가진 존재라는 점이다. 이러한 평등성과 자유의지를 지닌 독자적 존재로서의 인간관은 유럽의 개인 및 이성 중심의 근대적 인간관에 토대하고 있고(Mann, 1996), 그러한 특성이 모든 인간에게 주어진다는 의미에서 보편주의적(universal) 휴머니즘이라고 불린다. 주체성(subjectivity)은 바로 이러한 자유롭고 개별적이며 평등한 인간을 지향하기 위한 휴머니즘적 가정을 바탕으로 생겨난 관념으로써 휴머니즘적 주체성은 오늘날 인권, 시민권, 주권, 유권자, 소비자 권리 등의 다양한 개인주의적 권리 관념들 속에 잘 스며들어 있다(Chambers, 2013).

휴머니즘과 포스트휴머니즘의 가장 큰 차이점 중의 하나가 바로 이 주체성에 대한 관념이다. 휴머니즘은 인간을 개인적이고 독립적인 존재,

즉 자유주의적이고 이질적인 자아(liberal heterogeneous self)로서의 주체로 상정하지만, 포스트휴머니즘은 이러한 '개별적 주체'의 관념을 포기한다(Haney, 2006). 예를 들어 보편주의적 휴머니즘은 자아와 타자의 이분법적 논리를 기반으로 개인의 주체성을 하나의 보편적인 의식, 이성, 윤리성으로 간주하면서 타자를 항상 자신과는 다른 부정적인 존재로 간주하려는 경향을 띤다(Braidotti, 2013). 이때 '자아'는 항상 상대방과 구별되고 대립되는 상대적이고 가변적인 존재이기 때문에, 휴머니즘은 오랫동안 자아-타인 사이의 변증법적(dialectic) 관계를 기반으로 한 도덕적 이념으로써 실천되어 왔다. 그로 인해 휴머니즘은 "연대성, 사회적 정의, 인권, 평등성, 세속주의(인간성을 억압하는 종교적 경전이나 교리의 권위에 대한 반대) 등"의 덕목을 강조하면서, 이러한 휴머니즘을 억압하는 자본, 편견, 폭력, 불평등, 종교적 혹은 정치적 권위에 대해 저항해왔다(Braidotti, 2013).

반면, 포스트휴머니즘은 인간 개인들을 타인들이나 비인간적 종족들(non-human species)로부터 독립적인 개별적 독자적 존재가 아니라 그들의 처한 환경 속에서 주변의 타인이나 비인간적 종족들 및 실체들(즉, 사물이나 도구들)과 밀접한 관계를 맺으며 살아가는 존재로 여긴다. 예를 들어 베르그송Bergson(1944)이 도구적 인간(Homo Faber)이라는 개념을 통해 강조했듯이 인간의 사고가 도구에 의존하여 계속 진화해옴과 동시에 인간의 도구는 문명의 진보를 이끌어왔다. 오늘날 현대인의 삶도 다양한 도구들에 크게 의존하고 있다. 현대인들이 점점 스마트폰이나 노트북과 같은 휴대용 기기와 그 안에서 다양한 기능을 수행하는 프로그램들(apps), 보청기나 심장박동기와 같은 개인적 장치 및 장비들에 의존하게 되고 사회적 관계망(SNS)이나 데이터 접속을 가능케 해주는 모바일 네트워크 환경에서 벗어날 수 없게 된 현실이 이를 잘 보여준다. 이러한 포스트휴먼 시대의 조건들이 인간을 더 이상 주체성을 가진 개별적 존재로서가 아니라 필수적으로 타인이나 사물의 도움 속에서 함께 살아가야 하는 '포스트휴먼적 존재'로 규정하고 있다.

이러한 포스트휴먼의 조건들은 과거의 휴머니즘적 인간과는 다른 새로운 인간에 대한 비판적 성찰을 요구하고 있다(Braidotti, 2013). 즉, 포스트휴먼에게 기대하는 인간관은 개별적이고 독립적인 이성과 도덕성을 갖춘 주체가 아니라 세계 속의 다른 다양한 존재들과 섞여 살아야 하는 불완전하지만 완성되어가는 존재라는 것으로, 이 포스트휴머니즘의 주체성 관념으로부터 다문화주의의 인간 주체성에 대한 함의를 끌어낼 수 있다. 즉, 인간이 세계 속의 다른 존재들(타인뿐만 아니라, 다른 모든 비인간적 존재들을 포함)과의 관계성 속에서만 존재할 수 있다는 것을 깨달음으로써 그 세계에 존재하는 권력의 작용과 특권의 문제, 그리고 사회적 관계에 내재된 불평등을 되돌아볼 수 있는 의식을 갖게 된다. 프레이리Freire(1993)가 '세상 읽기(reading the world)'란 개념을 통해 사회적 정의에 대한 헌신을 향해 자신의 세계관을 재정립해야 된다고 하는 것도 같은 맥락으로 해석할 수 있다. 즉, 프레이리가 강조한 환경적 조건들에의 참여, 협동력 문제 해결, 그리고 인간관계들의 재인간화(rehumanization)를 통한 '세상 읽기'는 오늘날 포스트휴먼적 변화의 과정에서 나타나는 인지적, 정서적, 그리고 신체적 측면까지의 전환(conversion)과 의식화(conscientization) 수준에도 적용될 수 있다는 것이다(Austin, 2015).

요컨대 포스트휴먼적 존재들의 주체성은 인본주의적 주체성의 개념과 달리 절대적인 인간, 비인간 구분이나 고유한 독자성을 지닌 것이 아니라 과학기술적 생산물(기술적 도구들)에 의존하고 그 기능들에 의해 영향을 받는 상대적이고 복합적이며 의존적인 주체성이다. 따라서 다문화주의는 이러한 포스트휴먼적 주체성들이 세상을 어떻게 해석하고 다른 존재들과 어떻게 관계를 맺어야 하는지에 대한 새로운 관점을 제시해야 한다.

2) 자기 정체성(self-identity)

자기 정체성은 철학적, 심리학적, 사회학적, 그리고 문화이론적으로 다양하게 정의될 수 있지만 정체성의 공통적 특성은 사회문화적인 영향을 받아 형성되며, 매우 혼성적이면서도 유동적인 성격을 지닌 자아(self)에 대한 회고적 관념이다(Dunn, 1997). 사회문화적 정체성의 예를 들면, 사회 속 개인들이 일상적 경험 속에서의 상징적 상호작용을 바탕으로 타인과의 동일시 혹은 차별화를 통해서 자기 존재를 인식하며 사회적 존재로 성장해나간다(Holland & Lachicotte, 2007). 그렇다면 포스트휴먼적 존재의 자기 정체성은 어떤 것일까? 포스트휴먼적 존재의 자기 정체성은 첨단 기술을 바탕으로 한 인공적 도구들의 도움으로 신체적 장애를 극복하거나 환경을 극복하는 역할을 함에 따라 이러한 도구들이 인간의 일부가 됨으로써 그것이 포스트휴먼적 존재들의 자아 및 정체성 형성에 결정적인 역할을 하게 된다는 것이다(Popovici, 2017). 그런 의미에서 데 프레이타스de Freitas와 쿠린가Curinga(2015)는 포스트휴먼의 자기 정체성을 신이나 자연에 의해 부여된 개별적 존재로서의 자기 인식이라기 보다는 '생물학적 요소와 도구(기계)적 요소들이 개별 혹은 집단적으로 아상블라주assemblage된 역동적이고 정서적인 에너지의 장(field)'이라고 정의하기도 했다. 즉, 포스트휴먼의 정체성은 인간 존재 자체를 구성하는 기술적 도구들과 사회적 관계성, 그리고 문화적 환경 등의 다면적 영향력에 의해 형성된다.

포스트휴먼적 정체성의 성격을 이해하는 데 도움을 줄 수 있는 대표적 사례가 바로 사이보그의 정체성이다. 인지적 및 행동적 기능을 수행하는 기계가 인간 신체의 확장(prosthesis: 신체의 일부에서부터 뇌에 이르기까지)으로서 인간의 일부가 되면 그러한 포스트휴먼적 존재의 사고, 언어, 감정 표현, 그리고 타인과의 상호작용의 모든 방식은 그 존재의 의도와는 상관없이 근본적인 변화가 생기게 된다(Clark, 2003). 특히 신경공학의 발달로 호르몬 조절이 가능하고, 나노분자 기술의 발전으로 인공두뇌나 인공 장기의 생산이 가능해지는 현시점에서 인간의 의식이나 정체성은 한낱 두뇌 작용의 부수적 현상(epiphenomenon)으로 간주될 수 있다(Bostrom, 2005). 이 경우 그 포스트휴먼적 존재의 의식이나 자기 정체성은 전통적 인간들에게서 발견할 수 있는 의식이나 정체성과는 전혀 다를 것이다.

특히 이러한 사이보그적 정체성이 형성되고 활동하는 영역은 현실 공간에 제한되지 않는다(Hayles, 2008). 오늘날 이미 SNS, 가상현실 게임, 온라인 커뮤니티 등에서 아바타avatar란 매개를 통해 재현되는 가상적 정체성을 누구나 한두 개쯤은 가지고 있듯이 인간의 정체성은 더 이상 실재하는 유일한 육체에만 담겨있는 것이 아니라 가상 공간과 사이버 커뮤니티들 속에서 활동하는 수많은 아바타들 속에 존재할 수 있다(Taylor, 2002). 즉, 우리가 사이보그적 존재로 변형되어감에 따라 우리의 정체성은 수많은 영역 속에서 정치적(민주시민), 경제적(소비자), 그리고 사회문화적(집단의 구성원)인 주체로서 온라인, 오프라인에 구애받지 않고 활동하고 있는 것이다(Whittaker, 2004).

그렇다면 이러한 포스트휴먼적 정체성은 다문화주의의 정체성 문제에 어떠한 변화를 초래할 것인가?

첫째, 세계화와 포스트휴먼의 시대가 가속화되면서 인종적·문화적·언어적 장벽이 모호해지는 현실들은 인종적·문화적·언어적 정체성 관념의 지속가능성에 대해 의문을 갖게 하고 있다. 비록 다문화주의의 핵심적 신조들로서 문화적·언어적 제국주의에 대한 비판을 바탕으로 언어와 문화들 간의 생태적 환경을 유지해야 한다는 주장(Phillipson, 1996; Tomlinson, 2001) 등에 동의하지만 기존의 다문화주의적 비판의 프레임은 점점 그 타당성과 효용성이 약화될 수 있다는 것이다. 예를 들어 후기인종주의(postracism) 지지자들은 인종적 의식(race consciousness)을 넘어서 인종적 정체성을 잊어버릴 때야 비로소 정의로운 사회가 가능해질 수 있다고 주장한다(Choi, 2011; Taylor, 2014). 특히 급속한 세계화와 글로벌 인구이동의 증가에 따라, 갈수록 세분화되는 인종적 혼성화는 다문화주의의 주요 논점인 인종적 정체성의 역할과 의미에 큰 도전이 되고 있다. 다문화교육의 측면에서도 자신의 인종적 정체성에 관심을 갖거나 다문화적 민감성(multicultural sensibility)을 기르는 것이 인종주의를 극복하는데 어떤 역할을 할 것이냐에 대한 회의론적 시각이 등장하고 있다(Peller, 2015). 예를 들면 인종적 정체성이 자신의 민족적 기원이나 동일한 인종 집단에 대한 소속감을 확인하는 역할을 한다면, 인종적 혼성화와 그에 따른 세분화는 개인들을 점점 소수의 집단 속에서만 동질성을 느끼게 할 수밖에 없고, 이는 자기소외나 자기 고립화를 촉진할 수도 있다는 지적이다(Riley, 2006).

둘째, 민족적·인종적·언어적·문화적 정체성과 같은 기존의 정체성 구분 및 범주들과는 다른 차원의 정체성 범주화가 이루어질 것이다. 앞서 언급하였듯이 인본주의에 기반한 다문화주의는 자아와 타인의 이분법적 구분에 의한 역사적 혹은 사회적 약자들의 타자화를 이념화하고 제도화하였던 민족주의, 인종주의, 언어적 차별, 문화적 편견 등에 대한 비판적 담론이었다(Ahmed, 2013). 하지만 포스트휴먼 시대의 다문화주의는 전통적인 간인간적(inter-human) 평등성의 범주를 넘어서서 인간과 비인간(예: 동물)의 관계성[1]이나 인간의 다른 층위들(유사 인간, 사이보그, 초인류, 하위 인간 등)[2] 간의 차별이나 편견의 문제도 포함해야 한다.

셋째, 오늘날 과학기술이 지배적인 담론의 역할을 하고 포스트휴먼을 중심으로 사람들 사이의 관계성이 재편되기 시작하면서 공상과학 소설은 시대적 변화와 미래 사회를 가장 잘 묘사하면서도 가장 효과적으로 인간의 자의식을 재현하는 문화적·예술적 장르가 되었다(Braidotti, 2003). 우리가 이 장르를 통해 상상해온 인간의 변종들(돌연변이인, 뱀파이어, 프랑켄슈타인, 외계인, 그리고 괴물들)은 '정상적인' 인간들에 의해 낙인찍히고 소외되며 타자화되어 온 존재들이었지만, 이 존재들은 안경이나 보청기의 착용에서부터 심장박동기나 신체 이식에 이르기까지 우리의 지적, 정신적, 그리고 신체적 기능을 기술에 의존할 수밖에 없는 현대인의 조건과 근본적으로 차이가 없다(Clark, 2003; Gray, 2000; Haney, 2006). 따라서 앞으로의 다문화주의의 과제는 '정상적 인간'의 범주에 대한 포스

1 모건(Morgan, 2016)은 인본주의에 기반한 인간 정체성에 대한 강조는 필연적으로 동물이나 자연을 소외시키거나 타자화할 수밖에 없다고 주장한다.

2 포스트휴먼 시대의 유전공학, 나노공학, 생명공학, 뇌과학 등의 분야에서 기술 발전은 인간 혁신(human innovation)이나 인간 개선(human enhancement) 프로젝트를 통해 과거의 인간 능력보다 훨씬 뛰어난 인류의 창조에 몰입하게 될 것이고, 이는 신체적, 정신적 측면에서 다양한 능력 수준의 인간들을 만들어내게 될 것이라는 예측이 제기되고 있다(Haslam, Kashima, Loughnan, Shi, & Suitner, 2008; Wilson & Haslam, 2009).

트휴먼적 재고찰을 바탕으로 그 범주에서 소외될 수 있는 포스트휴먼적 존재들의 정체성 문제에 대해 새롭게 관심을 가져야 할 것이다(Martin-Lucas, 2012).

3) 인권(human rights)

모든 사회문화적 공동체는 인간 존재의 의미를 규정하고 인간이 어떤 권리를 가져야 하는지에 대한 신념이나 정서, 그리고 상징적 관념들을 가지고 있다. 인권은 생존권, 노동권, 영역 유지권, 정보 접근권, 사회적 공간의 조직권, 방어권, 의사표시권, 인간성의 표시, 욕구 표출이나 포기권 등을 포괄하는 매우 다양한 의미 범주를 가지고 있는데(Brown, 1995), 이 인권의 범주에 어떤 요소가 포함되어야 하는지에 대한 견해는 다를지라도 인권의 개념을 가지고 있지 않은 문화는 없다(Baxi, 2007). 그로 인해 인권 개념은 그 철학적 전제가 되는 인간의 존엄성이나 자유와 더불어 휴머니즘의 기본 가치이자, 다문화주의의 주요 논점으로 다루어져 왔다(Ahmanson, 2017).

현대사회에서 인권은 1948년 UN의 보편적 인권 선언(the Universal Declaration of Human Rights)이 체결된 이후, 국제법이나 지정학(geo-politics)적 차원에서 가장 중요한 아젠다가 되어왔다(Ratner, 2015). 다문화주의와 관련해서도 인권은 난민 문제, 국지적 분쟁과 전쟁, 제3세계의 의료 및 보건 문제, 그리고 권위주의적 정부의 억압에서 벗어나려고 하는 정치적 망명자들과 관련하여 민감하고 시급한 문제들 중의 하나로 다루어지고 있다(Ciongaru, 2012).

이렇듯 인권의 가치와 이를 존중하는 제도화의 패러다임이 전 세계적으로 확장되고 있음에도 불구하고 인본주의에 기반한 보편적 인권 개념은 여러 가지 개념적 한계를 가지고 있다.

첫째, '모든 인간'에게 주어진다는 보편적 인권의 개념은 이를 소유할 수 있는 주체가 어떤 존재인가에 대한 분명한 개념화가 되어있지 않다. 예를 들어 과거에는 출생 후 30일이 안 된 신생아나 장애를 가지고 태어난 영아는 '자의식(self-consciousness)이 없는 존재'로 간주되었기 때문에 부모의 선택에 따라 죽임을 당했다(Singer, 2011). 비록 오늘날에는 이와 같은 관념은 사라졌지만 여전히 UN 인권선언은 인권을 보유하기 위한 인간의 조건에 대해서는 자세한 언급 없이 그 상징적 선언의 차원에서만 기술되어있을 뿐이다(Douzinas, 2000).

둘째, 휴머니즘이 상정하는 인간의 본성과 그에 따른 인권의 부여는 용어 자체가 드러내듯이 인간이 아닌 다른 존재를 배제하고 타자화하는 인간예외주의(human exceptionalism)에 기반을 두고 있다. 이 인간예외주의적 관념은 우리가 '인간이기 때문에 권리를 지닌다'라는 이념을 바탕으로 한 것이고, 자연스럽게 동물에 대한 타자화 관념을 낳을 수밖에 없다(Plumwood, 2007). 문제는 이러한 인간예외주의적 이념이 역사적으로 성, 인종, 계급, 문화, 그리고 민족주의와 같은 미세한 경계지음 속에서 사회적 약자들을 소외시키고 비인간화(dehumanization: 권력의 행위들이 가져오는 비인간적 효과)하는 근거로 활용되어 왔다는 것이다(Braidotti, 2013).

셋째, 인권 담론은 인간의 존엄성을 드러낼 수도 있고 그것을 짓밟는 권력에 대한 저항을 이끌어내는 해방적인 역할을 한다. 하지만 동시에 인권의 이념화는 인간성이 고갈되었다는 표지이기도 하고 인권을 담론화하는 제도적·사회적 장치를 통해 인권의 부재를 눈치채지 못하게 하는 억압적 역할도 할 수 있다(Baxi, 2007). 예를 들어 『허클베리 핀의 모험

(*The Adventures of Huckleberry Finn*)』에는 허클베리가 샐리Sally 이모에게 보트 탐험에서 늦게 도착한 한 이유를 설명하는 대목이 나온다.

"보트의 모터가 터졌어요."

"어머나, 다친 사람은 없니?"

"아니요, 깜둥이 하나가 죽었어요."

"아, 다행이구나. 때로는 사람이 다칠 수도 있단다."

작가가 위 소설 속의 일화를 통해 '사람의 생명이 중요하다'는 관념을 강조하고자 했다면 그 관념은 '사람'이란 어떤 존재이며, 누가 포함되는가에 따라 윤리적 의미가 전혀 달라진다. 따라서 인권 담론 자체가 인권을 보장하는 수단이 되는 것이 아니라 인권 담론의 주체, 대상, 과정과 전략 등이 더 중요하다.

오늘날 포스트휴머니즘의 등장은 위와 같이 인본주의에 기반한 모호하고 편파적인 인권의 개념에도 변화를 요구하고 있다. 즉, 포스트휴머니즘은 인간예외주의에 기반한 인본주의적 인권 개념에 얽매이지 않고 보편적 생명권에 대해 윤리적 가치를 부여할 수 있는 대안적 인권 개념의 필요성을 촉구하고 있는 것이다(Mendible, 2017). 아직까지 우리는 포스트휴먼이 어떤 존재이며 포스트휴먼적 존재들에게 어떤 가치를 부여할 수 있을지에 대해 아직 충분히 이해하지 못하고 있다. 하지만 과학기술적 도구들에 인지적·심리정서적·신체적 기능을 의존하는 모든 존재들은 근본적으로 사이보그라는 관점에 따르면(Clark, 2003; Haney, 2006; Gray, 2000), 다양한 인간 증진(human enhancement) 기술들의 혜택을 받고 있는 존재들은 사이보그의 범주에 속할 수밖에 없다. 더구나 고도의 인지능력과 창의력을 지닌 인공지능이 개발되고 있는 시점에서 이러한 지적 창조물들의 자의식과 인권의 여부에 대한 논란은 전통적인 인간의 존엄성에 대한 신념이나 인권의 개념에 근본적 변화를 초래하게 될 것이다(Minsky, 2007; Norstrom, 2005).

이러한 포스트휴먼적 인권 개념은 다문화주의와 관련하여도 중요한 시사점을 제공해준다. 즉, 지금까지의 미숙한-인간(less-than-human) 혹은 하위 인간(infra-human)이라는 타자화를 바탕으로 한 인종주의와 불평등의 역사(Gilroy, 2009)는 포스트휴먼적 존재들에 대해서도 동일하게 적용될 수 있기 때문에 기존의 인종적·민족적 배경에 따른 인간의 계급화는 포스트휴먼의 다양한 변이들에 따른 계급화로 대체될 수 있다. 예를 들어 최근 유럽의 시리아 난민들이 좀비나 비인간적 존재(괴물, 테러리스트)로 형상화되는 담론들(Mouflard, 2016)은 인간과 비인간(혹은 하위 인간)의 대립과 타자화가 다문화주의적 논란에 그치는 것이 아니라 포스트휴먼 시대의 인간관계에도 그대로 적용될 수 있다. 결국 다문화주의는 인권의 준거가 될 '인간'의 유형에 대한 차별적 인식(계급화)을 어떻게 다룰 것인가의 문제를 고민해야 할 것이다.

4) 자유(freedom)

인본주의에 따르면 자유[3]는 인간에게 부여된 하나의 보편적 권리로서

---

3 '자유'를 의미하는 liberty와 freedom의 차이에 대해서는 학자들마다 의견이 다르다. 독일어권에서는 'freiheit (freedom)'를, 프랑스어권에서는 liberte (liverty)를 주로 사용하지만, 영어권에서는 두 용어가 차이 없이 쓰일 수 있다(Berlin, 2017). 굳이 구분하자면 liberty는 법률적·정치적 맥락에서, freedom은 철학적·윤리적 맥락에서 주로 사용된다(Pitkin, 1988).

자유의 핵심은 인간이 자신의 존재나 우주의 의미, 그리고 인간 생명의 가치에 대해 규정할 수 있는 권리에 있다(Casey, 1992). 인간의 자유는 다양한 형태를 통해 나타나는데 심리학적으로는 내적 욕구나 주장이고, 정치적으로는 법적인 근거를 갖춘 주장이며, 윤리적으로는 도덕적인 가치의 표준이 되기도 한다. 문제는 인간의 자유가 충돌될 때 발생하는데, 그렇기 때문에 자유는 한 사람이 행사하는 자유의 영향을 받는 상대방의 의무를 바탕으로 발휘되는 상대적 권리가 아니라 인간성이 발휘될 수 있는 조건으로서의 내적 욕구나 윤리적 가치로서 이해될 수 있다(Curran, 2002). 예를 들어 사상과 양심의 자유는 이 자유의 구사가 타인의 의무를 요구하거나 권리를 침해하지 않는 자유권(liberty rights) 중의 하나이다.

그렇다면 인간은 자유로운 존재라는 관념은 어떻게 시작된 것이며, 그것이 포스트휴먼과 다문화주의와 어떤 관련을 가질까? 라투르Latour(1992, 1993)는 과학기술의 출발점이자 인간이 자연을 지배하기 시작한 근대성의 개념을 바탕으로 한 인간의 자율성(human freedom)과 자연의 필연성(natural necessity)의 변증법적 대립관계로 이를 설명하고 있다. 즉, 근대성은 인간의 자유의지가 자연의 필연성에 개입하여, 혼돈과 복잡성을 가진 자연을 인과적 규칙성으로 바꾸어 인간이 이해 가능한 상태로 바꾸는 인간화(humanizing) 과업이었다는 것이다. 그리하여 인간은 자연의 구조와 법칙(필연성)에서 자유로운 존재가 됨으로써 인간 자유의 기초를 만들었고, 자연은 맹목적 필연성(blind necessity)을 가진 인간에 구속될 수밖에 없는 존재로 대상화되었다. 결과적으로 이러한 근대의 계몽주의적 세계관은 인간을 주체성과 자율성을 가진 우주의 목적으로 간주한 반면 인간을 제외한 다른 존재들은 모두 수단에 불과한 존재로 대상화하였다.

결국 인간의 자유에 대한 관념도 인간중심주의(anthropocentrism)에 기초를 두고 있다. 인간중심주의는 모든 우주 사물들 중에서 인간만이 독자적 능동인(agent)로서 자신의 주체성과 그 자신의 의지 및 실현 가능성을 드러낼 수 있는 유일한 존재라는 관념이다(Segal, 1996). 즉, 인간중심주의는 인간과 자연 간의 이분법을 바탕으로 오직 인간에게만 능동성(agency)를 부여하고 자유의지와 주체성을 지닌 존재로 간주하는 반면 인간을 제외한 자연 속의 모든 사물들은 외적이고 비인간적 존재로 규정하여 타자화하였다. 그로 인해 자연은 기계적이고 인과론적으로 결정되는 순전히 수동적인 대상으로 전락하여, 인간의 처분만을 기다리며 스스로는 어떠한 결정도 할 수 없는 존재, 즉 능동성이 없는 존재로 인식되었다.

포스트휴머니즘은 바로 이러한 자연 세계에서 오직 인간만이 능동성을 가진 존재(human agency)라는 인간중심주의적 관념을 해체한다. 능동성은 인간에게만 주어진 고유하고 고정적인 특질이 아니라 세상 속의 수많은 다양한 존재들(동물이나 사물들)과의 관계성 속에서 형성된다. 능동성은 유동성이며 사이보그나 인공지능에게도 부여될 수 있는 만큼 창조성을 지닌 특질이다. 따라서 포스트휴먼적 존재에게는 배타적인 능동성을 바탕으로 한 자유(의지)가 있는 것이 아니라 모든 사물들이 가진 능동성과의 관계성과 협력 속에서 공존하려는 특질로서의 자유가 있을 것이다. 이러한 포스트휴먼적 능동성은 물질적 능동성(Knappett & Malafouris, 2008)이라고 불리며, 이는 자연의 모든 사물에게 부여되는 능동성이다(Plumwood, 2001). 예를 들어 뉴질랜드에서는 자연의 일부인 '강(river)'에게도 인간과 동일한 법적 권리를 부여함으로써[4] 자연을 인간의 처분이나 착취의 대상이 아닌 인간에 의해 착취되지 않을 독자적인

권리를 가진 존재로 인식하고 있다.[5]

그렇다면 자연계의 능동성을 인정한 포스트휴먼적 세계가 다문화주의에 함의하는 바는 무엇인가? 앞서 설명한 자연계의 동물이나 사물에 능동성을 부여하는 관념이 바로 신물질주의(New materialism)로서 이는 사회적(인간과 인간), 문화적(인간과 도구 및 환경), 그리고 자연적(인간과 자연) 관계성 차원에 대한 근본적인 관점의 전환을 요구하고 있다(Barad, 2003). 즉, 포스트휴먼 시대의 다문화주의는 인간의 사회적·문화적 관계성뿐만 아니라 자연(물질성)과의 관계성을 반드시 다루어야 한다. 지금까지 논의한 바와 같이 우리가 경험하게 될 미래의 인간은 더 이상 순수한 인본주의적 관점을 통해서만 설명될 수 있는 존재가 아니라 기계문명과 첨단 기술 속에서 혼성화되고 사이버화된 존재로서의 인간이기 때문이다. 따라서 다문화주의는 '자연으로부터 독립적으로 부여된' 독자적인 권리(인권)나 자유를 가진 인간이 아니라 자연 세계와의 불가분한 관계성 속에 놓인 존재로서의 인간의 의미를 이해하고 설명하는 역할을 해야 할 것이다. 그 대표적인 이론이 바로 행위자-망이론(Actor-Network

4 뉴질랜드 정부는 최근 왕가누이(Whanganui) 강 근교에 거주하는 지역 마오리 부족이 왕가누이 강을 자신의 조상으로 인정해달라는 요구를 받아들여, 그 강에게 인간과 같은 법적 권리를 부여하였다(Forlano, 2017). 오랜 역사 동안 해당 강 근처에 거주하고 있었던 마오리 부족은 사실 뉴질랜드 정부에 140년 전부터 왕가누이 강이 인간에 의해 소유되거나 정부에 의해 관리될 수 있는 자원이 아니라, 살아있는 생명체로 여겨져야 한다고 주장해왔다. 이제 이 강이 인간과 동일한 법적 권리를 갖게 됨으로써 환경오염과 난개발과 같은 일들은 인간에 대한 범죄와 동일하게 취급될 수 있게 되었다.

5 사실 이처럼 인간 이외의 사물들이 독자성과 스스로의 법적 권리를 획득하게 되는 것은 최근의 사건이 아니다. 자본주의 경제 시스템 속에서 수많은 법인(corporations)들이 생산과 교역의 주체로서 법적 권리와 의무를 지면서 경제활동과 이윤창출 활동을 수행하고 있다(Harari, 2014).

Theory: ANT)인데, 이는 4장 2절의 인식론에 대한 부분에서 보다 자세히 논의하도록 한다.

2. 포스트휴먼적 인식론의 다문화주의적 함의

포스트휴머니즘이 바라보는 세계관은 인본주의적 세계관과 다르기 때문에 포스트휴먼 시대의 다문화주의의 관점과 역할도 달라질 수밖에 없다. 본 장에서는 이를 포스트휴머니즘의 몸, 마음(의식), 그리고 환경의 삼원적 관계성이 갖는 인식론적 문제, 이러한 포스트휴먼과 세계의 관계성에 대한 한 설명으로써의 행위자-망이론, 그리고 포스트휴먼 시대를 위한 탈인간중심적 패러다임과 생태주의적 대안에 대해 논의한다.

1) 신체, 마음, 그리고 물질

포스트휴먼적 조건을 만드는 기술적 환경의 변화 가운데 가장 중요한 것이 바로 인간의 신체와 정신의 데이터화와 디지털화이다. 포스트휴먼적 주체는 디지털 알고리즘과 인공지능 기술을 바탕으로 마음(mind)뿐만 아니라 신체까지도 모두 데이터화됨으로써 점점 더 컴퓨터가 데이터를 처리하는 방식으로 현실을 경험하게 될 것이다(Haney, 2006). 이 데이터화된 정신과 몸은 육체의 굴레에 제한되지 않고 환경(자연적, 기계적, 혹은 문화적)의 일부가 되며, 개인의 육체를 넘어 환경 및 도구적 요소들과 혼합된 존재는 최종적으로 데이터화되어 컴퓨터 알고리즘의 재료가 된다. 예를 들어 인간의 마음이 사고하고 느끼는 방식을 모사하여 컴퓨터가 입력된 정보(mindfile)을 해독할 수 있도록 돕는 마인드웨어

Mindware나 인간의 사고기능을 확장하고 촉발시켜주는 인공-인지 장치(cognitive-prosthetic devices), 신체 기능을 증가시키는 하드웨어나 소프트웨어 등의 장치 및 기구들이 모두 디지털화된 생체 장치들로써 이러한 기술적 창조물들은 "의식(consciousness)을 신체의 구속으로부터 해방(disembodiment)시켜주게" 될 것이다(Clark, 2003). 결국 생물학적이고 실존적인 존재로서의 인간과 컴퓨터 알고리즘으로 대표되는 인공지능을 갖춘 기계를 구분하는 최후의 보루인 의식의 역할이 무너지게 된다(Searle, 1990).

의식이 인간-기계 공생(human-machine symbiosis)의 인공물이자 부산물이라면, 기술의 개입에 의해 영향을 받게 되는 의식적인 존재로서의 인간은 더 이상 생물학적인 터전인 몸속에 안주할 수 없다. 나날이 발전하는 생물공학적 기술과 통찰력은 인간의 마음을 점점 인간 이성의 물리적 메커니즘인 "두뇌의 굴레에서 해방시켜 데이터화함으로써 네트워크와 가상현실 속으로 들어가게" 할 것이다(Clark, 2003). 결과적으로 인간의 의식은 신체의 영역에서 벗어난 존재인 신물질(new material)로 전화되어 인간은 인간-기계 공생체(symbiotics)가 된다. 비록 생물학적 틀로서 의식을 허용한다고 해도 인간의 몸은 문화적이고 기술적인 환경과의 상호작용과 협업을 위해 개방적이어야 하고, 기계와 더욱 친밀한 사이가 되어야 한다.

이러한 포스트모던적 신체와 의식을 가진 존재들은 그들을 둘러싼 문화적·기술적 환경과의 필연적 관계성을 형성해야 한다. 그리고 그 관계성에 대한 연구가 바로 포스트휴먼 시대의 문화 연구(cultural studies)의 본질이 될 것이다. 포스트휴머니즘이 문화 연구의 대표적 중심 주제 네 가지 — 자아와 정체성, 사고와 지식, 사이버 문화, 그리고 다문화주의 —

에 대해 시사하는 바를 제시하면 다음과 같다.

첫째, 포스트휴먼적 존재의 자아나 주체성, 정체성 등의 개념은 그 기초가 되었던 인간성(humanity)의 개념이 붕괴됨으로 인해 기존보다 훨씬 모호하고 혼성적인 개념이 될 수밖에 없다. 아울러 이를 대체하는 개념들은 인간-동물, 생물-비생물, 그리고 인간-자연과 같은 인위적이고 이원적인 구분이 제거된, "마음-신체-기술-환경의 조합(assemblage)으로 이루어진 인공적 구조물(artificial architecture)로서의 본성"이 될 수도 있다(Popovici, 2017). 따라서 우리는 이러한 포스트휴먼적 존재들이 어떠한 삶의 목표나 방식을 취하고, 어떻게 주변 환경이나 현실 및 가상 세계와 상호작용해나갈지에 대해 고민해야 하는 것이고, 이것이 포스트휴먼 시대의 문화 연구의 기본 과제가 될 것이다.

둘째, 포스트휴먼들은 자신의 생물학적 두뇌의 사고기능을 촉발시켜 줄 기계적 시스템을 개선할 수 있는 더 적절한 도구와 인공물을 끊임없이 찾아가게 될 것이다. 따라서 앞으로는 인간의 생물학적 능력이나 특성과 유기적으로 통합되어 "인간과 비생물학적 요소들(기계들)과의 경계를 느끼지 못할 정도의 기술들"의 개발에 매진하게 된다(Clark, 2003). 오늘날의 유비쿼터스ubiquitous 및 웨어러블wearable 장치들처럼 점점 더 효과적이고 편리하며 착용감을 느끼지 못할 정도로 인간과 동화된 장치들을 개발하기 위한 지식과 기술들은 인간의 필요와 삶의 방식에 대한 문화적 연구의 기반을 통해 이루어질 수밖에 없다(Barad, 2003). 이와 같이 전통적 문화의 영역을 넘어서 과학기술과 미디어 연구(네트워크 및 정보통신 기술), 그리고 동물 연구(로보틱스나 장기 이식의 경우 동물의 신체 및 감정에 대한 연구를 기반으로 이루어지고 있다)의 지식들이 미래의 문화적 지식의 핵심이 될 것이다.

셋째, 생물학적 기관으로서의 인간의 몸과 컴퓨터의 시뮬레이션, 사이버네틱한 신체 구조와 작용, 그리고 로봇의 기능과 역할 사이에는 근본적 차이나 절대적 경계가 존재하지 않는다(Hayles, 2008). 사이버 세계에서는 인간의 몸이 한낱 '데이터로 만들어진 고깃덩이(data-made flesh)'에 불과할 수 있다는 사실이 인본주의적 관점에서는 비판의 대상이 될 수도 있다. 하지만 유전적 코드의 생물학적 실현이라고 볼 수 있는 인간의 신체나 디지털 코드로 이루어진 컴퓨터 데이터나 모두 자연을 구성하고 만들어가는 정보의 한 형태라는 일원론적 관점을 이해하지 못하고서는 사이버 세계에서의 정보의 흐름이나 사이버 문화(cyber culture)를 이해할 수 없다(Mitchell & Thurtle, 2013). 따라서 포스트휴먼적 다문화주의는 현실 문화에 대한 연구뿐 아니라 사이버 세계에서의 권력, 갈등, 편견, 불평등에 대한 연구로 연구의 범주가 대폭 확대될 것이다.

넷째, 포스트휴먼 시대의 다문화주의의 주된 관심은 역사적·사회문화적 조건에 의해 소외되고 타자화된 인종, 계급, 민족 등의 차별화에 대한 비판을 넘어서게 될 것이다. 이를 대신하여 포스트휴먼 시대의 소외·차별, 편견, 계급화, 부정의 등의 문제는 개인이나 집단들 사이의 경제적·기술적 조건에 의해 생산되고 고착화되는 포스트휴먼적 등급화(우등 인간 대 하위 인간)에 대한 비판을 중심으로 이루어지게 될 것이다(Haslam, Kashima, Loughnan, Shi, & Suitner, 2008; Jeffery, 2013). 따라서 다문화주의의 논의와 비판의 대상인 인종주의, 민족주의, 계급주의, 성차, 편견 등에 대한 개념적 틀은 물론이고 이를 설명하는 이론적 틀도 모두 수정되게 될 것이다.

요컨대 포스트휴먼 시대의 인간의 몸과 마음은 기술과 환경, 그리고 문화적 요소들과 통합될 수밖에 없고 포스트휴먼적 존재의 문화와 지식은 인공지능이나 로봇이 편재하는 기술 지배적 세상 속에서 자연계나 물질계와의 공존 및 생태적 균형을 어떻게 유지할 것인가에 초점이 맞추어져야 할 것이다.

2) 행위자-망이론을 통해 본 다문화주의

포스트휴먼 시대에 상응하는 다문화주의의 주된 이론은 사회문화적 이론들(socio-cultural theories)의 패러다임에서 행위자-망이론(Actor-Network Theory: ANT)의 패러다임으로 옮겨가게 될 것이다. 휴머니즘에 기반한 사회문화적 이론에서는 개별 존재들의 역할이나 행위에 영향을 미치는 '사회문화적' 환경의 요인들에 주목했다. 하지만 포스트휴머니즘에 기반한 ANT는 '사회기술(socio-technical)적' 요인에 주목한다. 이는 인간의 삶이 사회문화적으로 구성되거나 영향을 받는다는(socially constructed) 피동적 성격에 초점을 맞추기보다는 사회기술적으로 형성해나가는(society shaping) 보다 능동적 성격의 차원에 주목한 것이다(Hughes, 1987).

ANT는 1980년대 브루노 라투르에 의해 제안된 인간과 비인간(non-human) 사이의 네트워크나 조합(assemblage) 관계에 대한 이론으로써 과학 기술들이 인간 사회에 미치는 영향에 대한 연구에서 사물이나 대상의 역할을 조명하기 위해 등장한 것이다. ANT는 사회 속의 인간의 행위나 상호작용이 비인간적 존재들의 개입 없이 이루어지는 것은 불가능하고 인간이나 비인간 모두 동등한 능동성을 가진 행위자(actors)로서 네트워크 내의 상호작용에 관여한다고 본다. 따라서, ANT는 비인간적 존재들(동물, 사물, 기계, 도구 등)이 사회적 관계성의 형성과 유지에 어떻게 관여하는지, 그리고 인간 행위자들과 비인간적 존재들이 함께 어떻게 특정 사회-정치적 가치들이나 윤리적 책임감에 기여하는지를 설명하고자 한다(Latour, 1992). 예를 들어 인권과 동물권을 차별화할 것인가, 사고와 의식을 가진 인공지능에게 주체성을 부여할 것인가, 생명 연장 기구에 의존하는 뇌기능 정지 환자를 안락사 시킬 것인가 등의 문제는 모두 전통적 인본주의적 윤리와 가치관만으로는 해결될 수 없는 문제이다.

포스트휴먼 시대를 설명하기 위한 ANT의 가장 핵심적 주장은 다음 세 가지이다.

첫째, 인간은 더 이상 자연에 대해 절대적인 주체의 역할을 하지 못한다는 인간중심주의의 해체이다. ANT는 이러한 탈인간중심적(post-anthropocentric) 태도를 바탕으로 여러 종들이나 타자화된 존재들을 함께 모아 그들의 상호의존성에 대한 공감과 인정을 통해 인간의 취약성을 극복하고 전체적 공동체를 형성하고자 한다(Munro, 2009).

둘째, 기술(technology)은 비록 그 자체가 목적은 아니더라도 더 이상 단순한 도구가 아니라 인간의 일부이다. 이는 기술이 목적 달성을 위한 수단으로써 편리성, 효율성을 담보하는 장치의 역할만 하는 것이 아니라 인간의 본질을 구성하는 요소로서 인간의 '일부'가 되어 인간 존재의 의미나 목적을 구현하는데 필수적인 역할을 하는 것이다. 한마디로 인간의 불완전성을 기술을 통해 극복할 수 있다는 것이 포스트휴먼 시대의 기술의 위상이다(Bostrom, 2005).

셋째, 지구의 생태적 환경을 구성하고 지속하는 과정에서 다양한 주체들(인간 및 비인간)이 상호의존성과 혼성화(인간·기계, 물질·비물질, 온라인·오프라인, 현실·가상 세계 등)를 통해 매우 다중적인 관계성을 이루며 존재한다. 이러한 다양한 존재들의 주체성과 능동성과 그 존재들의 조합에 대한 인식론적 이해가 ANT의 핵심 주제이다.

그렇다면 이와 같은 탈인간중심적·기술 의존적·혼성적 관계성을 가진 주체들로 이루어진 행위자-망으로 구성된 포스트휴먼적 세계는 다문화주의를 어떻게 변화시킬 것인가?

첫째, 문화의 개념 범주가 달라질 것이다. 문화는 더 이상 인류만의 소유물이나 유산이 아니라 동물계, 자연계, 그리고 기술 산업계의 모든 존재들의 산물이자 공유물로서 이해되어야 한다. 따라서 문화를 바라보는 관점은 인본주의적 관점과 사회문화적 관점에서 생태주의적 관점과 기술 산업적 관점으로 급속하게 변동하게 될 것이다.

둘째, 다문화 주체들의 대상의 범주가 넓어질 것이다. 미래 사회문화의 핵심적 주체가 될 포스트휴먼적 존재들은 생물학적 신체와 기술적 기관들(신체 확장자: 의족·의수, 인공장기, 보청기 등의 신체적 장애 보조물)이 함께 조합된 인간-기계의 하이브리드가 될 수도 있고, 마인드 업로딩mind uploading 기술이 접목되어 인간의 사고, 지능, 정서적 기능들이 활성화된 사이보그적 존재들이 될 수 있다. 이는 기술적 몸(techno-body)이 인간의 생물학적 몸(bio-body)의 단점을 극복한 포스트휴먼적 신체의 탄생을 의미하고(Bell, Brian. Loader et.al., 2004), 그 정도에 따라 포스트휴먼 존재들 간에 층위가 형성되는 것이다.

셋째, 다문화주의의 논점과 주제의 근본적인 변화가 이루어진다. 인간의 마음-몸(mind-body)의 이원론적 논쟁(Gorham, 1994)은 디지털화와 사이버 세계의 확장 속에서 논점을 잃게 되고[6] 인지, 정서·감정, 의식

6 이를 대신하여 클락(Clark, 2003)은 인간의 사고와 이성이 물질적 두뇌와 물질적 신체, 그리고 복잡한 문화적·기술적 환경 속에서 어떻게 생성되는지에 대해 '몸-마음-비계설정(body-mind-scaffolding)'의 프레임에서 다루어져야 한다고 주장한다.

등에 대한 기존의 심리학적, 철학적, 그리고 생물학적 이론들과 관점들에 근본적인 변화가 일어날 수밖에 없다(Hayles, 2008; Krueger, 2005). 예를 들면 여러 가지 기술적 수단을 활용하여 신체적·심리적 능력이 현재 인류에 비해 크게 향상되는 포스트휴먼은 궁극적으로 인간의 한계인 노화와 죽음에 도전하고 있다(Vincent, 2006). 노화와 죽음의 극복을 목표로 한 포스트휴먼의 관념과 문화가 과연 죽음과 절대자(신), 그리고 내세관 앞에 무력할 수밖에 없었던 과거의 인간의 그것과 동일할 수 있을까?

요컨대 ANT는 인간이 포스트휴먼적 조건이 지배하는 세계 속에서 어떻게 살아가야 하는지를 설명해주는 여러 이론들 중의 하나에 불과하다. 중요한 것은 포스트휴먼적 인간은 자연적·문화적 실재로서 기술적으로 매개된 지구 생태계 속에서 다중적인 인간 및 비인간적 타자들과 결속을 형성하면서 살아가야 한다는 것이다. 이를 위한 다문화주의의 패러다임이 무엇인가에 대해서는 다음 절에서 논의해보자.

3) 탈인간중심적 패러다임과 생태 정치학

포스트휴머니즘의 이론적 지평은 다문화주의의 핵심 기조인 인간의 존엄성과 문화적 다양성을 넘어서는 훨씬 포괄적인 생태적 범주로의 확장을 필요로 하는데 이는 한마디로 탈인간중심주의(post-anthropocentrism)적 패러다임이다(Herbrechter & Callus, 2012). 이 탈인간중심주의는 과거의 인본주의적 이상과 가치의 향수에 젖는 것이 아니라 당면하는 디지털적이고, 기술 중심적인 세계를 적극적으로 포용함으로써 인간성의 개념을 확장하려는 시도이다. 따라서 탈인간중심주의는 사이버네틱스, 로보틱스, 유전공학, 나노생명공학 등의 기술적 도구의 도움으로 인간의 조건을 새롭게 정의하고, 환경론적이고 진화론적 비전을 바탕으로 디지털

중심의 학문 초월적(trans-disciplinary) 담론들을 생성해내게 될 것이다(Braidotti, 2013).

오늘날 급속히 발달하고 있는 컴퓨터와 디지털 기술들은 모두 이러한 탈인간중심적 패러다임 속에서 사회문화적, 정치적, 경제적, 그리고 환경적 의미를 모두 함축한 기술들이다. 예를 들어 인공지능(AI) 기술과 빅데이터는 기업의 시장 조사나 의사결정에 활용되며(Tien, 2017; Boyd & Crawford, 2012), SNS 관련 인터넷 기술들은 사회적 관계 형성이나 정치적 여론조사에 활용되고(Marwick, 2013) 센싱sensing 기술과 로보틱스, 드론drone 기술들은 의료보건, 산업, 전쟁, 자동차 산업, 환경보호 등의 수요에 맞추어 활발하게 개발 및 활용되고 있다(Gabrys, 2016; DiSalvo, 2016). 와이파이Wi-Fi와 무선통신 네트워크, 사물인터넷은 이제는 생활 전반에 걸쳐 없어서는 안 될 기술이 되어버렸고 온라인, 가상현실, 그리고 인공두뇌 기술들이 야기하는 인간 소외, 디지털 난민, 정보 불평등, 디지털 감시와 통제의 문제들은 현대인의 삶 속에서 심각한 사회문화적 이슈를 야기하고 있다.

이러한 사회-기술적 변화에 적응하기 위한 다문화주의의 인식론적 패러다임은 무엇인가?

첫째, 포스트휴먼적 지식, 기술, 그리고 삶 속에서 다문화적 연구의 주체인 우리는 어떤 존재가 되어야 하는가의 문제이다. 미래의 인간은 기술유토피아적 세계에서 능동자(agency)로서 비판적이고 창의적 관점 속에서 포스트휴먼적 윤리를 논의하고 그 시대에 걸맞은 새로운 주체성을 형성해야 한다. 이를 위해 우리는, 과거의 휴머니즘적 관념이나 가치관이 아니라, 새로운 포스트휴먼적 조건에 대한 실존적 이해[7]를 바탕으로 포스트휴먼의 존재론적 의미를 깨닫고 스스로의 운명을 개척할 수 있는 존재가 되어야 한다(Halberstam & Livingston, 1995). 이러한 존재들의 의미를 성찰하기 위해 포스트휴먼적 시대를 넘어서, '비인간의 시대(Non-human turn)'라는 관념을 제시하는 학자들도 있다. 예를 들어 그루신 Grusin(2015)은 "우리는 한 번도 인간인 적이 없었다(We have never been human.)"라는 브루노 라투르(2012)의 언명처럼 인간 존재의 휴머니즘적 목적론이나 근대주의적 진보성에 대한 환상에서 벗어나서 인간은 항상 비인간적 존재들과 공진화하고 공존하며 협력하는 존재였음을 깨달아야 한다고 강조하고 있다.

둘째, 신물질주의의 한 갈래인 '생물계 물질주의(vital materialism)'에 대한 이해와 관점이 필요하다. '생물계 물질주의'[8]란 인력(man-power)이 아닌 사물의 힘(thing-power), 즉 비인간적(non-human) 존재의 적극적 개입을 바탕으로 한 물질주의로써, 세상 만물의 존재들의 의미와 역할을 인간 중심적으로 환원시켜 해석하려는 태도를 거부하는 유물론적 철학이다(Bennett, 2015). 생물계 물질주의는 인간을 초자연적 범주에 속한 존재로 간주하는 인간중심주의와 인간예외주의를 거부하고 인간과 다른 모든 비인간적 측면(생물계, 물질계, 기술계)의 동맹과 협력을 지향하려는 태도이다. 미래의 포스트휴먼 시대에 새로운 인식론적 통찰

---

7 예를 들어 포스트휴먼적 조건에는 외부 생성 태아(exogeneric fetus: 유전자 조작을 통해 자궁 외 수정된 태아), 대리모(surrogate mother), 임신 남성(pregnant man), 탈젠더(postgender)적 존재 등이 모두 포함된다. 이러한 조건에 의해 태어난 '인간'이 어떤 존재 의미와 사회적 가치를 갖는지에 대해 논의해야 할 것이다.

8 생물계 물질주의는 칸트의 자연철학을 바탕으로 19세기 초 독일 괴팅겐(Goettingen) 대학의 인류학자이자 비교해부학자인 블루멘바흐(J. F. Blumenbach, 1752 ~ 1840)가 동물학(zoology) 및 생리학(physiology) 이론의 토대를 다지기 위해 만들었던 개념이다. 현재는 신물질주의적 이론들의 한 갈래로 사용되고 있다(Lenoir, 1980).

을 제시해줄 ANT, 감정 이론, 동물 이론, 아상블라주 이론(assemblage theory), 인지과학, 뉴미디어 이론, 시스템스 이론 등의 분야에서는 이러한 비인간적 존재들의 역할에 대한 이해가 필요해질 것이다(Grusin, 2015). 따라서 포스트휴머니즘 시대의 다문화주의는 이러한 비인간적 요소들의 존재성과 역할을 조명하고, 어떻게 우리가 그들과 공동체적인 협력관계를 맺어갈 것인가에 대해 탐구할 수 있어야 하고, 이것이 포스트휴먼적 다문화주의 담론을 위한 새로운 이론적 토대가 될 것이다.

셋째, 위와 같은 비인간의 시대와 생물계 물질주의의 문제를 다루기 위한 포스트휴먼적 다문화주의는 비판적 생태주의의 지지자로서 생태 정치학(eco-politics)에 관심을 가져야 한다. 예를 들어 현재 생태 정치학적 관점의 대표적 담론들로 페미니즘적 관점과 동물복지론이 있지만 그 대상은 점차 확대될 것이다.

우선, 페미니즘적 생태 정치학(eco-feminism)의 경우에서 알 수 있듯이 생태주의의 문제와 페미니즘의 문제는 밀접히 관련될 수밖에 없다(Hallen, 1987; King, 1989). 후기식민주의 및 페미니즘적 비판에 따르면 유럽의 백인 귀족 남성들의 자기 회고적 이성의 보편적 원리를 바탕으로 설계된 근대화 담론은 자연, 여성, 비유럽적 인종들을 비도덕적이고 비이성적 존재로 타자화하고 착취의 대상으로 삼았다. 그로 인해 '여성화'되고 인종적이며, 자연화된 타자들은 '인간이 덜 된(less than human)' 존재로 간주되어 근대성과 진보의 과정에서 언제든지 폐기처분 가능한 신체들로 축소되었다(Braidotti, 2013). 이처럼 페미니즘의 문제는 자연주의의 문제 및 생명윤리적 문제와 직결되기 때문에 전 지구적 생태적 위기는 탈인간중심주의와 페미니즘적 탈근대주의를 통해 해결될 수밖에 없다는 것에 많은 학자들이 동의하고 있다(Salleh, 1997).

그렇다면 동물복지의 문제는 어떠한가? 지금까지 동물 복지의 담론을 이끌어온 서구 유럽 사회들은 동물복지와 관련된 이슈들을 자신들이 타민족들보다 문화적으로 우월하다는 것을 드러내거나 인간 사회의 부정의를 감추기 위한 선택적 전략의 차원에서 다루어왔다. 예를 들어 지배적 주류 집단이 소수민 집단들이 동물을 대하는 방식을 위선적 이중잣대(hypocritical double standards)를 통해 평가해왔다는 비판이 있다(Kim, 2007). 즉, 영국의 우파들이 무슬림 이주민에 대한 대항 논리를 펼 때만 그들이 동물을 취급하는 방식을 비판하기 위해 동물권 문제를 언급하는 반면 좌파들은 동물에 대한 인간의 폭력에 대해서는 전혀 무관심했다는 비판이 그것이다. 이러한 동물권(animal rights)에 대한 무관심이나 도구주의화는 문화적 제국주의의 한 단면이고 이는 동물 복지의 문제에만 국한된 것이 아니라 결국 지배집단이 소수민들을 다루는 방식을 보여주는 사례이다(Herbrechter, 2013).

요컨대 포스트휴먼 시대의 다문화주의의 역할은 점증하는 복잡한 환경 속에서 지속 가능성을 견지할 모든 인간과 비인간 존재들을 포함한 새로운 생태학을 모색하는 것이다(Herbrechter, 2013). 즉, 자연 자원은 줄어들고 생물계 보전의 필요성은 증가하는 상황 속에서, 인구증가와 전 지구적 이동성의 확대는 환경과 종 다양성(biodiversity)에 위협을 가져올 수밖에 없는데 이러한 생태적 조건을 고려할 수 있는 생태적 다문화주의가 되어야 할 것이다. 그리고 생태적 다문화주의는 생태 정치학을 통해 인간과 비인간, 생명과 물질, 자연과 기술의 대립적 구도(포함과 배제, 자아와 타자)의 관점에서 벗어나서 간존재적(inter-subjective) 민감성과 혼성성에 주목하여 기존의 '문화'에 대한 인식론적 관점과 탐구의 방법론에 대한 재정향화를 시도해야 할 것이다. 다음 장에서는 마지막으로, 이러한 재정향화를 위한 방향을 제시해줄 포스트휴머니즘의 가치론적 문제에 대해 논의해 보자.

3. 포스트휴머니즘의 가치론적 성찰과 다문화주의

포스트휴먼의 존재론에는 철학적 성찰이 동반되어야 하고 인식론에는 기술적인(descriptive)논의가 주된 역할을 하겠지만 가치론을 다룰 때는 윤리적이고 도덕적인 관점이 필요하다. 포스트휴먼적 사회가 지향해야 할 가치는 무엇이고, 다문화주의는 어떻게 그러한 가치를 담론화할 수 있을 것인가? 본 장에서는 이 문제를 포스트휴먼적 사회 정의를 위해 다문화주의의 역할이 무엇인지 정리한 다음, 포스트휴머니즘의 주된 동력 중의 하나인 진보된 자본주의의 생명정치학의 본질이 무엇인지 살펴보고, 이 문제들을 다루기 위한 개념적 틀로서의 비판적 포스트휴머니즘을 통해 논의하고자 한다.

1) 포스트휴먼 시대의 사회 정의를 위한 다문화주의의 역할

인류의 역사는 다양한 경제적, 문화적, 계급적, 인종적, 그리고 성별의 차이와 관련한 다양한 불평등의 조건과 현실 속에서 흘러왔다. 인간 사회가 만들어온 다양한 동맹이나 연대와 같은 집단성 속에서 편견에 기반하여 사람들을 차별하거나 배제 혹은 소외시키지 않으면서 개인 혹은 집단들 사이의 정치적 갈등이나 통치의 문제를 어떻게 해결할 수 있을까? 또한 이러한 정치적 갈등과 집단들 간의 대립 관계 속에서 사회적 약자들의 희생을 기반으로 특정 집단이 권력을 장악하거나 특권을 누리는 것을 막음으로써 취약하거나 소외된 집단을 인정하고 보호할 수 있는 사회를 어떻게 만들 수 있을까(Mendible, 2017)? 다문화주의의 핵심 주제들 중의 하나는 이와 같은 사회 속에서의 문화, 계층, 계급들 사이의 불평등의 문제를 다루고 이를 해소하기 위한 이론적·실천적 통찰을 제공하는 것이었다(Ratts, 2011). 그리고 그 구체적 실천 방향을 탐색하는 것이 다문화교육의 핵심 목표가 되어왔다(Banks, 2004; Bennett, 1986).

하지만 인류가 역사적으로 경험해온 불평등과 사회적 부정의의 현실들은 인본주의에서 출발한 것이기 때문에 인본주의에 기반을 둔 다문화주의에게는 딜레마로 남아있었다. 예를 들어 비판적 인종 연구(critical race studies)의 지적에 따르면, 수많은 타자들 — 유색인종, 여성, 노인, 원주민, 장애인 등 — 이 권력으로부터 소외되고 불평등과 차별을 받았던 근거는 그들이 '인간'의 범주에서 배제되고 '비인간'적 존재로 타자화되었기 때문이다(Braidotti, 2006). 즉, 휴머니즘적 다문화주의에서 '인간'의 기준은 불평등, 차별, 착취의 준거가 되었다. 그와 동시에, 모든 사람이 평등한 '인간'이기 때문에 존중받아야 한다는 관념(예: 인간의 존엄성과 인권)은 앞 장에서 논의한 바와 같이 인간예외주의와 같은 이념에 기반하고 있었기 때문에 동물이나 자연에 대한 착취에는 무관심했다. 즉, 기존의 휴머니즘적 다문화주의는 종차별주의(speciesism)나 생태적 불평등의 문제에 대해선 방관자였다(Singer, 2009).

위와 같은 인본주의적 다문화주의의 양면성으로 인해 다문화주의는 인류 역사의 고질적 문제였던 편견과 차별의 근거('인간-비인간'의 경계)에 기반한 이념이라는 비판을 피하기 어렵다. 특히 여기서 '인간됨'의 기준은 인간의 생물학적 특성이나 신으로부터 부여받은 독특한 권리가 아니라 근대성과 유럽중심주의적 사고에 기반하여 공고해진 인류사적 편견이었다(Kanth, 2016; Lowy, 1995). 이러한 근대성과 유럽중심주의적 '인간'에 대한 규정에 도전하여 '비인간'적 존재에 관심을 갖고 그들을 위한 사회적 정의가 무엇인지를 논의하는 것이 바로 포스트휴먼적 다문화주의의 주된 과업이 될 것이다.

이러한 맥락을 이해하기 위한 한 가지 예로, 포스트휴먼적 다문화주의가 장애인의 권리와 그에 대한 편견의 문제를 어떻게 다룰 수 있을지 살펴보자. 인권의 많은 목록들 중의 하나가 바로 자신의 몸에 대한 신체적 통합성, 안정성, 그리고 통제를 위한 권리인데(Nussbaum, 2001) 장애인의 자기 신체의 인정권과 처분권에 대한 논의는 휴머니즘과 포스트휴머니즘의 관점이 다를 수밖에 없다. 이 문제를 논의하기 위해서는 우선적으로 장애(impairment)와 일반성(normality)에 대한 개념의 변화가 필요하고 장애에 대한 편견이나 극복의 문제는 포스트휴머니즘의 과업들 중 하나인 인간 개선(human improvement)을 위한 생명정치학(biopolitics)과의 관련성을 염두에 두고 다루어져야 할 것이다.[9] 즉, 인간 신체를 둘러싼 기술의 발전은 궁극적으로 인간의 몸 자체와 보조적 기계 장치들 사이의 구별을 모호하게 하는 수준까지를 목표로 하기 때문에 그 종착지는 사이보그적 신체와 본질적인 차이가 없을 수도 있다(Haney, 2006; Gray, 2000). 포스트휴먼적 관점에서 완벽한 인간은 존재하지 않고 모든

---

9 생명정치학적 질문들은 다음을 포함할 수 있다. 인간 신체에 대한 관할권(sovereignty)은 개인에게 있는가, 그 개인이 속한 집단에게 있는가? 관할권의 주체는 자아인가, 의식인가, 집단지성인가, 아니면 컴퓨터 알고리즘 혹은 인공지능인가? 장애를 극복하는 일은 신체 보조 장치를 설치하는 것인가, 장애인이 가진 '질병'을 치유하는 것인가, 혹은 장애인의 삶을 개선하는 일인가? 그 장치들이 정말 장애인들에게 반드시 필요한 것인가? 장애인들의 치유의 필요성과 유용성을 결정하는 것은 누구이며, 그러한 치유의 혜택은 누구에게 주어지는가? 이와 같은 질문들에 대한 논의 없이 장애인 차별과 복지의 문제를 논할 수 없을 것이다(Braidotti, 2006).

인간은 불완전하고 타인과 자연과 도구에 의존적이며 따라서 끊임없이 '되어가는' 존재이다. 그런 의미에서 포스트휴먼적 다문화주의는 소외된 사람, 사회적 약자, 그리고 결핍·배제·타자화의 개념을 다시 정립해야 할 것이다.

위와 같은 포스트휴먼적 존재와 그 시대의 사회적 정의를 위해서 다문화주의는 다음 세 가지 측면에서 기여할 수 있다.

첫째, 생물계와 기술계의 만남을 바탕으로 한 포스트휴머니즘은 과학기술이 인간성, 정의, 윤리성의 문제에 보다 적극적으로 관심을 가져야 함을 일깨워준다. 다문화주의는 이미 기술주의와 과학주의가 사회의 지배적 이념이자 통치 권력이 되어버린 오늘날의 현실에 맞서서 결정주의적 관점이나 패배주의적 비관이 아니라 풍부한 이론적 대항 담론과 미래사회에 대한 긍정적인 비전을 제공할 수 있어야 한다(Clark, 2003).

둘째, 역사적으로 사회적 약자(소수민족, 저소득층, 장애인, 여성, 성적 소수자 등)들은 하위-인간이나 이등 계층의 신분으로 간주되었기 때문에 그들에 대한 편견과 착취는 보편적 인권의 담론에 포함되지 않았고, 결과적으로 윤리적 고려의 대상이 되지 않았다. 그러므로 포스트휴먼 시대의 다문화주의의 역할은 기존의 휴머니즘적 윤리를 완전히 거부하기보다는 지금까지 완전히 소외되고 배제되었던 타자들을 새롭게 포섭하는 방식을 모색해야 한다(Braidotti, 2013).

셋째, 다문화주의는 포스트휴머니즘 담론이 전 지구적 불평등성을 지속하거나 새로운 형태의 사회적 부정의나 억압을 만들어내지 않는지에 대해 담론적 감시자의 역할을 해야 한다. 이는 포스트휴머니즘 자체에 의해 기대할 수 있는 것이 아니기 때문에 다문화주의가 할 수 있는 가장 중요한 역할이 될 것이다.

요컨대 포스트휴먼 시대의 다문화주의는 과학기술의 윤리성 문제와 사회적 약자나 정의의 개념을 재정립하고, 포스트휴먼의 조건에 의해 도입된 새로운 불평등에 대해 비판적 감사자의 역할을 해야한다. 그 감시의 주된 대상은 바로 다음 절에서 다룰 진보된 자본주의의 생명정치학이다.

2) 진보된 자본주의의 생명정치학

포스트휴먼의 본질을 제대로 이해하기 위해서는 그 가장 큰 동력인 진보된 자본주의(advanced capitalism)에 대해 논의하지 않을 수 없다. 고전적 자본주의가 프롤레타리아 계급의 노동력과 물질에 대한 착취를 기반으로 하고 있고, 20세기의 인지자본주의는 인간의 지식과 감정을 착취의 대상으로 삼았다면(Moulier-Boutang, 2011), 21세기의 진보된 자본주의는 인간 이외의 모든 종과 지구 생태계 전체를 착취의 대상으로 삼고 모든 존재들을 소비 시장의 상품화의 대상으로 삼으려 하는 자본주의이다. 브라이도티Braidotti(2016)는 진보된 자본주의가 확장과 통제의 대상으로 삼은 분야를 세 갈래로 나누는데, 페이스북Facebook, 구글Google, 트위터Twitter로 대표되는 사회관계망 서비스 시장, 생명유전학(bio-genetics), 생명과학, 생명정보학(bio-informatics) 등으로 대표되는 생명기술(bio-technology) 서비스 시장,[10] 그리고 물질계와 환경계를 아우르는 생태적 환경 시장이 그것이다. 이로써 진보된 자본주의는 전 지구적 차원에서 인간을 넘어 비인간존재까지 모두 포함된 존재와 자원이 모두

10 여기에는 인간게놈(Human Genome) 프로젝트, 줄기세포 연구, 그리고 동물·종자·식물·세포에 대한 생명기술적 개입 등이 포함된다. 진보된 자본주의는 이와 같은 과학적이고 경제적인 통제에 기반한 산업에 투자하여 이윤을 추구함으로써 생명 자체를 상품화하는 것이다(van der Zaag, 2016).

소진될 때까지 "착취와 파괴의 행진"을 계속하게 되는 것이다(Braidotti, 2013).

사실 자본주의는 이미 오래전부터 생명정치학적 권력의 기재를 통해 생명을 철저히 투자의 대상으로 삼아왔다(Foucault, Davidson, & Burchell, 2008; Hardt & Negri, 2000). 다만 최근의 21세기의 과학기술을 바탕으로 한 진보된 자본주의는 그 착취의 대상이 훨씬 확대되고 변형되어 포스트휴먼적 시대의 추동력이 되고 있다는 것이 다를 뿐이다. 그런 의미에서 진보된 자본주의는 지구촌 경제의 주동력이 되어 궁극적으로 모든 생명 종을 시장의 원리 하에 굴복시키고 있고, 그 행태가 지구의 생물적·물질적 환경 및 에너지의 지속 가능성을 위협할 정도까지 지속되고 있다는 점에서 인간중심주의의 연장선에 있다. 예를 들어 멈베이Mbembe(2008)는 진보된 자본주의가 생명의 통제에 대한 투자에만 그치는 것이 아니라 죽음의 실천에도 깊숙이 관여하고 있다고 주장한다. 즉, 생명에 대한 생명정치학적 통제는 신체적 한계의 확장과 개선, 질병과 노화의 관리 등을 통해 생명력을 생성해내기도 하지만 동시에 '인간성'의 죽음이나 타자화된 종들의 멸종을 촉발하기도 한다. 그는 이를 진보된 자본주의에 의한 '죽음의 정치학(necropolitics)'이라고 부르며, 이 죽음의 정치학이 후기 인간중심주의의 패러다임 속에서 매우 (비)인간적으로 생명의 통제와 동시에 죽음의 실천들에도 투자하고 있다고 비판했다.

이러한 상황에서 포스트휴먼적 존재들은 겉으로는 인간중심주의를 탈피한 것처럼 보이지만 실제로는 생명까지도 교역의 대상으로 삼는 시장의 힘에 기꺼이 굴복하는 모습을 보여왔다. 여기서 포스트휴먼적 존재로서의 인간은 진보된 자본주의를 순순히 받아들일 수도, 마냥 거부할 수도 없는 딜레마에 처해 있다. 브라이도티(2013)는 포스트휴먼 시대에는 과학적 및 기술적 생산물들이 점점 더 진보된 자본주의에 협력하게 되고 이것이 인간과 비인간의 조합(assemblage)의 방식으로 실현될 것임을 확신하고 있다. 이로써 포스트휴먼의 존재·주체성의 불가피한 변화가 일어나고, 이것이 인류의 존재 가치와 삶에 근본적인 변화를 가져올 수밖에 없는 것이다.

이러한 진보된 자본주의에 저항하기 위한 포스트휴먼 시대의 다문화주의의 가장 중요한 역할은 주류 담론(인본주의, 이성주의, 유럽중심주의, 남성중심주의, 기술중심주의 등)의 패권적 패러다임에 대한 새로운 비판적 관점을 견지하는 일이다. 예를 들면 지금까지 인류 문명의 패권자 역할을 해온 유럽(중심주의)의 경우 포스트휴머니즘의 등장으로 기존의 이성 중심과 남성중심주의에 기반한 이념들을 대신하여 새롭게 만들어낸 신자유주의, 보호주의, 그리고 새로운 분리주의에 기반한 경제정책 및 이민정책들을 내세우면서 유럽 요새(Fortress Europe)를 공고히 하려는 시도를 하고 있다(Geddes, 2008). 다문화주의는 신자유주의적 세계화 속에서 이러한 유럽패권주의의 부활을 목격하면서 어떻게 전 지구적 차원의 지속 가능성과 사회정의 회복에 대한 비전을 세울 수 있을지 끊임없이 탐구해야 하는 것이다(Mowitt, 2001).

아울러 다문화주의적 관점은 진보된 자본주의적 생명정치학을 위한 대안적 방향을 제시해줄 수 있다. 예를 들어 의료산업 분야에선 바이오기술에 의존한 의학적 연구와 기술 습득에 매진하고 있지만 이러한 기술주의 그 자체는 지식과 기술의 진보 이외의 목적을 갖지 않은 맹목적인 이념이다. 이러한 상황 속에서 다문화주의는 인간과 비인간, 자연과 비자연의 관계에 대한 생태적 관점과 사회 정의를 위한 비판적 자기회고력(critical self-reflection)을 기를 수 있도록 사고의 지평을 확대시켜주는 역할을 해야 한다. 여기서 비판적 자기 회고란 자신으로부터 타자와 세상 속의 부정의의 조건에 시선을 돌리면서 자신의 가정, 편견, 가치관을 비판적으로 돌아보는 것이다. 이러한 비판적 자기 회고가 그에 합당한 실천과 함께 이루어지는 것이 비판적 의식(critical consciousness)의 핵심이며 이것이 다문화주의의 중심 주제가 되어야 한다(Gay & Kirkland, 2003; Kumagai & Lypson, 2009).

3) 비판적 포스트휴머니즘의 역할과 전망

진보된 자본주의의 동력과 기술지상주의의 이념에 의해 무기력하게 휩쓸리는 포스트휴머니즘이 아니라, 휴머니즘의 가치를 새롭게 재창조함으로써 기술 중심 시대의 도전을 극복하여 미래의 포스트휴먼적 삶을 준비해야 하는데, 이를 위한 대안적 접근들 중의 하나가 바로 비판적 포스트휴머니즘(critical posthumanism)이다. 이 비판적 포스트휴머니즘의 세 가지 핵심적 주제는 다음과 같다(Herbrechter, 2013).

첫째, 포스트휴먼이 된다는 것은 인간 조건으로부터의 해방적인 성격도 있지만 동시에 '인간됨'으로의 복귀를 원하는 회귀적인 성격도 지닌다(Haraway, 2000). 그러한 맥락에서 사이버네틱스를 기반으로 신체를 디지털화하여 몸-마음의 구분을 완전히 없애는 것은 트랜스휴먼적 환상에 불과하며 그것이 어떤 의미를 가질지에 대해 고민해야 한다는 지적도 있다(Hayles, 2008). 결국, 포스트휴먼이 완전히 '인간성'에서 벗어나는 것을 의미하는 것이 아니기 때문에 탈인간중심주의를 중심으로 생태계 속에서 인간과 비인간적 타자들의 존재론적 의미에 대한 재고찰이 필요하다는 것이다(Wolfe, 2010).

둘째는 푸코Foucault, 바르트Barthes, 라캉Lacan, 리오타르Lyotard, 그

리고 데리다Derrida와 같은 후기구조주의자들에 의한 휴머니즘 해체 담론들이다. 이 담론들은 포스트휴머니즘에 대한 비판적 재읽기를 통해 반휴머니즘(antihumanism)적 담론을 주도하면서 지속적인 휴머니즘의 해체를 주장한다(Badmington, 2000). 예를 들어 들뢰즈Deleuze의 '타자-되기(becoming-other)'의 개념을 통한 접근은 인간예외주의에서 벗어나서 지구 생태계나 동물계에 대한 인정을 바탕으로 변혁적인 휴머니즘을 간학문적 방법(즉, 기존의 철학이나 인문학적 관점을 넘어서 생물학, 전산학 등의 자연과학적 접근과의 통섭)으로 추구해야 한다는 것이다(Herbrechter, 2013).

셋째는 기술 중심적 포스트휴머니즘에 대한 비판이다. 허브레이터 Herbrechter(2009, 2013)는 사이보그적 존재의 의미와 기술의 역할에 대한 비판적 성찰을 바탕으로 기술적 보형물에 의해 인간이 된다는 것이 자아와 환경, 인간과 인공물, 유기체와 기계, 그리고 원본과 복사본의 경계를 모호하게 함으로써 그 '존재성'의 상실과 의미의 상실로 귀결된다고 주장하였다. 따라서 이 관점은 기술 중심적 결정론에 저항함으로써 기술에 의존하지 않는 포스트휴머니즘이 필요하다고 강조한다(Sloterdijk, 1988).

위 세 가지 입장을 정리하면, 비판적 포스트휴머니즘은 '인간성'에 대한 기대를 완전히 저버리는 것이 아니라 인간'중심'주의에서 벗어나서 기술중심주의에 의존하지 않으면서 인간을 생태적 관점(자연계의 비인간적 존재들과 공존)에서 재해석하려는 노력이라고 볼 수 있다. 이러한 맥락에서 브라이도티(2011, 2013)는 포스트휴머니즘의 미래를 위한 세 가지 핵심 요소로서 새로운 주관성(subjectivities)이 등장하여(i), 포스트휴먼적 윤리를 포용하고(ii), 그리고 긍정적인 포스트휴먼 정치학(affirmative politics)을 건설해야 한다(iii)고 강조하였다. 여기서 브라이도티가 언급한 "긍정의 힘"(Powers of Affirmation: Braidotti, 2011)은 희망의 지평을 제시함과 동시에 비판적 관점을 통해 현재에 저항함으로써 지속 가능성 있는 대안을 창조하려는 노력이다.

필자가 본 장에서 강조하고자 하는 다문화주의의 역할도 이러한 비판적 포스트휴머니즘의 입장과 같은 맥락이다. 기존의 다문화주의는 인본주의적 이념과 인문주의적 관점에 토대한 것이지만 포스트휴먼 시대의 다문화주의는 탈인간중심주의에 기반하고 비판적 관점에 입각하여 간학문적 접근으로 새로운 이론과 실천전략을 모색해야 한다. 자연과 생명, 기술과 도구, 그리고 인간과 사회의 혼성적 아상블라주assemblage만이 지구 생태계에 겪고 있는 기후변화, 종의 멸종, 천연자원의 고갈, 전 지구적 이주, 그리고 사회적 부정의와 같은 복잡하게 얽혀 있는 문제들에 대한 해결책을 제시할 수 있을 것이다. 포스트휴먼으로 대표되는 인류의 지속 가능성은 생태성의 실천 혹은 들뢰즈의 '지구-되기(becoming-Earth)'의 여부에 달려있고, 다문화주의는 그 과정에서 중요한 이념적 토대를 제공할 수 있을 것이다.

4. 결론

본 장에서는 지금까지 포스트휴먼 시대의 다문화주의의 성격과 방향을 포스트휴머니즘에 대한 존재론적, 인식론적, 그리고 가치론적 의미의 차원에서 논의하였다. 그 핵심적 내용을 요약하면 다음과 같다.

첫째, 존재론적 측면에서 포스트휴먼의 주체성, 자기 정체성, 인권, 그리고 자유에 대한 이 책의 논의의 결론은 다음과 같다. 즉, 포스트휴먼적 존재들의 주체성은 과학기술적 생산물(기술적 도구들)에 의존하고 그 기능에 의해 영향을 받는 상대적이고 복합적이며 의존적인 존재로서 이해될 수 있고, 기존의 정체성 구별의 틀(인종적, 문화적, 언어적 정체성 등)이 모호해짐과 동시에 '정상적 인간'의 범주에 국한시킬 수 없는 혼종적인 신체적·정신적 조건을 갖춘 인간의 등장에 따라 정체성의 관념도 달라질 것이다. 또한 다문화주의는 포스트휴먼적 존재들의 인권의 준거가 될 '인간'의 유형에 대한 차별적 인식(계급화)을 어떻게 다룰 것인가의 문제를 논의해야 한다. 아울러 포스트휴먼적 존재의 자유는 모든 사물이 가진 능동성과의 관계성과 협력 속에서 공존하려는 성향 차원에서의 자유이며, 다문화주의는 이를 기반으로 기존의 인본주의적 자유가 아닌 자연(물질성)과의 관계성을 바탕으로 한 자유의 개념을 다루어야 한다.

둘째, 인식론적 측면에서 포스트휴먼적 존재들은 몸-마음-환경의 삼원적 관계를 기반으로 그들의 정신적·신체적 조건에 대한 재인식과 더불어 그들을 둘러싼 문화적·기술적 환경과의 필연적 관계성을 이해해야 한다. 이를 위해 다문화주의는 포스트휴먼 시대의 문화적·기술적 지식 및 환경(첨단 기술의 역할, 사이버 환경의 변화, 포스트휴먼의 등급화과 불평등의 조건 등)에 대한 이해를 바탕으로 이것이 포스트휴먼적 존재들에게 어떤 영향을 미치게 될 것인지를 고민해야 한다. 필자는 이를 위한 이론적 틀로써 생태 정치학(eco-politics)에 관심을 갖고 비판적 생태주의를 지지해야 한다고 강조했다.

셋째, 가치론적 성찰의 차원에서 이 책은 진보된 자본주의의 생명정치학에 대해 비판적으로 논의하고, 포스트휴먼 시대의 사회 정의를 위해 다문화주의는 비판적 포스트휴머니즘의 이론 틀을 바탕으로 과학기술이 인간성, 정의, 윤리성의 문제에 관심을 갖도록 촉구할 것을 강조했다.

위와 같은 논의를 바탕으로, 마지막으로 다음 세 가지 차원 — 새로운 인간성의 비전 설계, 이 비전을 위한 비판적 성찰의 토대 마련, 그리고 간학문적 연구 패러다임의 방향 제시 — 에서 다문화주의의 역할을 강조하고자 한다.

첫째, 다문화주의는 새로운 포스트휴먼적 인간성의 비전을 제시해야 한다. 이 포스트휴먼적 인간성은 예술과 과학, 인문사회과학과 자연과학, 인간성과 생태성의 새로운 동맹으로 이루어지며 새롭게 정의되는 주체성, 자아정체성, 인권, 그리고 능동성의 개념을 갖게 될 것이다. 그리하여 포스트휴먼적 인간은 인간의 한계에 대한 겸허함과 인간 잠재력에 대한 희망을 동시에 갖고 개인적·집단적 수준의 통찰과 창조성을 모두 발휘해야 한다.

둘째, 포스트휴먼적 존재가 인류 진화의 시나리오 상에서 거쳐가야 할 존재라는 것을 인식한다면(Harari, 2016) 20세기 이전까지 인간의 가치관을 지배하였던 휴머니즘적 세계관에는 변화가 필요하다. 물론 포스트휴먼적 세계가 인류에게 유토피아가 될지 디스토피아가 될지는 결정된 것이 아니지만 인지적 도구들이나 마인드-확장 장치들이 미래의 인공적 팔다리들의 역할을 하게 될 것이라는 것은 피할 수 없는 현실이며, 그러한 기술들에 의존하는 포스트휴먼적 존재들은 점점 사회의 주된 구성원이 될 것이다. 다문화주의는 이러한 포스트휴먼적 현실의 거부가 아니라 어떻게 맞이할 것인가에 대한 비판적 성찰로서의 개념적, 이론적 틀을 제시하는 논의의 장이 되어야 한다.

셋째, 이미 오늘날 과학기술적 연구들은 학문 영역의 구분 없이 "철학, 역사학, 법 이론(인권, 동물권), 문화 이론, 과학기술 연구, 뉴미디어와 디지털 문화, 환경주의, 지구과학, 생명유전학, 신경과학, 로보틱스, 진화 이론, 영장류학 등에 대한 연구가 한데 뒤엉켜 아상블라주의 형태를 이루며" 연구되고 있다(Braidotti, 2013). 여기서 다문화주의의 역할은 이러한 연구들의 방향과 가치를 비판적으로 회고함으로써 생태계 속의 한 존재로서 '인간됨'의 존재 의미에 주목할 수 있는 논의의 장을 마련하는 것이다. 미래의 포스트휴먼적 존재들이 네트워크나 사이버공간에 합병되고 인간의 정체성과 실존이 급격하게 변화되는 현실 속에서(Zizek, 2011) 인간성의 의미를 새롭게 재해석하고 대안적 담론의 토대를 제공하는 것이 다문화주의의 도덕적 책임이 된다.

제2부

포스트휴먼 시대 지식의 의미

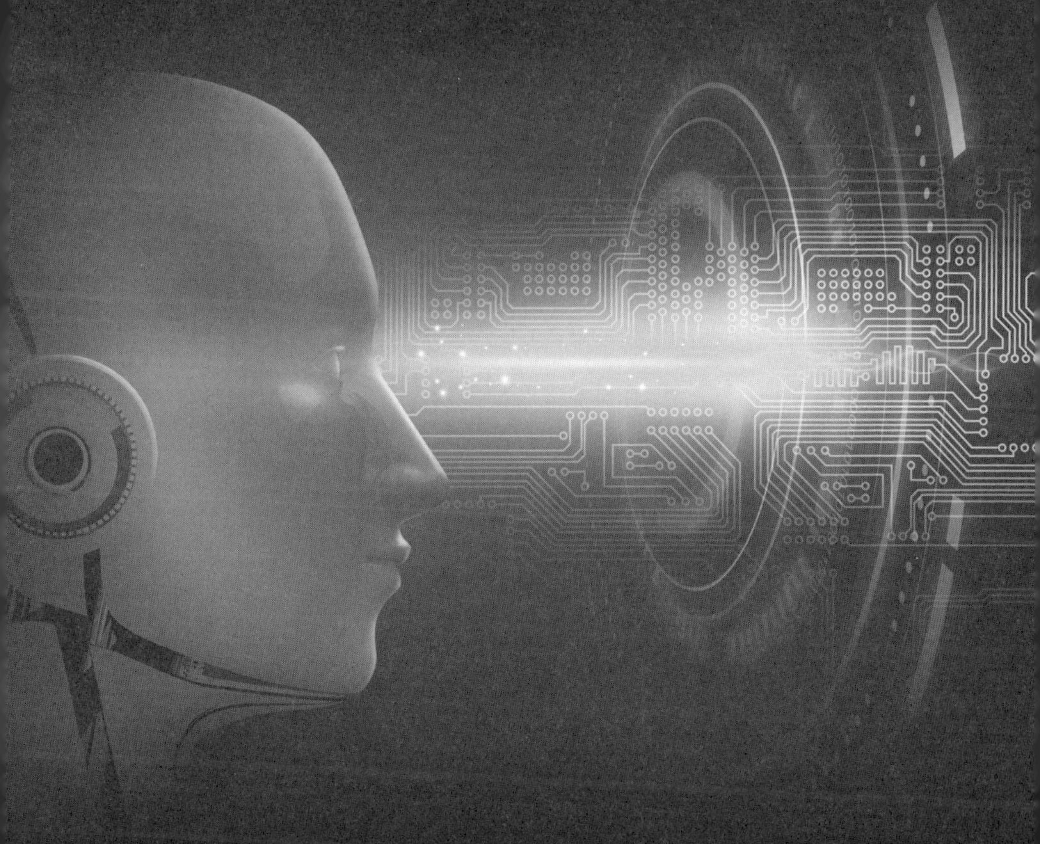

제4장

포스트휴머니즘의 인식론

1. 포스트휴먼적 지식이란 무엇인가?

1) 포스트휴먼적 지식의 패러다임 변화

17세기 영국의 철학자 프랜시스 베이컨은 "인간의 지식과 힘은 일치한다(*Scientia et potentia humana in idem coincidunt*)"라고 말한 바 있다. 이는 근대화 이전의 인류가 경험해왔던 여러 가지 삶의 문제들을 과학적 지식이 해결해주었고 그로 인해 많은 사람들에게 새로운 시간적 여유와 자유, 그리고 잉여 이익을 안겨다 주었다는 점에서 타당성을 갖는다. 그러나 이와 동시에 지식은 "인간을 노예화하거나 지식의 소유자들에게 순종하게끔 하는 데에도 무한한 권력을 발휘해왔다"(백종현, 2015). 즉, 지식의 힘은 타인을 지배하고, 자연을 개작하고, 세계를 정복하면서, 수요가 있는 곳에서는 무한적으로 활용되어 왔다. 지식의 힘이 더욱 강력해지게 된 것은 과학기술의 눈부신 발전에서 기인하기도 했다. 포스트휴먼적 조건들이 한층 더 강화될 미래에도 자연과학적 지식과 기술은 자연과 인간 사회를 이해하고 통제하는데 그 어떤 제약도 받지 않고 적용될 것이다. 이것이 바로 지식과 기술의 역할에 대해 대중들이 일반적으로 우려하고 있는 디스토피아적 관점이다(백종현, 2015).

여기서 기술의 인간 및 인간 사회에 대한 '통제'를 어떻게 볼 것이냐에 따라 포스트휴먼적 미래에 대한 긍정적인 전망과 부정적인 전망이 갈라진다. 통제(control)는 사실 자연과학이나 기술 영역에서는 가치중립적(value-free)인 개념으로 사용될 수 있는 용어이지만 사회과학이나 인문학 분야에서는 대체로 부정적인 함의를 가지고 쓰인다. 컴퓨터가 기계를 통제하는 것은 기계의 효율적이고 합리적인 운영을 위한 메커니즘의 일부이지만 사회에서 정부기관이 대중을 통제하거나 인간이 다른 인간을 통제하는 것에 대해서는 부정적 비판론이 제기될 수 있다. 하지만 위와 같이 부정적인 관점에 기반하여 지식과 기술의 역할에 대해서 이해하는 것은 우리가 경험해야 할 현재와 미래의 삶의 조건에 대비하는데 별다른 도움이 되지 않는다.

사실 포스트휴먼 시대의 정보나 지식의 개념은 전통적인 인본주의적 지식 관념과는 전혀 다른 이해를 필요로 한다. 인본주의적 지식이란 인식 주체인 인간이 갖는 인식 대상(자연적 및 사회적 현상들과 그 본질)에 대한 실증주의적 혹은 현상학적, 객관적 혹은 간주관적 이해라고 볼 수 있다. 하지만 포스트휴머니즘의 관점에서의 지식관의 가장 근본적인 특징은 인식 주체인 인간과 인식 대상인 자연 및 사물들 간의 명확한 구분을 내리지 않는다. 즉, 기존의 존재론(인식 주체인 인간이란 무엇인가?), 인식론(인간은 세계를 어떻게 이해하고 그것으로부터 지식이나 정보를 형성하는가?), 그리고 가치론(인간에게 의미 있는 지식이나 정보는 무엇인가?)적 패러다임은 포스트휴먼적 조건에서는 더 이상 유효하지 않다는 것이다. 한마디로 포스트휴먼 시대에서는 '인본주의적 가치 기준'이 절대화되지 않는 신물질주의적 존재-인식론의 관점에서 지식과 기술의 역할과 의미를 설정하고

자 한다.

이러한 새로운 지식에 대한 이해의 패러다임을 수립하기 위해서는 몇 가지 단계적 사고가 필요할 것이다. 우선적으로 포스트휴먼 조건에서 살아갈 포스트휴먼적 존재의 본질과 성격이 무엇인지에 대한 이해가 필요한데 이 부분은 이 책의 앞부분에서 충분히 논의한 바 있다. 따라서 그러한 포스트휴먼적 환경 조건에 맞는 지식과 정보의 성격, 형태, 내용들에 대한 이해가 필요하고, 다음으로 그러한 지식과 정보가 포스트휴먼 시대의 다양한 인간적 및 비인간적 존재들과 어떤 관계를 형성하게 될 것인가에 대한 논의가 필요할 것이다. 그러한 의미에서 본 절에서는 먼저 포스트휴먼적 지식과 정보의 성격 및 형태들에 대한 지형도를 간략히 점검해보자.

2) 포스트휴먼적 지식의 특성

클라인S. Kline은 포스트휴먼적 관점에서 기술(technology)이란 용어가 다음과 같은 네 가지 의미를 포괄하고 있다고 설명하고 있다.

첫째, 인간이 제조한 비자연적 사물로써 하드웨어 기계나 인공물이다.

둘째, 위와 같은 하드웨어나 인공물을 제조하는데 필요한 모든 요소들로서 사회기술적 제조 체계이다. 여기서 기술은 사람의 인지나 능력을 포함하여 기계 장치, 자원, 과정, 그리고 법적·경제적·정치적·물리적 환경을 포괄하는 하나의 시스템을 가리킨다.

셋째, 과제를 달성하기 위한 정보, 숙련, 과정, 절차를 가리키는 말로 지식, 테크닉, 노하우, 방법론을 포함한다.

넷째, 인간적·비인간적 요소들, 그리고 인공물이 결합된 시스템으로써 인간이 과제를 수행하는 데 필요로 하는 체계, 즉 인간의 능력이 확장된 사회기술적 사용 체계를 가리킨다.

그런데 위와 같은 포스트휴먼적 기술들을 뒷받침하는 지식은 어떤 특성을 가지고 있는가? 본 절에서는 포스트휴먼적 지식이 어떤 특성을 갖고 있는지를 박휴용(2018a)에서 정리된 융합성, 디지털화, 네트워크성, 그리고 생명중심성을 중심으로 살펴보도록 하자.

(1) 지식의 융합성

포스트휴먼적 지식은 과거의 분과적, 정적, 위계적 성격을 띠는 인위적 구분에 의존하지 않고, 통섭, 아상블라주, 혼성성의 성격이 종합된 융합성(convergence)을 띠게 될 것이다.

첫째, 통섭은 1840년에 윌리엄 휘웰이 「귀납적 과학」에서 소개한 'Consilience(부합된 추론)'에서 기원하는데 이 말은 "어떤 현상을 설명하기 위해 사용된 추론이 여러 분야에 걸쳐 나타나는 사실들을 기반으로 검증된다면 그 추론으로부터 나온 설명은 진리에 보다 가깝게 접근할 수 있다"는 의미이다. 즉, '부합된 추론'이란 여러 분야에 걸쳐 관찰된 사실들에 기반한 통합적인 추론으로 얻어진 결론이고, 이 부합된 추론이 일어나는 과정이 바로 '통섭'이다. 이러한 통섭의 개념은 어떤 현상의 본질을 이해하기 위해서는 그 현상에 대한 다양한 지식들을 총체적으로 종합하여 이해해야 함을 강조함으로써 지식 융합의 중요성을 깨닫게 해주는 개념이다(유영만, 2013).

그렇다면 통섭을 위해서는 어떤 사고가 필요할까? 지식의 체계화나 통합은 기본적으로 인간의 합리적 사유 방식에 토대하고 있는데, 예를 들어 분해하기(dissolve), 분석하기(analysis), 맥락에서 떼어놓고 고찰하기(decontextualize), 계산하기(compute), 연역적 사고(induce), 논리적 사고(logical thinking), 설명하기(explain), 그리고 이성적으로 판단하기(rationalize) 등이 합리적 사고에 포함된다. 하지만 합리적 사고는 그 중요성에도 불구하고 논리적 원자주의(logical atomism), 분파주의(factional), 실증주의, 그리고 무엇보다도 인간중심주의라는 인식론적 한계를 가지고 있다. 따라서 지식 및 사고의 통섭을 포스트휴먼적 세계관을 바탕으로 이해하기 위해서는 융합에 대한 전혀 다른 인식론적 틀이 필요하다.

둘째, 아상블라주Assembalge는 존재 집단(사회)의 복잡한 관계성을 상향적으로 분석하기 위한 이론으로서 유동성(fluidity), 호환성(exchangeability), 그리고 다중적 기능성을 강조한다. 아상블라주 이론에 따르면 하나의 전체를 구성하는 여러 기관들 및 요소들 간의 관계가 고정적이지 않고 교차되거나 치환될 수 있으며 수많은 이질적 존재들이 뭉쳐서 상호의존적이고 역동적 관계성 속에서 무리(constellation)를 이루어 작동할 수 있다고 본다(Deleuze & Guattari, 1988). 지식의 아상블라주가 이루어지는 방식은 여러 가지가 있지만 그중 하나가 집단 지성이다.

'집단 지성'이란 개념은 1911년 곤충학자였던 윌리엄 모톤 휠러William Morton Wheeler가 흰개미 집단이 '초유기체(super-organism)'가 되어 한 몸처럼 작동함으로써 개미 개체들이 할 수 없는 엄청난 규모(4m 가량)의 개미집을 지을 수 있다는 사실을 발견한 후 착안한 개념이다. 이후 집단 지성의 개념은 인간 사회에 적용되어, 많은 사람의 경험과 지식이 모이고 교류됨으로 인해 통찰력이 커지고 새로운 아이디어가 생겨서 실제적인 문제 해결에 훨씬 더 큰 효과를 발휘하게 되는 경우를 가리키는 개념으로 자리 잡았다. 현재 집단 지성의 개념은 인터넷망에 기반한 정보 교류와 지식 축적을 위한 플랫폼 구축에 활용되면서 위키피디아Wikipedia, 블로고스피어Blogosphere, 구글의 페이지랭크PageRank와 같은 지식 플랫폼을 구축하게 된 밑거름이 되었다. 이 기술들의 핵심은 분산화(decentralization)된 구조를 바탕으로 하여 수많은 사람들의 지식과 경험을 아이디어 제안과 문제 해결에 자유롭게 참여할 수 있도록 하는 것이며, 집단 지성의 효과를 확인하는 좋은 모델이 되었다.

하지만 현재 집단 지성이 '사람들의 경험과 통찰이 집대성된 지식의 총체'라는 개념으로 이해되고 있는데, 사실 위에서 언급한 집단 지성 개념의 출발점을 생각할 때 집단지성의 구성원을 반드시 '인간'으로 제한할 필요는 없는 것이다. 포스트휴머니즘의 핵심 이론인 행위자-망이론, 객체지향존재론, 신물질주의 이론을 고려한다면, 집단 지성은 지식이란 '독자적으로 존재하는 것이 아니라 모두 연결되어 쌍방적 소통을 하게 되는 모든 인간적 및 비인간적 존재들이 이루어내는 물질적·비물질적 경험 및 데이터를 담은 정보가 당면한 문제를 해결하는 데 활용되는 통찰력의 총체'라고 이해될 수 있다.

셋째, 지식의 융합성은 필연적으로 혼성성(hybridity)을 낳게 된다. 혼성성의 개념은 18~19세기 생물학에서 기존의 고정된 종 분류 체계(fixed taxonomical system of species)를 가지고는 도저히 새롭게 발견된 종들을 분류할 수 없다는 사실을 깨닫게 되면서 등장하였다. 즉, 신의 섭리라고 믿었던 '순종성'의 개념을 바탕으로 한 종의 분류는 인식론적 오류며 종 자체는 고정된 틀이 아니고 끊임없이 등장하는 잡종들의 생태계라는 사실을 깨닫게 된 것이다. 진화론을 주창했던 다윈Darwin 조차도 초기에는 자연 선택설을 중심으로 한 종의 분화 양상에 관심을 갖기 시작하였으며 잡종화 혹은 변이(mutant)가 진화의 핵심 원리라는 사실을 이해하지 못하였다. 과학철학자이자 ANT를 주장한 브루노 라투르Bruno Latour가 근대 과학의 발전은 '잡종화의 과정'이었다라고 주장했던 것처럼 잡종성은 오늘날 생물학뿐만 아니라 주요 학문 영역에서 핵심 개념으로 간주되고 있다(Blok & Jensen, 2011).

학문의 혼성성을 보여주는 사례들로는 보다 오랜 역사를 가진 생화학(biochemistry)이나 과학과 기술의 통합인 공학(engineering)이 있다. 분자생물학의 분자 구조 모형(model building)에 관심을 가졌던 왓슨J. Watson과 X선 결정학을 전공한 크릭F. Crick의 만남이 DNA 구조 모형을 이론화한 것도 혼성성의 대표적 성과라고 볼 수 있다. 보다 최근에는 분자생물학(물리학+생물학), 법의학(법학+의학), 금융공학(Finance +engineeing), 그리고 해양 과학(Maritime science: 해양생물학 · 해양물리학 · 해양지질학 · 해양 기술)등과 같은 분야들이 급부상하고 있다. 더구나 최근 물질과학, 생명과학, 전자공학 기술들의 발전으로 미래 사회의 새로운 기술을 선도하기 위해서는 기존에 상이한 학문 영역이라고 여겨졌던 주제들의 통합이 필수적이 되었고, 그로 인해 바이오테크(bio-technology), 생물물리학(bio-physics), 나노테크(nano-technology), 인포-테크(info-technology), 기술유전학(techno-genetics), 핀-테크(finantial technology) 등의 첨단 분야에서 활발한 실용적 연구가 이루어지고 있다.

혼성성은 포스트휴먼적 삶의 조건에서 더욱 뚜렷한 모습을 드러내고 있다. 실제 공간과 사이버 공간의 혼성성, 인간과 기계의 혼성성, 노동과 유희 혹은 일과 삶의 혼성성(Work-life balance), 인지와 감정의 혼성성 등이 그것인데, 이는 가상현실, 사이버네틱스, 교육-일-유희의 혼합, 지구 유기체설(러브락Lovelock의 가이아Gaia이론)등의 개념들이 바로 혼성적 이해를 대표하고 있다. 미래에 지식의 혼성화가 어떻게 이루어질 수 있는지는 다음 [표 4-1]의 스포러Spohrer와 엔젤바트Engelbart(2004)가 제시한 미래의 과학연구 분야를 통해 생각해볼 수 있다.

[표 4-1] 미래 연구의 통합화 방향

<table>
<tr><th>일차적 체계</th><th>이차적 체계
(System)</th><th>학문 분야</th><th>통합(혼성)적 연구</th></tr>
<tr><td rowspan="3">I. 자연계
(Natural
systems)</td><td>물리계
(Physical S.)</td><td>물리학, 천체물리학,
나노기술 등</td><td rowspan="5">바이오테크,
생물물리학,
나노테크,
인포-테크,
기술유전학,
핀-테크,
분자공학,
휴먼공학,
정보공학</td></tr>
<tr><td>생명계
(Living S.)</td><td>생물학, 화학,
동물생태학, 발생학 등</td></tr>
<tr><td>인지계
(Cognitive S.)</td><td>인지과학, 심리학,
신경생리학, 아동발달학 등</td></tr>
<tr><td rowspan="2">II. 인공계
(Human-made
systems)</td><td>사회계
(Social S.)</td><td>사회학, 언어학, 경제학,
정치학, 문화인류학 등</td></tr>
<tr><td>기술계
(Technology S.)</td><td>디자인과학, 인간공학,
바이오닉스 등</td></tr>
</table>

근대주의를 바탕으로 한 현재의 지식 체계는 위 표에서 구분된 자연계와 인공계의 구분, 그리고 그 이하의 세부적인 구분들을 바탕으로 이루어져 있지만 지금부터는 위 구분들의 경계에 구애받지 않는 연구들이 봇물 터지듯이 이어지게 될 것이다. 결국 포스트휴먼적 지식의 융합은 독자적인 학문 영역의 경계를 넘어서서 주변 학문 및 지식 영역들과의 끊임없는 교류와 소통을 바탕으로 이루어진다.

(2) 지식의 디지털화

2015년 세계 경제 포럼(World Economic Forum)은 테크놀로지의 급격한 변화가 가져올 여섯 가지 사회적 영향에 대해 발표한 바 있다(Espinel, O'Halloran, Brynjolfsson, & O'Sullivan, 2015). 이러한 기술의 여섯 가지 흐름은 미래의 지식이 어떤 성격을 띨 것인지에 대한 유효한 통찰을 제시해 준다.

첫째, 인터넷 환경 속에서의 인간관계의 변화이다. 인터넷 환경이 더욱 현대인의 삶 속에 파고들면서 다양하게 개발된 테크놀로지의 조합이 사람들과 정보들이 교류하는 방식에 영향을 미치게 될 것이다. 예를 들어 테크놀로지가 사람의 신체 속에 파고들면서(wearable and implantable) 사람들은 디지털적 존재가 되어 다른 사람들이나 사물들과의 상호작용의 방식이 달라지게 된다.

둘째, 컴퓨팅, 의사소통, 정보 저장이 시공간의 제약을 받지 않게 된다. 컴퓨터와 정보통신 기기의 성능이 크기에 반비례하면서 비약적으로 발전하게 됨으로써 개인들은 언제 어디서나(ubiquitous) 인터넷을 통해 슈퍼컴퓨터에 접속하여 용량이나 성능에 구애받지 않고 정보 활용에 기반한 생활을 영위하게 된다.

셋째, 사물인터넷의 확장이다. 보다 작고 똑똑하면서도 값싼 센서들의 개발로 일상생활 거의 모든 기기들이 생산과정에서뿐만 아니라 소비자의 생활 속에서 서로 연결되어 인간의 삶 속에 자리하게 될 것이다.

넷째, 인공지능과 빅데이터의 활용 양상이다. 세상의 거의 모든 정보들이 디지털화됨에 따라 데이터의 양도 기하급수적으로 늘고 있다. 동시에 소프트웨어들이 보다 세심한 문제들도 다룰 수 있게 발전되었다. 이를 통해 소프트웨어들이 단순히 인간의 프로그래밍에 의존하는 것이 아니라 인공지능을 활용해 스스로 학습하고 개선해나가게 될 것이다. 이러한 기술은 로보틱스 산업에 영향을 미쳐서 인공지능과 빅데이터를 갖춘 로봇들이 각종 직업 현장에 등장하여 인간의 노동력과 의사 결정을 대신하는 역할을 하게 될 것이다.

다섯째, 공유 경제와 분배된 신뢰의 사회가 전개된다. 이 역시 인터넷에 기반한 네트워크와 플랫폼에 기반한 사회적 경제적 모델로 인해 가능해진다. 사회적 자산들이 공유되면서 단순히 효율성이 증가하는 것이 아니라 새로운 비즈니스 모델과 사회의 자기 조직화(self-organization)의 기회를 만들어내게 된다. 예를 들어 블록체인The blockchain이라는 새로운 분산적 데이터베이스(distributed database) 기술은 재정, 계약, 투표 등의 행위들을 수행해온 외주 기관을 대신하여 사회적 신뢰망을 구축하게 됨에 따라 사회 기관들의 역할 구조가 정보망에 의존할 수밖에 없는 형태로 변할 것이다.

여섯째, 물질의 디지털화이다. 물리적 사물들이 원재료로부터 적층방식(additive) 혹은 3D 프린팅을 통해 만들어지는 것이다. 이 과정을 통해 산업계의 생산 방식이 가정에서도 이루어질 수 있고 일상생활에 급격한 변화가 이루어진다.

위와 같은 인터넷 연결, 유비쿼터스, 사물(만물)인터넷, 빅데이터, 정보플랫폼, 그리고 물질의 디지털화는 결국 지식이 인간의 머릿속에만 머무르지 않을 것이란 것을 명확히 보여주고 있다. 최근 4차 산업혁명의 기술적 혁신들도 개인들(디지털적 존재)과 사회적 관계(사회적 네트워크 서비스)가 변화되고 있으며 유비쿼터스 컴퓨팅, 만물인터넷, 로보틱스, 재생에너지, 새로운 통신시스템을 통해 현대인들의 삶과 정보 교류의 방식을 완전히 바꾸는 방식으로 나아가고 있다.

이와 같은 지식의 디지털화는 정보화, 사이보그화, 그리고 시스템화를 통해 설명될 수 있다. 첫째, 지식의 정보화는 인간의 두뇌를 대신하는 인공지능 컴퓨팅 기술의 발전으로 대표된다. 컴퓨터 기술은 인간의 두뇌의 역할을 대신할 정도의 고성능의 인공지능 알고리즘과 프로세서를 개발하여 메타 두뇌(meta brain)를 만들어 인터넷 접속을 통하여 빅데이터를 다룰 수 있게 될 것이다. 지식을 전산화할 수 있는 주요 기술들로는 자동 오류 교정 시스템, 스마트 검색엔진, 자연언어 번역 및 생성 기술, 인간 학습능력 증강 기술, 인간-기계 정보 전이 기술, 뉴로마케팅 기술 등이 포함된다.

둘째, 지식의 사이보그화는 지식이 더 이상 인간의 두뇌를 기반으로 생성, 전이, 활용되는 것이 아니므로 인간 지식(두뇌)과 컴퓨터적 지식(두뇌)의 구분이 더 이상 의미 없는 상태를 의미한다. 즉, 인간의 신체나 정신이 인간 증진 기술 등에 의해 근본적으로 변화된 존재로서 포스트휴먼은 학습을 하거나 정보를 처리하는 방식이 고전적 인간의 생리학적 혹은 심리학적 학습 양식이 아닌 전산적 데이터 처리를 기반으로 학습하는 사이보그적 존재가 된다. 예를 들어 알파파를 발생시켜 집중력을 높이는 장치에서부터 기억력 증진 알약, 창의력이나 아이디어 생성을 자극하는 뇌파 신호의 개발을 통해 학습을 증진시키고, 인간의 지식(이해)과 인공지능의 지식(이해) 사이를 연결할 수 있는 소통 장치가 개발될 것이다. 그러한 연구의 일례로 신경컴퓨터 공학자인 케빈 워릭Kevin Warick은 인간의 언어적 형태가 아니라 뇌파 신호만을 통한 의사소통에 대해 연구하고 있으며, 이 기술이 보다 구체화된다면 정보 전달을 위해 반드시 인간의 언어(적 형태)에 의존하지 않아도 되는 시대가 도래할 것이다.

셋째, 지식의 시스템화인데, 이는 지식이 본질적으로 개별적 인간들의 두뇌에 구체적인 실체로 존재하는 것이 아니라 세계에 대한 상호적 이해나 소통이라는 사실을 기반으로 한다. 원래 시스템이란 서로 연관된 부분들이 모여서 경계를 형성하고 내적 요소와 외적 요소가 구별되어 입력과 출력이 이루어질 수 있는 일관성을 가진 총체를 말한다(Ng, Maull, &

Yip, 2009). 시스템은 사물들이 조합되어 규칙적으로 상호작용이나 상호 의존성을 보이는 기관으로서 가장 작은 단일 세포 조직에서부터 가장 큰 우주에 이르기까지 모두 시스템이라고 볼 수 있다. 지식도 단순히 인간 개인의 세상에 대한 이해나 인식이 아닌 이러한 정보의 시스템적 흐름이라고 본다면 지식이 인간 집단 속이나 인공지능, 데이터베이스, 네트워크 망 속에서 다양한 정보로서 생성, 교류, 소멸되는 것이 시스템적 특성을 가졌다고 볼 수 있다. 지식을 시스템이론을 통해 이해한다면 지식은 그것을 다루는 인공지능과 컴퓨터 알고리즘 속에서 시스템의 특성인 항상성(homeostasis), 자기 조절(self-regulation), 평형화(equilibrium), 자기 생산(autopoiesis), 동종국성(equifinality)을 띠면서 흐르게 될 것이다.

(3) 지식의 네트워크성

네트워크는 수많은 노드와 그 노드를 연결하는 링크로 이루어지며 어떤 개인, 기관, 정보, 문서 등 무엇이든 노드가 될 수 있다. 네트워크는 이론적으로는 평등하지만 실제로는 그 속의 노드 간의 위계, 집중도, 영향력이 모두 다르기 때문에, 가시성이나 집중도가 높은 링크들을 가진 노드는 네트워크상에서 훨씬 더 큰 연결성을 가진진다(Barabasi, 2014). 포스트휴먼적 지식은 바로 이러한 네트워크성을 가지고 있는데, 그 특징으로 연결성, 확장성, 다기능성, 그리고 복원력이 있다.

첫째, 포스트휴먼적 지식이 연결성을 갖는다는 말은 지식이란 본질적으로 홀로 존재하지 않고 궁극적으로 모두 연결되어 있다는 것이다. 하나의 정보가 지식이 되기 위해서는 그 정보가 다른 정보 간의 연관성 속에서 전체의 지식 체계 안에 안정적으로 자리를 잡아야 한다. 그래야만 그러한 정보를 필요한 상황과 장면에서 인출하여 현실의 문제를 해결하는 데 활용할 수 있기 때문이다.

둘째, 네트워크에서는 한 노드가 갖는 링크의 개수도 중요하지만 그 링크들이 얼마나 확장성이 있는가도 중요하다. 어떤 두 개의 노드가 각각 100개의 링크를 갖고 있다고 하더라도 두 노드의 확장성은 그 링크들이 어떤 다른 노드들과 연결되어 있는가에 따라 달라진다. 예를 들어 6단계만 거치면 세상 모든 사람이 연결된다는 '6단계 분리 가설'처럼 네트워크 조직의 연결성과 확장성은 링크의 성격에 따라 몇 단계만 거쳐도 기하급수적으로 늘어날 수 있다. 이 원리에 의해 우리가 사용하는 인터넷은 몇 번의 클릭만으로도 전 세계의 많은 국지적(local) 네트워크나 문서들에 접근이 가능하다.

셋째, 단순한 개체의 특징도 네트워크로 연결되면 매우 복잡한 시스템이 되는데 이러한 네트워크의 외현적 복잡성은 사실 다기능성(Multi function)의 기반이 된다. 다기능성은 네트워크가 하나의 망상 조직으로 이루어진 것이 아니라 수많은 구조와 역할을 수행하는 네트워크들이 서로 밀접하게 결합되어 보다 거대한 새로운 네트워크를 이룰 수 있다는 사실에서 나온다. 이러한 거대 네트워크는 보다 작은 개별적 네트워크 사이의 연결과 정보 전환을 통해서 거대하게 확장되고, 확장된 거대 네트워크는 그 속의 정보 교환을 통해 여러 가지 기능을 수행할 수 있다. 대규모 정보 검색 엔진, 정보 저장 검색 데이터 베이스, 전자화폐의 흐름, 스프레드 시트를 통한 재정 및 결산 자료, 지능적인 교통 시스템, GIS · GPS 시스템, CCTV, 바코드 부착 이동 추적 시스템 등이 모두 그러한 거대 정보 네트워크를 통해 이루어진 기술이다(Rheingold, 2002).

넷째, 네트워크의 또 다른 장점은 뛰어난 복원력이다. 위계적 조직(hierarchical system)이나 구심형 조직(core system)은 효율성이나 집중력이 뛰어나지만 핵심 부분이 붕괴되면 조직 전체가 순식간에 와해될 수 있다. 하지만 네크워크 조직은 중심축이나 구심점이 존재하지 않고 매우 역동적이며 다중적이기 때문에 어느 한 부분이 무너진다고 해서 전체 집단의 구조에 영향이 미치지 않는다. 네트워크의 이러한 특징은 생태계의 특징이자, 생명체의 특징이기도 하다. 생태계의 다양성은 급격한 환경의 변화에도 얼마든지 적응하고 살아남을 수 있는 복원력을 가지게 된다.

(4) 지식의 생명중심성

포스트휴먼적 존재는 생물학적 특징과 기계적 특징이 혼성적으로 융합된 존재이다. 따라서 포스트휴먼적 지식도 복잡성, 자기 조직성, 직관성을 특징으로 생명중심성을 갖고 있다.

첫째, 복잡성은 자연현상들이 기본적으로 기계론적, 인과적, 환원주의적 이론만을 가지고 설명하기 어려운 복잡계(complex system)라는 가정에서 출발한다. 이 복잡성 이론은 대기현상, 생물학적 현상, 미립자 단위의 현상에 대해 설명하는 데서 시작하여 사회 현상이나 인간의 정신 현상을 설명하는 데에도 활용되고 있다. 미트레톤 켈리 Mitleton-Kelly(2003)는 복잡성 이론의 접근 방법을 복잡 적응계(complex adaptive system), 소산적 구조(dissipative structure), 자기 생성적 이론(autopoiesis theory), 카오스 이론, 수확 체증과 경로 의존성이라는 다섯 가지 분야로 구분한 바 있는데, 이 이론의 공통 주제는 전체가 부분의 합보다 크며 전체의 변화는 부분들 간의 상호작용에서 기인한다는 것이다. 그동안의 결정론적 또는 인과론적 세계관과 달리 복잡성 이론에서는 세계가 예측 불가능한 결과를 초래하는 자기 조직적(self-organizing)

방식으로 움직이므로 비선형적 창발(non-linear emergence)이 새로운 질서로 드러날 수 있다고 주장한다.

테이스만Teisman과 클리인Klijn(2008)에 의하면 복잡성 이론은 기존의 기계론적 이론에 비해 다음과 같은 네 가지 차별화된 인식을 갖는다. 첫째, 전통적인 과학적 접근 방법이 가정하는 것보다 훨씬 동적(dynamic)인 것으로 현상(phenomena)을 바라본다는 것이다. 둘째, 현상은 외적인 영향력에 의해서만 발전하는 것이 아니라는 것이다. 행위자, 정책, 과정 등은 주어진 법칙이 아니라 자기 조직적 역량(self-organizing capacities)에 따라 변화하므로 모든 것이 발생 가능한 혼돈스러운(chaotic) 상황이 가능하다는 설명이다. 셋째, 맥락(context)의 중요성을 강조하는데 생태계의 복잡성에서 맥락은 생명체가 존재하고 행동하는 환경을 의미한다. 이러한 맥락의 다중성(multiplicity)과 그 안에서의 생명체들 행위의 역동성에 따라 시스템은 끊임없이 변화한다. 넷째, 행위자의 역할을 중시하는데 행위자들은 자기 조직적이며 그들이 처한 지형도에서 무엇을 원하고 어떻게 행동해야 할 것인가에 대한 인식을 스스로 창조한다고 본다.

둘째, 자기 조직(auto-organization) 혹은 자기 생성(autopoiesis)이란 생명 시스템이 내부 기관을 조절하고 경계를 보호함으로써 시스템을 유지하고 새롭게 하는 원리를 말한다(Maturana & Varela, 1975). 이 자기 생성을 통해 원시 박테리아가 최초의 생명 세포가 될 수 있었으며(Margulis & Sagan, 2000), 이 자기 생성의 원리를 토대로 한 자기 생산 메커니즘을 이해하는 것이 생명체의 다양성과 독특성을 이해하는 첩경이다(Varela, 1981). 이 개념들은 시스템과 환경 간의 관계성에 대한 통찰을 바탕으로 시스템 내부에서 부분과 전체의 관계를 통해 시스템이 어떻게 자신을 재창조하는가를 탐구한다. 자기 생성은 생물 시스템의 본질과 자기 재생의 과정에 대해 연구하는데 자생적 시스템(autopoietic system)은 환경과 에너지를 교환하면서 단순히 환경에 적응하는 것을 넘어서 시스템과 주변 환경이 구조적 결합(structural coupling)을 통해 공진화(co-evolve)하고 상호 결정(co-determine)하는 원리를 탐구한다(Beer & Gery, 1972).

자기 조직성의 개념은 생명현상에 이어 사회현상에도 적응되었고, 마침내 컴퓨터와 같은 전산 시스템에도 적용되고 있다. 예를 들어 사회학 분야에서 루만은 그의 사회 체계 이론에서 자기 생산 개념을 체계화시켰다(Luhmann, 2007). 자연환경과 생명 시스템의 밀접한 관계를 탐구했던 자연과학과는 달리, 사회학에서는 복잡한 외부 환경으로부터 어느 정도 독립된 사회적 시스템을 전제하였는데 이 과정 속에서 복잡성이 축소(reduction of complexity)된 시스템에서 자기 규제나 자기 조직을 의미하는 자기 참조적(auto-referential) 시스템을 추구하게 되었다. 이 자기 참조 시스템은 자기 학습의 원리(auto-learning principle)를 바탕으로 시스템 스스로가 투입과 산출의 피드백을 자체적으로 해결하며 유지된다. 이때 시스템은 자신이 가진 지식에 기반하여 환경을 해석하는 행위인 회고적 지식(reflective knowledge)의 기능을 수행하게 되고, 자신의 자원과 에너지를 시스템 유지 및 문제 해결에 사용한다(von Foerster, 1981).

지식이 자기 규제와 자기 조직의 원리를 바탕으로 형성되고 교류된다는 것은 포스트휴먼적 존재들의 학습을 설명하는 데에도 활용될 수 있다(Stermann, 1994). 스테르만Stermann은 "학습이란 어떤 작업에 대한 피드백 정보를 받아 우리의 결정과 그러한 결정들의 동기가 되는 정신적 모형을 바꾸는 피드백 과정이다"(Stermann, 1994)고 설명했는데 이러한 학습의 피드백은 인간의 두뇌에서만 일어나는 것이 아니라 컴퓨터적 알고리즘을 통해서도 실현시킬 수 있다. 이러한 피드백 과정으로서의 학습의 개념은 스마트 학습 시스템의 핵심 요소가 되었는데 스마트 시스템은 그 구성 요소들이 자기 재구성(self-reconfiguration)의 원리를 바탕으로 시스템이 가진 자원을 최대한 활용하여 관련 요소들이 적시에 개입하고 바람직한 상호작용을 지속하도록 하여 목표를 달성해 나가게끔 조정하는 시스템이다.

셋째, 생명중심성을 가진 지식은 직관성이나 비가시성을 띤다. 직관력의 특징은 의식적인 분석이나 논리적인 설명의 과정을 거치지 않고 새로운 아이디어가 떠오르는 것인데 그런 차원에서 직관은 체화된 기능, 감정이나 정서적 작용, 본능적 느낌(gut) 등과 같은 생물학적 요인에 의해 나타나는 것이라는 주장도 있다(Bechara, Damasio, Tranel, & Damasio, 1997). 따라서 직관은 보다 본능적이고 정서적이며 일차적인 정신 작용이라고 이해할 수 있고 다양한 경험이나 예술적 감성, 훈련된 습관, 융통적이고 개방적인 사고, 혹은 창의성 등의 요인들의 영향을 받아 생긴다.

지식의 비가시성은 이성적이거나 논리적인 지식이 아닌 생물학적이고 직관적인 지식의 가능성을 조응한다. 예를 들어 예술적 능력 혹은 지식은 표면에 쉽게 드러나지 않는 사물의 본질을 이해할 수 있는 능력인데 이는 인간과 자연, 관찰자와 관찰대상, 인식 주체와 인식 대상을 명확히 구분하지 않는 태도에서 형성될 수 있다. 포스트휴머니즘의 주요 이론적 기반들 중의 하나인 신물질주의는 '모든 것은 하나이고, 사물들은 상호 연결되며, 명확한 경계가 지어지지 않을 수 있다'는 관점을 취한다. 현실과 가상의 경계, 이성과 감성의 경계, 사고의 주체와 사고 자체의 경계, 물질과 정신의 경계도 불분명한 것이다. 모든 정보는 컴퓨터가 처리할 수 있는 지식의 형태로 디지털화되거나 가상화될 수 있고, 그러한 가상적 지식과 실존적 지식이 본질적으로 차이가 난다고 단정 지을 수도 없다.

지금까지 설명한 지식의 네 가지 특성은 다음의 표(4-2)로 정리할 수 있다.

[표 4-2] 지식의 네 가지 특성

	융합성	디지털화	네트워크성	생명중심성
포스트휴먼적 지식의 특성	통섭, 아상블라주, 혼성성	정보화, 사이보그화, 시스템화	연결성, 확장성, 다기능성, 복원력	복잡성, 자기 조직성, 직관성

그렇다면 포스트휴먼적 조건에서 지식과 기술의 역할을 어떻게 보아야 할 것인가를 포스트휴머니즘의 인식론과 관련한 주요한 이론들을 중심으로 살펴보자.

2. 포스트휴머니즘의 존재·인식론적 기반

포스트휴머니즘과 관련한 이론적 기반은 사실 전통적으로 철학적 사유를 구분했던 인식론, 존재론, 가치론의 범주에 구애받지 않는다. 즉, 포스트휴먼적 관점들은 인식론이자 존재론이 될 수 있고, 인식론적 측면과 가치론적 측면을 동시에 지녔기 때문에 존재-인식론(onto-epistemology)과 같은 용어가 주로 사용된다. 예를 들어 페미니스트 철학자 브라이도티Braidotti는 페미니즘에 기반한 신물질주의(New Materialism)를 포스트휴머니즘에 접목하여 비판적 포스트휴머니즘의 토대를 수립하였다. 여기서 신물질주의는 인식의 주체인 포스트휴먼적 존재들과 인식의 대상인 세상, 사물, 지식 등은 완전히 구별되지 않고 인간, 비인간, 사물, 도구 등이 상호 협력적, 의존적으로 관계망을 형성하여 존재한다는 관점이다. 이러한 인간과 세계(속 사물들) 간의 비위계적 관계성을 부각시키는 것이 바로 수평적 존재론(flat ontology)인데 이 수평적 존재론에서는 인간이 특별한 존재, 즉 이성적 사유를 바탕으로 지식을 형성하는 유일한 존재가 아니라 다른 비인간적 존재 및 사물들과 다를 바 없다고 본다. 그러므로 이러한 수평적 존재론에서는 인간, 동물, 도구, 지식들 간에 근본적인 차이를 상정하지 않고 동물, 도구, 지식이 인간만을 위해 존재한다는 관념을 배격한다. 이러한 포스트휴먼적 존재인식론을 대표하는 세 가지 이론 — 객체지향존재론, 행위자-망이론, 그리고 비대표성이론 — 에 대해 간략하게 살펴보자.

1) 객체지향존재론(Object-Oriented Ontology)

객체지향존재론은 이성을 지닌 인간만이 사유의 주체이고 다른 모든 만물들(동물, 자연 사물, 기계 등)은 인간 사유의 대상이라는 인본주의적 존재론을 정면으로 거부하는 이론이다. 우선 객체지향존재론이 무엇인지 구체적인 이해를 위해 이를 강조하는 몇몇 학자들의 주장을 살펴보자. 우선 이안 보고스트Ian Bogost는 배관공, 면, 보노보, DVD 플레이어 및 바위 할 것 없이 모든 사물들이 동등한 존재성과 의미를 가지고 있음을 강조한다. 또한 들뢰즈, 하이데거, 라투르의 철학에 영향을 받은 그래햄 하만Graham Harman은 객체지향존재론(OOO)을 "대상의 실제적이고 감각적인 특질에 대한 심미적 이해에 집중하고자 하는 존재론적 철학"이라고 정의한 바 있다. 같은 맥락에서 객체지향존재론을 한층 더 발전시킨 티모시 모톤Timothy Morton은 기존의 인간 중심적 주관성과 객관성의 대비 관념을 대신하여 사물들 간의 관계를 설명하고 있다. 즉, 모든 사물들은 비지역적·시간적· 공간적으로 산재되어 분포하고 있는데 그 존재의 방식이 점성적(viscous)이라고 묘사하고 있다. 예를 들어 기후 변화를 유발하는 지구상의 요소들은 지질학적 요소, 기후적 요소, 생태학적 요소, 인간 자체와 인간이 만들어낸 인공적 요소들을 모두 포함하고 있고, 그러한 요소들이 점성적 상태로 상호 얽혀있기 때문에 기후변화의 문제를 이해하거나 해결하기 위해서는 위와 같은 모든 요소들의 물리적·생태적·인류 문명적 관계성을 재설정해야 한다고 주장한다. 여기서 지식은 존재들과 구별되지 않는다. 지식은 인간적 및 비인간적 존재들 간의 관계에 대한 이해이다.

이 객체지향존재론을 더욱 구체화한 이론이 다음에 설명할 행위자-망이론(ANT)인데, 두 개념 사이에는 약간의 차이가 있다. 객체지향존재론이 모든 사물들의 완전한 평등성과 상호관계성을 전제로 하는 존재론이라면 ANT는 보다 역동적으로 변화하는 관계성과 행위자들 간의 동맹에 더 초점을 맞추고 있다. 현재의 포스트휴머니즘적 관념들은 여전히 휴머니즘에 발이 묶여 인간중심주의적 사고에서 벗어나지 못하고 있는데, 이 두 가지 이론은 인간중심주의적 관념에서 보다 자유롭게 세상 만물 간의 상호의존성을 부각시키는 역할을 하고 있다(Bogost, 2009).

2) 행위자-망이론(Actor-Network Theory)

앞 절에서 간단히 소개한 바 있는 행위자-망이론은 브루노 라투르(1992)와 미셸 캘리온Michel Callion(1991)에 의해 인간과 비인간(기술, 동물, 건축물, 도구, 화폐 등) 사이의 차별적인 구분 없이 모든 존재들이 행위자(actants)가 될 수 있다는 관념을 비탕으로 수립된 이론이다.

라투르는 "가리비, 바위, 그리고 배들과 같은 비인간적 존재들도 새로운 방식으로 사회적 구성요소로서 스스로의 존재를 드러내고 있다"고 말한 바 있다. 행위자-망이론의 가장 근본적인 특징은 인간 이외의 존재들, 즉 동물이나 도구(컴퓨터), 혹은 지식(인공지능, 알고리즘, 프로그램 자체) 등이 모두 행위자가 될 수 있다는 것이다. 행위자-망이론의 기본 원리는 다음과 같다.

첫째, '사회(society)'는 인간 이외의 기술, 자원, 환경, 생물적 요소들이 상호 협력적 네트워크 관계를 이루는 것이다. 따라서 사회는 인간 사회만 존재하는 것이 아니라 동물 사회, 사이보그 사회, 기계·로봇 사회 등도 존재한다. 이처럼 다양한 요소들이 네트워크적 관계성을 맺고 있는 것이 하나의 사회이다. 예를 들어, TV는 단순한 방송 기기가 아니라 기술, 인간 연구자, 인간의 노동력, 물질, 스크린 엔지니어링, 그리고 TV 생산 환경인 공장 등이 조화로운 네트워크를 이루며 만들어낸 최종 산물이다. 여기서 인간만이 행위자가 아니라 그외 모든 요소들도 모두 TV를 탄생시키는 데 기여하는 행위자로 간주된다. 과거에는 이러한 행위자들의 네트워크가 인간-기계-물질 등과 수직 계층적 구조로 이루어졌다고 이해했으나 행위자-망이론은 이 네트워크를 지역적, 전 지구적, 혹은 글로컬한 수준에서의 평등한 공간적 네트워크로 이해한다. 이처럼 행위자-망이론은 '네트워크 내 행위자들 사이의 관계성이 평등하다'는 인식에서 앞서 언급한 바와 같이 '수평적(flat) 존재론'이라고 부르기도 한다.

왜 기계나 도구들에게 행위자의 자격을 부여할 수밖에 없는지 예를 들어 설명해보자. 현대인의 필수품인 휴대폰은 무선통신망의 하나의 매개체(단말기)이고 이 단말기 하나하나에 인간 사용자들이 연결되어 통화나 문자 소통이 이루어지는 구조이다. 여기서 휴대폰은 단순히 통화를 위한 도구에 그치지 않고 메모장, 녹음기, 사진기, 스케줄러 등의 기능뿐 아니라 수많은 앱을 통해 인간의 거의 모든 개인적·사회적 활동들을 지원하고 있는데 이 모든 기능, 가젯, 앱 등도 각각 행위자로 간주된다. 여기서 중요한 점은 이러한 행위자들 간의 소통이 이루어지거나 기능이 작동할 때 그 기능의 작동인이 반드시 인간일 필요는 없다는 점이다. 또 다른 예로 스케줄러가 일정에 따라 전기밥솥에 신호를 보내면 전기밥솥이 밥을 짓거나, 밥이 식었을 때 로봇이 그 밥을 전자렌지에 데워서 식탁 위에 올려놓는 이러한 일련의 절차가 수행되는 과정을 인간이 일일이 지시할 필요가 없다. 물론 인간이 그러한 과정을 프로그래밍할 수는 있지만 실질적인 사건이 벌어지는 과정에서는 더 이상 인간의 개입은 필요 없다. 사실 미래의 기술들이 인간의 생활을 '편리하게' 한다는 것은 이처럼 인간 행위자의 세세한 지시나 간섭 없이 기계·도구에게 그러한 과정을 맡긴다는 뜻이다. 앞으로는 이러한 역할을 컴퓨터나 기계가 '스스로' 해나가게 되는 단계에까지 이르게 될 것이고 그때에는 기계와 도구들에게 행위자의 자격을 부여할 수밖에 없다.

둘째, ANT는 사물을 완전하게 범주화시키지 않고 사물들을 혼성적 존재로 간주한다. 포스트휴머니스트인 아담 그린필드Adam Greenfield는 "인간의 지각, 규모와 욕망이 더 이상 가치의 기본 척도가 아님을 강조하면서" 기존의 범주화적 세계관과 그에 따른 학문적 구분들은 인간 중심적 사고를 바탕으로 한 것이기 때문에 포스트휴먼적 세계에서는 더 이상 통용되지 않는다고 주장한다. 즉, 기존의 생물이나 무생물적 존재들에 대한 범주화는 순전히 인본주의적 관점이라는 것이다. 따라서 인간은 원숭이와 명확히 구분되지 않을 수 있고 척추동물인 원숭이는 무척추동물인 도마뱀과 절대적으로 구분되는 존재가 아닐 수 있다. 같은 맥락에서 동물은 사물과 완벽하게 분리된 존재가 아니고 유기물은 무기물과 전혀 다른 물질이 아니다. 이 모든 존재들은 자연 생태계 혹은 사회적 생태계 속에서 각자 자신의 역할을 담당하고 있는 존재들이자 행위자로 간주된다. 따라서 사회과학과 자연과학은 더 이상 인위적으로 구분할 필요가 없고 사람을 연구하는 사회학 이론과 동물을 연구하는 동물학 이론, 물질을 연구하는 물리학 이론은 더 이상 상이한 존재를 다루는 학문으로 간주될 필요가 없다. 그런 의미에서 ANT는 사실상 세상 사물들과 현상들에 대한 융합적 지식 및 융합적 사고와 맥을 같이한다.

셋째, 인간 만이 행위와 사고의 주체라는 관념에서 해방된다. 미국의 페미니스트인 도나 해러웨이Donna J. Haraway(1985)는 「사이보그 메니페스토*A Cyborg Manifesto*」란 에세이에서 사이보그란 존재를 성차별 사회를 극복하는 사회정치적 상징으로 부각시킨 바 있다. 그녀는 여기서 사이보그는 우리 자신이고, 인간과 기계의 관계성에 대한 새로운 정치적 관점을 제공한다고 보았으며 사이보그와 관련 종족들은 인간과 비인간, 유기와 기술, 탄소와 실리콘, 자유와 구조, 역사와 신화, 부자와 가난한 자, 국가와 주체, 다양성과 고갈, 현대성과 탈근대성, 그리고 자연과 문화 사이의 관계성에 거대한 변혁을 가져왔다고 지적한 바 있다. 즉, 사이보그는 인간을 모사한 기계로서 인간에 의해 타자화되고 있듯이 남성과 여성, 인간과 동물, 동물과 기계, 그리고 인간의 육체와 비육체적 존재들 간의 구분이 남성 중심의 인간 사회의 폭력적 위계구조의 산물임을 지적한 것이다.

3) 비대표성이론(Non-representational Theory)

비대표성이론은 1990년대 중반부터 나이젤 스리프트Nigel Thrift(1996, 1997, 1999, 2000, 2007)의 논문들을 중심으로 논의되기 시작하였다. 비대표성이론은 삶(생명)이 어떤 모습을 띠면서, 다른 존재들과의 공유된 경험, 일상적 반복, 체화된 움직임, 흘러 다니는 사건들, 인지되지 않은 촉발제, 실용적 기술, 지속적인 충동, 보통의 상호작용, 그리고 감각적 경향 속에서 자신을 드러내는지에 초점을 맞춘다. 이러한 모습들은 기존의 학술적 연구가 발견, 해석, 판단, 그리고 궁극적으로 대표성을 통해서 뭔가 대단한 의미와 가치를 끌어내려는 태도들에서 벗어나고자 하는 노력이다(Lorimer, 2005). 따라서 비대표성이론은 어떤 이론이라기보다는 실천을 중시하는 사고방식이며(Thrift, 2000) 후기구조주의이론, 현상학, 실용주의, 페미니즘, 그리고 여러 사회학적 관점들이 다양하게 혼합된 것이라고 볼 수 있다.

비대표성이론은 다음과 같은 존재인식론적 주안점을 가지고 있다.

첫째, 비대표성이론은, 일상생활의 흐름에 주목하고자 한다(Thrift, 2007). 생기론적 철학(vitalist philosophy)과 과정 철학(philosophies of becoming)을 토대로 경험에 대한 과정적 이해와 인간이 세상을 이론화하는 데에는 한계가 있다는 관점을 취한다(Dewsbury, et al. 2002). 인간의 의식은 세상을 지각(perception)하기 위한 작은 창에 불과하며 실제는 인간의 인지 범주 너머에 존재할 수 있으므로(Thrift, 2007) 우리가 무엇을 경험했다고 말하거나 우리가 경험한 것도 충분히 말로 표현할 수도 없다(Foucault, 2002). 따라서 비대표성이론은 인지 이전의 체화된 삶의 양상들에 보다 집중하고, 그러한 양상들은 "신경의 계곡에 흐르는 물질들은 인간의 의도나 결단이 의식의 인지 없이도 신체로 하여금 반응하게끔 만드는 것이다"(Thrift, 2007).

둘째, 비대표성이론은 분명한 주체에 기반하지 않은 비개인주의적 이론으로써, 모든 종류의 사물들이 다양한 공간 속에서 지속적이고 무의식적인 과정을 통해 상호 관계를 형성하고 끊임없이 조우하는 주체화(subjectification)의 과정을 설명하는 이론이다(Thrift, 2007). 따라서 기존의 투명하고 이성적이며 일관된 인간 주체의 관념에 반하여 기존의 규범적 준거들에 비추어 개인의 선택과 책임에 대한 윤리적 판단을 내리는 것과는 전혀 다른 윤리적 함의를 갖는다(Thrift, 2003, 2007). 이는 행위의 역량을 확장하는 것 자체가 윤리적 행위라는 스피노자Spinoza(1996)나 들뢰즈Deleuze(1988)의 철학과 유사한 것으로. 스리프트의 표현으로는 "생동감을 촉발함으로써 새로운 삶의 형태를 구성하는" 윤리인 것이다(Thrift 2007).

셋째, 비대표성이론은 사물과 함께 공진화하는 인간의 신체에 관심을 갖는다(Thrift, 2007). 비대표성이론은 메를로-퐁티Merleau-Ponty의 철학에서 출발하여 인간의 신체는 세상 혹은 비인간적 사물들과 쉽게 분리할 수 없고(Thrift, 1996) 신체가 세계에 끊임없이 작동하고 상호작용하는 능력이 발현됨으로써 세상(즉, 비인간적 존재들)과 물질적 관련성을 맺게 된다고 본다. 이 관련성에서 인간의 신체나 비인간적 사물들은 존재의 기술들(technologies of being: 지식, 도구, 사람, 판단시스템, 공간적 구조들의 혼성적 아상블라주)을 바탕으로 동일한 비중을 갖고 관계를 형성한다(Thrift, 2007, 1997). 이는 인간에게 주체성을 부여함으로써 물질들로부터 구별지었던 데카르트적 주체성 개념을 해체하고 세상을 이질적 네트워크와 연결들의 다중성(multiplicity)으로 보는 관점이다(Thrift, 1996, 2000). 아울러 ANT의 영향을 받은 비대표성이론은 인간 존재와는 독립적인 사물들의 존재와 그 상호작용에 집중하는 사색적 실제(Speculative Realist) 철학의 등장과 연결된다(Harman, 2005).

넷째, 비대표성이론은 특정 맥락 속에서 인간이 다른 존재들 및 자신들에게 행하는 세속적 실천에 관심을 갖는다(Thrift, 1997). 이때 실천(Practices)이란 육체적 루틴이나 특별히 고안된 기구들을 확립함으로써 안정적이고 반복적으로 이루어지는 작업이나 스타일의 물질적 신체를 가리키며(Thrift, 2007) 아울러 실천은 생산적인 연쇄적 고리로서 모든 자원과 방식을 활용하여 세상에 대한 기본적 이해(intelligibility)를 구성하는 행위이다(Thrift, 2007).

다섯째, 비대표성이론은 일종의 실험주의(experimentalism)적 태도로 세상에 대한 개방적(open-ended) 설명을 시도하는 것이다. 비대표성이론은 과학적 연구로 모든 것을 설명할 수 있다고 생각하지 않고, 행위예술(performing arts)에서 영감을 받아 합리주의적 태도에서 벗어나고자 한다(Thrift, 2007). 들뢰즈-니체적Deleuzo-Nietzschean 맥락에서, 비대표성이론은 우리가 판단할 수 있다(Deleuze, 1997)가 아니라 '한번 해보자'(Nietzsche, 1974)라는 태도를 보이는 것이다.

비대표성이론의 구체적 연구의 예를 들어보자. 스리프트는 정보통신기술의 발전이 '생활세계주식회사(Lifeworld Inc.)'와 같은 안전-오락복합체(safe entertainment complex)를 양산해내는데, 여기서 사람과 사물의 활동을 공간적으로 추적하는 정보기술(인식론)이 "운동 공간"과 같은 새로운 존재적 상태를 낳고 있다고 주장한다. 이 복합체의 구조 및 작동방식을 보여주는 다음의 다섯 가지는 오늘날 사회기술적 발전이 어떻게 새로운 존재론적, 인식론적, 그리고 현상학적 이해를 낳고 있는지 잘 보여준다.

1) 설계 상 끊임없이 움직이는 수평적 네트워크, 링크, 미니어 및 동시

2) 터치스크린, 몸짓, 컨텍스트 인식, 대화형 사물 및 표면과 같은 인터페

이스의 성격

3) 유비쿼터스 컴퓨팅 및 위치 태그

4) 소셜 미디어 및 봇Bots뿐만 아니라 지문 및 생체 인식을 포함한 지속적인 피드백

5) 인간의 기계 인식과 사물의 기관

예를 들어 스리프트Thrift는 급격한 도시화는 자연과 문화의 끊임없는 상호 작용을 보여주는 것인데 이는 자연성과 동물의 진화가 도시 구조(건축, 설계, 서비스)에 통합되는 것이라고 본다. 또한 오늘날 검색 엔진, 소셜 네트워킹 사이트, 웹 페이지, 비디오 클립, 벨소리 믹스나 지도(맵)가 결합된 앱들은 인간의 행위나 이동, 체험에 대해 신원 확인이나 통행권(passport) 부여의 역할을 해주는데, 이것이 기존의 지장, 인감, 자기소개서, 혹은 추천서를 대신함으로써 인간 속에 기술이 내포되고(embedded) 동시에 인간의 (생물학적) 특성을 상실하게 만드는 역할을 한다는 것이다. 즉, 위와 같은 다섯 가지의 정보기술적 환경이 갖추어진 안전-오락 복합체 속에서 살아가는 인간의 정체성은 자기 신체의 굴레를 벗어나서 끊임없이 이동함으로써 인간의 주관성도 변할 수밖에 없다는 것이다.

지금까지 설명한 바와 같이 포스트휴먼의 존재인식론적 관점은 매우 파격적이고 근본적인 관점의 변화를 지향하고 있다. 따라서 이러한 근본적인 세계관의 혁신을 모색하기 이전에 보다 실질적이고 구체적으로 포스트휴먼적 미래를 탐색하려는 철학적 논의도 이루어지고 있는데 그 대표적인 예가 비판적 포스트휴머니즘이다.

3. 포스트휴머니즘에 대한 비판적 인식론

본 절에서는 포스트휴머니즘의 여러 이론적 갈래들 중에서 트랜스휴머니즘과 같이 급진적인 기계문명이 지배하는 미래적 삶의 조건에 대해 보다 신중하고 반성적인 관점을 견지하는 비판적 포스트휴머니즘과 네오휴머니즘에 대해 논의하고자 한다.

1) 비판적 포스트휴머니즘이란 무엇인가?

비판적 포스트휴머니즘은 포스트휴머니즘의 윤리철학적 측면과 과학기술적 측면을 모두 아우르면서 인간 주체성의 개념을 인본주의에서 탈피하여 비판적으로 논의한다. 그 논의의 지향점은 인류가 근대적 지식과 과학기술의 발전을 바탕으로 가공할만한 기계문명을 수립하고, 그 결과 기존의 생태적 환경 및 생물종들에 대한 파괴적 지배 구조를 만들어 낸 것에 대해 반성적으로 성찰하고 생태계 속의 하나의 존재로서 인간이란 무엇인가에 대해 재고하고자 하는 것이다.

좀 더 구체적으로 살펴보면, 우선 윤리철학적 측면에서 포스트휴머니즘은 보편주의, 세계주의, 개인주의에 기반한 서구의 인본주의적 가치에 대한 도전으로써 페미니즘, 탈식민지주의, 그리고 생태주의적 다양성, 신물질주의적 관점을 바탕으로 인간중심주의의 도그마가 갖는 문제점들에 대한 대안적 가치를 논의한다. 다음으로 과학기술의 측면에서는 인간과 비인간(기계 및 동물)간의 상호관계와 상호의존성을 인정함으로써 미래의 과학기술의 발전은 단순히 인간 존재만을 위한 것이 아니라 세계의 모든 존재들의 역할과 관계성의 재정립 차원에서 전개될 것이라는 것을 강조한다.

아울러 비판적 포스트휴머니즘은 서구 계몽주의에 의해 만들어진 근대문명의 역사와 현재의 조건들이 그동안 인종 차별, 성차별, 식민주의, 계급주의 등에 기반하여 이루어진 것이라는 사실을 비판적으로 논의함과 동시에 긍정적 대안을 제시한다. 예를 들어 대표적 학자인 브라이도티는 "긍정적인 정책은 대안적인 비전과 전망을 제시함으로써 창조적 비판의 관점을 유지할 수 있다"고 주장하면서, 인본주의적 도그마인 자기중심적 개인주의(상대성뿐만 아니라)를 거부하고 인간뿐만 아니라 모든 비인간적 존재들(동물, 사물, 도구, 물질 등)을 포함한 타자들 사이의 "긍정적인" 상호 연결성을 탐색하고자 한다. 이를 통해서 비판적 포스트휴머니즘이 페미니즘(남성중심주의에 대한 비판), 비판이론(권력, 편견, 사회구조적 폭력성에 대한 비판), 후기식민주의(서구문명의 역사적 지배에 대한 비판), 후기구조주의(계몽주의, 보편주의, 과학주의 등에 대한 비판), 그리고 신유물론(막시즘적 유물론과는 다른 새로운 철학적 유물론)적 전통에 골고루 기반하고 있다는 것을 알 수 있다.

비판적 포스트휴머니즘의 가장 핵심적 비판의 대상은 인류중심주의에 대한 비판과 진보된 자본주의에 대한 저항인데, 이 두 가지에 대해 좀 더 자세히 살펴보자.

첫째, 포스트휴머니즘이 출현하게 된 계기이자 비판의 최대 동력이 바로 인류중심주의(anthropocentrism)에 대한 반성이다. 인류중심주의는 인류를 생물계 진화의 최상위 계급에 올려놓고 인간 존재에 특별한 의미를 부여한다. 인류중심주의는 데카르트의 물질-정신의 이원론적 사고를 기반으로 인간만이 '이성'이라는 고차원적 정신 능력을 지닌 동물로 간주하며 인간을 제외한 다른 모든 동물을 포함하여 자연계와 생태적 환경은 모두 물질계의 산물로 간주한다. 이처럼 정신·이성적 존재로서의 인간과 단순한 물질적 산물에 불과한 다른 모든 자연계의 사물들을 구별함으로써 인간은 자신 이외의 모든 존재들(동물, 사물, 자연환경 등)을 타자화하여 착취 대상으로 삼는 것을 정당화하였다.

이러한 인류중심주의적 관념은 사실 고대 그리스 로마의 고전적·철학적 세계관에서부터 출발하여 16세기 르네상스 운동을 통해 인문주의(the humanities)적 사상의 형태로 인류 역사를 지배해왔다. 이러한 인문주의적 사고들은 17세기에 이르러 뉴턴의 자연과학 이론과 데카르트의 철학적 사유를 바탕으로 근대적 세계관과 결합하였고, 동시에 유럽 국가들을 중심으로 한 세계 식민지화와 제국주의의 유행, 18세기 국민국가의 등장과 그에 따른 시민 및 인권 개념 등이 생겨나면서 인본주의의 관념으로 바뀌었던 것이다. 이처럼 인본주의의 개념은 유럽중심주의적 세계관을 바탕으로 인문주의 사상을 걸쳐 근대국가의 형성과 더불어 근대적 시민들에게 기대되는 주권(sovereignty), 인권, 주체성, 자율성 등의 개념이 혼합되어 만들어진 이념적 산물이다.

인본주의 사상이 위와 같이 근대적 시민국가라는 법과 이성에 의해 다스려지는 집단 속에서 개인의 독립성, 자율성, 주체성, 인권 등을 보장해야 한다는 관념을 갖게 됨으로써 현대의 중요한 정치 철학으로 정착되었지만 사실 인류 역사적 사건들을 돌이켜보면 인본주의의 관념은 서유럽의 백인 남성들의 세계관을 중심으로 형성된 것이라는 것을 쉽게 알 수 있다. 즉, 오랜 인류의 역사 속에서 인본주의에서 가리키는 '인간'의 범주에 여성, 아동, 유색 인종, 비유럽 이방인, 약소민족, 장애인, 동성애자, 노예 등은 포함되지 않았던 것이다. 다시 말해서 인본주의적 관념은 모든 인간을 대상으로 형성된 것이 아니라 유럽 백인 남성들이 바라보는 세계관과 그들의 지배적 언어와 문화를 중심으로 '인간'과 '비인간'을 구별하고 비인간적 존재들을 타자화하면서 그들에 대한 지배를 정당화하는 이념의 역할을 해왔다.

요컨대 인본주의는 동물이나 자연계에 대한 특권과 인류 집단들 가운데에서도 소수 지배계층의 특권을 이중적으로 정당화하는 이념적 기재로 활용되어왔다. 따라서 포스트휴머니즘은 바로 이러한 인류중심주의와 인본주의를 극복하기 위한 시대적 요구로 등장하게 되었다. 포스트휴머니즘의 올바른 사상적 혹은 윤리적 지향점은 인류중심주의에서 탈피하여 생태계 속의 한 구성원으로서의 인간의 의미를 탐색함으로써 지구상에서의 인류의 실존적 위치를 재정립하려는 노력이다.

둘째, 비판적 포스트휴머니즘은 기술중심주의적 미래 사회의 설계가 특히 진보된 자본주의(advanced capitalism)의 주도에 의해 이루어지는 경향에 강력하게 저항하고자 한다. 진보된 자본주의는 20세기까지 사회경제적 원리로 세상을 지배했던 고전적 자본주의가 21세기 들어 기술의 급속한 발전과 정보통신 인프라의 세계적 확대를 바탕으로 교육, 오락, 문화, 직업, 일상생활을 망라하여 인류의 모든 삶의 양상에 깊숙이 관여하게 된 현상을 가리킨다. 따라서 진보된 자본주의는 단순한 경제적 원리만이 아니라, 정치적·사회경제적·과학기술산업적 측면에 영향을 미치는 미래 사회의 추동 원리를 일컫는다.

진보된 자본주의의 성격은 크게 다음 세 가지로 이해할 수 있다. 첫째, 세계화된 자본주의적 시장 구조는 인류의 삶을 기술 중심 산업사회의 상품들에 전적으로 의존할 수밖에 없는 경제적·사회적·문화적 조건들을 만들어내고 있다. 둘째, 인간 삶의 전 영역이 기술적 산물들의 도움을 받을 수밖에 없게 되면서 생활, 교육, 오락, 직업 등의 모든 영역이 포스트휴먼적 혹은 트랜스휴먼적 조건으로 변화하고 있다. 셋째, 시장은 그동안 정부가 수행해왔던 공적 서비스의 거의 모든 영역에 침입하여 정부의 정책들에 깊이 관여함으로써 국가의 모든 영역을 시장화하고 있다. 예를 들어 우리나라에서도 최근 구글 기술담당 고위 임원이 정부의 미래정책을 자문한 바 있는데 이런 식으로 국가정책의 중요한 방향을 결정하는 데 기술을 주도하는 사기업들의 비전과 전략이 공적 정책의 방향을 좌우하게 되는 상황에 이른 것이다.

포스트휴먼적 사회로의 변화는 진보된 자본주의에 의해서도 가속화된다. 문제는 진보된 자본주의 역시 인류중심주의의 연장선 위에 놓여 있기 때문에 고전적 자본주의나 21세기 인지자본주의가 그랬던 것처럼 인간뿐 아니라 지구 생태계 전체를 착취의 대상으로 삼고 상품화하고자 한다는 것이다. 따라서 비판적 포스트휴머니즘은 미래 사회가 진보된 자본주의의 동력에 의해 포스트휴먼적 조건으로 전환해나가는 것을 경계하고 있다. 진보된 자본주의는 과학기술이 만들어낼 미래 사회와 인류의 모습에 대해 긍정적 태도를 갖고, 이를 촉진하기 위해 신자유주의적 선택과 집중의 원리에 따라 과학기술에 모든 자본과 사회적 자원을 총 투입하고자 한다. 진보된 자본주의는 한마디로 개인의 자유와 선택권을 극대화하는 자유주의적 정치철학과 시장원리에 기반한 자본주의적 경제 원리가 21세기의 급속한 과학기술적 진보와 맞물려 새로운 미래 사회의 비전을 세우려는 것이다. 때문에 진보된 자본주의는 복지나 분배, 평등성, 인권, 정의와 같은 고전적 윤리적 가치들에 관심을 갖는 것이 아니라 과학의 발전이 인류의 미래에 가져올 기술적 성과 – 인간강화 기술, 유전자 조작, 환경 통제, 생명공학, 에너지 및 자원 개발 등 – 에만 집중하게 된다.

결국 진보된 자본주의의 추동력에 의한 포스트휴머니즘에 대해 많은 우려가 비판주의자들로부터 나오고 있다. 20세기의 극심한 자본주의를 거치면서 세계 정치 경제 질서는 서방 자본주의 국가를 중심으로 한 권력의 집중과 자본주의 사회 자체의 내재적 양극화, 황금만능주의의 팽배, 인간성 상실 등의 문제가 심각해져 왔다. 그런데 진보된 자본주의는 인류의 과학기술마저도 소수의 자본가와 기업, 국가 등에 의해 독점되게 만들었고, 이러한 독점의 결과가 인류의 모든 삶의 영역 — 식량, 문화, 정보통신, 보건 의료, 안보, 사고 등 — 에 뿌리 깊게 파고들고 있다. 이러한 진보된 자본주의가 포스트휴머니즘의 주요 동력으로 작동한다면 포스트휴머니즘의 미래는 기술과 자본을 장악한 소수의 집단에게 종속되고 통제되는 사회를 피할 수 없을 것이다.

2) 네오휴머니즘이란 무엇인가?

호모사피엔스는 지구상에서 진화해온 생명체들 중에서 최초로 주체성, 영원성, 신적 존재, 그리고 자신의 한계를 의식할 수 있는 종이며, 결과적으로 호모사피엔스는 자신의 한계를 넘어설 수 있는, 기술적으로 진화된 존재인 트랜스휴먼과 포스트휴먼으로 진화하게 될 것이다. 지금까지 영장류에서 현생 인류로의 진화가 수 만년이 걸렸던 것과는 달리 현생 인류가 트랜스휴먼과 포스트휴먼으로 진화하는 과정은 첨단 과학기술의 도움을 바탕으로 수십 년 이내에 이루어질 수 있다. 특히 트랜스휴머니스트들은 2050년쯤이면 오늘날 우리가 경험하는 광속에 가깝게 정보를 전달하는 인터넷 기술과 사이버 세계·가상현실 기술의 보급 등이 빠르게 융합되어 특이점에 도달하게 되고, 그때 지구상에는 포스트휴먼적 존재들이 양산될 것이라고 본다. 사실 오늘날 현대인들의 삶을 돌이켜보면 우리는 이미 휴먼적 존재로서가 아니라 포스트휴먼적 존재에 더 가까운 삶을 살고 있다고 볼 수 있다. 앞으로의 포스트휴먼에게는 인간의 생물학적 신체는 더 이상 '인간'이 되기 위한 필수적인 요소가 아니라, 부차적이거나 소모적인 껍데기에 불과할 수도 있다.

하지만 위와 같은 포스트휴먼적 존재의 등장과 포스트휴먼적 사회의 도래에 대해 우려와 비판의 시각이 많이 제기되어왔는데 그 대표적인 인물로 의학전문가인 로저 펜로스R. Penrose와 철학자인 허버트 드레이퓨즈H. Dreyfus가 있다. 그들의 비판은 포스트휴머니즘 전반에 대한 비판이라기보다는 트랜스휴머니즘, 즉 기술문명이 과거의 모든 인본주의적 세계를 대체하는 시나리오에 대한 비판에 집중하고 있다. 아무리 컴퓨터나 인공지능 기술이 발달해도 그러한 기술이 근본적으로 인간의 역량이나 특성을 대체할 수 없다고 본다. 예를 들어 뇌와 뉴런을 연구하는 인지과학자들은 인지활동이 뉴런의 연결 관계망에서 일어나는 것이 아니라 생체적 몸이라는 물리적 기반에 의존하고 있음을 강조함으로써 인간의 지능은 인공지능이 완벽하게 모사할 수도, 능가할 수도 없다고 주장한다. 그런 의미에서 포스트휴먼에 대한 비판주의자들은 포스트휴먼을 대신하여 '네오휴머니즘'적 존재를 대안으로 제시한다(이종관, 2015).

네오휴머니즘neo-humanism은 "인간이 직면하고 있는 실존적 · 존재론적 허무를 극복하고 인간존재의 의미를 회복시키려는 철학적 움직임"을 일컫는다(Bussey, 2016). 특히 인공지능이 시뮬레이션 할 수 없는 인간적 특성들을 긍정적으로 해석하려는 철학적 작업이 네오휴머니즘이며, 이 네오휴머니즘은 인간을 디지털화하는 영생의 포스트휴먼, 미래로 향하는 트랜스휴머니즘에 반하여 인간의 고유한 가치를 몸, 예술적 몰입, 나아가서 죽음 등에서 발견하고자 한다. 우리나라에서도 2011년 부산에서 개최된 유네스코 주관 제1회 세계인문학 포럼에서 네오휴머니즘이 핵심

주제로 등장하여, 트랜스휴먼적 미래를 대신할 인문주의적(humanistic) 미래 연구의 필요성이 강조된 바 있다.

네오휴머니스트들은 인공지능을 갖춘 로봇이나 사이보그들이 인간의 사고 및 행동, 직업, 심지어는 인간 자체를 대체하는 시나리오에 대해 깊은 우려를 표명하는데 그 주된 비판의 요지를 정리하면 다음과 같다.

첫째, 컴퓨터와 같은 인공지능은 오직 제한적인 영역에서만 인간의 지능을 시뮬레이션 할 수 있다고 본다. 즉, 인공지능이 아무리 발전한다 해도 인간의 지능을 능가하거나 모사할 수 없다는 것이다. 예를 들어 드레이퓨스는 지금까지 인공지능 연구들이 제시하였던 합리적·논리적 모델의 한계점을 비판하면서, 인간의 지식은 결코 알고리즘화할 수 없는 암묵적(implicit) 차원의 인식 위에서 구성되는 것이기 때문에 컴퓨터 프로그램에 기반한 인공지능 기술이 인간의 사고와 지식을 대체할 수 없다고 주장한다. 즉, 인간의 암묵적 인지는 인식주체에 의해서 완전히 그리고 분명하게 파악될 수 없는 비대상적 인식 지평을 갖고 있기 때문에 컴퓨터와 같은 규칙기반 기호 처리 인식 모형은 인간의 인식(지식)을 완벽하게 모사할 수 없다는 것이다.

둘째, 포스트휴먼의 이론적 기초에 대한 또 다른 비판은 지능의 체화(embodiment) 문제와 관련하여 제기된다. 지능의 체화란 인간의 인식이나 사고가 인간의 신체에 구속되어 나타나는 현상인지, 아니면 인공지능과 컴퓨터 알고리즘을 통해 신체에 속박되지 않고 재현해 낼 수 있는지에 대한 관점이다. 지능의 체화를 강조하는 트랜스휴먼에 대한 비판주의자들은 트랜스휴머니즘의 관념이 데카르트적 정신-물질 이원론의 또 다른 버전에 불과하여 정신을 육체에서 분리 가능한 일종의 정보 패턴으로 간주하고 있다고 본다. 트랜스휴머니즘의 비전에 긍정적인 인지과학자 마빈 민스키, 레이 커즈와일, 한스 모라빅 등의 학자들이 사실 이러한 '인간 정신의 디지털화'를 바탕으로 인간의 신체적 유한성을 극복할 수 있는 영생의 트랜스휴먼을 만들어내는 것이 기술적으로 가능하다고 믿는 사람들이다. 반면 프란스시코 발레라, 안토니오 다시모, 그리고 이들의 입장에서 뇌와 뉴런을 연구하는 인지과학자들은 인지활동이 뉴런의 연결 관계망에서 일어나는 것이 아니라 생체적 몸이라는 물리적 기반에 의존하고 있음을 증명하려고 노력하고 있다.

셋째, 네오휴머니즘은 포스트휴먼의 도래를 향해가는 첨단 기술의 거침없는 발전과정에서 인간이 직면하고 있는 실존적·존재론적 허무를 극복하고 인간존재의 의미를 회복시키고자 한다. 즉, 네오휴머니즘은 인간의 계산적 도구적 합리성을 강조하면서 형성된 근대적 휴머니즘이 과학기술의 발전에 끌려다니다가 결국 트랜스휴먼이라는 극단적 존재를 탄생시키게 된 것에 대한 반성이다. 따라서 네오휴머니즘은 인간을 디지털화함으로써 영생의 트랜스휴먼적 인간 존재와 기술 중심 사회로 나아가려는 포스트휴머니즘에 반발하면서 인간의 신체나 예술적 감각과 몰입의 상태에 의미를 부여하고, 궁극적으로 고통, 질병, 죽음의 조건을 수용함으로써 인간의 고유한 정체성과 가치를 보전하고자 하는 것이다.

3) 비판적 포스트휴머니즘의 주요 신조: 정리

지금까지 살펴본 포스트휴머니즘에 대한 비판적 인식론을 정리하면 다음 네 가지로 정리될 수 있다.

첫째, 과거의 인본주의적 세계관에 대한 반성이다. 즉, 전통적 인본주의가 갖는 인간존재(human being)에 대한 개념을 해체하고 인간의 본질과 의미에 대해 반성적으로 성찰하고자 한다. 앞서 언급했듯이 인본주의는 인류중심주의의 관념을 바탕으로 인간을 만물의 영장으로 간주하는 자기중심주의적 관념이다. 비판적 포스트휴머니즘은 이를 대신하여 인류와 다른 동물들, 더 나아가 생태계의 모든 존재와의 평등성을 바탕으로 세상 만물 간의 관계성을 재설정하려는 객체기반존재론(OOO)의 관점을 지지한다.

둘째, 페미니즘과 비판이론의 존재론적 전통을 이어받아 근대성, 계몽주의, 과학주의, 합리주의 등과 같은 이성 중심의 과학문명에 대한 비판적 성찰을 바탕으로 남성 중심, 유럽 중심, 엘리트 중심, 이성 중심의 세계관 및 보편주의적 인식론에 대한 통렬한 반성과 해체를 요구한다. 그 대안으로서 자연주의, 생태주의, 관계주의, 지역주의, 맥락주의와 같은 비이성적이고 탈근대적인 가치에 초점을 맞추어 그것을 바탕으로 미래의 과학기술과 지식의 의미, 그리고 인간의 역할을 새롭게 규정하려고 노력한다.

셋째, 신물질주의(neo-materialism)라는 철학적 관점을 기반으로 한다. 인본주의는 인간만이 이성을 가진 존재라는 관념을 바탕으로 개별 인간들의 독자성, 자율성, 주체성을 이념화하고, 이를 바탕으로 정의, 평등, 자유, 신의와 같은 윤리관들을 설정하였다. 이러한 윤리의식은 교육적 경험을 바탕으로 이성의 훈련을 통하여 획득할 수 있다는 관념이 근대적 교육관의 기본 구조이다. 하지만 이러한 관념은 동시에 교육의 대상이 되지 못했던 과거의 비인간적 존재들(여성, 어린이, 노예, 장애인 등)에 대한 타자화이자 동물이나 사물들에 대한 대상화의 근거가 되었다. 따라서 신물질주의는 위와 같이 인본주의적 관념에 의해 소외되었던 모든 '비인간적' 존재들(인간적 타자들뿐만 아니라 동물과 사물들)을 동등하고 평등한 존재로 인식하기 위한 존재론적 기반이다.

넷째, 포스트구조주의의 새로운 형태이다. 포스트구조주의는 근대성, 이성, 법칙과 질서, 보편성과 같은 19~20세기에 형성된 모든 구조주의적 관념에 대한 회의적 사고이다. 포스트휴머니즘은 인권, 자유, 정의, 질서 등의 이념적 기반이 되었던 휴머니즘적 관념도 이러한 구조주의적 관념의 하나라고 보고, 이를 21세기의 사회적·문화적·기술적 변화에 맞추어 재해석하고자 한다. 즉, 지금까지 인류의 문화적 경험의 소산으로 형성되어왔던 수많은 관념, 정체성, 세계관, 가치관들은 오늘날 과학기술과 문명이 지배하는 사회에서는 더 이상 유의미하지 않고 새롭게 파악되어져야 한다. 예를 들어 동성동본, 혈연·혈통, 민족, 애국심, 주체성, 우정, 인권, 생명의 존엄성 등과 같은 개념들은 21세기의 기술 중심 사회에서는 과거의 인식론적·가치론적 의미나 타당성을 유지하기 어렵게 될 것이다. 요컨대, 비판적 포스트휴머니즘은 포스트휴머니즘의 가장 중요한 존재인식론적 관점의 역할을 하고 있다. 다음 장에서는 포스트휴먼적 관점에서 학문적 탐구는 어떤 관점이나 방법론을 바탕으로 이루어져야 할 것인지에 대해 살펴보기로 하자.

제5장

포스트휴먼적 학문 탐구

본 장에서는 포스트휴먼적 연구의 관점과 학문 탐구을 위한 방법론에 관해 울머Ulmer(2017)의 논의를 중심으로 살펴보고자 한다.

1. 포스트휴먼적 연구의 핵심 관점: 반인본주의

미래 사회가 포스트휴먼적 사회로 변하는 것은 학문 연구 주제와 방법론에도 근본적인 변화를 가져오고 있다. 물질주의, 생명주의, 생태학, 식물학, 동물학, 기후학, 원소, 사물 및 상호 연결성에 대해 보다 적극적인 관심을 갖게 되었고 더 이상 인간만이 연구의 주체나 대상이 아니라는 것을 깨닫기 시작했다. 그로 인해 교육, 문화지리(geoculture), 생태여성주의, 철학과 같은 분야에서 인간은 지구라는 거대한 생태계 속의 하나의 미약한 존재에 불과하다는 사실에 주목하기 시작했다. 이러한 관점은 특히 비판적 연구에서 잘 부각되고 있는데 비판적 포스트휴먼 연구는 인간 사회에서의 억압, 불평등, 소외 등의 주제에 대한 논의를 전 지구적 존재들을 대상으로 확대하는 것이다.

인간이 살고, 먹고, 마시고, 숨 쉬고, 통근하고, 듣고, 보고, 냄새 맡고, 만지고, 지각하고, 경험하는 삶은 인간이 살아가는 지역 생태계의 영향력에서 벗어날 수 없다. 인간에게 특혜를 부여하기 위해 인간 이외의 존재들을 희생시키는 지식과 기술은 정의롭지 못하고 완전하지 못한 지식이다. 특히 인류가 기술과 과학, 다른 동물 및 환경과 점점 더 복잡한 관계를 형성하게 될수록 점점 인간 중심적 접근법과는 다른 관점이 필요할 것이다. 더구나 오늘날 지구가 처한 현실을 고려한다면 지금까지의 인간 중심적인 연구들은 더 이상 학문적 연구의 유일한 목적이나 동기가 되지 못할 것이다. 그런 의미에서 브라이도티Braidotti, 해러웨이Haraway, 콜브룩Colebrook, 알리모Alimo와 같은 학자들은 정의(justice)에 대한 개념을 인간관계의 범주 내에서 탐색하는 것에서 벗어나서 물질적, 생태학적, 지리적, 지질학적, 지정학적, 그리고 지구철학(geophilosophy)적인 차원에서 새롭게 규정하고자 한다. 이것이 비판적 포스트휴머니즘의 지향점인데 그 출발은 인간중심주의에서 벗어나서 비인간적인 요소들에 눈을 돌리는 것이다.

포스트휴먼적 관점은 이러한 인류중심주의로부터의 탈피에서 시작된 것이다. 지질학자인 폴 크루첸Paul Crutzen(2002)은 『네이처*Nature*』지에 인간 활동이 지구의 지질학적 특성을 변형시켰다고 주장하면서, 이 시대를 '인류세'라고 표현한 바 있다. 지난 3세기 동안 지구 환경에 대한 인간의 영향은 점차 커졌는데 이러한 인위적인 이산화탄소 배출 때문에 지구 기후는 수천 년 동안의 자연스러운 변화에서 이탈하게 되었다. 여러 측면에서 이러한 인간 중심의 지질 시대(epoch)에 대해 '인류세(anthropocene)' 이라는 용어를 붙이는 것이 저절히다고 보여진다. 위와 같이 지질학적 개념으로 등장한 인류세란 용어는 머지않아 포스트휴머니즘의 핵심 개념이 되었고 브라이도티(2013)는 이를 포스트휴먼 이론의 핵심 개념으로 수용하였다. 즉, 포스트휴먼 이론은 인류가 지구상 모든 생명체에 영향을 미치게 된 역사적 순간인 인류세에서의 인간의 영향력과 전 지구적 규모에서 인간과 비인간적 요소들 간의 상호 작용의 중요성에 대해 다시 생각해보게끔 해 준 것이다.

몇몇 학자들은 인류 근대문명의 영향력이 커지면서 점점 더 심각한 지질학적 변화와 생태계 파괴의 결과를 초래하게 된 원인으로 자본주의의 성장을 지목하기도 한다. 그런 의미에서 자본주의가 끝없이 팽창하는 현시대를 일컬어 자본의 시대(Capitalocene)라고 부른다. 물론 자본주의가 원인이 아니라 인간의 탐욕의 결과로 나타난 증상이라는 견해(Morton, 2016)도 있지만 현 인류의 산업 경제 시스템을 대표하는 자본주의가 기술문명의 확장과 그로 인한 생태계 문제의 확산에 절대적인 영향을 미치고 있다는 것을 부인하기는 어려울 것이다. 어쨌든 포스트휴먼적 관점은 자본주의와 그 결과로 나타난 기술 중심 문명이 확산되는 인류세에 대한 비판적 반성을 토대로 하고 있다는 것을 기억할 필요가 있다.

이처럼 포스트휴머니즘은 탈인간중심적 관점으로 세상을 바라보는 것인데 향후 인간의 역할에 대해서는 의견이 엇갈리기도 한다. 예를 들어 콜브룩(2014)은 '인류가 지구를 변형시킬만한 파괴력이 있다면, 마찬가지로 인류는 지구를 보다 잘 변형시킬 수 있는 가능성도 가지고 있다'고 강조하면서 인류가 공해, 자원 고갈, 생물체 대량 멸종을 야기하여 지구의 지질학적 변화를 초래했더라도 지속 가능한 사회를 만든다면 인류가 발전할 수도 있다고 보았다. 반면, 코헨Cohen과 더커트Duckert(2015)는 인간이 '세상을 파멸시키거나 구원할 수 있다고 생각하는 것은 둘 다 오만한 태도이다'라고 일갈하면서 인간의 영향력에 대한 지나친 의미 부여도 인본주의적 사고임을 지적하였다.

포스트휴머니즘적 연구 방법의 근간은 비판적 포스트휴머니즘이다. 비판적 포스트휴머니즘은 지식 자체의 탐색뿐만 아니라 누구에 의해, 어떻게, 왜 생산되고 있는지에 대해 비판적으로 탐색한다. 포스트휴머니즘은 인간이 지식을 생산할 수 있는 유일한 종(species)이고 인간이 다른 형태, 사물, 객체, 존재, 현상에 대한 창조를 결정한다는 관념을 거부하고 종들 사이에의 인위적 구별을 비판하는 것이다. 여기서 기존의 연구 핵심 매개물이었던 인간의 언어는 그것이 텍스트나 소리, 또는 이미지의 어떤 형태로든 상관없이 사회, 문화, 생물학, 생태학 간의 상호작용의 본질을 충분히 나타내는 증거가 될 수 없다고 본다. 따라서 포스트휴먼적 연구는 기존의 연구 방법론(인터뷰, 관찰, 그리고 텍스트)을 통해 생산된 연구결과나 지식에만 의존하지 않는다. 대신 포스트휴먼적 연구는 인간이 그들이 사는 물질적 환경(즉 정책, 학교, 관계, 환경, 그리고 그 안에 들어 있는 모든 것들)과 어떻게 상호 연관할 수 있는지를 언어적 및 비언어적 방법을 모두 동원하여 연구하고자 한다.

2. 포스트휴먼적 지식의 성격

포스트휴먼주의자들은 사회적 현상이 중첩적이며, 주관적이며 복잡한 일련의 관계로부터 일어난다고 보기 때문에 특정 현상 그 자체만을 독립적으로 연구하려고 하지 않는다. 포스트휴머니즘적 연구가 탐색하는 지식은 상황적이고, 물질적이며 상호 연결되어 있고, 과정적이고, 긍정적인 성격을 가지고 있는데 이들 각각에 대해 좀 더 자세히 살펴보자.

첫째, 포스트휴먼적 지식은 물질적(materal), 내포적(embodied), 육체초월적(transcorporeal)이다. 포스트휴머니즘은 특히 '트랜스휴먼적 세계에서 인간의 육체성이 물질적으로 상호 작용하는 방식'에 대한 연구를 포함한다. 알라이모Alaimo, 헤크맨Hekman과 헤크맨Hekman(2008)이 '육체초월성(transcorporeality)'이라는 용어를 사용하여 물질적 지식이 비인간을 가로질러 이동하는 방법을 설명한 것이 그 대표적인 사례이다. 여기서 물질에는 '인체, 비인간적인 생물, 생태계, 화학 작용제 및 기타 행위자'와 사물의 몸체가 포함되는데 이러한 모든 물질적 요소들 간의 억압, 폭력, 소외, 노동, 생산의 권력에 종속되는 방식을 연구한다. 기존의 휴머니즘은 이러한 물질들의 관계성 속에서 이성적(교육된, 선별된) 인간의 정신적 요소를 다른 동물, 다른 인간, 그리고 인간의 비이성적 정신들에 비해 우선시하였지만 포스트휴머니즘은 이와 같은 모든 물질들 간의 불평등한 관계성으로부터 탈피하고자 한다.

그런 의미에서 포스트휴머니즘은 일부분 페미니즘, 생태주의, 그리고 비판이론의 전통에 발을 담그고 있다. 예를 들어 포스트휴머니즘의 일부인 생태 페미니즘이 지구를 하나의 생명체(Gaia)로 간주하려는 이유이며, 인간이 지구에 대해 가하는 폭력성(훼손, 삼림 벌채, 스트립 광산)과 남성의 여성에 대한 폭력성(착취와 지배)을 동일시하는 이유이기도 하다. 따라서 포스트휴먼주의자들은 남성과 여성의 평등성을 강조하듯이 인류와 지구상의 모든 비인간적 존재 간의 평등성과 상호의존성을 강조한다. 같은 논리에서 포스트휴머니즘은 정신과 신체의 이분법적 구분을 바탕으로 정신에 우월성을 부여하여 신체 위에 군림하려는 태도가 아니라 모든 존재적 요소들을 하나의 물질적 구성원으로 보는 일원론적 사고를 기반으로 한다. 따라서 포스트휴먼 학자들은 인간, 이성, 종교적 관념을 포함한 정신의 권위에 대해 도전함과 동시에 물질(자연, 동물, 사물, 자원, 에너지 등)의 중요성에 초점을 맞춤으로써 인간이 지구라는 행성에 미친 파괴적인 영향에 대해 반성하고 지구라는 생태적 공동체의 지속 가능성을 확대하기 위한 방향성을 제시하고자 한다.

둘째, 포스트휴먼적 지식은 상호 연결적(Interconnected), 관계적(relational), 그리고 횡단적(transversal)이다. 비인간적 신체들은 물질주의에 대한 핵심적 관점 아래에서 서로 연결되어 있다. 이를 잘 설명하고 있는 것이 브라이도티의 생기론(vitalism)인데, 이는 "생명체에 대한 생명주의적 접근은 동물과 인간의 구별화가 아닌 삶의 경계로 대체한다"는 입장을 바탕으로 지금까지 구별되었던 종들의 범주나 영역(인간·비인간, 자연·문화, 생물·비생물 등의 분열)을 가로지르고 재연결하려는 철학이다. 또한 포스트휴먼적 존재를 상징하는 인간과 기계의 혼합물인 사이보그를 페미니즘적으로 해석했던 해러웨이는 유사한 종, 사이보그 및 비인간 조립체를 포함하여 교차된 종(trans-species) 및 형질 전환 생물들 간의 관계를 상호교차적 관계로 설명하였다. 이러한 종들 간의 횡적 관계성은 인간 중심성을 제거하고 모든 비인간적 종들이 그들의 물질적 환경 속에서 상호작용하며 살아가는 방식을 고려하는 반-인류세를 지향하는 것이다.

셋째, 포스트휴먼적 지식은 과정적(Processual)이다. '삶'이 상호 연결되고 관계적이며 횡적 소통을 이룰 때 그것은 상호작용적이고 개방적인 과정으로 자리매김할 수 있다. 관계와 연결성의 틀 안에서 모든 것과 모든 사람들은 계속 움직이고 있다는 화이트헤드Whitehead(1978)와 들뢰즈Deleuze와 가타리Guattari(1994)의 과정 철학적 존재론을 바탕으로 포스트휴머니즘은 인간 혹은 비인간의 존재(what)를 규정하기보다는 그들이 상호작용하는 방식과 되어가는 방식(how)에 더 관심을 둔다. 예를 들어 들뢰즈와 가타리가 '생각하는 것은 실험하는 것이고 실험은 항상 진행되는 과정이다'라고 한 말의 의미는 창조적인 확신에 근거하여 끊임없이 실험적으로 사고하는 것이 올바른 지식에 다가가는 최선의 방법임을 강조한 것이다.

넷째, 포스트휴먼석 지식은 긍정적(Affirmative)이다. 브라이도티(2013)의 포스트휴머니즘적 입장은 휴머니즘이 불러온 자연의 파국에 대해 비판적이면서도 창의적인 태도를 통해 대안을 모색하는 긍정적 정치학의 가능성을 강조한다. 이처럼 긍정주의 학자들은 인류가 다른 종, 현상 및 요소들에 대해 기존과는 다른 어떤 새로운 태도를 보여줄 수 있는지를 논의함으로써 인류의 존재 의미에 대해 다시 생각해보기를 요구하는 것이다. 포스트휴먼적 지식의 긍정적 가능성을 보여주는 대표적 두 가지 이론이 바로 비대표성이론과 삶 세계의 생기론인데, 이 두 가지 관점에 대해 다음 절에서 좀 더 살펴보자.

3. 포스트휴먼적 연구의 주요 방향: 비대표성과 생기론

우선 비대표적(non-representative) 연구는 앞서 간단히 살펴보았듯이 학자들이 연구를 수행함에 있어서 자연 현상 내에서 자연 현상을 통해 수행하고, 우리가 살고 있는 일상 환경에서 수행하는 방법이자 사고, 존재, 앎, 그리고 글쓰기에 있어서 자연과 문화 사이에 그어진 인위적 경계를 허물려는 태도를 말한다. 비대표적 연구의 특성을 세 명의 학자들의 입장을 통해 설명해보자.

첫째, 인골드Ingold(2015)는 비대표성 연구를 비형식적인 연구의 과정이자 실천으로써의 특징을 가졌다고 본다. 즉, 어떤 미리 결정된 끝의 실현을 향해 취해질 단계들을 조절하여 모아놓은 것이 아니다. 그것은 과거에 대한 인식과 현재의 상황에 맞게 정교하게 타인 및 비인간적 존재들과 더불어 삶을 영위하는 것이고 미래의 가능성에 열려있는 태도다. 이처럼 비대표적 연구는 인간이 만들어놓은 인공물들에 집착하지 않고 세상과의 소통을 이루면서 세상의 모든 존재들과의 관계성을 형성하고, 행동하며, 경험하는 것이다.

둘째, 로리머Lorimer(2005)는 비대표적 연구를 기존의 연구방법론적 접근에 의문을 제기하는 것이라고 본다. 기존의 사회과학은 인간적 차원에서만 '사회적(social)' 이었지 자연 생태계의 모든 존재들을 고려한 사회성이 아니기 때문에 포스트휴먼적 사회과학은 생물과 비생물의 문제를 모두 포함하는 것이다. 사회과학의 인과론도 데카르트식의 결정론적 인과론이 아니라 어떤 현상에 수많은 요소들이 모두 포함되기 때문에 원인과 결과가 서로 얽히고 불확실할 수밖에 없다고 본다. 그런 의미에서 로리머(2005)는 비대표성 연구의 특성을 공유된 경험, 일상생활, 일시적인 만남, 구체화된 행동, 예지력, 실용적인 기술, 정서적인 강박, 지속적인 충동, 탁월한 상호작용 및 감각적인 처분에서 삶이 어떻게 형성되고 표현되는가를 이해하는 것이라고 주장하면서 그 구체적인 방법론과 경계를 설정하는 것에 신중해야 함을 강조한다.

셋째, 비대표성이론은 세계 속의 물질적 환경과 지역성의 형성에 기초를 두고 있고, 화이트헤드가 말한 '상상력의 도약'이란 차원에서 다른 사고방식에 대한 개방성을 바탕으로 대안적인 사고와 연구 방법을 필요로 한다(Thrift, 2008). 이를 위한 비대표적 사고는 지식 생산의 불확실성과 혼란을 부정적으로 보지 않고 희망, 창조성, 그리고 상상력의 정치 차원에서 지속적인 동력과 기회로 간주한다. 그런 의미에서 스리프트 Thrift(2008)는 비대표적 사고가 문화의 구심력에 휩쓸리지 않고 창조적이며 실용적이고, 윤리적이며 야생적인 성격을 갖는다고 말한다. 따라서 비대표적 사고는 일상생활의 움직임과 흐름, 개성, 실행, 사물, 실험, 영향과 감각, 그리고 공간을 강조하는데 이러한 비대표성의 접근은 풍부한 상상력과 창의성을 위해 이론과 방법론적 사고를 포용한다는 것을 이해할 필요가 있다.

지금까지 설명한 포스트휴먼적 연구의 비대표성은 생기론적 관점과도 밀접하게 연관되어 있다. 즉, 포스트휴머니즘의 중요성은 인간이 '인체에 서식하는 유기체'로서의 '인간'을 포함한 주변의 다른 모든 유기체들과 어떻게 얽혀 있는지를 탐구하는 데 있다. 따라서 비대표성 연구는 생명으로 가득 찬 세상에 학자들을 직접 참여시키고, 연구자들을 존재론적 인식론 차원에서 생명과 함께 생각하도록 요구한다. 인골드(2015)는 경험과학이 분해하고 해체한 것을 다시 종합하기 위해 학자들에게 환경을 고려하고 그것에 대해 두려움, 놀라움, 호기심을 회복하라고 제안한다. 비대표적 학자들은 원소, 기후, 동물, 식물, 박테리아에 대해 연구할 때 생태학적 스펙트럼 전반에 걸쳐 연구 문제를 제기한다. 이런 식으로 학자들은 생태계를 가로지르며 기후, 동물학, 인지, 생명력·애니미즘을 포함한 비대표적인 연구의 형태 및 주제들을 결정한다.

비대표성 연구는 자연스럽게 연구의 방법론에 있어서 지역성(locality)을 매우 강조한다. 벌떼에서부터 점균류에 이르기까지 무·유기 물질이 어떻게 사고하고, 정보를 처리하고, 행동하고, 반응하는지 연구함으로써 학자들은 생태학적 행동으로부터 직접적인 단서를 얻고 있다. 그런 의미에서 바니니Vannini(2015)는 비대표적인 연구는 '덧없고, 점성적이고, 생기 있고, 구체적이고, 물질적이고, 인간보다 공간적으로 복잡하고, 사전 인식되지 않는 차원들을 강조하면서 진화하고 있다'고 표현하였다. 이러한 지역성의 형성은 비인간 신체 내에서 정서적 움직임을 불러일으키고 '기술, 물체, 비인간 생물체, 방해물 또는 심지어 심한 소음의 무리'까지도 통합한다.

'삶 세계'의 생동성(animation)을 되살리는 생기론적 연구는 환경에 대한 과거의 행태에 무신경한 인간의 사고방식을 깨우치는 것에서부터 시작한다. 이 주제에 대한 연구의 예로 생물과학 분야의 몇 가지 연구들을 살펴보자. 샤비로Shaviro(2012)는 화이트헤드의 인식론을 바탕으로 움직이고 성장하면서 번식과 번영의 방향을 결정하는 슬라임 곰팡이, 박테리아 등에 대한 연구를 통해 비계획적으로 정보를 처리하고 환경에 반응하는 식물의 사전 인지 능력을 연구한다. 또한 울프Wolfe(2003, 2010)는 인류와 동반하는 종으로서의 동물에 대한 논의를 시도하고 있고, 말더Marder(2013)도 식물의 사고를 통해 인간의 사고가 어떻게 전달될 수 있는지 연구하는데 식물과 '함께' 생각하는 것이 식물에 대한 인간의 인식을 바꿀 수 있다고 믿는다. 세레레Sereres(2007)는 이와 비슷한 연구 관심을 기생충에 대한 연구에 쏟고 있고, 로트맨Rotman(2000)은 조류에 대한 연구을 통해 집단성 속에서의 개체들의 자아에 대한 이론적 관점을 생물학적으로나 사회적으로 재정립하고자 한다. 또 다른 연구로 인류와 동반하는 종(Harway, 2003)으로서의 동물에 대한 논의를 시도하고 있다(Wolfe, 2003, 2010). 아울러 비대표성과 생기론저 연구자들은 생물학석인 존재들에 대한 연구를 넘어, 기후와 날씨가 인간을 포함한 지구의 생명체들에 어떤 영향을 미치고 있는지를 연구한다(Neimanis & Walker, 2014; Cohen & Duckert, 2015; Davies, 2017). 앞으로의 연구는 더 풍부한 상상력과 기존의 연구 방식이나 대상과는 다른 창의적 접근을 필요로 할 것이다.

요컨대, 이러한 방식으로 비대표적 및 생기론적 포스트휴먼 과학자들은 생물적 존재들에 대한 연구뿐만 아니라, 기후와 날씨 등의 환경적 요소들이 인간을 포함한 지구의 생명체들에 어떤 영향을 미치고 있는지를 연구하고 있다(Neimanis & Walker, 2014; Cohen & Duckert, 2015; Davies, 2017).

4. 포스트-질적(post-qualitative) 탐구

앞서 언급한 것처럼 포스트휴먼 연구는 생생하고, 비대표적이며, 물질적이며, 긍정적이고, 지역기반적이며, 과정적이며, 상호 연관성을 탐구하는 연구인데 이러한 특징은 포스트-질적 연구를 통해 가장 잘 드러날 수 있다. 맥루어MacLure(2016)는 이러한 포스트휴먼 연구를 [그림 5-1]에 그려진 것처럼 바람에 흔들리며 소리를 내는 크리스털로 된 풍경과 같이 은은하고 자연스러운 멜로디를 내면서 배경 속으로 녹아드는 연구로 비유한 바 있다. 이때 풍경이 생성해내는 개별 음을 분리하려고 한다면 바람, 빛, 그리고 소리가 만들어내는 더 큰 창조성을 간과하는 것이다. 끊임없이 변하는 소리와 빛, 그리고 움직임, 그 자체가 아름다움의 완성이기 때문이다.

포스트휴먼 연구도 마찬가지로 포스트휴먼적 관점을 바탕으로 포스트-질적연구나 신물질주의 및 다른 형태의 탐구를 충실히 이해하기 위해 함께 요동치며 표류하는 행위이다. 교육 분야의 연구에서도 포스트-질적 연구자들은 기후, 식물, 동물, 물체 등과 함께하는 연구방법론을 탐색해 왔다. 이러한 포스트-질적 탐구의 다양한 접근 방식을 구문론적으로 정리하면 다음 [그림 5-1]과 같다.

	식물적-사고		
자연	과 함께		글쓰기
환경(지구/공기/불/물)	과 함께		사고하기
들뢰즈/화이트헤드	적으로		사고하기
개념/이론	적으로		사고하기
방법론	으로/~없이		사고하기
방법론	을 거스르는	방법론	
이름	없는	철학	
자연/준거	없는	생태학	
대표성	없는	연구	
비대표적		연구	
비대표적		연구	방법론

[그림 5-1] 포스트휴먼 연구의 재개념화를 위한 접두사와 전치사

포스트-질적 연구를 위한 구체적인 탐구의 방식은 대표적으로 다음과 같은 것들이 있다.

첫째, 없이 사고하기(thinking without). '없이 사고하는 것'은 전형적인 비대표적인 사고로서 '표현하지 않고 연구하기'(Maclure, 2013), '방법 없는 사고'(Jackson, 2016), '적절한 이름이 없는 철학'(Tesar, 2016) 등이 여기에 속한다. 이를 강조하는 학자들은 기존의 사회과학적 연구가 용어의 개념화나 정해진 연구 방법 같은 고정된 구조로 인해 창의성을 제한하기 때문에 그러한 형식으로부터 재현, 방법, 고유 명사, 레이블, 심지어는 방법론 자체를 제거할 것을 제안한다(Koro-Ljungberg, 2016). 따라서 '없이 사고하는 것'은 연구의 개방성을 확대하기 위해 잠재적인 장벽을 제거하는 마이너스적 접근 방식을 취하고 여기서 방향을 잡게 된 학자들은 자유로운 상상의 모험을 시작할 수 있게 되는 것이다.

둘째, 함께 사고하기(thinking with). 포스트휴먼적 교육연구자들은 사물에 대한 사고(Nordstrom, 2013; Taylor, 2013), 사물(Tesar & Arndt, 2016), 그리고 기술(Bodén, 2013)의 중요성을 강조한다. 그들은 생물학적 기록, 동물 유전학 및 다중 민속기술지 연구(Pacini-Ketchabaw, Taylor, & Blaise, 2016)를 동물 등을 포함하여 함께 수행할 것을 제안한다(Pedersen, 2011). 예를 들어 조기 유아교육 영역에서 바위(Springgay & Truman, 2016), 돌(Rautio, 2013), 물(Pacini-Ketchabaw & Clark, 2016; Somerville, 2013)과 같은 요소들과 민속기술지 연구를 함께 할 것을 제안하는 것이다. 전통적 철학 영역에서 학자들은 단순히 이론적 차원에서만 논의하지만(Jackson & Mazzei, 2012) 거기에 물질, 사물, 동물 요소 및 이론을 함께 고려함으로써 연구 방법론을 확장시킬 수 있다. 그런 의미에서 일부 교육연구자들은 독창적인 실험, 걷기 방법론, 감각적 민속지 및 어린 시절 놀이에서부터 '데이터'를 수집하기도 한다. 이러한 방법론적 시도는 포스트휴먼 방법론이 개방성을 가지고 다르게 사고하고, 다시 생각하는 자생적인 연구 방법으로 확장될 수 있도록 돕는다.

셋째, 다르게 생각하기(thinking differently). '다르게 생각하기'는 포스트-질적연구의 지속성을 높여주는 원동력이다(Lather & St. Pierre, 2013, St. Pierre, 2011). '다르게 생각하기'는 포스트휴먼 연구에서 표현, 글쓰기, 이론, 데이터, 협업 등을 포함한 모든 것을 새롭게 하는 출발점이 될 수 있다. 실제로 '다르게 생각하기'는 포스트휴머니즘의 의미를 논의하는 여러 교육적 연구, 포럼, 프로젝트 등에서 즐겨 채택되고 있는 주제이다 (Lather & St. Pierre, 2013; Pedersen & Pini, 2016; Reinertsen, 2016; Taylor & Hughes, 2016; Kuby & Rucker, 2016 참조). '다르게 생각하기'를 기반으로 한 대안적 연구 방법론을 탐색하기 위해 활용되는 용어들을 정리하면 다음과 같다.

- 인류세, 자본세(Capitalocene), 식물세(Plantationocene), 크툴루세(Chthulucene), 생태세(Ecocene), 남성세(Manthropocene), 인류혐오세(Misanthropocene)
- ~이상의, 후기-, 탈-, 초월-, 반-, 비-, 대항적-
- 이론·방법·방법론·물질성·물질 ~과 함께·없이
- 내재화(embodiment), 초월육체성(transcorporeality)
- 기후, 환경, 날씨, 요소, 지리학, 지정학, 지형학, 가이아Gaia
- 생태학, 식물, 동물, 생동주의, 동반 종, 집합적, 무리·떼
- 지도 제작(cartographies), 감각적 민속지, 자리 잡기(place-making)
- 대상, 사물, 관계, 과정 철학, 존재론
- 생동적인, 대리적인, 서로 얽힌, 기괴한, 상호 연관된
- 맥락적, 생성적, 생산적, 긍정적, 전도적, 사색적, 수행적

포스트휴먼 학자들은 위 용어들 중 일부를 탐구하고, 새로운 용어를 탐색하고, 스스로의 용어를 만듦으로써 다르게 생각하기를 실천할 수 있을 것이다.

그렇다면, 포스트휴먼 연구의 미래 방향은 어떠한가? 2014년 미국의 미시건Michigan주는 플린트Flint시의 물 공급을 위한 수원지를 휴론Huron 호수와 디트로이트 강에서 비용이 적게 드는 도시 근처의 플린트Flint 강으로 변경한 바 있다. 그런데 여기서 비용적 문제로 인해 플린트

강의 하수가 충분한 처리 과정을 거치지 못하고 수도관을 통해 시민들에게 공급됨으로써 10만 명이 넘는 거주자들이 납 중독 위험에 노출되는 사건이 발생했다. 이 사건은 지구온난화와 해수면 상승, 다양한 생물종들을 위한 서식지 소멸 등과 같은 인간뿐만 아니라 지구상의 모든 비인간적 존재들의 청정수 접근권에 대한 의미 있는 논의의 기회를 제공하였고, 중요한 교육적 아젠다가 되기도 했다. 즉, 기후 문제와 환경 문제를 학생들에게 가르치기 위한 녹색 학교들이 지구상 곳곳에 설립되는 것과 같은 환경 파괴의 시대에 대처하는 교육적 주제와 방법론이 요구되고 있는 것이다.

포스트휴먼적 미래에 대비하는 연구와 교육은 상호 의존성, 상호 연계성, 그리고 지구적 문제에 대한 인식의 강조 방향으로 나아가고 있다. 이를 위해서는 우선적으로 교육 방법론의 차원에서 윤리적·정치적·지적 의무에 대한 논의가 필요하다. 앞 절에서 언급한 '다르게 생각하기'와 같은 태도가 모든 '포스트' -휴머니스트, -구조주의자, -모더니스트, -식민주의자, -비판적 연구자, 그리고 -질적 연구자들에게 요구되어지는 것이다. 예를 들어, '땅, 얼음, 물, 그리고 눈을 가지고' 생각하는 교육을 통해 포스트휴머니즘, 신물질주의, 그리고 토착 연구들 간의 밀접한 연결성을 탐색해 볼 수 있다. 즉, 포스트휴머니즘은 토착적 사고에서부터 신물질주의에 대한 개념적 기원을 찾을 수 있고, 이를 통해 신물질주의와 토착 연구 사이의 기존의 간극을 채워 나갈 수 있는 것이다.

머지않아 우리는 더 이상 인류학의 연구를 자연, 물질, 세계화와 동떨어진 차원에서 이해하지 않게 될 것이다. 바니니(2015)는 비대표성 연구에 관여하는 학자들은 지식의 생산에 대한 전혀 다른 방식을 택하기 때문에 두려움, 불확실성과 싸울 수밖에 없다고 말한다. 이러한 어려움, 의심, 망설임에도 불구하고 포스트휴머니즘은 앞으로 인류세, 포스트-인류세, 반-인류세, 심지어는 지속 가능성과 재생 가능성에 바탕을 둔 생태세(Ecocene)를 상상해야 될 것이다. 결국 브라이도티(2015)가 표현한 것처럼 포스트휴머니즘은 '우리가 실제로 어떤 사람이 되고 무엇이 되고 있는지에 대해 비판적이고 창의적으로 생각하게 해주는 기회'가 될 것이다.

5. 포스트휴먼적 연구의 예: 디자인 연구

인류의 현재 상태가 어떤 수준인지를 가늠할 수 있는 중요한 잣대가 디자인이다. 1980년대 중반 이후 디자이너들은 인간 중심, 사용자 중심성을 중요시했지만 최근 디자이너들은 오늘날의 복잡한 사회-기술적 시스템에 맞는 디자인 설계란 무엇인지에 대해 고민하고 있다. 이처럼 인간중심주의에서 벗어나서 환경, 기술, 도구, 물질, 그리고 인간을 동등한 수준으로 인식하면서 모든 요소가 함께 어우러질 수 있는 디자인을 추구하는 것이 바로 포스트휴먼적 디자인이다.

본 절에서는 포스트휴먼적 디자인이란 무엇인가를 이해하기 위해 첫째, 인간과 비인간적 행위자 사이의 상호 관계를 강조하는 디자인 사례가 무엇인지 살펴보고, 둘째, 디자인 분야의 새로운 방법론적 전략을 포스트휴먼적 이론들 — 행위자-망이론(ANT), 페미니스트적 신물질주의, 객체 지향적 존재론, 비대표성이론 및 트랜스 휴머니즘 — 을 통해 살펴보고자 한다. 마지막으로 디자인 과정에서 전통적으로 무시되었던 인간과 비인간간의 정의와 평등성의 가치들을 어떻게 더 잘 지원할 수 있는지를 비판적 인종 이론 및 탈식민지 이론을 바탕으로 한 포스트휴머니즘적 비판으로 논의해보고자 한다. 즉, 비판적 인종 이론과 탈인종 이론의 휴머니즘에 대한 비판을 통해 새로운 디자인 이론이 그동안 간과되었던 인간과 비인간적 존재들 간의 평등과 정의의 가치들을 촉구하는 방법들을 모색해볼 수 있을 것이다.

1) 인간 중심 디자인을 넘어서서

프린스턴대학의 건축학 교수인 캘러 이스터링Keller Easterling은 "디자인은 인간보다 더 인간적이며, 인간의 가능성을 관찰할 수 있는 훌륭한 영역이다"라고 주장한 바 있다. 예를 들어 건축디자인은 제한된 틀 내에서 자연법칙을 준수하며 기하학적 원리를 바탕으로 인간이 필요로 하는 생활환경을 실용적으로 창조해내야 하는 과업이다. 이를 위해서는 인간의 신체, 행동, 감각, 심리적 조건과 상태들이 다른 모든 건축 재료들의 물리적 특성 등과 상호작용하면서 거주공간이라는 안정되고 안전한 결과물을 만들어내야 한다. 이러한 인간 중심 디자인(human centered design: HCD)은 지금까지 독립된 개별 주체로서의 인간에 대한 이해를 기반으로 논의되고 실천되어왔다.

하지만 최근 디자인과 관련된 논의는 위와 같은 인간중심주의에서 탈피하려는 흐름이 일고 있다. 2016년에 개최된 이스탄불 디자인 비엔날레는 75명이 넘는 건축가, 디자이너, 예술가 및 학자들이 "우리는 인간인가?"라는 주제로 아이디어를 공유하였는데, 전문가들의 공통된 인식은 "오늘날의 현실이 공상 과학을 앞질렀다"는 것이다. 이러한 인식은 과학기술의 발전 속도가 인간의 상상력을 초월할 정도로 빠르고, 그 결과물들이 이미 우리의 삶 속에 깊숙이 파고들고 있다는 데서 나온 것이며, 디자인도 이러한 현실을 고려해야 한다는 것이다. 특히 인간 중심 디자인은 그 초점이 신자유주의적이고, 자본주의적 경제모델들을 기반으로 선택할 수 있는 경제적 여력이 있는 소비자들의 기호와 필요를 중심으로 개발되어 왔다는 점에서 비판을 피하기 어려웠다. 더구나 오늘날 환경 변화와 사회기술 시스템의 변화는 인간과 자연 및 기술 세계와의 관계성에 대한 새로운 이해를 요구하고 있는데, 이것이 바로 인간 중심 디자인에서 벗어난 포스트휴먼적 디자인이 주목받게 된 배경이다.

포스트휴먼적 디자인이 무엇인지를 이해하기 위한 구체적인 사례로서 가죽 산업을 예로 들어보자. 소가죽 소파나 양가죽 의류, 악어가죽 핸드백 등을 제작하는 산업체에서는 어떤 포스트휴먼적 디자인이 필요할까? 산업디자인은 인간을 위한 것이지만 포스트휴먼적 디자인은 그러한 산업의 재료가 되는 '동물'들의 존재성과 복지를 생각하는 것이다(Forlano, 2017). 즉 동물의 존재성, 감정 및 필요에 대해 생각함으로써 동물들과 그들을 사육하는 업자, 그리고 소비자들 사이의 관계성을 새롭게 정립하는 것이다. 이를 위해서는 동물에 대한 이해, 동물 보호와 관련한 지식, 동물 사육 환경과 가죽 제품 제작 과정의 개선이 필요하다. 예를 들어 미국의 여러 동물단체들은 돼지, 소, 닭 농장들의 끔찍한 사육환경에 대해 탐사한 뒤 이를 공론화하였고, 이를 개선하기 위해 수의사, 사육사, 그리고 여러 환경전문가들이 시민들과 함께 대규모 가축농장의 사육환경 개선을 위해 노력하고 있다.

디자인 분야는 이미 오랜 역사를 지니고 있으며, 오늘날에도 기계 학습, 인공지능, 알고리즘, 빅데이터, 자동화 기술 및 로봇 공학 등과 같은 거의 모든 기술적 분야에서 중요한 역할을 하고 있다. 미래의 디자인은 보다 더 적극적으로 환경을 이해하고 자연적 존재들에 대한 가치를 새롭게 되새기는 방식으로 논의되어야 한다. 그러한 차원에서 포스트휴먼적 디자인을 체계화하기 위해서는 다음과 같은 세 가지 질문을 구체적으로 고민해보아야 한다.

1) 인간뿐만 아니라 인간이 아닌 존재 – 동물, 사물, 조직, 네트워크 등 – 를 위한 디자인에는 무엇이 필요할까?
2) 어떻게 기계 및 자연 시스템에 분산되어있는 존재들에 역량을 부여하여 그들과 경쟁적·협력적, 계층적·수평적 관계를 유지할 수 있을까?
3) 이 문제를 적절하게 디자인 설계에 반영하기 위해 어떤 새로운 지식, 질문, 협의가 필요할까? 그리고 디자인 설계 과정 전반에는 어떤 윤리 및 책임이 필요할까?

2) 포스트휴먼 디자인 연구의 방향

이처럼 위의 질문들을 중심으로 포스트휴먼적 디자인을 위해 어떤 논의가 이루어지고 있는지 살펴보자.

첫째, 과학과 미학의 최신 이론들이 기술, 물질, 데이터, 디자인의 창의적 결합을 극대화하는 방향으로 나아가고 있다. 그러한 맥락에서 2016년 핀란드 헬싱키의 예술대학(University of the Arts)에서 개최된 심포지엄에서는 “하이브리드가 중요하다(Hybrid Matters)”란 주제로 인간, 동물 및 식물과 같은 생물학적 행위자가 기계, 네트워크, 그리고 점점 유전적으로 변형된 생물체들과 함께 자연 세계를 공유하는 하이브리드 생태계의 탄생에 관해 논의한 바 있다. 이 주제의 연구에 매진하는 연구소가 앤 갤로웨이Anne Galloway가 주도하는 인간-너머 연구소(More-Than-Human Lab [http://morethanhumanlab.org/])인데 여기서는 동물,

식물, 광물 등의 물질들이 어떻게 상호 연결되거나 혼합되어 디자인적 소재나 대상으로 활용될 수 있는지를 실험하고 있다. 구체적 연구의 예를 들면, 이사 스탈Asa Stahl과 크리스티나 린트스트롬Kristina Lindström은 암석과 플라스틱의 융합인 플라스티 글로메이트plastiglomerates와 같은 하이브리드적 물질을 연구 중인데, 이러한 연구는 자연적 물질(암석)과 인공적 화합물(플라스틱)이 반드시 구별되거나 결합될 수 없다는 기존의 개념적 틀을 깨고 있다.

둘째, 최근 디자인 연구자 및 설계자들은 신기술들이 인간, 비인간, 그리고 포스트휴먼적 존재들에게 어떻게 적용되어야 할 것인가에 대해 활발히 논의하고 있다. 예를 들어 영국의 사회인류학자인 매릴린 스트래썬Marilyn Strathern은 대부분의 국가와 사회들이 과학 발전이나 기술 진보를 사회로부터 분리해서 생각한다고 지적한 후, '기술이 사회에 영향을 미친다'라는 관념 대신 기술, 인간, 사회의 관계에 대해 보다 밀접하게 조응할 필요가 있다고 주장하고 있다. 예를 들어 [그림 5-2]와 같이 그녀는 린치 앤 바이커Linch and Bijker 자전거의 역사를 통해 자전거가 어떻게 인간 사회에서 유용하고 환경친화적인 도구로 발전하게

[그림 5-2] 인간과 도구(자전거)의 공진화

되었는가를 분석함으로써 사물이나 도구들이 비인간적인 행위자(non-human agent)로서 어떻게 인간과 관계를 맺는지를 사회기술 시스템(socio-technical system) 개념과 집단 네트워크 이론을 통해 설명하고 있다.

셋째, 포스트휴먼적 디자인의 주체는 반드시 인간이 아닐 수 있다. 디자이너인 하코 페이스트Haakon Faste는 향후 컴퓨터의 발전으로 인해 인간의 노동력이 불필요한 환경이 도래할 수 있기 때문에 미래의 디자인도 반드시 인간에 의해 이루어지지 않을 수 있다고 본다. 그런 의미에서 페이스트는 "스스로를 안전하게 설계하는 지능형 시스템"을 연구하고 있는데, 이 시스템이 바로 인간 디자이너의 파트너가 될 수 있다. 즉, 미래의 디자인은 사회적·정치적·환경적·윤리적 차원을 고려하고 이를 바탕으로 디자인적 필요를 예측한 후 다양한 시뮬레이션을 통해 시나리오를 만들어낼 수 있어야 한다. 이때 인간 디자이너와 지능형 시스템이 상호 협력하여 디자인 작품을 완성해 내는 것이다.

넷째, 디자인의 고안과 설계에 따른 윤리적인 책임을 논의하기 위해서는 비인간적 존재들의 자율성, 주체성, 책임감 등에 대한 논의가 이루어져야 하는데, 이와 관련된 주제에 대한 논의도 이미 이루어지고 있다. 예를 들어 2016년 뉴욕 대학에서 열린 "포스트휴먼의 미래"란 주제의 심포지엄에서는 기존의 인본주의가 정치, 경제, 사회, 문화, 환경 등 글로벌 분쟁과 위기를 해결하지 못했다고 주장하면서 인간과 비인간 사이의 전이와 비인간적 존재들(동물 및 로봇)의 인격에 대한 학술적 논의를 시작하였다. 실제로 호주 인류학자이자 자율성, 주체성, 확실성 연구소(Autonomy, Agency and Assurance (3A) Institute) 소장인 제네비브 벨Genevieve Bell 교수는 동물 관찰 카메라를 통해서 촬영한 영상에서 원숭이가 보였던 행동을 분석하면서 주체성이 과연 인간에게만 있는 것인지에 대해 의문을 제시한 바 있다. 즉, 인간만이 디자인을 포함하여 고차원적 사고의 주체가 될 수 있다는 것은 인본주의적 편견일 수 있다는 것이다.

지금까지 오늘날의 포스트휴먼적 현실 속에서 디자인의 개념이 어떻게 재정립되고, 포스트휴먼적 사회에서 어떤 역할을 해야 할 것인가를 살펴보았다. 요컨대 포스트휴먼을 위한 디자인의 연구와 실천을 위해 과거의 인간-비인간의 이원론적 범주에 대한 비판적 회고를 바탕으로 비인간성, 다중 종족, 인간중심주의, 인간 이후의 존재에 대해 이해하는 것이 필요할 것이고, 이는 환경 변화 및 사회기술적 변화가 만들어낼 새로운 세계에 대한 존재론적·인식론적·가치론적 성찰이 될 것이다.

제6장

포스트휴먼 시대의 노동과 직업

1. 포스트휴먼 시대의 노동의 의미

1) 포스트휴먼적 존재의 육체와 노동

인간의 몸은 도구와 함께 일을 함으로써 보다 생동적으로 살아가는, 물질로 이루어진 삶의 주인공이다. 프랑스의 철학자 메를로 퐁티는 인간의 몸은 그냥 물체이거나 고깃덩이리가 아니라 살(flesh)로 살아나는 활동적 주체임을 강조하였다. 그런 의미에서 삶의 의지를 잃은 몸, 행동하지 않는 몸, 그래서 고깃덩어리에 불과한 몸은 도구와 기술을 필요로 하지 않는다. 하지만 인간이 자신의 삶을 주체적으로 살아나갈 때 인간의 몸은 도구와 기술을 필요로 한다. 만일 도구와 기술이 지나치게 발달하여 인간의 몸이 장식물에 불과하게 무력화되어 삶으로부터 배척된다면 어떻게 될까? 예를 들어 인간 증강 기술에 의해 철저하게 보완된 트랜스휴먼적 존재는 자신의 신체에게 노동, 학습, 쾌락, 심지어 영양대사의 기회마저 박탈해버릴 수 있다. 그렇다면 포스트휴먼적 존재로서의 인간의 몸은 기술 중심 시대에 어떤 경험을 하게 될 것인가?

첨단 기술의 발전을 통해 도래할 포스트휴먼의 미래는 가공할 만한 기술력과 생산력을 가지고 인간의 능력과 사회 문명을 강화할 수 있다는 비전을 포함하고 있다(Bostrom, 2003, 2005). 이 관점을 대표하는 트랜스휴머니즘은 인류 역사가 현재와 미래의 모든 첨단과학기술의 수렴 시점인 특이점에 도달하게 되면 그때의 사회, 경제, 문화, 과학문명의 발전은 지금으로서는 상상하기도 어려운 수준에 이르게 될 것이라고 전망한다. 문제는 이러한 특이점의 시나리오는 인간 존재의 의미와 인간의 역할에 대한 희망과 절망의 양면적 메시지를 지녔다는 것이다. 특이점이 가져올 미래를 '기술 의존 사회'라고 한다면, 이러한 기술에 의존한 사회는 어떤 양상을 띠게 될 것이며 그 속에서 인간의 육체, 노동, 그리고 일은 어떤 의미를 가질 것인가?

첫째, 특이점에 대한 트랜스휴먼적 전망은 진보된 자본주의의 토대인 시장의 논리에 부합한다. 이것이 트랜스휴머니즘에 기반한 연구와 논의가 거대 자본과 첨단기업, 그리고 첨단산업의 육성을 목표로 하는 각국 정부들의 직·간접적 지원을 받으며 주된 담론이 되고 있는 이유이다. 자본주의가 발달할수록 인간 노동력의 기술 수준과 생산성의 향상은 더딘데 비해 인건비는 지속적으로 상승해감에 따라 기업들은 이미 20세기 후반부터 시간과 비용 면에서 훨씬 효율적이고 생산적인 시스템을 만들기 위해 인력을 대체하는 자동화 로봇과 지능화 시스템의 개발에 매진해왔다. 향후 기술자본주의가 인간 노동력을 외면하는 포스트휴먼적 생산 조건에 의존하는 방향으로 나아간다면 머지않아 인간 대 기계, 소수의 근로자 대 다수의 실업자라는 일자리의 양극화를 초래하게 될 것이다(이민화, 2016). 그렇다면 일자리를 잃은 대다수의 인간들에게 어떤 일이 벌어질 것인가?

둘째, 포스트휴먼적 조건의 사회에서 노동은 대부분 육체적 노동이 아닌 인지적 노동으로 수렴될 것이다. 바우만Bauman(2008)은 인지자본주의(cognitive capitalism) 사회의 도래가 현대 사회의 세 가지 큰 변화, 즉 지식의 폭발적 증가나 인터넷 발달과 같은 정보화 혁명, 신자유주의적 세계화, 그리고 후기 산업주의 사회의 고용 불완전 현상(노동시장의 '유연화')에 의해 촉발되었다고 주장한 바 있다. 이는 미래 산업이 다양한 형태의 인지 노동에 의해 이루어지고 더 이상 육체적 노동력에 의존하지 않을 것이라는 것을 함의한다. 인지 노동은 인간의 근력에 의존하는 것이 아니라 인간의 지각, 사고, 지식, 감정, 소통, 욕망과 같은 인지적·정서적 요소들을 밑바탕으로 하는 노동을 가리킨다. 특히 기술문명이 지배하는 포스트휴먼적 사회에서는 인간의 노동은 육체적 형태를 띠지 않고, 일정한 노동 시간과 장소라는 물리적 조건에 구애받지 않으며 온라인·오프라인의 구분도 없이 이루어지게 될 것이다.

셋째, 자본주의 사회에서 직업의 상실 혹은 저임금 비숙련 노동은 빈곤과 직결되는 결정적 원인이다. 비록 이러한 빈곤의 문제가 국가의 복지정책을 통해 어느 정도 해소될 수는 있지만, 보다 근본적인 문제는 일하지 않는 삶이 직면하게 되는 암울한 현실이다. 실직은 자존감 상실, 가족 및 인간관계 단절, 그리고 술, 마약, 도박, 게임, 사회적 고립과 같은 중독의 문제를 낳게 된다(오경자, 1998). 더 심각한 것은 이러한 중독이 개인적 병리 차원에 그치지 않고 사회적 병리 현상으로 전염, 확대, 그리고 대물림될 수 있다는 것은 상식적인 사실이다. 따라서 포스트휴먼적 조건에 의한 직업의 소멸과 노동의 상실은 개인 차원의 문제뿐만 아니라 매우 심각한 사회적 문제이기 때문에 그러한 포스트휴먼 사회는 지속 가능하지 않다. 그렇다면 인간 노동의 의미와 지속 가능성을 담보할 수 있는 포스트휴먼적 사회는 존재 가능할까?

넷째, 기술중심주의적 사회에서 포스트휴먼적 존재들의 노동이 '기계화된 인간(machinized human)'에 의한 것이냐 '인간화된 기계(humanised machine)'에 의한 것이냐의 구분은 별 의미가 없을 것이다. 특히 인지적·신체적 능력이 증강된 트랜스휴먼화된 존재나 사이보그화된 존재들이 제공하는 노동력은 그것이 어떤 존재에 의해 제공되었는가와는 상관없이 기술 중심 사회의 중요한 동력으로 환영받게 될 것이다(Dickens, 2002).

위와 같이 인간 노동의 의미와 가치에 대한 인식은 문화중심 사회에서 기술 중심 사회로 바뀜에 따라 달라질 수밖에 없다. 특히 갈수록 진화하며 영향력을 증가시키고 있는 자본주의의 확대는 인간의 육체뿐만 아니라 정신적 요소까지도 노동의 자원으로 활용하고 있는데 이것이 바로 인지자본주의의 본질이다.

2) 인지자본주의의 확대

인지자본주의는 자본주의의 발전과정에서 가장 최근에 등장한 한 형태이다. 자본주의는 크게 이탈리아, 네덜란드와 같은 서유럽 국가들에 의해 주도된 상업자본주의의 시기(14~17세기)와 신대륙의 발견과 산업혁명으로 촉발되어 영국, 독일, 미국의 산업 발전을 기반으로 한 산업자본주의(17~20세기 후반), 그리고 21세기에 접어든 오늘날의 정보화와 세계화로 인해 촉발된 인지 노동의 급격한 팽창으로 재현된 인지자본주의의 시기로 구분될 수 있다(Degen, 2008). 이런 구분을 놓고 본다면 최근 거론되는 4차 산업혁명이 인지자본주의의 기술적 양상이라면, 인지자본주의는 4차 산업혁명의 경제적 양상이라고 이해할 수 있다. 한편 인지자본주의는 우리나라에서 정보자본주의(information capitalism)[1]라는 개념으로 먼저 소개되기도 했는데, 자본주의의 세계적 확장 과정 속에서 신자유주의적 재편 과정의 일환으로 도입된 정보자본주의는 기존 국가 중심 산업화 과정의 포디즘Fordism적 축적 형태에서 벗어나서 탈산업화(정보화), 금융화, 전 지구화를 목표로 한 포스트-포디즘post-Fordism적 자본주의의 형태를 띠었다(백욱인, 2013).

인지는 지각, 이해, 판단, 의지 등의 정신적 능력 및 과정을 총칭하며 감각, 지각, 추리, 정서, 지식, 기억, 결정, 소통 등과 같은 개인 및 사회적 수준의 정신작용 모두를 포괄하는 용어이다(Sternberg & Sternberg, 2009). 이러한 인지에 대한 이해를 바탕으로 인지자본주의는 자본주의가 현대인의 삶 깊숙이 침투하여 우리의 행동 양식, 관계와 소통 방식, 경제적 관계뿐만 아니라 심지어 의식과 욕망과 같은 인지적이고 정서적인 모든 분야에 이르기까지 자본주의적 구조 속에 포섭해 버리는 현상에 주목한다. 인지자본주의 사회에서는 주요한 생산관계가 인간의 인지적 자원을 바탕으로 이루어지는데 오늘날에는 점점 컴퓨터에 기반한 인공지능 알고리즘이 인간의 인지적 활동을 대체해나가고 있다(Fumagalli & Lucarelli, 2007). 예를 들어 통번역사, 전화상담원, 텔레마케터, 보험 및 금융상담원 등의 업무는 대부분 상담 알고리즘을 바탕으로 한 자동응답 기계나 챗봇이 점점 인간 상담원을 대신해나가고 있다.

산업의 인지화와 그에 따른 노동의 인지화는 상품 생산이 단순히 기계

---

1 정보자본주의는 정보가 자본화 과정에서 생산수단, 상품, 사적 소유물로 변화되는 과정을 통해 자본이 축적되는 시스템을 가리키는 새로운 자본주의적 형태이다. 정보자본주의 하에서는 과거의 산업자본주의에서처럼 자본가와 노동자, 생산자와 소비자가 엄격히 구분되는 것이 아니라 정보의 이용자 주체가 미디어 및 정보기술을 통해 그 생산과 소비의 과정에 능동적으로 개입하고 참여하는 형태를 띤다. 따라서 개인들은 기술, 미디어, 기계 등 대중 정보기술과의 관계 속에서 그것을 매개로 형성되는 정보화 사회의 구성원이 된다(백욱인, 2013).

나 육체노동의 역할에 좌우되는 것이 아니라 기술, 정보, 아이디어, 디자인, 혁신적 공정과 같은 인간의 인지 작용의 역할에 크게 의존하게 되었다는 것을 의미한다. 그러므로 인지자본주의에서의 생산성의 주요 기반은 더 이상 기계나 육체노동력이 아닌 인지 활동이고, 그 인지활동의 결과물이 바로 지식 혹은 정보가 된다. 따라서 지식과 정보를 다루는 활동이 교육, 산업, 서비스 등과 같은 사회의 모든 경제활동에 있어서 가장 중요한 요소가 되었고, 이는 그 사회 속의 사회경제적 노동의 성격을 근본적으로 변화시켰다. 예를 들어 점차 자동화, 기계화, 첨단화되어가는 생산 환경 속에서 자본은 점차 기술 및 정보 집약적 사업에 투입되고, 노동력은 첨단화된 생산 시설에 대한 설계·관리·감독의 역할에 집중되게 되었다. 그리하여 노동자는 더 이상 물적 생산과정을 책임지는 존재가 아니라 기술을 개발하는 연구자, 정보처리자, 기계 제작자, 보안, 관리, 점검 전문가 등의 다양한 인지적 자원을 제공하는 존재가 된 것이다(조정환, 2011).

요컨대 미래에는 노동의 인지화를 바탕으로 노동 집약적이 아닌 인지 집약적 산업을 중심으로 하여 비물질적 노동(즉, 인지화된 정신노동: 예술노동, 감정노동, 서비스노동, 지적 노동 등)에 의존하는 사회가 되는 것을 피할 수 없다. 포스트휴먼적 조건은 이러한 인간의 비물질적 노동을 끄집어내는데 더욱 유리한 조건이 되고, 따라서 비물질적 노동일수록 인공지능이나 사이보그에 대한 의존도가 점점 높아질 수밖에 없다는 사실을 주목할 필요가 있다.

3) 인간 노동의 의미

자본주의의 신보와 기술 중심 사회의 등장에 따라 인지자본주의가 확대되고 비물질적 노동이 증가하는 것은 점점 인간의 노동이 인공지능이나 사이보그적 존재들에 의해 대체될 가능성을 높이고 있다. 그에 따라 현 인류는 이러한 인간 노동력의 가치 절하와 결과적으로 발생하게 될 '인간 소외(alienation)'에 대한 실존적 불안감을 갖게 된다. 이러한 불안이 과민한 우려인지 현실적 고려 사항인지를 판단하기 위해서는 인간 노동의 사회경제적 역할뿐만 아니라 인간의 노동이 갖는 본질적 의미에 대한 이해가 필요할 것이다. 본 절에서 이 문제에 대해 시몬돈Simondon (1958; Chabot, 2013; Mills, 2016에서 재인용)과 스티글러Stiegler(2001, 2011)의 관점을 비교하면서 논의해보자.

시몬돈(1958)은 산업사회에서의 노동자와 자본가의 대립과 자본자의 노동 착취로 인해 노동자가 겪는 자신의 노동으로부터의 소외에 대한 마르크시즘Marxism의 이론이 오늘날 기술 중심 사회에서는 적합한 설명이 되지 못한다고 지적하고 있다. 그는 인간의 노동은 기술적 도구와의 육체-심리적 불연속성(physio-psychological discontinuity)으로 인해 기술로부터 소외될 수밖에 없고, 이로 인해 인간과 기술의 결정체인 기계의 관계가 왜곡되기 시작하였다고 지적한다. 즉, 과거에는 인간의 노동이 도구를 통해 자신의 기능을 발휘할 수 있었지만 현재의 첨단 기술로 무장한 기계들은 더 이상 인간의 기능(노동)을 필요치 않기 때문에 인간은 기계로부터 소외될 수밖에 없다는 것이다. 오늘날의 산업 생산력이 이미 기계에 의존할 수밖에 없는 상태에서 인간 노동자는 기계의 보조자나 관리자의 역할만 수행하고 있고, 기계에 대한 의존도는 점점 더 증가하게 될 것이다. 드디어 후기 노동(post-labor)의 시대에 접어든 것이다.

한편 스티글러(2001)는 디지털 네트워크의 등장이 집단화된 소비의 주체들을 만들었고, 인지적·정신적 소외를 확산시켰다고 주장한다. 디지털 네트워크에 기반한 문화적 산물들(즉, SNS, 블로그, 유튜브 등의 각종 온라인 매체들을 통해 전 세계적으로 퍼지는 문화들)과 소비의 양태들이 산업화된 기억 기술(memotechnics: 소비자들을 특정 브랜드, 상품, 이미지에 지속적으로 노출시킴으로써 고객 충성도를 높이는 광고전략들)을 촉진하여 기업과 시장이 원하는 통일되고 순일한 소비 사회를 만들고 있다는 것이다. 그로 인해 현대인들은 점점 보철물로 뒤덮인 개미나, 집단 속에서 자기 자신도 잡아먹는 거미와 같은 존재들이 되고 있고, 사회는 곤충 집단들처럼 다중-주체들로 이루어진 단순한 시스템처럼 변하고 있는 것이다. 스티글러(2011)는 결과적으로 초산업사회에서 개인들은 그들의 인간성의 상징적·정신적·동적 기능들이 점점 외부화되어 기술적 보철물들에 의해 통제받는 기술-산업적 존재가 되었다고 본다. 이때 인간의 내적 동기는 사라지면서 도구 의존도는 증가하기 때문에 인간의 노동은 평가절하될 수밖에 없는데, 이는 개인이나 계급적 문제라기보다는 기술 중심 사회에서 나타날 수밖에 없는 보편적인 현상이라는 것이다.

즉, 인간의 노동의 의미와 역할에 대한 시몬돈과 스티글러의 견해를 정리하면 다음과 같다. 기술 중심 사회로의 변화 속에서 인간은 기계에 의한 노동력의 소외에 저항할 것이 아니라 노동의 개념에 대한 패러다임이 바뀌어야 하는데 구체적으로 노동에 대한 인식의 변화는 다음 세 가지 측면에서 이루어져야 할 것이다.

첫째, 지금까지의 '노동'의 개념은 단순한 도구를 활용한 생산 활동의 원동력으로 노동자 개개인이 처분 가능한 자원으로 간주되어왔으나 그러한 도구가 점점 기계화되고 자동화됨에 따라 인간의 노동은 설계하고, 적용하고, 수리하는 '기술적 활동(technical activities)'으로 간주해야 한다는 것이다. 이러한 노동은 더 이상 육체적 노동이 아니라 앞서 논의한 인지적 노동에 더욱 가까울 것이다.

둘째, 위와 같은 기술적 활동은 인간과 기계 간의 동등하고 협력적 관계를 바탕으로 이루어져야 할 뿐만 아니라 인간들 사이의 공정하고 협력적 관계를 요구한다는 것이다. 이 말은 인간 노동의 소외가 기계의 일자리 침범에 의해서만 일어나는 것이 아니라 인간들 자신의 노동에 대한 자기 소외(self-alienation)에 의해서도 발생하고 있다는 것이다. 쉽게 말하자면 현대인들은 기계가 노동의 기회를 박탈해서 일자리가 없는 것이 아니라 사람들이 점점 육체 노동뿐만 아니라 인지 노동마저도 하려고 하지 않기 때문에 기계에 대한 의존도는 점점 높아질 수밖에 없다는 것이다.

셋째, 물론 기계에 대한 의존도 증가와 노동의 경시를 단순히 개인의 선택 문제로 돌릴 수는 없다. 스티글러의 주장처럼 인간 노동의 사회적 가치와 비중이 점차 줄어들고 인간이 기술 산업적 존재가 되어가는 것은 시대적 변화에 따라 피할 수 없는 숙명과 같은 조건이기 때문이다. 진보된 자본주의의 효율성과 경제성의 논리는 대중들의 노동과 직업의 소멸을 야기할 개연성이 크기 때문에 인간의 노동의 역할을 되살리는 것은 기계와 인간의 대립 구도에 의해서가 아니라 어떤 사회경제적 시스템을 도입할 것이냐의 문제가 될 수도 있다. 아울러 노동의 기회를 상실한 개인과 집단들에게 어떤 삶의 의미와 사회적 역할을 부여할지에 대한 논의도 필요할 것이다.

그런 의미에서 시대적 변화에 대응하는 노동의 역할을 회복하기 위해 어떤 대응책이 필요할까? 스티글러는 인간의 마음에 보다 관심을 기울이고, 점점 강화되는 기술적 환경에 대한 비판적 소양(critical literacy)을 기를 것을 해법으로 제시한다. 그는 인간의 피폐된 정신(spirits)이 재생

되어야 하고, 세대 간의 단절이 회복되어야 하며, 단기적인 충동들보다는 보다 장기적인 순환 주기를 가진 욕구들이 추구되어야 한다고 본다. 특히 이윤추구 만을 위해 통제되고 획일화되는 자본주의적 네트워크에 저항하는 대신 사회-기술적 네트워크를 수립하기 위한 비판적 사고를 개발해야 하며, 정신(spirit)이나 욕구(desire)와 같은 근본적인 인간적 가치들을 내재화해야 한다고 주장한다.

하지만 위와 같은 스티글러의 제안도 노동을 둘러싼 기계와 인간의 대립과 인류중심주의적 인본주의에 기반한 계몽주의적 관점에서 벗어나지 못하고 있다는 한계점이 있다. 스티글러가 기술 중심 사회의 부정적 영향력을 극복하기 위해 인류의 정신문화의 회복과 비판적 소양(critical literacy)을 강조했다면, 시몬돈은 이러한 인간 노동의 소외 문제를 인본주의적 관점(Stiegler)에 의존하여 해결하려 하기보다는 새로운 시대에 걸맞은 기술적 문화(technical culture)를 수립하여 인간과 기계가 협력적으로 공존하는 방향을 모색해야 한다고 주장한다. 따라서 위 두 입장을 적절히 조합하는 것이 포스트휴먼적 조건에서 인간의 노동이 갖는 의미를 재건하는 방안이 될지도 모른다. 즉, 후기-노동의 시대에서는 인간의 삶의 패러다임이 노동에서 기술적 활동으로 바뀌게 되는데, 이러한 기술적 문화(Simondon)에 대한 적절한 대응이 필요하고 이를 위해 인간의 지식, 정신, 욕구의 영역에 대한 비판적 소양(Stiegler)이 필요할 것이다.

2. 미래 직업의 변화 양상

1) 기술의 혁신과 직업의 변화

기술의 혁신으로 인해 도래한 포스트휴먼적 사회에서 직업 생태계는 어떻게 변할 것인가? 이에 대한 낙관론적 전망과 비관론적 전망을 살펴본 후 종합적인 평가를 내려보도록 하자.

(1) 낙관론적 전망

포스트휴먼적 미래의 직업 생태계에 대한 낙관론적 전망은 크게 기술의 경제 촉진 효과론, 경제적 합리성론, 기계-인간의 역할 분배론, 그리고 기계-인간 상생론의 네 가지 차원에서 거론되고 있다.

첫째, 기술발전이 생산성 증가와 소득 향상을 낳고 새로운 상품과 서비스에 대한 수요를 창출하여 새로운 일자리를 창출할 것이라는 전망이 있다. 예를 들어 기술 변화로 새로운 재화와 서비스에 대한 수요가 증가함에 따라 새로운 직종과 산업이 창출되는 자본화 효과에 주목하는 시각이 있다(Schwabe, 2016). 이는 기술의 '경제적 효과론'이라고 볼 수 있다.

둘째, 인공지능의 발전은 직종 자체를 소멸시키는 대신 직종의 업무 내용을 크게 바꾸고, 일자리를 대체하는 것이 아니라 재배치, 이동시킬 것이라는 예상이 있다(Bessen, 2015). 기계가 인간 노동을 쉽게 대체하지 못하는 이유는 기술발전에는 여전히 많은 시간이 소요되고, 기업들은 비용 등의 문제로 인해 기계의 도입에 보수적인 태도를 갖고 있기 때문이라는 것이다. 즉, "인간은 가장 저렴한 다기능 기계이기 때문에 로봇이 쉽게 대체할 수 없다"는 현실론적인 주장이 여기에 해당한다(나준호, 2016). 이러한 관점은 '경제적 합리성론'이라고 볼 수 있다.

셋째, 미래 직업이 비정형성, 이동성, 인지-조작 협응 능력, 판단 창의력, 감성적·사회적 기술 등을 더욱 중시하는 일자리들이 증가하기 때문에 자동화 기계 및 인공지능이 인간 노동을 대체할 가능성이 낮아질 것이라는 전망이 있다. 이는 기술발전의 특징인 기하급수적 성장, 디지털화, 조합적 혁신(combinational innovation) 등에 의해 인간과 컴퓨터 간의 새로운 노동분업이 대두할 것이라는 전망이다. 이러한 관점은 '기계-인간의 역할 분배론'이라고 볼 수 있다.

넷째, 로봇이나 인공지능 기술의 발전은 경제 활성화에 기여하고 새로운 일자리나 고되지 않은 일자리를 많이 창출해낼 것으로 보는 관점이 있다. 이 관점은 인간이 기계의 방대한 정보 처리량, 빠른 연산력, 인간에 비해 실수의 부재 등을 활용하여 생산성을 향상시키고 동시에 인간의 감성과 창의성, 다기능성 등을 활용하여 기계의 한계를 보완할 수 있다는 관점이다. 이는 '기계-인간 상생론'이라고 볼 수 있다.

위와 같은 네 가지 긍정적 전망은 기계 혹은 기술에 대한 활용이나 통제가 사회가 원하는 방향으로 최적화되었을 때 실현 가능하다. 만일 현실적으로 그렇지 못한 상황이 전개될 경우 다음에서 논의할 비관적 전망을 피할 수 없을 것이다.

(2) 비관론적 전망

최근 대다수의 사회학자와 미래학자들은 미래의 직업 생태계의 변화에 대한 비관론적 전망에 동의한다. 미래 직업의 다양성이나 일자리 수 감소에 대한 많은 통계들이 있지만, 대체적으로 전 세계 고용의 65%를 차지하는 선진 15개 국가에서 향후 5년간 새로운 기술 혁신으로 210만 개의 일자리가 창출됨과 동시에 710만 개의 일자리가 사라질 거라고 전망하고 있다. 산술적으로도 약 500만 개의 일자리가 사라진다는 것인데, 그 주요 원인으로는 다음과 같은 것들이 거론된다.

첫째, 로봇이나 인공지능의 발전은 인간 노동을 대체할 수 있는 기술의 증가를 낳게 될 수밖에 없다는 것이다. 이는 기술발전의 가속화, 디지털화의 전방위적 확산, 재조합적 혁신의 보편화, 생산과 고용의 탈동조화(decoupling) 현상 가속화 등으로 인해 기계의 인간 노동력 대체효과가 인간 노동력 보완 효과를 압도한다는 논리에 기반하고 있다(나준호, 2016).

둘째, 기술 중심 사회와 자동화 기계의 보편화로 인해 실업이 증가함과 동시에 직업의 양극화가 심화될 것이라는 관점이다. 직업의 양극화는 기계가 미처 대체하지 못한 고급 기술직이나 관리직만 살아남고, 나머지는 대부분 기계가 대신하게 됨으로 실업자를 양산하게 된다는 관점이다.

셋째, 기술의 혁신으로 인한 노동 자동화(컴퓨터화)는 신체적 노동력이 필요한 직종뿐만 아니라 심리 정서적 노동력이 필요한 직종에도 심각한 위협이 된다는 관점이 있다. 지금까지 인간만이 할 수 있는 영역이라고 믿었던 일자리들이 상당 부분 인공지능이나 사이보그 등에 의해 대체될 수 있다는 것이다.

요컨대 비관론은 기계의 압도적인 인간 노동력 대체효과, 소수의 전문 인력 중심의 일자리 양극화, 그리고 인간 고유의 직업 능력의 희소화로 인해 미래의 직업 생태계가 인간에게 불리할 수밖에 없다고 전망한다.

(3) 종합적 전망

기계화가 노동에 대한 사회적 수요에 영향을 미친 역사적 과정을 보면, 19세기 제조업 기술은 육체노동을 대체(직무단순화)하였다면, 20세기 컴퓨터 혁명은 사무직 일자리의 소멸을 초래하였다(Goos et al., 2009; Autor and Dorn, 2013). 하지만 포스트휴먼적 미래의 기술 혁명은 단순한 사무직 일자리를 대체하는 수준이 아니라 인간 고유의 능력(영역)이라고 여겨졌던 심리·정서적 서비스와 다양한 교육적 서비스까지도 인공지능 및 알고리즘화된 컴퓨터 프로그램이 대체할 수 있을 것으로 예상된다.

이미 현재에도 공장자동화, 무인비행기 및 무인자동차, 인공지능 안내원(텔레마케터) 등의 운용은 기술적으로 현실화되어 있고, 나머지 영역에서도 경제적 논리나 효율성 논리에 의해서 여전히 인간이 일자리를 차지하고 있는 영역이 상당히 많이 존재한다. 비록 기계가 아직 대체하지 못하는 것으로 여겨지는 인간의 창의성이 요구되는 영역들이 존재하지만, 그러한 영역마저도 최근 인공지능 기술의 급속한 발전에 침식되고 있다. 즉, 미래의 기술 중심 사회에서는 전통적인 ICT 기술이나 제조업은 4차 산업혁명의 주요 기술들(인공지능, 빅데이터, 3D프린터, 나노기술, 생명공학 기술)을 바탕으로 정보처리 및 재생산 비용이 급격히 감소함으로 인해 존립 가능성이 낮아질 수밖에 없다.

요컨대 이처럼 주요 기술들이 인간 노동을 점진적으로 대체하고, 궁극적으로 인지적·추상적 노동까지 첨단 기술이 대신하게 된다면 미래의 일자리 감소는 불가피할 전망이다. 따라서 머지않아 일자리 감소에 대한 대책은 기술적(technical) 선택이 아니라 정치적 선택이 되어야 할 시점이 도래할 것이다.

2) 장단기적 직업의 변화 양상

급속도로 발전하는 과학기술로 인해 미래 사회의 변화 양상을 예측하는 일은 매우 어렵다. 미래에 대한 전망도 연령이나 자신의 현재 조건에 따라 달라지기도 한다. 예를 들어 박가열 외(2017)에서 대학생과 직장인들에게 미래 사회의 변화 양상에 대해 물었는데, 다음 [표 6-1]에 정리된 것과 같은 양상들이 앞으로 주요한 사회적 이슈가 되리라고 전망하고 있다.

[표 6-1] 대학생과 직장인이 응답한 미래적 주요 이슈들(박가열 외, 2017에서 정리)

측면	사회적 측면	기술적	경제적	환경적	정치적
대학생이 선정한 미래 이슈	**생체 모방 로봇** **빅데이터와 개인 정보** **모바일 헬스케어** **갑을 사회** **고령화 사회**	**무인 기술** **배아 검진** **행동공학** 가상현실 뇌 가소성	**양극화** 청년실업 **직업 불안정** 핀테크	**유전자 정보** **기후변화** 바이오 3D 프린팅 증강 인간	**인공지능의 대체** **사이버 보안** **식량위기** **한반도 전쟁** **사이버 세계 주도**
직장인이 선정한 미래 이슈		**무인 기술** **배아 검진** **행동공학** 증강현실 일자리 대체	**경제 불평등** 노사갈등 **인력 불안정** 연결성	**유전자 정보** **기후변화** 자원 부족 사막화	

위 표에 정리된 바와 같이 대학생이나 직장인이나 미래의 이슈에 대해 사회적 측면에서나 정치적 측면에서는 거의 비슷한 문제들을 우려하고 있다. 기술적 측면에서는 무인 기술의 보편화, 배아 검진을 바탕으로 한 태아 복제 기술로 디자인된 베이비(designed baby)의 등장, 행동공학의 발전으로 인간의 행동을 모사한 다양한 로봇들의 등장에 대해 공통적인 관심을 보여주고 있다. 경제적 측면에서는 공통적으로 양극화나 경제적 불평등이 심화될 것이라고 보았고, 아울러 인공지능이나 로봇의 보편화로 직업 불안정과 인력 수급의 불안정이 이루어질 것이라고 보고 있다. 환경적 측면에서는 유전자 정보, 기후변화 이슈에 대해 공통적인 우려를 보여주고 있다.

이러한 일반인들의 미래 사회에 대한 전망과 전문가들의 전망은 크게 다르지 않다. 여러 전문가들과 미래학자들은 공통적으로 다음(표 6-2, 표

6-3)과 같이 미래 사회가 장단기적으로 포스트휴먼적 사회로 변화하게 될 것이라고 예측하고 있다(박가열 외, 2017).

[표 6-2] 단기적 미래 사회에 대한 전망

분야	단기적(3년 후) 변화
사회 문화	• 국내 10대 기업, 연공서열 문화 파괴·정년 제도를 없앤 기업 등장 • 국내 기업 중 10% 이상이 근무 시간의 완전 자율화 시행 • 수정란, 생식세포, 태아를 대상으로 한 유전자 교정 아기의 허용 논란 • 각종 국가고시, 체육대회에서 줄기세포 및 기억력·사고력 증강 시술을 받은 뒤 출전한 사례 등장 • 유전자 변이 관련 질환(예: 암, 심장병) 치료를 목적으로 전 국민의 유전자 정보 등록 논란 • 유전자 치료, 유전자 변형을 지원하는 민간 보험 등장 • 의료윤리 및 생명윤리 전문가 수요 확대 • 유전자 변형을 통해 노화를 늦추는 기술의 적용 논란 • 작업장에서 외골격 강화복의 의무적 착용 가이드라인 도입 논란 • 생체공학적 보철을 사용해 강화된 능력을 지닌 장애인 등장 • 자율 주행 자동차 상용화에 따라 운수업에 종사하는 근로자의 집단 반발
과학 기술	• 생명윤리법 적용의 완화로 국내 연구시설에서 배아 교정 연구 성공 • 생식세포, 수정란을 대상으로 하는 유전자 교정 범위를 두고 과학계 대립 • 치료용 인공장기를 원하는 환자 증가 • 멀쩡한 인간 신체 중 일부를 기계로 대체하려는 부유층 등장 • 유전자 변형 의료 분야(예. 유전자 가위, 유전자 치료, 세포 치료) 전문가 수요 대폭 증대 • 뇌 임플란트 이전 단계로 IC칩의 생체 이식 시도 • 인지 기능 강화 기기(휴대용 경두개 전류자극장치) 사용 사례 등장 • 공존 현실 기술을 활용해 물리적 일터에서 일하지 않는 사례 증가 • 공존 현실, 가상현실, 증강현실 관련 분야의 성장으로 고용 수요 증가 • 인체 장기를 생산하는 3D 프린팅 산업 확대 • 로봇 오작동 책임성 논란 • 인간의 뇌와 인공지능을 연결하는 인터페이스 기술이 교육 및 엔터테인먼트 분야에 적용
환경, 에너지	• 미세먼지가 유발하는 호흡기 계통 유전자 치료 연구 대폭 증가 • 유전자 가위 기술을 활용한 GMO(유전자 변형 작물) 재배 전문가 인기 • 미세먼지 포집 및 저감 기술 개발자 인기 • 소규모 에너지 수집상 난립 • 핵발전소 해체 전문가 고용 수요 증가 • 환경오염에서 해방된 격리 생태계 연구자 등장

산업 경제	• 인공지능과 협업하는 근로자·사업가 등장 • 국내 10대 기업, 인공지능을 활용한 채용 및 부서 배치 도입 • 인공지능의 확산 및 역할 증대로 구직 포기 청년 증가 • 신(新) 중년의 평생학습을 통한 제2의 인생설계 증가 • 유전자 정보 회사 설립 증가 • 국내 30대 기업에서 학벌을 따지지 않는 고숙련·고급인재 수요 증대 • 근로시간의 다양화로 통상임금 산정 문제 격화 • 플랫폼 노동의 증가로 특수고용형태 종사자 확산 • 외국 인력의 다양화 및 고급 외국 인력 유입 증가 • 자율 주행 자동차 인프라구축 및 상용화
국제 정세	• 무인무기 체계(로봇 군인)의 등장과 윤리직 문제 대두 • 개인 정보의 보안에 대한 정부의 의무교육 프로그램 도입 • 국제적 테러리스트 소행의 국내 테러 발생 • 평화체제 구축을 위한 북한의 전향적 태도 변화 감지 • 미국과 북한의 군사적 충돌 발생 가능성 • 국내에서 디지털 생체정보 해킹 사례 발생

[표 6-3] 장기적 미래 사회에 대한 전망

분야	장기적(20년 후) 변화
사회 문화	• 트랜스휴먼 시술 보편화 • 자연인, 트랜스휴먼, 인공지능 기계 사이에 법적 지위, 고용 조건, 직무 수행과 관련한 책임과 의무, 임금 체계 차별화에 대한 제도 확대 • 인간처럼 지능을 갖춘 로봇에 시민권 및 법적 지위를 부여할 것인지 논란 • 로봇 대체로 인해 산업재해 위험 직업군의 감소 • 개인의 유전자 정보를 통해 결혼중개를 알선하는 결혼정보 회사 보편화
과학 기술	• 인간복제 허용 및 기술 부작용 방지를 위한 복제인간 추적연구소 등장 • 인공장기 생산 및 세포 공장, 유전자 가위 기술을 활용하는 기업 등장 • 특정 직무에 뇌 임플란트 요구 • 수천 개의 가상현실에서 사는 시대의 기술적 구현 • 수많은 아바타(인공지능 분신)가 다양한 가상세계에서 활동
환경, 에너지	• 기후변화에 영향을 받지 않는 주거지 개발 인력 수요 증가 • 인구 증가(사망률 감소)로 인한 갈등 조절하는 공공생활 디자이너 인기 • 종자 확보를 위한 군사적·경제적 분쟁 빈발 • 파괴된 환경에 적응하는 새로운 공동체 생활 방식 등장 • 환경문제 대응을 위한 강력한 세계정부기구 등장

산업 경제	• 트랜스휴먼 보건시스템 관련 의료 직업군 증가 • 노동의 경제적 가치 소멸(근로 = 소득 = 생존의 등식관계 해체) • 인공지능 로봇과 인간의 일자리 경쟁 치열 • 24시간 각성 상태를 요구하는 디지털 경제의 확산
국제 정세	• 의무 군 복무 소멸 • 최신 국방기술 교육을 통한 전 국민의 전력 증강 노력 강화 • 기술 난민 전담원 설립 • 정찰병, 테러감시직 등 특수 직업군에 증강 기술 적용 일반화 • 남북 간 평화체제 구축 이후 DMZ 일대에 세계적인 평화생태공원 조성

위 표에서 제시되어있듯이 의료기술 분야의 변화로는 가상현실을 이용한 의료시스템이 구축되고, 선천적 장애와 질병을 극복할 수 있는 의료기술이 개발될 뿐만 아니라 인간이나 동물들에 대한 생체적 데이터들이 축적됨으로써 생체 복제 기술인 바이오 프린팅 기술이 정교화된다. 동시에 노인의 보건복지 시스템의 개선과 수명연장으로 노인들의 활동 영역이 확대되고, 아바타적 존재의 보급, 헬스케어의 접근성 증가, 그리고 인공지능 활용의 일상화가 예상된다. 또한 유전자조작 기술과 배아 검진 기술의 발달로 태생적으로 유전적 약점을 지닌 개인들의 위험성을 보완하여 정상적인 유아의 탄생률이 높아지며, 개인들의 범죄나 부정적 행동을 억제하는 의약품과 기술들이 개발되어 사회가 보다 안정화될 수 있다.

하지만 모든 기술들이 완벽하게 인간 사회에 정착되기는 쉽지 않을 것이다. 의료산업의 첨단화와 모바일 헬스케어 시스템의 등장은 인간의 의료 인력 수요의 감소의 원인으로 지목되고 있다. 정보산업 측면에서 정보 보안 기술이 향상되더라도 정보 양극화, 정보 보안의 문제로 인한 개인 정보 유출, 아직 완벽하지 않은 생체 보안 기술 등으로 인한 문제점들이 드러날 수 있다. 고위험 직업군에 무인 기술이 적용되어 안전사고

위험이 감소되겠지만 이는 일자리 감소와 일자리 분배의 불평등, 연령별 일자리 분배의 문제 등을 야기할 수 있다.

특히 기술 중심 사회가 가져올 미래 사회의 가장 불안한 요인은 바로 계층 간의 격차이다. 아무리 기술이 발달한다고 해도 기술이 해결할 수 없는 것이 바로 사회정치적 불평등한 권력관계나 계층 간의 경제적 격차이다. 이러한 문제는 식민주의, 제국주의, 계급주의 등과 같은 인류사회의 역사 문화적 배경에서 기인한 것이기 때문에 기술 발달 만으로는 해결이 불가능한 정치·사회·경제적 문제이다. 예를 들면 엘리트 계층과 서민계층이 모든 기술발전의 성과와 결과물을 평등하게 공유하기 위해서는 정치사회적 제도가 뒷받침되어야 한다. 일자리 기회나 인간 강화 기술의 적용 기회의 격차, 고령화 심화로 세대 간 차별화, 경제적 양극화 등의 문제는 별개의 사회정치적 제도를 통해 해결해야만 하는 것이다.

3) 포스트휴먼 시대의 직업의 형태와 성격

정보통신기술(ICT)의 발전은 단순 반복적인(routine) 특성을 지닌 사무 중심의 중간 직무를 대체하고 지식 집약적 직무와 기계로 대체가 어려운 서비스 중심 직무의 수요를 증가시키는 일자리 양극화 현상을 불러온다(Autor, Levy and Murnane, 2003). 이러한 관점은 기술발전으로 중간 일자리(middling jobs)가 고임금이나 저임금 일자리의 방향으로 사라지고 있다는 연구결과에 기인한 것인데, 이를 일자리 양극화 가설이라고 부른다(Acemoglu, 1999). 정보통신 기술의 발달로 사라지는 일자리를 대신하여 노동자들은 점차 정형화·규칙화가 어려운 서비스 직종으로 전환하는 것인데, 문제는 그 임금수준이 대체로 낮고 안정된 직장이 아니라는 것이다. 예를 들어 컴퓨터 자동화(computerization)를 통해 직무 대체 위험

확률이 가장 높은 직업은 콘크리트공, 정육원 및 도축원, 고무 및 플라스틱 제품 조립원, 청원경찰, 조세행정 사무원 등의 순서인 것으로 나타났다(한국고용정보원, 2016).

사실 위와 같이 인간의 고차원적인 사고나 판단이 필요한 직종이 아닌 직업들부터 기계나 로봇이 대체함으로써 사라지게 될 것이다. 특히 디지털화에 의해 접근과 분석이 가능한 정보의 양이 폭발적으로 늘어나면서 인간 대신 컴퓨터에 의존할 수밖에 없는 일상적 업무가 훨씬 늘어나기 때문에 로봇이나 인공지능이 점점 인간의 역할을 대체하여 인간의 일자리가 줄어들 수밖에 없는 것이다(Brynjolfsson & McAfee, 2011). 따라서 머지않아 인공지능 로봇과 인간들 간의 일자리 경쟁이 치열해지는 것은 피할 수 없다. 로봇은 산업재해 위험이 높은 직종의 일자리를 대체하기 때문에 위험 직업군이 줄어듦과 동시에 인간의 일자리가 감소하게 되고 특히 보안과 정찰, 전투와 관련한 정찰병, 테러감시직 등과 같은 특수 직업군에 증강 기술이 적용된 로봇이나 사이보그들이 투입되게 될 것이다.

예를 들어 최근의 선진 의료기술은 로봇화·자동화에 크게 의존하고 있다. 미래에도 소수의 인간 의료진의 기술과 노하우가 필요한 경우가

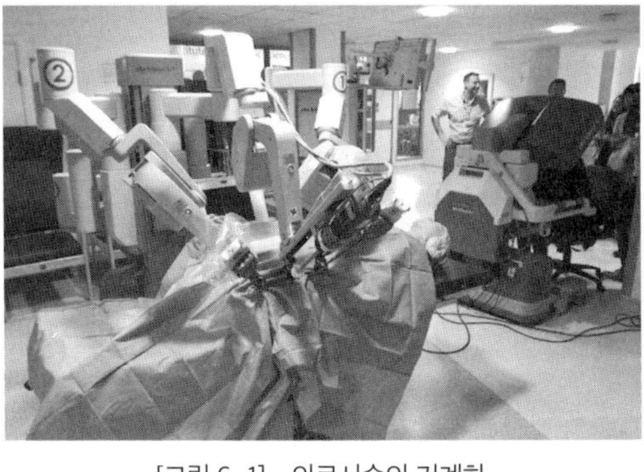

[그림 6-1] 의료시술의 기계화
(출처: https: //www.computerworld.com)

있겠지만 오늘날에도 이미 수술 보조인력들은 자동화 로봇에 의해 대체되고 있고 머지않아 간단한 수술에서부터 로봇 의사가 주도하게 될 것이다.

반면 화가 및 조각가, 사진작가 및 사진사, 작가 및 관련 전문가, 지휘자·작곡가 및 연주자, 애니메이터 및 만화가 등 창의성과 감성이 요구되는 예술 관련 직업은 자동화에 따른 직무 대체 위험 확률이 상대적으로 낮게 나타났다(한국고용정보원, 2016). 미래의 직업세계에 대한 대학생들의 전망에 대해 조사한 연구에 따르면 트랜스휴먼 시대에는 로봇이 쓴 글을 교정·교열하는 직업, 트랜스휴먼 기술을 활용한 콘텐츠 크리에이터, 뇌파 화가, AI·VR·AR 분야 직업, 전기·자율 주행 자동차 엔지니어, 다양한 SW 엔지니어, 가상현실 콘텐츠 및 영상 제작자, 드론 전문가, 사용자 경험 기반 출판물(User Experience Publication), 인공지능 통제관, 홀로그램 영화 제작자, 가상공간을 활용한 교육 콘텐츠 기획자, 가상현실 및 뉴미디어 플래너 등에 대한 대학생들의 직업 수요가 증가할 것으로 예상되고 있다(박가열 외, 2017). 한편 직업현장의 전문가들은 인터랙션 디자이너, 상업 미디어 아트 기획자, 자연친화적 인테리어 디자이너(자동으로 변화 가능), 가상 여행 가이드, 로봇 관리자, 맞춤형 제품 개발자, 나만을 위한 성직자(영적 주치의), 빅데이터를 활용한 종교 업무, 스마트시티 설계자, 엑소슈트Exoschute(외골격 강화복) 작업자, 소프트웨어 지시자, 인공 날씨 제작팀, 위기관리자(리스크 매니저), 아날로그 체험 관련 직업, 새로운 형태의 배우(기술 활용), 감정노동을 대체하는 사이보그가 나타날 것으로 예상하고 있다(박가열 외, 2017). 위와 같은 전망을 참고한다면 당분간 전문성, 예술성, 창의성을 필요로 하는 직업군은 일정 기간 존속될 수 있을 것이지만 상당수의 직업이 컴퓨터 관련 지식이나 기술적 전문성을 가진 사람들을 위한 것이 될 것이다.

미래의 직업을 예측하는데 고려해야 할 중요한 사실은 미래 직업이나 서비스의 대상으로서 전통적인 생물학적 인간을 위한 직업은 점점 소멸된다는 것이다. 즉 포스트휴먼 혹은 트랜스휴먼적 존재들이 증가하면서 그러한 존재들의 필요와 삶의 조건들을 만족시키기 위한 직업들이 등장하게 된다는 것이다. 예를 들어 트랜스휴먼적 존재들을 위한 보건시스템과 관련한 의료분야의 직업군이 대폭 증가할 것으로 예상된다. 우선 '트랜스휴먼'적 존재들(안경, 콘택트렌즈, 라식·라섹 수술에서부터 시작하여 인공장기, 인공 수족, 인공 보형물 등의 장착이 필요한 환자들)이 되기 위한 시술이 보편화될 것이고, 이들의 건강을 관리하거나 치료하기 위해 트랜스휴먼적 존재들이 환자로서 병원을 가득 채우게 될 것이다. 아울러 이러한 트랜스휴먼적 존재의 확산으로 인해 자연인, 트랜스휴먼, 인공지능 기계 사이의 법적 지위나 고용 조건, 의료 혜택, 직무수행 과정상 발생하는 사태에 대한 책임과 의무를 다루는 직종이나 업무들도 생겨나게 될 것이다.

3. 포스트휴먼 시대의 직업교육

사회의 변화에 따른 교육의 변화는 대부분 고등교육에서부터 시작한다. 초중등교육은 의무교육이자 보편교육으로써 모든 국민들을 대상으로 한 가장 안정적이고 필수적인 내용을 가르쳐야 하는 역할을 하기 때문에 일반적으로 시대의 변화에 대응하는 속도가 빠르지 않다. 기초적 원리와 규범적 내용을 배우는 초등교육에서부터의 변화를 강조하는 것이 연역적 접근이라고 한다면 세부적·실천적 내용을 학습하는 고등교육에서부터의 변화를 강조하는 것은 귀납적 접근이라고 볼 수 있다. 이처럼 미래 사회의 변화에 현실적으로 대응하기 위한 귀납적 접근을 수용하고, 특히 직업 교육의 차원에서 그 중요성을 고려한다면 포스트휴먼적 시대에 맞는 대학교육의 역할에서부터 논의해볼 필요가 있다.

1) 포스트휴먼 시대의 대학교육의 역할

포스트휴먼 시대를 맞이하여 대학교육의 역할이 무엇인지 생각해보기 위해 현재 우리나라의 대학교육이 안고 있는 문제점들이 어떤 것들이 있는지 살펴보자.

첫째, 현재 우리나라 대학교육과 관련하여 여러 문제점들이 지적되고 있지만 그중 하나는 대학 전공과 졸업의 직장의 전공 불일치의 문제이다. 우리나라의 전공계열별 전공일치 취업률을 살펴보면 의약학·교육·공학 계열은 높은 반면 인문·사회 계열은 상대적으로 낮은 수치를 보이고 있다고 한다(채창균, 2016). 전체적으로 취업자의 절반 정도만이 대학에서의 전공에 맞는 일자리를 찾고 있다고 한다. 물론 이것은 대학 자체의 문제가 아니라 학문의 성격과 구조가 변하는 속도에 비해 사회와 직업 세계가 훨씬 빠르게 변하기 때문에 일어날 수밖에 없는 현상이다. 문제는 이러한 사회 변화 속도에 맞추어 대학이 어떻게 대응해야 할 것이냐에 관한 것이다.

어쨌든 미래 사회의 직업 생태계의 변화는 머지않아 대학에서의 전공 체계의 변화를 가져오고, 교육의 성격도 이론이나 순수 지식 중심의 교육이 아닌 실무나 구체적 기술, 그리고 역량을 중심으로 재편될 가능성이 크다. 물론 대학의 본래적 역할이 학문적 연구냐 취업 준비냐에 따라 다르고 개별 학과의 학문적 성격이나 개별 대학의 강조점(연구중심 대학이냐 교육 및 취업중심 대학이냐)에 따라 다를 수 있다. 하지만 현재 학생들이 학교에서 배우는 내용의 80~90%는 그들이 40대가 되었을 때에는 불필요한 지식이 될 가능성이 크기 때문에(Monbiot, 2017) 결국 대학교육의 방향성은 현실 사회가 요구하는 미래의 인재상이 실용주의적 방향에 따라 창업교육, 사업자 정신 교육, 실무교육 등을 강조하는 쪽으로 기울어질 가능성이 크다.

둘째, 우리나라의 대학교육이 선진국과 같이 미래의 지식 환경의 변화와 공유 경제의 상황에 적절히 대처하지 못하고 있다는 것이다(조헌국, 2017). 그 대표적인 사례가 아직 온라인 공개강좌(Massive Open Online Course: MOOC)와 같은 오프라인과 온라인 교육의 유기적인 연계를 정착시키지 못했다는 것이다. MOOC는 2011년 처음 스탠퍼드 대학교에서 3개의 강좌로 출발하였으나 2016년 현재 4030개의 강좌로 늘어났으며 누적 이용자 3500만 명을 넘어섰다고 한다(Shah, 2015). 이러한 온라인 학습 플랫폼의 등장은 향후 대학의 역할과 위상에 큰 타격을 줄 수도 있다. 인터넷을 통해 세계 유명한 교수와 전문가의 강의를 쉽고 저렴하게 들을 수 있고 인공지능화되고 개별화된 학습 시스템을 통해 전문적 내용을 학습하거나 연습할 수 있기 때문에 많은 지역 대학들은 존립의 위기를 겪게 될 것이다. 요컨대 이제는 지식이나 정보를 굳이 학교에서 배우지 않아도 될 만큼 충분히 정보화 사회가 구축되었기 때문에 인성과 규범 교육을 담당하는 초등교육을 제외하고는 중등학교나 고등교육이 온라인 지식 정보 시장에 비해서 어떤 비교우위가 있을지 장담할 수 없는 시대가 빠르게 다가오고 있다는 것이다.

셋째, 과도하게 많이 설립된 우리나라 대학들은 앞으로 저출산 현상에 따른 학생 수 감소 결과에 직격탄을 맞게 될 것이고, 대학교육의 수요 측면에서 대학의 경쟁력과 지명도에 따라 빈익빈 부익부를 초래하여 많은 대학들이 재정 위기와 학생 수급 문제를 겪게 될 것이다. 실제로 세계적인 추세를 보아도 이미 일부 국제화된 대학의 경우 온라인 교육과정으로 이수한 학생들에게 정규 졸업장을 제공하고 있기 때문에 향후 20년 내에 전 세계 대학의 ½ 가량이 사라질 것이라는 예측도 있듯이(Glenn et al., 2014) 경쟁력이 없는 지역 대학들은 존립의 위기를 겪게 될 것이다. 따라서 앞으로 대학의 생존은 미래 사회의 요구, 특히 4차 산업혁명의 사회적 변화에 대해서나 포스트휴먼적 조건에 대비하여 어떻게 적극적으로 대처하느냐에 달려있다고 볼 수 있다.

위와 같은 우리나라 대학들이 조만간 겪게 될 어려움과는 별도로 이상적인 측면에서 현재 대학교육의 역할을 보완할 대안들을 생각해볼 필요가 있다. 대학의 대표적인 역할 중의 하나가 취업교육이나 전공교육과는 별도로 교양교육이라는 사실을 생각해 본다면 미래 대학교육에 있어서도 인문학적 소양, 사고력 및 표현력과 같은 다양한 리터러시 교육, 창의융합적 사고, 의사소통 역량 등이 여전히 필요할 것이라는 목소리도 크다. 포스트휴먼적 기술적 환경이 구축되더라도 그러한 기술은 증강현실이나 가상현실을 활용한 수업을 적용하는 등의 교육의 방법론 차원에서 적용되는 문제이지 교육의 목적에 영향을 미쳐서는 안된다는 관점인 것이다. 위와 같은 상반된 관점을 동시에 고려했을 때 미래 사회의 변화에 따른 대학교육의 변화 방향에 대해 조헌국(2017)은 다음과 같이 정리해서 제시하고 있다.

[표 6-4]　미래 사회와 대학의 변화에 따른 교양교육의 과제와 해결 방안

미래 사회의 변화	직업 생태계의 변화	소비 중심에서 공유 중심으로	탈도시화, 분산형 체제	인간성 상실의 위기
대학의 변화	• 사회 변화 적응을 위한 유연한 전공 창업교육 강화	학습 자원의 공유	• 인공지능 기반 학습 • 가상 캠퍼스 개발	포스트휴머니즘에 따른 인간-기계 상호작용
교양교육의 과제	• 미래 사회 핵심 역량 진단 • 기업가정신교육 • 자기주도적 전공 설계	개방형 학습 플랫폼 개발	• 가상현실시스템 활용 • 글로벌 시민교육	• 디지털 인문학의 강조 • 인성교육 강화
해결방안	• 유기체적 교양 전공 통합교육과정 설계 • 융복합 심화 교과목 개발	기초 학문 중심 개방형 교과 개발	• 학습 진단 도구 개발 • 블랜디드 러닝 • 융합형 교과목 개발	• 협동학습 중심의 교육/평가 체제 구축 • 공동체 학습 경험

즉, 위 표에 정리된 바와 같이 미래의 직업 생태계의 변화, 공유 경제의 강화, 사회 환경의 변화, 그리고 인간성 상실의 위기가 예상됨에 따른 대학의 변화와 교양교육의 과제를 생각해볼 필요가 있다는 것이다.

2) 미래를 위한 포스트휴먼의 역량

미래의 기술 중심 사회에서 유능한 직업인으로 살아가기 위해 포스트휴먼적 존재들은 어떤 역량을 갖추어야 할 것인가? 미래 교육에 대한 방향성은 지금까지 여러 가지 모형들이 제안되어 왔는데, 그러한 모형들은 대부분 다음과 같이 적응형(adaptability) 모형의 차원에서 제시되어 왔다.

[표 6-5]　Education 3.0의 비전(Basu, 2012)

구분	교육 1.0	교육 2.0	교육 3.0
학자들의 주된 역할	지식의 원천	지식의 원천과 안내자	협동적인 지식 창조의 조정자
내용의 배열	전통적인 저자권이 있는 내용	공개된 교육 자료	교육기관, 학문 영역을 초월하여 창조되고 재활용되는 자료

학습 활동	전통적인 숙제, 글쓰기, 시험, 교실 내 그룹 활동	테크놀로지를 활용하고 협력적 학습활동이지만 대부분 교실 내 활동에 국한됨	국가, 기관, 학문 구분을 넘어선 개방적이고 융통적 활동들 및 사회적 네트워킹
학생들의 행동	수동적이고 흡수적인 학습	점차 능동적이면서 학습과정의 주체성 획득	능동적이고 강한 자기주도학습. 자료 및 학습 기회의 협동적 창조와 선택
테크놀로지	단일 교육기관 내의 컴퓨터 학습 운영 시스템을 통한 이-러닝	다른 기관과의 협력 속에서의 이-러닝	개인 분산 학습 환경 속에서의 이-러닝
직업 세계 특성	농경사회, 숙련노동	제조업, 기계조작	정보사회, 정보탐색 및 창의적 활용
협업의 수준	소그룹 협동 작업	집단 속 독자적 작업	개별화 및 전략적 협업
과업의 성격	다양한 과업의 수행	반복적 과업의 수행	비정규적, 일·노동 혼성형 과업
도구 사용	손 도구 사용력	기계 도구 활용	정보통신 기기의 활용

위 표에 정리된 미래의 교육(교육 3.0)에 대한 비전은 지식이나 자료의 활용이 교육기관이나 학문 영역에 구애받지 않고 자유롭게 이루어지고, 개방적이고 융통적인 사회적 네트워킹에 의한 학습이 이루어지며, 학습자들은 능동적으로 자기주도적 및 협력적 학습을 강조하게 된다는 것이다. 아울러 테크놀로지는 개인 맞춤형 및 개방형 기술을 기반으로 한 장소, 시간 등에 구애받지 않는 개별화된 통합 교육시스템(Personalized Integrated Educational System: PIES)의 도입도 제안된다(Watson, Watson, & Reigeluth, 2015).

아울러 미래의 교육은 직업세계의 특성, 협업의 수준, 과업의 성격, 그리고 도구 사용의 성격에 따라 다음의 교육 3.0과 같은 변화가 요구되기도 한다(Lengel, 2013).

[표 6-6] 미래 사회의 변화에 따른 교육의 변화(교육 3.0)

구분	교육 1.0	교육 2.0	교육 3.0
직업 세계 특성	농경사회, 숙련노동	제조업, 기계조작	정보사회, 정보탐색 및 창의적 활용
협업의 수준	소그룹 협동 작업	집단 속 독자적 작업	개별화 및 전략적 협업
과업의 성격	다양한 과업의 수행	반복적 과업의 수행	비정규적, 일·노동 혼성형 과업
도구 사용	손 도구 사용력	기계 도구 활용	정보통신 기기의 활용

위와 같은 미래 사회의 변화에 따른 교육의 변화(교육 3.0)는 이 책에서 논의하고 있는 포스트휴먼적 변화에 대한 예측에 비하면 매우 보수적인 전망에 불과하고, 단지 과도기적인 변화의 양상을 보여준다는 점에서 의미가 있다. 중요한 것은 단순히 미래의 기술적 변화에 대해 학교교육이 적응해나가는 것이 아니라 미래의 기술적 변화에 대한 올바른 진단과 평가를 바탕으로 보다 선도적인 교육적 대응이 이루어져야 한다는 것이다. 그러한 의미에서 저자는 포스트휴먼적 교육의 변화의 가장 핵심적 방향은 '적응형'에서 '관계형'으로 변화되어야 함을 강조하고자 한다.

관계형 교육을 위한 고려해야할 사항을 몇 가지 제시하면 다음과 같다.

첫째, 기술적 도구나 방법론과 친밀한 관계를 유지할 필요가 있다. 이는 앞서 이 책에서 논의한 객체지향존재론의 철학과 직접적으로 연결되는데 테크놀로지와의 관계성 설정에는 다음과 같은 사항들을 유의할 필요가 있다.

i) 테크놀로지 자체는 가치중립적이므로, 테크놀로지의 교육(Education of Technology)과 동시에 테크놀로지의 가치를 판단하는 교육(Education about Technology)이 필요하다. 즉 테크놀로지는 기능의

역할을 할 뿐, 그 기술이 인류 사회에 어떤 기여를 할 것인가는 다른 요인들에 의해 결정된다는 것이다. 예를 들어 원자력 기술을 원자력 에너지 개발을 위해 사용할 것인가, 전쟁무기로 사용할 것인가는 원자력 기술 자체의 문제보다는 사회문화적, 정치 경제적, 그리고 윤리적 판단에 의해 결정될 수 있는 것이다. 마찬가지로 기술 중심 사회의 도래가 학교교육을 어떻게 바꿀 것인가는 4차 산업혁명 기술과 같은 기술 그 자체에 의해 결정되는 것이 아니기 때문에, 그 기술들이 학교교육에 어떤 영향을 미치고 어떻게 교육에 활용할 것인가를 고민해야 한다는 것이다.

ii) 테크놀로지의 지배는 다양한 삶의 양태들이 공존할 수 있는 생태적 환경을 무력화시키는 위험성을 갖는다는 것을 이해할 필요가 있다. 이는 기술문명의 발전이 사회의 긍정적인 발전을 보장하지 않으며 오히려 그러한 기술의 발전이 미래 사회에서 기술 만능주의, 자본의 독점, 인간 소외, 생태환경의 파괴 등을 촉진할 수 있다는 것을 염두에 둘 필요가 있다. 그러므로 포스트휴먼 시대의 교육은 바로 교육이 기술을 추종하는 역할이 아니라 기술을 주도하는 역할을 하기 위해 어떻게 학생들을 가르칠 것인가를 고민하는 것이 우선이다.

iii) 미래는 점차 예측 불가능성이 높아지고, 그러한 예측 불가능성이 사회와 세계의 본질이다. 그러므로 미래의 교육은 바로 예측하기 어려울 만큼 급변하는 기술 주도형 사회일수록 학생들에게 어떻게 미래를 방향을 설정할 것인가에 대한 비판적 성찰을 가르쳐야 할 것이다. 이러한 교육을 현실 적응형 교육이 아니라 미래 주도형(future initiating) 교육이라고 부를 수 있을 것이다(Sharma & Monteiro, 2016).

둘째, 관계형 교육은 행위자-망이론의 관점이 제시하고 있는 바와 같이 인간중심주의에서 벗어나서 인간은 세계의 다양한 존재들이 구성하는 생태적·기술적·사회적 네트워크의 한 요소라는 사실을 직시하는 것을 포함한다. 예를 들어 포스트휴먼적 학습은 비인간적 존재들(지식, 물질, 도구, 인공물 등)을 타자화하여 그들을 일방적이고 임의적으로 인식의 대상으로 삼는 것이 아니라 그들과의 연관성에 기반한 관계망 속에서 상호작용을 통해 서로를 알아가는 과정으로 이해할 필요가 있다(Cook, 2016). 따라서 포스트휴먼적 교육 역량은 기술 중심적 사회에서 다양한 사물, 지식이나 정보, 기술적 요소와 역동적으로 관계를 맺으면서 소기의 학습과 과업 수행의 성과를 이루어나가는 능력을 가리킨다. 그러므로 포스트휴먼적 교육은 학습자가 다양한 주체(인간 및 비인간)와 물질성의 상호의존과 혼성화(인간 · 기계, 물질 · 비물질, 온라인 · 오프라인, 현실 · 가상 세계 등)를 통해 매우 다중적인 관계성을 이루며 학습의 목표를 이루어갈 수 있도록 돕는 것이다.

셋째, 관계형 교육은 비대표성이론이 제시하고 있듯이 정형적이고 고정적인 존재인식론이 아니라 과정적이고 자기 조직적인 생성력을 강조하는 교육이다. 비대표성이론은 인간의 신체는 세상 혹은 비인간적 사물들과 쉽게 분리할 수 없고(Thrift, 1996), 신체가 세계에 끊임없이 작동하고 상호작용하는 능력이 발현됨으로써 세상(즉, 비인간적 존재들)과 물질적 관련성을 맺게 된다고 보기 때문에 그러한 역량을 자기 조직적 역량(self-organizing capacities)이라고 부를 수 있다(Teisman & Klijn, 2008). 특히 자기 조직적 역량은 결과보다는 실천과 과정을 강조하는 것으로 행위의 역량을 확장하는 것 자체가 유리적 행위라는 스피노자Spinoza(1996)나 들뢰즈Deleuze(1988)의 철학과 유사하다. 이를 스리프트Thrift는 "생동감을 촉발함으로써 새로운 삶의 형태를 구성하는" 윤리라고 표현하기도 했다(Thrift, 2007).

실제로 국제적 교육의 표준에서는 이러한 자기 조직적 역량을 미래 인재상의 기본 요건으로 제시하고 있다. 예를 들어, OECD가 제안한 "21세기의 기술"에서도 정보 수집·종합·분석 능력, 자율적 직무수행능력, 리더십, 비판적 사고, 타인의 관점과 전체를 조망할 수 있는 능력, 효과적 소통과 테크놀로지 활용 능력, 윤리적·생태주의적 태도 등을 포함하고 있고(Dede, 2009), 세계 경제 포럼(World Economic Forum, 2016)의 「미래의 직업」이란 보고서에서는 미래의 10대 역량을 "복합 문제 해결 능력, 비판적 사고 능력, 창의력, 인적 자원 관리 능력, 협업 능력, 감성능력, 판단 및 의사 결정 능력, 서비스 지향성, 협상 능력, 인지적 유연력"으로 제시하였는데, 이러한 역량들은 자기 조직적 역량의 차원에서 재해석할 수 있다. 요컨대, 포스트휴먼 시대를 위한 관계성 교육은 이질성(heterogeneity), 다양성(multiplicity), 풍부함(profusion)을 살리는 교육경험(Weaver, 2010)을 통해서 자기 조직적 역량을 키우는 것이라고 이해할 수 있을 것이다.

3) 지능정보사회를 위한 미래교육 혁신

시대의 흐름에 따른 대학교육의 변화에 뒤처지지 않기 위해서는 장기적으로 초중등 교육의 변화가 선행되어야 한다. 포스트휴먼적 미래 사회의 방향에 부합하는 구체적인 초중등 교육의 방향을 류기락(2017)의 제안을 중심으로 제시해 본다.

첫째, 암기 및 주입식 교육이 아닌 문제 해결 사고력 중심 교육이 실현되어야 한다. 특히 정보화 및 전산화 시대를 대비하여 초중등 학생의 소프트웨어(SW) 및 스팀STEAM 교육을 대폭 확대하여 컴퓨터적 사고력(computational thinking) 및 문제해결능력을 배양하는 교육이 필요하다. 이러한 요구를 반영하여 이미 2018년부터 정규 초중고 전 학년에 SW 교육이 교육과정에 포함되었고, SW 교육전문기관 설치 및 학교-SW 동아리 운영이 활성화되고 있다. 이를 지원하기 위해선 SW 교육전문가 확보나 SW 교육 종합 서비스 체제 구축 등이 필요할 것이다.

둘째, 창의성 및 통섭능력을 갖춘 창의융합형 인재의 육성이 필요하다. 학생들의 자율적 역량 개발 및 미래를 준비하기 위해 수업방식, 학사제도 및 교육과정의 전면적 개편이 필요하고 학년 구분 없이 학생의 능력과 수준에 맞춘 개별적 교육과정을 학교가 운영할 수 있어야 한다. 그러한 방편의 하나로 최근 도입된 자유학기제나 고교 학점제가 효과적 역할을 해야 할 것이다.

셋째, 지능정보기술을 활용한 맞춤형 교육체제가 도입되어야 한다. 학생의 학습이력 및 학습 수준을 체계적으로 분석하고 학습효과를 극대화할 수 있는 맞춤형 학습(Adaptive Learning)이 필요할 것이다. 이는 학습자의 학습활동 데이터를 분석하여 흥미와 수준에 맞는 학습을 처방하고 학습 개선을 지원할 지능형 학습 플랫폼의 성격을 갖는다. 동시에 디지털 교과서 개발(2017~2019) 및 보급(2018~2020) 계획과 연계하고 맞춤형 학습자료나 온라인 공개강좌(MOOC)를 효과적으로 검색할 수 있는 교육 콘텐츠 정보시스템의 구축과 온라인 학습 시스템의 구축도 필요하다.

넷째, 미래산업 발전을 이끌 지능정보 핵심인력 양성이 요구된다. 스팀STEAM 교육을 기반으로 컴퓨터 과학, 데이터 분석, SW 개발 등에 능통한 창의적인 지능정보영재를 육성하고, 이러한 프로그램이 대학 입학 전형 제도와 연계되어 정착되어야 할 것이다. 이를 위해 정보영재 교육기관을 대폭 확대하고 중장기적으로 과학기술뿐 아니라 인문학 등 융합교육을 체계적으로 지원하는 특수 목적 고등학교(예: 지능정보영재고)등을 시도해 볼 수 있다.

다섯째, 위와 같은 초중등교육을 지원할 수 있는 교원양성 제도 및 인프라 구축도 필요하다. 인공지능의 도입과 딥러닝 학습 알고리즘의 개발 등은 학습의 개별화 및 맞춤화를 가속화시킴으로써, 교사의 역할에도 큰 변화를 야기하고 있다. 이미 글쓰기나 외국어 교육에서의 작문, 회화 지도 등의 언어교육이나 리터러시 교육 등이 자동번역기나 인공지능 프로그램으로 대체되는 현상이 증가하고 있다(Frey & Osborne, 2013). 따라서 당분간 기술정보화된 학습환경 속에서의 교사의 역할에 대한 논의를 바탕으로, 교원 교육의 방향은 컴퓨터와 협력적 교수학습의 전략들을 탐색하고 인간 교사의 역할을 제고시키는 방향으로 이루어지게 될 것이다.

제3부

포스트휴먼 시대의 학교교육

인간 삶의 전 영역이 세계화라는 기치 아래 전면적으로 시장화됨으로써 트랜스휴머니즘은 교육 영역의 시장화를 매개로 교육을 변혁하고 있으며, 정부의 시장 편입과정을 매개로 정부 정책에 깊이 스며드는 단계에 들어서고 있다. 이에 대한 상징적 증거는 현재 최고의 기업적 가치를 지닌 것으로 평가되고 있는 구글Google과 나사NASA의 지원 아래 트랜스휴먼의 미래비전을 선도하며 교육의 미래지향적 대변혁을 외치는 싱귤레리티 대학(Singularity University)이다. 이 대학의 총장이 바로 앞서 언급된 트랜스휴머니즘의 구루 레이 커즈와일Ray Kurzweil이다. 그는 또한 '미래 주의자(Futurist)'라는 국제단체를 중심으로 방대한 국제 네트워크를 형성하여 미래지향적 정부 정책에 영향을 미치고 있다.

제7장

포스트휴먼 시대의 학습의 변화

1980년대 중반까지만 해도 대부분의 학자들은 인간의 사고와 학습이 기계의 학습과는 본질적으로 다르다고 믿었다(Hart, 1983; Wittrock, 1974). 예를 들어 인간의 학습에서 초기의 규칙 기반 학습 이후의 고차원적 학습은 매우 불확실하고, 맥락 의존적이며 직관적이기 때문에 컴퓨터나 로봇이 인간처럼 학습하는 것이 불가능하다고 주장한 바 있다(Dreyfus, 1980). 하지만 1980년대 중반 이후의 사이보그, 로보틱스, 그리고 인공지능에 대한 이론적 논의와 기술적 연구의 급증은 그러한 인본주의적 관념에 근본적인 의문을 제기하기 시작했다(Minsky, 1985; Haraway, 1985; Levidow & Robins, 1990). 특히 21세기 들어 NBIC(Nano-Bio-Info-Cogno) 기술로 대표되는 새로운 기술들은 생활환경뿐 아니라 인간의 생물학적 조건과 잠재력을 변화시킴으로써 세상과 인간의 삶의 방식을 포스트휴먼적 조건으로 급격하게 변화시키고 있다(Wolbring, 2008).

이러한 기술적이면서도 사회문화적인 포스트휴먼적 환경은 그 구성원인 인간들마저 포스트휴먼적 존재로 만들고 있고, 그로 인해 새롭게 등장하게 될 포스트휴먼적 학습자들이 어떤 존재이고, 그가 경험하게 될 새로운 학습 경험의 본질이 무엇인가에 대해 이해하지 않을 수 없는 상황이 되었다(Bostrom, 2003). 그럼에도 불구하고 오늘날 학교교육을 지배하는 학습이론들은 여전히 과거의 인본주의적 관념과 전제들 속에서 머무르고 있다. 실제로 최근까지 교육학에서 지배적인 역할을 해왔던 행동주의적, 인지적, 그리고 구성주의적 학습이론들은 학습자를 여러 사물들로 둘러싸인 세계 속에서의 독립적이고 자율적이며 개별적 존재로 여기는 인본주의적 관념을 바탕으로 형성된 이론들이다. 이러한 맥락 속에서 수많은 학습의 도구들과 기술적 매개들은 개별 학습자와 분리된 요소로써 학습을 보조하는 단순한 매개체로서 간주되었고, 그로 인해 '학습'의 본질이 될 수 있는 지식, 사물, 도구, 그리고 인간의 공통된 물질성(materiality)은 간과되어왔다.

본 장에서는 포스트휴먼적 존재의 등장이 학습의 개념과 성격을 어떻게 변화시키고 있는지를 살펴보고자 한다.

1. 포스트휴먼적 학습의 기반

1) 포스트휴먼적 학습으로의 변화

기술의 진보가 가져올 인간존재의 성격 변화 도달점을 포괄적으로 '포스트휴먼'이라고 보았을 때, 포스트휴먼적 존재로서의 학습자들을 위한 교수방법 이론은 어떤 성격을 갖는가? 포스트휴먼 시대에 부합하는 인간과 물질, 그리고 세상에 대한 새로운 이해를 제시해주는 관점들 중 하나가 바로 객체지향존재론(Object-Oriented Ontology)이다(Latour, 2004). 세상을 인식하는 사유의 주체로 인간만을 인정하고 인간을 중심으로 세상을 파악하였던 과거의 주체지향(subject-oriented) 존재론과는 달리 객체지향존재론은 인간을 포함한 모든 사물들(물질세계, 동식물, 도구들)을 인식의 주체로 삼는 철학적 관점이다. 따라서 객체지향존재론은 모든 비인간적 존재들의 주체성에 대한 성찰과 더불어 인간과 비인간적 요소들이 네트워크적 관계성 속에서 어떻게 상호작용하는가에 초점을 맞추어 사유할 것을 요구한다(Harman, 2015).

객체지향존재론은 포스트휴먼적 존재들을 이해하기 위한 기본 토대가 되는 관점으로써 교육이나 학습에 대한 전혀 새로운 관점을 제시한다. 기존의 인본주의적 관점에서 보면, 학습자는 데카르트의 마음·신체 이원론을 바탕으로 물질세계와 구분되는 자아와 의식을 가진 독립적 존재로 간주되었다. 따라서 인본주의적 학습자들은 개별적 능동성과 선택에 의해 자신의 의지와 지적 욕구를 실현하는 차원에서 독립적이고 자율적으로 세상을 탐색해나가는 존재였다. 하지만 포스트휴먼적 학습자는 비인간적 존재들(지식, 물질, 도구, 인공물 등)을 일방적이고 임의적으로 학습의 대상으로 삼는 것이 아니라 사물들과의 상호 연관성에 기반한 관계망 속에서 그들과의 상호작용을 통해 존립하고 학습을 수행하는 존재로 여긴다(Cook, 2016). 사실 이러한 학습은 이미 구글의 검색엔진, 음성인식 인터페이스, 자동 번역 기계, 문장 자동완성 기술 등을 통해 인간의 일상 속에 깊숙이 파고들어 정보 습득이나 학습을 돕고 있다. 우리는 더 이상 학습이 순수히 우리의 이성적 사고에 의존하고 있다고 말하기 어려운 시대를 살고 있는 것이다.

그렇다면 이처럼 고유한 이성과 독자적 정체성을 지닌 인간으로서가 아니라 네트워크 속의 구성원으로서의 포스트휴먼적 학습자는 어떤 존재일까? 학습의 본질이 무엇인가에 대해서는 많은 이론들이 제기되어 왔지만 포스트휴먼적 관점의 학습이론은 행동주의, 인지주의, 구성주의, 그리고 사회적 상호작용주의 등과 같은 기존의 인본주의적 학습이론들과는 성격을 달리한다. 포스트휴먼적 학습이론으로 논의되는 이론들로는 연결주의(connectionism: Hertz, 2018; Walker, 2017), 관계주의(relationality: Ceder, 2018), 그리고 신물질주의(new materialism: Hood & Kraehe, 2017) 등의 이론들이 있는데, 이 이론들의 공통된 특징은 학습자의 신체 및 정신의 데이터화와 디지털화를 통해 학습이 이루어질 수 있다고 보는 것이다. 디지털 알고리즘과 인공지능 기술을 바탕으로 마음(mind) 뿐만 아니라 신체까지도 모두 데이터화됨으로써 포스트휴먼적 학습자는 점점 더 컴퓨터가 데이터를 처리하는 방식으로 현실을 경험하게 될 것이다(Haney, 2006).

포스트휴먼적 학습의 본질은 바로 생물학적 인간을 컴퓨터 알고리즘의 산물인 인공지능과 구분하는 마지막 보루인 '의식'이 학습에 기여하는 역할을 어떻게 규정하느냐에 달려있다. 현재 인공지능 기술을 기반으로 한 기계학습(machine learning)의 능력이 인간의 학습 능력을 뛰어넘고 있다는 것이 인지공학 전문가들의 공통된 의견이다(Jordan & Mitchell, 2015; Schmidhuber, 2015). 그런데, 인간의 신체 정보뿐만 아니라 인간만의 고유한 특질로 간주되었던 의식마저 데이터화되어 최종적으로 컴퓨터 알고리즘의 재료가 되고 있는 것이다. 즉, 나날이 발전하는 생물공학적 기술과 통찰력은 인간의 마음을 점점 인간 이성의 물리적 메커니즘인 "두뇌의 굴레에서 해방시켜 데이터화함으로써 네트워크와 가상현실 속으로 들어가게" 하고 있는 것이다(Clark, 2003). 예를 들어 클락Clark(2003)은 오늘날 인간의 "의식(consciousness)을 신체의 구속으로부터 해방(disembodiment)시켜주게" 될 기술적 창조물들이 등장하고 있다고 주장하였다. 이 기술적 창조물들에는 인간의 마음이 사고하고 느끼는 방식을 모사하여 입력된 정보(mind-file)를 컴퓨터가 해독할 수 있도록 돕는 마인드웨어Mindware나 인간의 사고기능을 확장하고 촉발시켜주는 인지-보철 장치(cognitive-prosthetic devices), 그리고 신체 기능을 증가시키는 하드웨어나 소프트웨어 등의 장치 및 기구들과 같은 디지털화된 생체 장치들이 모두 포함된다. 결국 생물학적이고 실존적인 존재로서의 인간과 컴퓨터 알고리즘으로 대표되는 인공지능을 갖춘 기계를 구분하는 최후의 보루인 '의식'의 역할마저 무너지게 되는 것이다(Searle, 1990).

만일 인간이 더 이상 생물학적인 인간 존재로서만 설명될 수 없고 인간의 의식이 데이터화되어 사이보그와 같은 인간-기계 공생체(symbionts)에 의해 처리된다면 그때 인간의 사고뿐만 아니라 의식마저도 컴퓨터의 정보처리를 통해 설명될 수 있을 것이고, 따라서 학습의 개념도 새롭게 정의되어야 할 것이다. 즉, 인간의 생물학적·행동적·심리적·인지적 특성에 대한 이해가 별개의 영역으로 구분되어 다루어지는 아니라 하나로 통합되어 컴퓨터 알고리즘에 의해 동일하게 처리될 수 있는 기술적 지평 속에 사는 포스트휴먼의 학습이란 무엇인가를 논의해야 한다. 비록 당분간 생물학적 특성으로서 인간의 의식이 유효한 역할을 한다고 해도 포스트휴먼의 신체와 사고는 문화적이고 기술적인 환경 및 인공지능 기계들과의 상호작용 및 협업을 위해 지금 보다 훨씬 더 개방적이고 관계적인 성격을 띠게 된다는 것을 이해할 필요가 있다.

2) 포스트휴먼적 학습의 성격

그렇다면 기술적 진보가 학습의 성격을 구체적으로 어떻게 바꾸고 있는지 살펴보자. 미래 사회의 변화를 가져오고 있는 기술적 진보의 실제적 사례들에는 알고리즘algorithms, 빅데이터big data, 플랫폼platforms 등에 기반한 정보처리 기술, 인공지능, 드론과 무인자동차를 포함한 로보틱스robotics 기술, 셀룰러 네트워크 및 Wi-Fi 기술, 센싱sensing 기술, 착용(wearable) 기술, 유비쿼터스ubiquitous 컴퓨팅 등을 바탕으로 한 통신 기술, 그리고 사물인터넷(Internet Of Things)과 만물인터넷(Internet of All Things), 스마트 홈, 소셜미디어 기술의 발달 등과 같은 생활기반 기술들이 모두 포괄된다. 포레노Forlano(2017)는 이러한 다양한 기술적 변화들이 학습환경의 변화에 미치는 양상을 크게 다섯 가지 – 네트워크적 소통, 인터페이스의 변화, 유비쿼터스 환경, 피드백 기술의 혁신, 그리고 사물의 능동성 – 로 구분한 바 있다. 이 다섯 가지 양상과 포스트휴먼적 학습의 특성과의 관련성을 정리하면 다음 [표 7-1]과 같다.

[표 7-1] 기술적 변화와 포스트휴먼적 학습의 특성

<table>
<tr><th>기술적 요소</th><th>특징</th><th>포스트휴먼적 학습의 특성</th></tr>
<tr><td>네트워크적 소통</td><td>횡적 네트워크, 링크스(Links), 미디어, 통신이 디자인과 결합하여 영속적인 변화</td><td rowspan="5">• 네트워크적 학습자
• 가상 학습 환경의 학습자
• 모바일적 정체성을 가진 학습자
• 사이보그적 학습자
• 인간-사물의 상호 능동성에 적응하는 학습자
• 학습-예능의 혼성성을 활용하는 학습자</td></tr>
<tr><td>인터페이스의 변화</td><td>터치스크린, 동작 인터페이스, 맥락 인식적 인터페이스와 같은 인터페이스의 본질적 변화</td></tr>
<tr><td>유비쿼터스 환경</td><td>유비쿼터스 컴퓨팅과 위치 태그(location tagging)의 일상화</td></tr>
<tr><td>피드백 기술의 혁신</td><td>소셜미디어나 봇들(Bots), 혹은 지문인식이나 신체측정술(biometrics)등의 피드백 기술의 상용화</td></tr>
<tr><td>사물의 능동성</td><td>인간-기계 인지(human-machine cognition)와 사물의 능동성(agency of things) 증가</td></tr>
</table>

위 표에서 정리된 바와 같이 오늘날 사회-기술적 환경의 변화는 인터넷망(네트워크), 가상 학습 환경, 모바일 환경, 사이보그적 환경, 인간-사물의 역동적 관계, 그리고 학습-예능의 혼성성이라는 새로운 학습 환경 속에 적응할 수 있는 학습자로서의 정체성을 요구하고 있다.

이러한 기술적 환경의 변화에 따른 인간의 성격 변화를 설명하는 이론들 중 하나로 비대표이론(Non-Representational Theory: Anderson, 2016; Thrift, 2011)이 있다. 예를 들어, 스리프트Thrift(2011)은 사람들과 사물들이 오늘날 정보통신기술이 만들어내는 끊임없이 변화하고 유동적인 공간들(즉, movement space: 이동 공간) 속에서 새로운 존재들을 만들어내고 있다고 보았다. 이 존재들은 수평적 네트워크 속에서 공간에 구속되지 않고(유비쿼터스 컴퓨팅) 사물들과 다양한 인터페이스를 통해 끊임없는 피드백을 주고받으면서 생활하기 때문에 순수한 '인간'이라고 간주하기 힘든 인간-기계의 혼성성과 사물의 능동성(agency)에 의존하고 있는 존재들인 것이다. 스리프트(2011)는 이러한 존재들이 "신체의 굴레 밖에서 보안-예능복합체(security-entertainment complex)로서 이동적 정체성(mobility of identity)을 갖고 살아가기 때문에" 그러한 존재들의 성격을 규정할 수 없다는 의미에서 '비대표non-representative'라고 설명하고 있는 것이다.

위와 같은 기술적 환경의 변화와 그로 인한 포스트휴먼적 존재성은 사실 먼 미래의 일이 아니라 우리의 삶 속 깊숙이 뿌리내리고 있다. 다음 절에서는 이러한 기술적 환경이 만들어내는 대표적인 세 가지 포스트휴먼적 학습의 형태들-사이버공간, 바이오로이드적, 네트워크적-에 대해 살펴보고 그 의미를 논의해보고자 한다.

3) 포스트휴먼적 학습의 형태들

(1) 사이버 공간에서의 학습

최근 테크놀로지의 발달은 인본주의적 교실에서 흔히 이루어졌던 교사와 학생 간의 대면식 강의의 비중을 크게 줄이고, 이를 대신하여 인터넷과 컴퓨터를 매개로 한 온라인 학습의 비중을 증가시켰다. 이러한 웹 기반 온라인 교수법들은 수업의 쌍방향성, 학생들에게 학습과 관련한 다양한 선택권 부여, 그리고 인터넷 자료를 활용한 지식에의 접근성이 향상된다는 공통적 특징을 가지고 있다. 위와 같은 특징들로 인해 인터넷 기반 교수법들이 학습목표 달성의 성과가 높다는 많은 연구들이 있지만(Cook, Levinson, & Garside, 2010; Ryan, Scott, Freeman, & Patel, 2013) 학습효과를 높이기 위한 가장 기본적인 조건으로 효율적으로 학습을 관리하기 위한 알고리즘을 개발하는 일과 인터넷에 난무하는 수많은 콘텐츠들을 적절하고 의미 있게 선정하고 관리하는 일이 우선되어야 한다(Jolliffe, Ritter, & Stevens, 2012).

이러한 온라인, 웹기반 혹은 이-러닝과 같은 사이버공간에서의 학습이 포스트휴먼적 학습과 상통하는 대표적인 세 가지 이유는 바로 혼성성, 개방성, 이동성 때문이다. 혼성성의 긍정적 측면으로써 사이버 기반 학습은 전통적 교실과 같은 공간적 한계에 국한되지 않음으로써 프로그램 개발자나 교사들에게는 안정적이면서도 보다 효율적인 교수 환경을 제공해준다. 반면, 이러한 환경이 학습-비학습의 경계 및 공적-사적 활동의 경계를 무너뜨리고 다양한 학습의 형태나 장르가 혼성적으로 제시됨으로써 집중력과 목표의식을 모호하게 함으로써 학습에 있어서 부정적 효과를 가져다줄 수 있다(Dirckinck-Holmfeld & Jones, 2009). 또한 사이버 및 디지털 공간은 눈에 보이지도 않고 활동의 흐름이 규정되어 있지 않기 때문에 "정보의 흐름과 소통을 촉발하면서도 통제가 어려운 공간"(Castells, 1996)이 된다는 지적도 있다. 한편 개방성과 이동성은 완전한 자율성이라기보다는 기존의 지식들 간의, 교수자-학습자 간의, 그리고 교수방법이나 매체들 간의 경계 없이 학습이 이루어지는 것인데(Peters & Humes, 2003) 여기에도 긍정적인 측면과 부정적인 측면이 존재한다. 예를 들어 인터넷의 개방적 정보와 자료들은 본래적으로 다중적이고, 혼돈적이며, 끊임없이 변화하고, 중심점 없는 흐름의 성격을 갖고 있기 때문에 누구나 그러한 정보와 자료들을 마음껏 학습에 활용할 수 있다. 하지만, 동시에 인터넷을 통한 정보나 서비스 속에는 바이러스나 애드웨어adware, 혹은 판옵티콘panopticism의 역할을 하는 감시와 통제의 장치들이 그 구조 속에 숨어있을 수 있다(Edwards & Usher, 2000).

이러한 사이버 학습의 특성들이 포스트휴먼적 학습의 측면에서 갖는 의미는 푸코Foucault(1986)의 이질 공간(heterotopia), 즉 하나의 '대안적 질서의 공간'의 개념을 통해 이해할 수 있다. 사이버공간(cyberspace)과 비교했을 때 이질 공간은 실재와 가상의 동거, 중복되고 겹쳐지는 공간, 끊임없이 생성과 소멸을 통해 재생성되는 현실과 상상적 주체들이 존재하고 관계를 맺는 공간을 가리킨다(Piñuelas, 2008). 푸코는 헤게모니적 질서와 지식이 생성되는 시스템에서 탈피하기 위해 대안적으로 만들어내는 저항의 공간을 '이질 공간'의 개념을 통해 설명하였는데 이는 요소들 간의 관계성으로 이루어진 네트워크 안에서 학습이 어떻게 일어나는가를 이해하는데 유용한 개념이 될 수 있다. 예를 들어 온라인 강좌가 이루어지는 (가상의) 공간은 일방적이고 권위적인 관계성을 형성하였던 전통적이고 규범적인 교실 내에서의 교사, 지식, 그리고 학생들 간의 관계성에서 벗어나, 학생들이 학습의 주도권을 쥘 수 있는 저항의 기회이자 해방적인 공간이 된다는 것이다. 그런 의미에서 포스트휴먼적 존재들이 참여하게 될 미래의 사이버 학습은 기존의 교실(물리적 공간) 내에서의 교수학습이 교사 주도형의 정형화되고 통제적 공간이었던 것에 반해 교사-학습자-매체들이 새로운 관계성을 맺고 각 주체들의 역할 범주가 혁신적으로 변화될 수 있는 공간에서 일어나는 학습이라는 사실에 주목해야 할 것이다(Fenwick & Landri, 2012).

(2) 바이오로이드적 학습

포스트휴먼적 학습이 새롭게 제안하는 또 다른 양식이 바로 바이오로이드적 학습이다. 현대 과학기술의 발전에 따라 사회적, 문화적, 그리고 기술적 측면에서 학습 환경의 변화가 활발하게 이루어지고 있고, 그에 따라 이-러닝(Attwell, 2007), 모바일 러닝(Ally & Prieto-Blázquez, 2014), 기술 기반 학습(Leppink & van Merriënboer, 2015) 등과 같은 수많은 학습 전략들이 소개된 바 있다. 이러한 변화는 교수학습의 상호작용이 '인간적인' 교사와 학생의 만남에서 점차 도구, 매체, 기술 등에 대한 의존성이 높아지면서 궁극적으로는 사이보그적 존재들 간의 만남으로 전환되어가고 있다는 것을 의미한다. 이 사이보그적 존재들이 최근 생체공학(biotics), 인공지능, 만물인터넷(IoE) 기술들에 의해 새롭게 발전하게 된 존재가 바로 바이오로이드이다. 바이오로이드bioroids는 인공 지능의 능력이 증강된 안드로이드(운영체제)로서 생체모사 기술(biomimetics)을 바탕으로 생물학적 인간과 최대로 유사한 합성 유기체를 가리킨다. 예를 들어 인공지능이 인간의 생물학적 두뇌의 기능을 모사하면서도 인공지능 기술이 발달함에 따라 기능면에서는 훨씬 뛰어난 능력을 보일 수 있는 것과 마찬가지로 바이오로이드는 현재에는 인간 신체의 특정 부분을 모사하여 개발되고 있지만 궁극적으로는 신체 전체가 생물학적 인간과 거의 유사한 수준으로 발전하게 될 것이다(Ayala & Fu, 2017; Lawrence, 2017). 이러한 바이오로이드는 아래의 [표 7-2]가 구별해주듯이 컴퓨터 원리에 의한 단순한 기계가 아닌 인류의 특성을 가지면서도 인간이 아닌 인공적 존재이다(Bayne, 2015).

[표 7-2] 기술-향상적 학습(Technology-enhanced learning)에서의 학습 주체들의 성격

학습 주체	인간적(Human)	인공적(Artificial)
인류적 (Anthropic)	자연적인 인간 존재: 인류의 특성을 지닌 인간적 능동자	바이오로이드(Bioroids): 인류의 특성을 지닌 인공적 능동자
	인력 관리, 조직 이론, 심리학, 인류학	생체로봇, 합성생물학, 인공 심리학, AI 자원관리 및 조직개발, 사회적 로보틱스
전산적 (Computronic)	사이보그(Cyborgs): 컴퓨터 특성을 지닌 인간적 능동자	컴퓨터들: 컴퓨터 특성을 지닌 인공적 능동자
	심리공학, 사이보그·사이버 심리학, 인간 기술 관리, 유전·신경공학, 생체·신경 사이버네틱스	AI 소프트웨어, 전문가시스템, 산업로봇, 스마트 기기, 컴퓨터공학, 전자공학, 로보틱스, IT 경영학

바이오로이드적 학습은 기존의 생물학적 인간을 전제로 한 인본주의적 학습과는 본질적(구조적)으로 다르기 때문에 그에 따른 새로운 학습이론이 필요하다. 즉, 지금까지 교육심리학 차원에서 인간의 학습을 설명해온 인지이론(기억, 정보처리 및 인출), 학습이론(구성주의, 경험주의, 사회학습이론), 정서 이론(자기 주도력, 동기 이론, 의지 이론) 등으로는 설명하기 어려운 학습의 형태가 등장하게 된다는 것이다. 기억의 문제를 예로 들면 미래 사회의 인간관계나 삶의 조건들은 점점 사물의 관계망 속에 섞이게 되면서 어떤 지식이나 정보를 인간의 두뇌 속에 저장할 필요성이 점점 줄어들고 있다(Radvansky, 2017). 이러한 '기억의 외장화'는 사실 메모, 노트, 저널, 저서와 같은 기호적 도구를 활용한 기록문화에서 시작하였고 오늘날에는 외장하드, 클라우드 및 네트워크 컴퓨팅 등의 기술을 통해 실생활에 활용되고 있다. 인간의 사고의 경우 인본주의적 학습에서 사고는 주로 이성을 갖춘 개인들의 합리적 추론의 과정으로 설명되곤 했지만 실제로 인간의 사고나 지식들은 결코 개인들의 두뇌 속에서만 이루어지거나 특정 두뇌의 공간에 저장되는 것이 아닐 수도 있다는 것이다

(Sloman & Fernbach, 2018). 이러한 관점을 반영한 인공지능 연구의 최근 추세가 바로 인간의 학습을 모사한 다양한 바이오로이드들의 개발이다 (Ayala & Fu, 2017; Verner, Cuperman, Krishnamachar, & Green, 2017).

결국 인공지능의 기술이 우리 생활 전반과 학습의 영역에 진입하게 되는 순간부터 우리는 더 이상 인간의 '생물학적' 한계에만 머무르지 않고 인간적 사고와 기술적 도움을 동시에 활용할 수 있는 사고와 학습의 양식을 계발할 필요가 있다. 즉 기술 의존적 사회에서 학습자들은 더 이상 '휴머노이드humanoid'적 존재로 학습하는 것이 아니라 바이오로이드적 존재로 학습하게 된다는 것이다. 따라서 앞으로는 기술적으로 증진된(technology-enhanced) 학습들의 타당성, 적절성, 효과성 등에 대한 연구와 논의가 더욱 필요하게 될 것이다(Hasse, 2018a).

(3) 네트워크적 학습

테크놀로지에 기반한 포스트휴먼적 학습의 또 다른 대표적 학습의 유형은 네트워크적 학습인데, 이 네트워크적 학습은 '네트워크적 존재론(the networked ontology)'이란 개념을 바탕으로 학습자의 존재론적 성격과 학습 양식의 내적 구조를 크게 변화시키고 있다(Anderson, 1998). 네트워크적 학습은 학습에 관여하는 사람, 사물, 기술, 아이디어 혹은 개념 등과 같은 모든 존재들이 네트워크 내의 상호의존적인 관계성 속에서 각자 동등한 역할을 수행하면서 학습이 이루어지는 것을 말한다. 예를 들어, 네트워크화된 교실에서 네트워크 내의 모든 존재들(학생, 교사, 인터넷의 정보화된 지식, 다양한 교수 매체)이 연결주의(connectionism)의 학습원리를 바탕으로 학습을 수행하는 장면이 전형적인 예이다. 이때 학습이론의 핵심은 이러한 네트워크 내의 모든 존재들이 어떻게 연결되고 능동적으로 관여하고 효과적으로 작동함으로써, 학생들의 흥미를 이끌고 새로운 아이디어를 생성하여 지속적인 학습효과를 거둘 수 있는가를 탐색하는 일이다(Fenwick & Edwards, 2014).

네트워크적 학습은 학습의 메커니즘 차원에서 다음 세 가지의 성격을 지니고 있다.

첫째, 학습의 핵심 구조로써 비선형적(non-linear) 학습 로직을 들 수 있다. 비선형적 학습 로직이란 인터넷 문서의 대표적 특징인 하이퍼텍스트(HTML) 방식처럼 학습의 시작과 경로, 그리고 종결점이 전통적인 교과서(텍스트) 기반 선형적 구조와는 전혀 다른 비선형적 논리를 따르는 것이다. 이는 학습 내용의 영역(교과 구분이나 인지, 정서 및 행동적 지식)에 상관없이 적용될 수 있으며 매우 유연하고 융통성 있는 학습 경로를 제공해준다.

둘째, 학습의 핵심 형태로 비주얼Visual 학습 플랫폼의 등장이다. 최근 정보통신 기술의 발달은 데이터의 이동속도를 급속히 증가시켜 네트워크 내의 지식과 정보들이 텍스트 기반 학습보다 더 효과적인 학습을 가능케 하는 음성 및 영상기반 학습으로 급격하게 이동하고 있다. 결과적으로 현재 수많은 인터넷 이용자들이 더 이상 정보의 양식(mode)에 따른 용량 제한에 구애받지 않고 유튜브Youtube, 비메오Vimeo, 비즈둠Vizdoom 등과 같은 비주얼 학습 플랫폼들이 제공하는 동영상들을 학습에 활용하고 있다.

셋째, 매개적 학습(mediated learning)의 성격이다. 포스트휴머니즘은 미디어 환경에도 급속한 변화를 가져오고 있는데 그 핵심은 학습의 기본 동력이 메시지에서 미디어로 이동한다는 것이다. 교육에 있어서 미디어의 중요성이 커짐에 따라 주목해야 될 사항이 몇 가지 있는데, 우선 '교실

내 교육'에서 '교실 외 학습'으로 교육의 범주와 양식이 변화함에 따라 네트워크나 정보기술의 역할이 교육의 질과 효과를 결정하게 된다는 것이다. 다음으로 지식의 성격이 교과서적 고정된 지식에서 융합적·생성적·유동적 지식으로 변화된다는 것인데 예를 들어, 인터넷의 정보들은 대부분 공개적이고 유연하며 학습을 위한 일정한 순서나 체계가 없는 학습 자료이다. 그러므로 이러한 자료들에 대한 융통성 있고 역동적인 접근 방식으로 학습을 이끌어가 필요가 있고, 그로 인해 앞서 언급한 다양한 비선형적 학습 로직이 중요해지는 것이다. 마지막으로 학생들이 학습에 활용하게 될 교육 콘텐츠의 신뢰성 관리가 중요한데 이러한 자료들의 신뢰성과 효과성에 대한 판단과 안내가 교사들의 중요한 역할이 될 것이다.

요컨대 사이버공간의 학습, 바이오로이드적 학습, 그리고 네트워크적 학습은 포스트휴먼적 학습의 대표적인 형태가 될 것이다. 여기서 포스트휴먼적 학습이란 다시 말해서, 이성적이고 독립적인 학습의 개별적 주체를 상정한 인본주의적 학습이론과는 달리 다양한 학습의 주체들(인간, 사물, 도구 및 기술들)이 온라인 네트워크 상에서 동등한 지위와 역할을 가지고 가상과 현실을 넘나들면서 이루어지는 집단적이고 분산적인 교류에 의해 학습이 이루어진다는 것이다. 이러한 포스트휴먼적 학습의 등장은 교사의 역할에도 근본적인 변화를 요구하고 있는데, 다음 절에서는 포스트휴먼적 교수방법은 어떻게 변하게 될지에 대해 논의해보자.

2. 포스트휴먼적 학습이론의 패러다임

지금까지 논의한 바와 같이 탈인간중심적임과 동시에 기술 의존적 네트워크 환경 속에서 다양한 생물학적·도구적·기계적 존재들과 역동적 관계를 맺고 있는 포스트휴먼적 학습자들을 이해하기 위해서는 어떠한 학습이론이 필요할 것인가? 본 장에서는 이를 학습이론의 패러다임 변화 양상에 대해 논의하고, 포스트휴먼적 학습을 대표하는 세 가지 이론적 기반을 소개한 후, 미래 포스트휴먼적 학습의 방향성에 대해 살펴보고자 한다.

1) 학습이론 패러다임의 변화

포스트휴먼적 학습자를 위한 학습이론들은 다음과 같은 세 가지 변화를 바탕으로 논의될 것이다.

첫째, 학습의 개념 범주가 달라질 것이다. 예를 들어 사회문화 이론(Sociocultural theories)에서와 같이 학습의 주요 맥락적 요소로 간주되었던 '문화'는 더 이상 인류만의 유산이거나 인간만의 전유물이 아니라 동물계, 자연계, 그리고 기술 산업계의 모든 존재들의 산물이자 공유물로서 이해되어야 한다. 즉, 문화를 바라보는 관점은 인본주의적 혹은 사회문화적 관점에서 생태주의적 관점과 기술 산업적 관점으로 급속하게 변동하게 될 것이다. 이를 대표해주는 이론이 바로 사회문화이론을 대신하여 등장한 사회물질적(sociomaterial) 이론이다. 이 이론은 사람(즉, 학습자)을 학습의 중심적이고 주체적인 존재라기보다는 보다 커다란 시스템이나 네트워크적 구조에 속한 하나의 작용인으로서 그 시스템의 물질성과 교호적 작용을 하는 존재로 간주한다(Edwards, Fenwick, & Sawchuk, 2015). 즉, 사회물질적 학습이론은 아래 [그림 7-1]과 같이 물질적·사회적·문화적 요인이 학습에 미치는 영향을 동등하게 고려하는 입장이다(Fenwick & Landri, 2012).

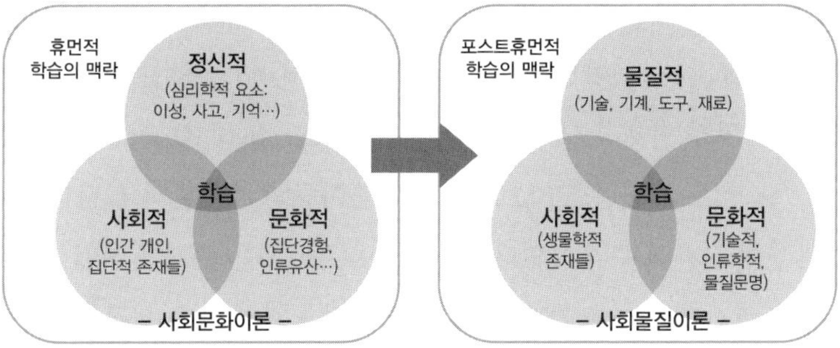

[그림 7-1] 학습이론 패러다임의 변화

위와 같이 학습에 있어서 물질적·사회적·문화적 요소들이 등등한 지위를 가지고 개입하는 것을 하논Hannon(2013)은 '사회물질적 학습의 얽힘(Sociomaterial Learning Entanglements)'이라고 표현한 바 있다. 이는 기존의 인본주의적 관점과 같이 인간이 학습의 주체가 되고 매체와 기술은 단순히 학습의 '도구'로만 간주되는 것이 아니라 물질적, 사회적(인간들 간의 관계), 그리고 문화적 문명들이 동등한 역할을 수행하는 것이 학습의 본질이라는 의미이다. 따라서 사회물질적 이론의 관점에서 인간이 학습의 유일한 주체이거나 중심적 행위자로서 간주되는 대신, 인간과 지식, 인지(사고), 그리고 학습의 매개로서의 테크놀로지 등 모두가 평등한 네트워크 속에서 동등한 역할을 하면서 어떻게 학습에 기여하는지를 탐색하는 것이 포스트휴먼적 학습이론의 본질이 될 것이다(Hasse, 2018b).

둘째, 학습 주체들의 범주와 성격이 확대될 것이다. 미래 사회문화의 핵심적 주체가 될 포스트휴먼적 존재들은 생물학적 신체에 구속되지 않고 인간의 신체적(예: 의족·의수, 인공장기, 보청기 등의 신체적 장애 보조물), 정신적 능력(예: 마인드 업로딩mind uploading 기술이 접목되어 인간의 사고, 지능, 정서적 기능들이 활성화된 사이보그적 존재들)을 증강시키는 기술적 기관들이 함께 조합된 인간-기계의 하이브리드가 될 수도 있다. 이는 기술적 몸(techno-body)이 인간의 생물학적 몸(bio-body)의 단점을 극복한 포스트휴먼적 신체의 탄생을 의미하고(Loader, Bell, Pleace, & Schuler, 2004), 그 정도에 따라 포스트휴먼적 학습자들의 존재론적 성격과 학습의 양상이 달라질 수밖에 없다. 즉, 학습을 주도하는 존재가 어떤 포스트휴먼적 조건과 특성을 가졌느냐에 따라 그 존재의 학습 성격과 방법이 전혀 달라질 수 있다는 것이다.

셋째, 교육공학이론이나 교수학습 이론의 패러다임이 근본적으로 바뀌게 될 것이다. 학습에 있어서 인지적 영역과 신체·기술적 영역, 혹은 정서적 영역의 구분은 학습의 온라인화, 디지털화, 그리고 사이버화에 따라 새로운 양상을 맞이하게 될 것이고, 이를 설명하기 위한 인지, 정서·감정, 의식 등에 대한 기존의 심리학적, 철학적, 그리고 생물학적 이론들과 관점들에 근본적인 변화가 요구될 것이다(Hayles, 1999). 클락 Clark(2003)은 그 한 예로 인간의 사고와 이성이 물질적 두뇌와 물질적 신체, 그리고 복잡한 문화적·기술적 환경 속에서 어떻게 생성되는지를 '몸-마음-비계설정(body-mind-scaffolding)'의 틀을 통해 설명하기도 했다. 예를 들면 포스트휴먼적 존재들의 학습은 기존의 '인간적' 존재들의 생물학적 특성을 바탕으로 수립된 민감기(critical period hypothesis) 이론, 기억이론(예: working memory theory), 간섭이론(예: 외국어 간섭이론, 망각이론) 등의 학습 원리들과는 전혀 다른 학습 이론에 의해 설명되어져야 할 것이다.

요컨대 칠판과 분필로 대표되는 전통적인 교수학습 환경은 온라인 학습, 사이버(가상현실) 학습, 컴퓨터 기반 학습, 프로그램 학습 등과 같은 최첨단의 학습전략들과 기술들이 나날이 등장하는 오늘날의 환경적 조건, 즉 포스트휴먼적 조건에 비추어볼 때 점차 구시대의 유물이 되어갈 것이다. 비록 컴퓨터의 보급 이후 지금까지 다양한 테크놀로지를 활용한 교수학습 방법론들이 수없이 시도되어 왔지만 이러한 기술들은 전통적인 교사-지식-학생의 연결고리를 단순히 컴퓨터 관련 기기들로 대체하면서 수업의 효율성만을 향상시키려는 시도가 대부분이었다. 하지만 미래의 기술 중심적 환경이 만들어낼 포스트휴먼적 교육은 학습의 개념, 학습 주체의 범위와 성격이 바뀌고 그에 따라 학습이론들도 달라지게 될 것이다. 다음 절에서는 앞서 논의한 바 있는 포스트휴머니즘의 세 가지 이론적 토대인 – 신물질주의, 포스트현상학, 그리고 행위자-망이론 – 이 어떻게 포스트휴먼적 존재들을 위한 대안적 학습이론이 될 수 있는지 논의해보도록 하자.

2) 포스트휴먼적 학습이론의 기반

기술적 진보는 학습 매체의 유형, 기능 및 역할, 그리고 작동 방식을 바꾸어가고 있고, 그에 따라 학습이론의 패러다임에도 근본적인 변화가 일어나고 있다(Hanley, 2018; Hawkridge, Vincent, & Hales, 2018). 본장에서는 포스트휴먼적 학습의 성격을 신물질주의(New Materialism: Barad, 2007), 포스트현상학(post-phenomenology: Ihde, 1993, 2009), 그리고 행위자-망이론(Actor-Network Theory: Latour, 1993, 2005)을 중심으로 설명하고자 한다. 이 세 가지 이론들은 공통적으로 '인간의 학습'의 본질을 규정하는 물질적 조건이 변화되고 있다는 사실에 주목하고 있다.

첫째, 신물질주의는 서유럽 남성 중심의 휴머니즘적 세계관을 비판하는 페미니즘과 계몽주의적 근대 이성이 지향하는 보편주의적 가치를 수용하지 않는 후기 구조주의적 인식론을 바탕으로 오늘날 과학주의와 실증주의의 기반이 되고 있는 정신-물질의 이원론을 거부한다. 여기서 생태주의와 페미니즘은 서유럽 남성 중심적 세계관이 생태계 속 존재들을 인간을 정점으로 서열화시키고(인류중심주의) 인간 종 내에서도 인종적·계급적·성차별적 서열화를 구축하였는데 이것이 계몽주의적 관념과 인본주의적 이념의 기반이 되었다고 본다(Braidotti, 2013). 따라서 신물질주의는 데카르트의 마음-신체(mind-body) 이원론적 구분을 바탕으로 한 물질 개념이 아니라 자연-문화, 물질-정신의 연속선 속에서 끊임없이 변화하는 유동적인 상태로서의 물질성을 상정하고 기존의 인간을 행위자(agent)·주체(subject)로서 물질을 대상·객체(object)로서 구별하지 않는 태도를 가리킨다.

그에 따라 신물질주의는 인간과 자연계 모든 비인간적 존재들(물질, 동·식물, 사물, 도구 등)을 평등하고 상호의존적이며 유동적인 관계망 속에서 이해함으로써 인간중심주의적 사고를 해체하려는 존재론적 입장을 취하게 된다(Braidotti, 2006). 따라서 신물질주의적 관점에서 학습은 인간이 학습의 독립된 주체로서 지식을 습득하기 위해 의도적이고 주도적으로 도구(학습매체)를 활용하는 것이 아니라 학습이라는 사건 자체가 학습자, 지식, 도구들이 학습 환경 속에서 역동적이고 상호의존적으로 이루어지는 지속적인 관계망을 의미하게 된다. 그런 의미에서 모톤 Morton(2013)은 신경과학에 의하면 학습이란 두뇌 속의 뉴런들이 그 신축성과 재귀성을 바탕으로 새로운 뉴런의 연결고리와 회로들을 만들어 내는 것에 불과하므로 인간 학습 행위의 주체는 '인간' 자체가 아니라 두뇌 속의 뉴런의 능동성(agency)의 차원에서 해석할 수 있다고 주장하기도 한다.

신물질주의의 관점에서는 학습을 순수한 이성적 혹은 정신적 작용으로 간주하지 않는다. 두뇌의 정신 작용은 체화(embodiment)된 경험만을 인식할 수 있고, 모든 지식과 정보는 세상 속에 자리 잡은(embedded) 신체적 감각을 통해서 의식으로 전달될 수 있다(Bateson, 1972). 그런 의미에서 헤일즈Hayles(1999)는 인간이 지금과 전혀 다른 신체적 구조를 가졌다면 인간의 사고를 지배하는 인식론적 쉐마도 급격하게 달라졌을 것이라고 주장한다. 학습은 인간(학습자)이 주변 세계의 네트워크적 구조의 일부임을 인식하고, 그 네트워크 내의 다른 존재들과의 관계성에 주목하며, 환경으로부터 오는 여러 자극과 정보들을 감지할 수 있는 신체적 감각에 귀를 기울이는 것에서부터 시작하는 것이다(Latour, 2005).

둘째, 포스트현상학은 혼합현실(mixed reality)이라는 미디어 테크놀로지 환경에서의 인간 경험을 기술성(technicity)과 육체성 즉, 체화(embodiment)로 구분하여 설명했던 메를로-퐁티Merleau-Ponty(1966/2013)의 현상학과 데카르트적 이원론에 입각하여 사유작용(noesis)-사유대상(noema)으로 현상을 파악하려고 했던 후설Husserl(1970)의 현상학을 극복하려는 시도이다(Ihde, 2009). 즉, 포스트현상학은 기존의 인식 주체와 인식 대상을 구분하는 이원론적 현상학을 대신하여 화이트헤드의 철학이 중시하였던 인간과 동물을 동등하게 취급하는 중립적 존재론과 인간 너머에 존재하는 사물들 사이의 관계에 주목하는 객체지향적 사유를 바탕으로 한 현상학이다(Neimanis, 2017). 즉, 포스트휴머니즘의 세 가지 이론적 기반은 자연생태계 속에서의 인간의 위상과 역할에 대한 존재론적 재해석(즉, 반인류중심주의), 인간·동물·자연적 사물들·인간이 사용하는 도구(기술)의 관계성에 대한 재해석(즉, 신물질주의), 자연 속에서의 인간의 경험과 인식 그리고 그 결과인 지식에 대한 인식론적 재해석인 포스트현상학이라고 볼 수 있다(Bogost, 2013; Simonsen, 2013).

포스트현상학의 대표적인 연구자인 핸슨Hansen(2015)은 오늘날 기술은 점점 인간 신체의 특성이나 신체 감각들의 기능을 모사하면서 이를 닮아가고 있는데 이러한 기술이 학습의 방식에 근본적인 변화를 가져올 것이라고 전망한다. 예를 들자면 인간의 눈은 전향-먹임(feed-forward) 방식으로 엄청난 양의 데이터를 수용하면서 순간적으로 판단하고 맞춤식 선택에 의해 적합한 정보를 의식에 제공하는데, 이러한 눈의 정보처리 방식을 모사하여 외부 정보를 학습(수용, 판별, 저장, 인출)하는 인공지능 학습 기술들이 재현되고 있다는 것이다. 더 나아가 이러한 기술들은 소통과 학습의 매개 역할을 하는 미디어의 특성도 변화시켜 뉴미디어(new media)라는 새로운 매개체의 역할을 낳고 있다. 뉴미디어의 성격은 정보의 흐름이 비위계적이고, 쌍방적이며 작가와 독자가 완전히 구별되지 않고, 정보의 영향력은 그 자체의 내용적 진실성과는 별개로 매체의 영향력에 의해 좌우될 수 있다(Lister, Giddings, Dovey, Grant, & Kelly, 2008).

포스트현상학의 관점에서 뉴미디어가 갖는 중요한 두 가지 특징이 있다. 하나는 인간의 의식을 직접적으로 거치지 않을 수 있다는 것, 즉 인간의 사고, 지각, 의식, 주목이 파악하지 못하는 방식으로 정보를 매개하거나 소통의 목적을 달성할 수 있다는 것이다. 핸슨(2015)은 이러한 인간의 의식이 직접적으로 파악할 수 없는 미디어의 특성을 미시시간성(microtemporality)이라고 불렀다. 또 다른 뉴미디어의 특징은 환경적 영향을 바탕으로 간접적이고 비인지적 차원에서 소통 주체들의 성향(propensity)에 영향을 미친다는 것이다. 이러한 성향의 대표적인 사례가 과거의 미디어들이 수행했던 지나간 정보의 수집, 기록, 전달의 기능(feed-backward)과는 달리 미래의 행동을 예측해주고 안내해주는 방향으로 나아가는 '전향-먹임'이다.

스티글러Stiegler(1994, 2011)는 머지않아 미디어가 유전자, 중추 신경계에 이은 '제3의 기억'의 역할을 하면서 소통, 정보처리, 사고에 있어서의 인간의 유한성을 극복할 수 있는 도구가 될 것이라고 보았다. 이러한 뉴미디어의 등장은 포스트휴먼의 학습을 매개하는 도구들의 역할이 근본적으로 바뀔 것을 암시한다(Hayles, 2012). 예를 들어 뉴미디어는 빅데이터나 데이터 마이닝 기술 등을 활용하여 지식이나 정보들을 다루면서 추론, 예측, 융합과 재조합, 창의적 아이디어의 생성 등을 촉발함으로써 학생들의 학습과 사고를 지원하게 된다(Hansen, 2015).

셋째, 행위자-망이론(Actor-Network Theory: ANT)은 앞 장에서 설명한 것처럼 인간과 비인간(non-human) 사이의 네트워크나 조합(assemblage) 관계에 대한 이론으로써 과학 기술들이 인간 사회에 미치는 영향에 대한 연구에서 사물이나 대상의 역할에 조명하기 위해 등장한 것이다. ANT는 사회 속의 인간의 행위나 상호작용이 비인간적 존재들의 개입 없이 이루어지는 것은 불가능하고 인간이나 비인간 모두 동등한 능동성을 가진 행위자들(actors)로서 네트워크 내의 상호작용에 관여한다고 본다. 이러한 ANT에서 한발 더 나아간 것이 객체지향존재론(Object-Oriented Ontology: Harman, 2015)인데, 이 이론은 인간은 세계의 중심이 아니라 하나의 구성요소에 불과하며 따라서 그 무엇도 특별한 지위를 갖지 않고 평등하게 존재한다는 '평면적 존재론'이다(Bogost, 2012).

ANT가 인간적 행위자와 비인간적 행위자 간의 역동적인 관계에 관심을 가지면서도 인류 중심적 사고에서 완전히 벗어나지 못했다면 객체지향존재론은 인간 중심적 사고에서 완전히 탈피하여 사물들이 탈지역성, 시공간적 분산성, 그리고 상호객관성(inter-objectivity)을 가지며 세상을 구성하고 있음을 강조한다. 따라서 ANT는 비인간적 존재들(동물, 사물, 기계, 도구 등)이 사회적 관계성의 형성과 유지에 어떻게 관여하며, 더 나아가 특정 사회-정치적 가치나 윤리적 공헌에 인간 행위자들과 비인간적 존재들이 어떻게 동시에 관여하는지 설명하고자 한다(Latour, 1993). 예를 들어 인권과 동물권을 차별화할 것인가, 사고와 의식을 가진 인공지능에게 주체성을 부여할 것인가, 생명 연장 기구에 의존하는 뇌기능 정지 환자를 안락사 시킬 것인가 등의 문제는 모두 전통적 인본주의적 윤리와 가치관만으로는 해결될 수 없는 문제이다.

따라서 ANT를 기반으로 한 학습이론은 근대적 인본주의에 기반한 교수학습이론과는 전혀 다른 성격을 띠게 된다. 예를 들어 과거의 근대적 교수학습이론은 학습자와 매체를 엄격히 분리된 존재로 간주하고 교수매체는 학습자와 학습내용을 연결해주는 매개체의 역할에만 머물러야 했다. 그리고 기존의 교육공학의 패러다임은 학습에 영향을 미치는 매체들의 물질성과 그 물질성을 규정하는 사회문화적 요인에 관심을 두는 정도였지만 인간중심주의에서 탈피한 ANT는 학습자를 독자적이고 개별적인 존재가 아니라 '기술에 기반한 네트워크 속의 한 요소'로서 네트워크와 불가분의 존재로 여겨지게 된다. 따라서 '인간' 학습자도 더 이상 독립적이고 개별적으로 학습을 주도하는 존재가 아니라 사회기술적 요인들 즉, 기술, 매체, 혹은 네트워크에 의존하며 그들과 상호작용을 통해 학습하는 존재로서 간주되는 것이다(Bijker, Hughes, & Pinch, 1987).

요컨대 신물질주의, 포스트현상학, 행위자-망이론은 포스트휴먼적 미래를 이해하기 위한 존재론적이면서도 인식론적인(onto-epistemology) 관점으로써 포스트휴먼적 학습의 원리를 설명하기 위한 개념적 틀이 될 수 있다.

3) 포스트휴먼적 학습이론의 방향

그렇다면 이러한 포스트휴먼적 관점들은 학습이론의 측면에서 어떤 의미와 시사점을 가져다줄 것인가?

첫째, 가치론적 측면에서 포스트휴먼 이전의 교육은 '인간'이 모든 교육적 가치의 기준이자 목표였다. 이 인본주의 교육은 서양 교육철학의 전통에서 교육이 도야(Bildung)나 도제(Apprentisage)로 설명되듯이 '온전한 인간'이 되는 과정이자 의무적으로 인간화(compulsory humanity) 시키는 작업으로 이해되었다(Pedersen, 2010). 특히 그러한 교육적 이상은 개별적이고 독립적 존재로만 부각되어 집단과 사회의 일원이라는 공동체적 존재로서의 인간은 등한시 되었다. 그로 인해 모든 교육 행위의 궁극적 목적은 이성적이고 합리적이며 독립적 존재로서의 인간성의 실현이었고 인간 이외의 동물이나 지식, 그리고 다른 모든 사물(매체)들은 인간의 교육을 위한 수단으로만 간주되어 왔던 것이다.

이러한 인본주의적(동물과 인간의 차별화)이고 계몽주의적(이성적 사고를 바탕으로 학습된 사람과 '미개한' 사람의 차별화)인 교육관은 유럽중심주의적 인종·계급·민족·성별에 대한 편견을 전제로 한 유럽중심주의적 세계관에 기반하고 있다는 것이 페미니즘, 탈근대주의, 후기구조주의적 비판 이론가들의 공통된 주장이다(Braidotti, 2011; Deleuze, 1994; Gilroy, 2000). 따라서 인간과 동물을 구별함으로써 동물성을 타자화하고, 생태계 속의 일원이 아닌 독자적 인간만의 주체성과 능동성을 부각시키는 태도를 지양하고, 이를 대신하여 인간이 생태적, 사회적, 그리고 기술적 네트워크 속에서 어떤 역할을 수행함으로써 모든 비인간적 존재들과 공존할 수 있을 것인가를 숙고하는 것이 학습과 교육의 궁극적인 목표가 되어야 할 것이다.

둘째, 포스트휴먼 이전의 교육은 인간을 제외한 모든 존재들을 인간 주체와 엄격히 구분되는 교육의 내용이나 수단으로만 간주되었다. 하지만 최근의 기술적 혁신에 따른 포스트휴먼적 조건의 확대는 인간과 다른 비인간적 존재들(지식, 동식물, 사물 등)과의 구분이 점점 모호하게 되었고, 특별한 존재로서의 '인간'이라는 범주에도 의문이 제기되고 있다. 예를 들어 최근에는 유인원뿐 아니라 개나 고양이와 같은 가축들도 '인간'으로 가정하고, 그들과 인간과의 유사성이나 차이점을 신경생리학적으로 비교하기 위한 연구들도 진행되고 있다(Berns, 2013; Hunter & Brisbin, 2016). 실제로 교육심리학의 주요한 이론적 토대가 되었던 파블로프I. Pavlov나 손다이크E. Thorndike의 행동주의 이론들은 "심리학은 인간을 포함한 동물들의 지적, 성격적, 행동적 특성들을 연구하는 과학이다"(Thorndike, 1910)라는 기본 전제를 바탕으로 하고 있었다. 즉, 교육심리학의 출발은 인간을 포함한 모든 동물의 행동과 심리에 대한 이해를 기반으로 이루어진 것으로써 오늘날 인간성과 동물성을 구별하는 인본주의적 심리학과 철학적 이해는 잘못된 신념일 수 있다는 것이다(Wolfe, 2009).

예를 들어, 최근의 뇌신경 과학적 연구 결과가 학습 이론에 주는 시사점은 행동의 변화든 인지 혹은 정서의 변화든 상관없이 학습의 결과는 최종적으로 뇌의 신경 구조와 패턴의 변화를 초래한다는 것이다. 이 관점에 따르면 교육이 인간의 잠재성을 실현하는 과정으로 이념화되고 있지만 실질적으로는 학습에 의해 인간 두뇌 속의 신경적 관계성들이 미세하게 조정됨으로써 두뇌 시스템의 수행을 최적화하는 행위로 간주될 수 있다(Berliner, 1992). 따라서 포스트휴먼적 교육은 인간의 '자연성', '동물성', 그리고 '물질성'을 인식하는 것이고, 학습의 목표(지식이나 정보의 획득)와 학습의 수단(도구와 기술)을 이원화하는 태도를 버리는 것이다. 즉, 내용(지식, 정보)과 방법(매체, 기술)이 구별되지 않는 것이 바로 뉴미디어적 학습의 핵심이다(Buckingham & Willett, 2013; Ito, Baumer, Bittanti, Cody, Stephenson, Horst, 2009).

셋째, 기존의 휴머니즘에 기반한 교육은 '인간'에 대한 규범적인 이해와 다른 만물들에 대한 인류 중심적(anthropocentric) 개념화를 바탕으로 세상을 이해하였다. 하지만 최근의 인지과학이나 뇌 과학, 나노공학, 정보공학, 사이버네틱스 등의 연구들을 바탕으로 등장한 새로운 이론들은 기존의 인간 중심적 학습이론의 틀에서는 온전히 이해하기 힘들다. 예를 들어 최근의 뇌과학적 연구들은 자기주도 학습(self-regulated learning)을 교육 주체들 간의 수행과 피드백이 만들어내는 내생적인 자기-적응적 네트워크(self-adapting network)로 간주한다(Bjork, Dunlosky, & Kornell, 2013; Beishuizen & Steffens, 2011). 그로 인해 학습자가 경험하는 학습 과정은 네트워크(학습자들, 학습의 목표와 내용, 학습의 매개와 환경의 총체)의 특성에 맞게 고안된 소프트웨어에 의해서 학습과 관련된 데이터가 생성되고, 이것이 학습경험과 성과의 차원에서 분석되고 수합되어 그 정보를 필요로 하는 곳으로 실시간으로 보고되는 시스템으로 간주된다(Winne, 2006). 따라서 향후 포스트휴먼적 교육과 이를 위한 학습이론들은 그동안 교육적 이론과 담론들 속에서 타자화되어 왔던 비인간적 존재들(동물, 식물, 기계, 도구, 환경 등)과 인간의 인지 및 학습의 관계성에 대한 통찰을 바탕으로 새롭게 설계되어야 할 것이다.

요컨대 앞 절에서 소개한 신물질주의, 포스트현상학, 그리고 ANT의 관점을 수용하고, 이러한 이론들이 제시하는 포스트휴먼적 학습의 시사점들을 참조한다면 다음과 같은 핵심적 원리들을 도출해낼 수 있을 것이다.

첫째, '인간' 학습자는 그가 속한 환경 속에서 절대적이고 독립적인 주체의 역할을 하는 것이 아니라는 학습에 있어서의 능동자(agency)의 역할에 대한 이해가 바뀌어야 한다. 예를 들어, ANT는 행위자와 네트워크의 관계성에 있어서 행위자의 주도성에 의존하지 않고 네트워크 내의 여러 행위자들과 매체들이 상호의존성을 바탕으로 네트워크 자체의 구조와 알고리즘에 의해 학습이 진행될 수 있다(Munro, 2009).

둘째, 기술(technology)은 비록 그 자체가 목적은 아니더라도 더 이상 단순한 도구가 아니라 학습 행위의 일부이자 학습자와 하나가 되는 동인이다. 이는 기술이 단순히 학습목표 달성을 위한 효과적인 수단의 역할만 하는 것이 아니라 학습의 본질적 요소이자 학습자의 '일부'가 되어 그 존재적 목적을 구현하는데 필수 요소가 된다는 것을 의미한다. 지금까지 인간과 기술(자연, 물질, 도구들)을 분리하고 인간 이외의 만물들은 모두 인간을 위해 희생하는 존재들로 여기고 이를 정당화했던 것이 바로 인류중심주의이다. 하지만 인간(학습자)은 지금까지 한 번도 완전하거나 홀로 사는 존재가 아니었고, 그러한 불완전성이 기술이나 도구(매체)를 통해 보완되어왔다는 것을 깨닫는 것이 기술과 도구에 대한 포스트휴먼적 이해이다(Bostrom, 2005).

셋째, 학습의 과정에서 다양한 주체들(인간 및 비인간)과 물질성들이 상호의존과 혼성화(인간·기계, 물질·비물질, 온라인·오프라인, 현실·가상 세계 등)를 통해 매우 다중적인 관계성을 이루며 학습의 목표를 이루어갈 수 있다. 이러한 학습 과정에서 다양한 주체들과 물질성들의 능동성과 상호관계성, 그리고 포스트현상학적인 전향-먹임을 통한 정보처리의 메커니즘이 포스트휴먼적 학습이론의 주요 특성이 된다.

지금까지 포스트휴먼적 학습이론의 토대와 방향에 대해 논의하였는데, 이를 간단하게 도식화하면 다음 [그림 7-2]와 같다.

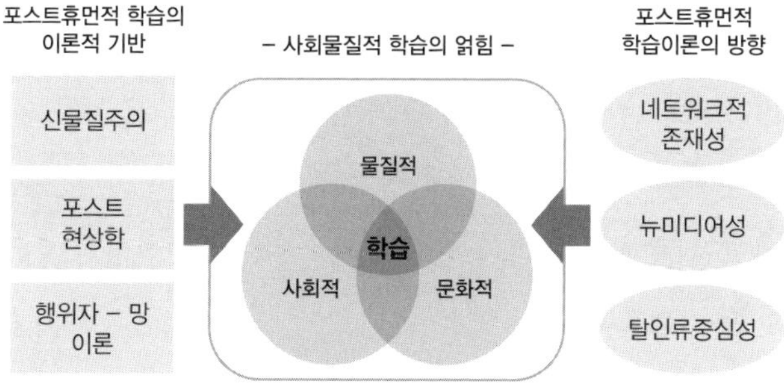

[그림 7-2] 포스트휴먼적 학습의 이론적 기반과 방향

즉, 포스트휴먼적 존재의 학습의 본질을 이해하기 위해서는 신물질주의, 포스트현상학, 그리고 행위자-망이론의 관점들이 필요할 것이며, 이는 종합적으로 사회물질적 관점이라고 이해할 수 있다. 아울러 포스트휴먼적 학습이론은 학습자를 네트워크의 일원으로 간주하고 학습의 내용과 방법이 구별되지 않는 방식(뉴미디어성)으로 생태계 및 네트워크의 모든 존재들과 동등한 지위에서 영향을 주고받는 방식(탈인류중심성 혹은 신물질주의)에 대한 이해를 바탕으로 논의되어야 할 것이다.

3. 결론

지금까지 본장에서는 포스트휴먼 시대를 맞이하여 '학습'의 성격이 어떻게 바뀌며, 그에 따라 학습이론의 패러다임도 어떻게 바뀌어야 할지에 대해 논의하였다. 이를 위해 우선 포스트휴먼적 학습을 이해하기 위해 포스트휴먼이란 어떤 존재이며 포스트휴먼적 학습의 특성은 무엇인지를 살펴보고, 포스트휴먼적 학습의 대표적인 형태로써 사이버 학습, 바이오로이드적 학습, 그리고 네트워크적 학습의 성격에 대해 논의하였다. 다음으로 포스트휴먼적 학습이론의 패러다임을 논의하기 위해 학습이론 패러다임의 변화 양상과 그 세 가지 대표적 이론적 기반(신물질주의, 포스트현상학, 행위자-망이론)에 대해 살펴본 후 포스트휴먼적 존재의 학습은 네트워크적 존재성, 뉴미디어성, 그리고 탈인류중심성의 차원에서 이해되어야 함을 강조하였다.

오늘날 급속한 첨단 기술의 발달에 따른 기술 의존성의 증가가 인간의 생활과 교육에 어떤 영향을 미치게 될지를 고려한다면 본장에서 논의한 포스트휴먼적 학습이 머지않은 시점에 등장하리라는 것을 쉽게 이해할 수 있다. 물론 우리는 아직 이처럼 급변하는 기술적 발달이 어떤 포스트휴먼적 조건들을 만들어내게 될지 완전히 예상하기는 어렵다. 다만 포스트휴먼 시대를 이해하기 위해서는 목적론(teleology)보다는 생성론(emergence), 객관주의(objectivism)보다는 회고적 인식론(reflexive epistemology), 인간 개인의 자율적 의지(autonomous will)보다는 분산적 이식(distributed cognition), 정신·신체의 이원론보다는 정신의 체화(embodiment)를 이해해야 할 것이고, 그 시대에는 자유주의적 인간 주체가 자연을 지배하고 통치하는 시대가 아니라 인간과 지적 기계의 공조가 요구될 것이라는 점을 주목할 필요가 있다(Hayles, 1999). 결국 인간이라는 존재는 진화의 종착역에서 이미 완성된 존재가 아니라 기술적 및 문화적 환경에 따라 끊임없이 변하고 있는 존재이며, 그에 따라 인간의 사고와 지식의 성격이 바뀌기 때문에 새로운 인간 존재와 학습의 성격변화에 대한 이해가 필수적이라는 것이다.

석기시대의 인류가 돌덩이를 도구로 사용하게 된 순간부터 인간은 테크놀로지와 불가분한 관계를 이루고 진화하였고, 이는 인류가 자연이나 도구로부터 독립된 존재가 아니라 환경이나 물질세계와는 유리될 수 없는 존재라는 것을 보여준다. 특히 오늘날의 급격한 기술의 발달과 그에 대한 의존성의 증가를 보면 포스트휴먼을 '과거의 인간과 지적 기계의 혼성화'라는 헤일즈(1999)의 정의를 떠오르게 한다. 머지않은 미래에는 사이보그와 같은 유사 기계(machine like)나 증강된 신체적·인지적 능력을 가진 존재들이 등장하게 될 것이다. 몇몇 학자들은 로봇이 진정한 사회적 존재가 되고 로봇의 인식론이 사회문화적 물질성(socio-cultural materiality)에 토대하는 상태가 되면 인간 수준의 AI가 가능하게 된다고 주장한다(Hasse, 2018b). 따라서 머지않아 포스트휴먼적 존재들의 학습이 갖는 의미와 특성을 이해하는 것이 교육공학의 주된 이슈가 될 것이며, 이러한 사회-기술적 환경이 초래하는 교육적 함의에 대한 논의가 더욱 요구되어 질 것이다(Edwards, 2010; Pedersen, 2010). 이에 따라 향후 교육 방법 및 공학 분야의 연구는 기존의 인본주의적 학습의 원리에만 국한되지 않고, 새로운 기술적 환경과 학습 환경의 등장, 그리고 학습자의 생활 패턴의 변화를 반영하는 학습의 원리에 대한 체계적인 연구가 필요할 것이다. 아울러 그러한 환경 속에서 교수자의 역할이 어떤 의미를 가지면서 어떻게 변해야 할 것인가에 대한 논의가 동시에 이루어져야 할 것이다.

제8장

포스트휴먼을 어떻게 가르칠 것인가?

1. 포스트휴먼 시대의 교육의 목표와 방향

1) 미래의 인재상과 관련한 전망

최근 많은 국제기구들과 연구소들이 어떠한 인재들이 미래 사회를 주도할 수 있을 것인가에 대한 전망을 앞다투어 내어놓고 있다. 미래학자인 핑크Pink(2006)는 새로운 미래 인재의 조건으로 디자인, 스토리, 조화, 공감, 유희, 의미를 찾는 경험을 추구하는 능력을 들었고, 하버드대 교육학자인 토니 와그너Tony Wagner(2012)는 미래 일자리를 위한 7가지 생존기술로 비판적 사고력 및 문제해결 능력, 협동심 및 영향력 있는 리더십, 적응력, 이니셔티브 및 기업가 정신, 효과적인 발표력 및 작문 실력, 유용한 정보 탐색 및 분석 능력, 호기심과 상상력을 강조한 바 있다. 미래 아젠다를 선도하고 있는 세계 경제 포럼(World Economic Forum, 2016)도「미래의 직업」이란 최근의 보고서를 통해 제4차 산업혁명 시대의 인재가 갖춰야 할 10가지 역량을 "복합 문제 해결 능력, 비판적 사고 능력, 창의력, 인적 자원 관리 능력, 협업 능력, 감성 능력, 판단 및 의사 결정 능력, 서비스 지향성, 협상 능력, 인지적 유연력"순으로 제시하였다.

이 책에서도 소개하고 있는 OECD가 "21세기의 기술(21c Skills)"로 지목한 내용들도 정보 수집·종합·분석 능력, 자율적 직무수행능력, 리더십, 비판적 사고, 타인의 관점과 전체를 조망할 수 있는 능력, 효과적 소통과 테크놀로지 활용 능력, 윤리적·생태주의적 태도 등을 포함하고 있다(Dede, 2009).

아울러 이러한 미래의 역량들과 능력들을 키우려면 어떤 교육이 필요할 것인가에 대한 연구들도 많이 등장하고 있다. 다중지능이론으로 잘 알려진 가드너H. Gardner(2017)도 미래에는 지능교육을 넘어 마음교육으로 교육의 무게중심이 이동해야 함을 강조하면서 훈련된 마음, 종합하는 마음, 창조하는 마음, 존중하는 마음, 윤리적인 마음을 길러야 한다고 주장한 바 있다. 국내 학자들도 최근 미래 인재들에게 기대하는 능력에 대한 의견을 제시한 바 있다. 몇 가지 예를 들면 성기선(2017)은 4차 산업혁명을 맞이하여 우리나라의 교육이 변화하기 위해 자기주도적 학습, 혁신 능력, 디지털 문해 능력 등이 학교교육에서 강조되어야 한다고 보았고, 장영재(2017)는 4차 산업혁명 시대의 데이터 과학 교육의 중요성과 동시에 이해력, 인문학적 소양, 유연적 사고, 통찰력, 윤리의식을 강조하였다. 장연자·이주연(2018)도 4차 산업혁명 시대에도 예술 교육이 중요하다고 강조하면서 이를 위해 사고(아이디어), 감성·공감, 공동체, 그리고 정체성에 대한 교육이 중요하다고 주장하였다.

2) 포스트휴먼 교육의 방향

그렇다면 위와 같은 미래 인재상과 미래역량들은 포스트휴먼적 교육의 방향에 어떤 시사점을 제공하는가? 우선 포스트휴먼적 교육의 방향에 대해 국내외의 연구들이 어떤 논의를 하는지 살펴보자. 가장 관심 있는 부분이 포스트휴먼적 교육을 통해 학습자들이 어떻게 변할 수 있는가의 문제인데, 이와 관련하여 위버Weaver(2010)는 현재의 교육학이 학습결과 산출에만 집중하는 학문으로 전락해 버렸다고 지적하면서 전통적인 학습의 모드인 읽기, 쓰기, 말하기 등의 리터러시 교육이 필요하다고 주장하였다. 그는 특히 교육에서 이질성(heterogeneity), 다양성(multiplicity), 풍부함(profusion)을 살리는 것이 포스트휴먼적 교육을 통한 중요한 강조점이라고 보았다. 이는 포스트휴먼적 사고라고 볼 수 있는데 이를 학습하기 위해서는 철학적 측면에서는 신물질주의적 페미니즘, 과정 철학, 신경험주의 등을 이해해야 하고, 다양한 존재들에 대한 이해를 위해 소수자 및 타자에 대한 연구(동물 연구, 퀴어 이론, 탈식민주의 및 원주민 연구, 비인간적 존재에 대한 이해), 기계 및 기술에 대한 인식론(정동 이론, 어셈블리지 이론, 환경 이론), 그리고 포스트휴먼적 장애 이론 등을 포함하되 이러한 주제들을 활용하여 다학문적인 접근을 통해 교육이 이루어져야 한다는 것이다.

아울러 포스트휴먼 철학을 교육과정에 통합하기 위한 방법론으로 지식이 논리적, 체계적으로 형식화된 교과서를 통해서보다는 만화책, SF, 소설, 음악, 영화 등과 같은 다양한 원천을 활용한 통합 교육이 필요함을 강조하였다. 비슷한 맥락에서 테일러Taylor(2016)는 포스트휴먼의 교육적 방법으로 전통적인 지식 전달교육에서 경험적 교육으로 방향을 전환해야 한다고 주장했고, 머리스Murris(2016)는 유아교육에서부터 시작하여 어린이의 사회적 위치와 의미를 포스트휴먼의 관점에서 재정의해야 한다고 주장했다.

국내의 연구들도 우선적으로 포스트휴먼적 교육을 통해 학생들의 윤리나 도덕교육을 강조하는 연구들이 등장하고 있다. 이은경(2016)은 우리보다 뛰어난 인공지능 로봇이나 컴퓨터가 보편화되어도 인간에 대한 교육을 소홀히 하거나 신자유주의 시장경제의 경쟁과 사회적 다위니즘(social Darwinism)에 기반한 교육이 이루어져서는 안 된다고 주장하였다. 이를 위해서는 기술진보와 인간 향상에 대한 도덕적 물음을 견지하면서 공동의 사회적 자본 구축을 통해 함께 성장하고, 편리함만을 위주로 한 교육이 아니라 도덕적 향상과 자기 정체성의 강조를 통해 공존과 공생으로 나아가는 교육이 되어야 한다고 보았다. 같은 맥락에서 김기숙(2017)도 지혜를 강조하는 지성교육, 상호 연결의 관계 교육, 생명 존중 교육 등을 강조하였다. 한편 박유신·조미라(2017)는 예술적 창의성을 목표로 이를 위해 융합적 사고, 포스트휴먼적 윤리, 유연한 철학적 사유, 창의력 및 창조 능력 등을 강조하기도 했다.

위와 같은 포스트휴먼적 교육의 방향에 대한 선행연구를 종합해보면 첫째, 세상의 모든 비인간적 존재들(동물, 사이보그, 물질 등)의 의미와 역할에 대해 인간중심주의적 사고에서 벗어나서 그들과의 관계성을 새롭게 이해하는 것, 둘째, 미래의 첨단 기술문명의 특성과 원리(신물질주의, 과정철학, 어셈블리지이론 등)에 대해 이해하는 것, 그리고 셋째, 포스트휴먼 시대에 부합하는 윤리관(환경 및 생명윤리, 관계적 정체성 등)과 사고방식(융합적, 융통적, 비판적 사고 및 협업 능력 등)을 기르는 것으로 정리할 수 있을 것이다.

3) 포스트휴먼 시대의 학습 내용

오늘날 급격히 증가하는 정보량과 그에 따른 지식의 성격변화, 그리고 첨단 과학기술 분야의 원천기술 개발을 위해서는 인문학적 소양뿐만 아니라 자연과학적 지식에 대한 통합적 이해가 필요하다는 것이 대부분의 학자들의 공통된 견해이다. 이러한 통합적 지식에 대한 학계의 인식을 반영하여 세계의 교육과정이 단편적 지식보다는 융합적 지식이나 잠재적 역량 개발을 강조하는 방향으로 돌아섰고, 최근 우리나라의 2015개정 교육과정도 융합적 교육과정이 핵심 축을 이루게 되었다. 따라서 미래의 학교교육은 학생들에게 분과적이고 고정적 지식만을 제공해 주는 것이 아니라 사회 변화에 능동적으로 대처하기 위한 역량이나 엄청난 양의 복잡한 정보들을 다룰 수 있는 정보검색 및 정보처리 능력이 더 중요한 교육 내용으로 자리 잡게 될 것이다. 이러한 통합교육과정적 접근은 1980년대 이후 범교과적(cross-curricular) 주제, 간학문적(interdisciplinary) 학습의 갈래, 범교과적(cross-curricular) 우선 사례, 교육과정 전반에 걸친(across the curriculum) 학습, 간학문적(interdisciplinary) 학습, 범교과적 주제 중심(cross-thematic) 교육과정, 초학문적(transdisciplinary) 교육과정 등의 용어를 통해 학문과 교과의 영역을 넘어선 교육적 방안을 모색해왔다(이상은, 소경희, 2008). 한마디로 교과 통합적 학습이란 지금까지 인위적으로 구분하였던 교과 지식의 경계를 초월하여 본질적으로 상호 연결된 지식에 대한 이해와 지식의 공통된 학습 및 탐구과정에 주목하고, 지식 자체보다는 다양한 상황과 실용적 요구에 따라 지식이 적용되는 방식을 따라가는 학습인 것이다.

포스트휴먼 시대에 필요한 역량을 키우기 위한 교과통합적 지식에 포함되어야 할 내용으로 박유진·조미라(2017)는 다음과 같은 것들을 제시하고 있다.

첫째, 포스트휴먼 시대의 변화에 대한 이해이다. 포스트휴먼적 존재를 이해하기 위해 인간, 인간됨, 인간성에 대한 재정의가 필요하다. 여기에는 인간과 비인간의 경계가 필요한지에 대한 비판적 성찰, 기계와 공존하는 세계는 어떤 것인지에 대한 이해, 인간적 몸과 기계적 혹은 사이버적 몸의 차이, 그리고 인간의 노화 및 생명 연장이 어떤 의미가 있을지에 대한 탐구가 포함된다. 또한 인공지능은 앞으로 어떻게 발전할 것이며, 인간의 역할을 어떻게 대체할 것인지에 대한 교육과 오프라인 및 온라인적 세계(가상현실, 증강현실, 사이버 세계 등)의 경험을 어떻게 균형 있게 유지할 것인지, 그리고 이 모든 포스트휴먼적 조건들과 관련하여 발생할 수 있는 근본적인 윤리적 문제들에 대한 교육이 필요하다.

둘째, 포스트휴먼 시대를 대비하는 핵심 역량의 개발과 교육이 필요하다. 포스트휴먼적 조건에 대비하기 위해서는 지금까지와는 전혀 다른 학습자에 대한 이해를 바탕으로 새로운 교육 목표를 설정해야 한다. 그 대표적 목표로는 융합적 사고방식, 포스트휴먼 시대의 새로운 윤리적·정서적 역량, 인간중심주의적 세계관을 벗어나기 위한 유연한 철학적 사유, 인공지능과는 차별화된 비판적·창의적·감성적·유연적 사고, 그리고 과학 및 기술적 도구에 대한 열린 태도가 필요하다. 이를 위한 문해력도 정보(데이터)-, 컴퓨터-, 뉴미디어-, 생태적 리터러시가 요구된다.

셋째, 포스트휴먼적 교육에 방향을 맞추어 수업의 주제 및 소재도 달라지게 될 것이다. 인간과 인간성에 대한 정의 및 본질적 이해에서부터 시작하여 포스트휴먼 시대의 노동과 직업, 인간과 기계의 공존의 방법, 포스트휴먼과 관련된 테크놀로지에 대한 지식과 이해, 과학기술과 관련된 사회의 변화에 대한 전망, 인류의 역사와 미래에 대한 전망, 생명과학기술과 관련된 윤리적 이슈들이 주요 수업의 주제로 부각되어야 할 것이다.

2. 포스트휴머니즘 교육의 핵심 원리

본 절에서는 포스트휴머니즘의 교육에서 다루어져야 할 핵심 원리라고 볼 수 있는 관계성, 생태적 공존성, 그리고 아상블라주에 대해 페더슨Pedersen(2010, 2014)의 설명을 중심으로 살펴보도록 하자.

1) 포스트휴먼적 사회에서의 관계성

포스트휴머니즘 교육의 첫 번째 원리는 사물, 인간, 기술 간의 관계성의 재설정이다. '행위자-망이론'의 토대를 다진 라투르Latour(1993, 2005)는 인간이 문명의 초기부터 언제나 비인간 존재들과 네트워크로 연결된 혼성적 존재였음을 주지시킨다. 오늘날의 인류는 도구 없이는 존재할 수 없었고 인간은 앞으로도 도구 없이는 살아갈 수 없는 불완전한 존재이다. 그런데 지금까지 인간은 자신 이외의 모든 비인간적 존재들(동물, 도구, 사물, 자연 등)을 단순히 인간의 필요에 따라 마음대로 처분하거나 이용할 수 있다는 관념 속에서 살아왔다. 문제는 이러한 인간 중심적 관념이 결과적으로 오히려 점점 더 인간이 살아갈 수 없는 생태학적·환경적 위기를 초래하게 된 근본 원인이 되었다는 것이다. 과정 철학자 화이트헤드A. N. Whitehead가 강조하였듯이 세계는 모두 연결되고 인간은 홀로 살아갈 수 없는 존재이다. 따라서 포스트휴먼적 교육의 핵심 내용에는 바로 이러한 자연 속 만물들 간의 관계성(인간과 동물, 인간과 도구·물질, 인간과 환경 등)에 대한 올바른 관념, 존재들 간의 상호작용, 그리고 인간의 역할에 대한 반성적 이해가 포함되어야 한다.

그 한 가지 예로 펜윅Fenwick과 에드워즈Edwards(2012)는 행위자-망이론(ANT)을 기반으로 한 교육연구의 전략으로 일상적 사물들이 어떻게 사회물질적(sociomaterial) 네트워크에 무작위적으로 합류하고 교육적 활동의 중심 회로가 될 수 있을 것인가에 대해 논의한 바 있다. 이러한 사회물질적 네트워크는 기존의 교육을 구성하였던 범주화나 구조들을 해체하고 심지어는 교육의 핵심 주체인 학생들조차도 중심부에서 주변부로 이전시키는 상호 관계적 네트워크의 성격을 가진다. 여기서 학습이 이루어지게 하는 다양한 존재들과 그 과정들이 이전의 합리적이고 구조주의적인 규칙이나 절차를 따르리라고 기대해서는 안 된다. 포스트휴먼적 학습이 발생하는 사회물질적 네트워크는 결과보다는 과정, 구조보다는 관계, 지속성보다는 산발성, 그리고 예측 가능성이 아닌 예측 불가능성을 특징으로 한다. 구성 요소들 간의 집단적 역동성이 각 요소들의 기존의 특성에서 벗어나는 창조적 변위를 통해서 새로운 관계성과 방향성을 만들게 되는 것이며 그것이 포스트휴먼적 학습의 특성이다.

2) 포스트휴먼적 존재들의 생태적 공존

포스트휴먼적 교육의 두 번째 원리는 위계적 권력관계에 대한 비판적 인식을 바탕으로 한 생태적 공존을 지향하는 것이다. 포스트휴먼적 교육은 인간이 본질적으로 어떤 존재인지에 대해 기존의 인본주의적 관념에서 벗어난 새로운 성찰을 요구하는 교육이다. 이를 위한 교육의 한 가지 전략으로써 유발 하라리Yuval Harari(2015)가 『호모사피엔스』에서 강조한 인간은 스토리와 관념을 만들어낼 수 있는 동물이라는 이론에 주목할 필요가 있다. 즉, 인간은 이야기의 공유나 공통된 신념을 통해 불특정 다수의 사람들을 결집시키고 현재의 문제를 극복해낼 수 있는 힘을 얻게 되었다는 것이다. 예를 들어 종교적 신화는 전통적으로 사람들을 공통된 신념이나 단합된 힘을 끌어내었던 대표적인 사례이다. 하지만 근대화된 오늘날에는 종교적 관념들은 그 결속력과 권위를 상실하였고, 오히려 종교가 더욱 경제적, 정치적으로 세속화되고 권력화되어 사람들을 구별하고 소외(배제)시키며 테러리즘과 같은 갈등과 폭력을 유발시키는 원인이 되기도 한다.

권력관계에 대한 비판적 관점이 집대성된 것이 바로 비판적 포스트휴머니즘이다. 비판적 포스트휴머니즘은 개별적 인간 주체들의 통제를 넘어서서 포스트휴먼적 조건 하에서 교육시스템에 어떤 새로운 권력관계가 형성되고 있는지에 집중한다. 이에 대해 피어스Pierce(2012)는 교육적 기관들이 점점 생명정치적 지정학의 중요한 요소가 되어가고 있는데 그 지형은 생명을 생산하고 통제할 수 있는 메커니즘을 소유한 조직들이 생명을 생체 자본(biocapital)으로서 상품화시키기 위해 그동안 이를 저지했던 교육적 노력들을 무마시키려 한다고 지적한다.

대신 앞으로의 교육시스템을 동물-산업복합체(Animal-Industrial Complex: A-IC) 속으로 흡수하려는 것이 바로 이 생명정치적 지형의 핵심이다. 예를 들면, A-IC는 고기, 낙농품, 혹은 동물에서 나오는 산물들을 상품으로 규격화하고 자본화하여 학교 급식 식품의 주요 공급원으로 만들고자 하는데 이를 위해 인간적 및 비인간적 주체들의 감정을 통제하고 인간-동물 관계를 자본주의적 생산과 소비에 의존하는 방식으로 바꾸고 있는 것이다. 이처럼 학교교육과 동물 사육 시스템의 공생은 셀 수 없이 다양한 흐름, 통로, 움직임, 리듬, 그리고 기술들에 의해 연결된 폭력적 장치(apparatuses of violence)로서 이러한 구조는 동물을 다루는 동물 과학이나 수의사 교육 프로그램 같은 고등교육 영역에서 여실히 확인할 수 있다.

이러한 측면에서 맥코맥MacCormack(2013)은 교육학을 동물에 대한 전쟁 행위로 묘사하면서 포스트휴먼적 교육은 인류중심주의를 벗어나고 동물들에 대한 간섭과 통제를 완전히 중지하는 것에서부터 출발한다고 본다. 이를 위해 포스트휴먼적 교육은 본질적으로 종족주의적(speciesist)이 됨으로써 동물 생태계에 대한 간섭을 최소화하고, 인간의 주체성·인본주의·인류중심주의적 욕망을 바탕으로 지식을 권력화하지 않도록 노력해야 하는 것이다. 아울러 대안적 포스트휴먼 교육의 방향은 포스트휴먼적 가정인 인간-동물의 공진화, 상호 얽힘(entanglements), 그리고 혼종성에 대한 이해를 바탕으로 인간-비인간적 존재들 간의 생태적 공존을 모색하는 것이 되어야 한다는 것이다.

같은 맥락에서 제이슨 월린Jason Wallin의 교육과정 이론 연구는 그동안 지배적인 교육 이념이었던 휴머니즘에 대한 비판적 관점으로부터 출발하고 있다. 월린(2014)은 가속화되어가는 생태적 위기를 인본주의적 교육의 괴물적 외현이라고 보고 세상이 인간의 통제의 대상이라거나 인간의 생명만을 중시 여기는 관념에서 벗어나야 한다고 주장한다. 따라서 포스트휴먼적 교육은 오늘날의 인간이 초래한 생태적 위기를 직시하고 인류의 역사적, 사회문화적, 그리고 물질적 행위가 지구의 생태적 시스템에 어떤 영향을 미치고 있는가를 조명해야 한다고 본다. 어쩌면 포스트휴먼적 미래 사회는 자연적 인간 종이 멸종된 매우 낯선 사회가 될 수도 있는데, 왜곡된 휴머니즘적 태도가 역설적으로 그 주된 원인이 될 수도 있는 것이다.

3) 포스트휴먼적 아상블라주

포스트휴먼적 교육의 세 번째 원리는 아상블라주이다. 들뢰즈의 철학에서 유래된 아상블라주는 존재 집단(사회)의 복잡한 관계성을 상향적으로 분석하기 위한 이론으로써 유동성(fluidity), 호환성(exchangeability), 그리고 다중적 기능성을 강조한다. 아상블라주 이론에 따르면 하나의 전체를 구성하는 여러 기관들 및 요소들 간의 관계가 고정적이지 않고 교차되거나 치환될 수 있으며 수많은 이질적 존재들이 뭉쳐서 상호의존적이고 역동적인 관계성 속에서 무리(constellation)를 이루어 작동할 수 있다고 본다(Deleuze & Guattari, 1988). 즉, 아상블라주는 어떤 존재의 의미있는 완성은 그 존재의 독자적인 힘으로만 이루어지는 것이 아니라 작고 다양한 존재들의 집합, 혹은 여러 파편들과 부분들의 집단적 연결과 우연적 관계성을 통해 완성될 수 있음을 강조하는 개념이다(Bergen, 2010).

그렇다면 어떤 의미에서 포스트휴먼적 교육의 원리가 아상블라주적 성격을 띨 것인가?

포스트휴먼 시대에는 노화 방지와 생명 연장을 위한 각종 의료 및 건강 기술들의 발달로 학습 가능한 연령이 더욱 연장될 것이며, '평생학습'이라는 개념이 보편화될 것이다. 또한 사이버 환경의 확대와 접속 시간의 영속화로 오프라인 학습보다는 점차 온라인·가상·네트워크화된 학습의 형태가 보편화될 것이다. 학습의 방식에 있어서도 개인적 학습과 공동체적 학습이 동시에 이루어지지만 그 성격과 양식은 오늘날과는 크게 달라질 것이다. 개인적 차원에서는 인터넷을 통해 접근 가능한 각종 집단지성적 지식, 빅데이터, 및 뉴미디어를 통해 디지털화된 지식이나 정보들을 언제 어디서나 쉽게 접근할 수 있다. 동시에 집단적 차원에서도 각종 기술적 매개의 도움으로 상호작용적 학습(interactive learning), 상호 연결성, 협력, 혼융 및 재창조를 통한 학습들을 보다 효과적으로 수행할 수 있다. 이러한 학습 환경과 형태의 변화를 보여주는 대표적인 예가 바로 아상블라주이다.

베로니크 베르겐Véronique Bergen은 학습의 아상블라주(learning assemblage)란 무엇이고, 그것을 통해 어떤 실천을 만들어낼 수 있는가라는 질문을 통해 교육학적인 함의를 끌어내고 있다. 예를 들어 인본주의 교육에서는 지식이나 학습은 분명한 목적을 가지고 체계와 구조를 통해 이루어지는 것으로 간주하지만 포스트휴먼적 교육론에서는 교육적 활동을 흐름이나 강도의 융합(convergences of flows and intensities), 즉 인간과 비인간적 존재들(교실, 컴퓨터, 교과서, 교과)간의 상호 전염(mutual contagion)이 일어나는 학습과정이라고 본다. 이러한 학습 과정의 상이한 측면들이 서로 이동하고 교차하면서 관계망을 형성하고, 때로는 그것이 일시적이고 불안정한 학습이 될지라도 종합적으로 그러한 학습들이 아상블라주assemblages를 형성하여 전체적으로 자연스러운 학습의 결과(관계망 형성)를 낳게 된다. 따라서 포스트휴먼적 아상블라주의 관점에서 학습을 이해한다면 학습의 효과는 반드시 교사의 권위나 지식, 혹은 교과서나 학습보조물의 체계적 구조를 통해 결정되는 것이 아니라 대체적으로 학생들 각자의 토대·배경, 다양한 목적, 독특한 양식, 그리고 주변적 요소들과의 상호작용에서 나오는 반응을 통해 자기조직적으로 이루어질 수 있다.

요컨대 포스트휴먼적 교육의 원리인 관계성, 생태적 공존, 그리고 아상블라주 세 가지는 모두 네트워크적, 수평적 관계, 그리고 융통성 있고 역동적인 관계성을 의미한다고 볼 수 있다. 아울러 이러한 원리는 앞서 논의한 행위자-망이론이나 대상 기반 존재론, 그리고 신물질주의 이론의 관점들과도 일맥상통한다고 볼 수 있다. 이러한 포스트휴먼적 학습의 성격 변화와 그에 따라 달라질 수밖에 없는 교사의 역할에 대해서는 다음 장에서 보다 자세히 살펴보도록 하자.

3. 포스트휴먼 시대의 교과 교육: 예술 교육의 사례

그렇다면 포스트휴먼적 교육의 형태가 구체적으로 어떻게 이루어질 수 있는지 이해하기 위해 미술 교육을 사례로 들어 논의해보자. 이를 위해 포스트휴머니즘적 주제를 반영한 예술 작품의 감상을 중심으로 미술 과목의 포스트휴먼 교육 내용을 고안해 보는 데, 그 구체적인 사례가 웹 아트를 중심으로 한 미디어 아트, 신체 담론을 담는 신체 미술, 그리고 생명공학과 관련한 바이오 아트이다.

1) 디지털 미학의 미디어 아트

예술은 새로운 매체와 기술의 진보를 수용하며 변화한다. 20세기 중반부터 전자매체의 소통 방식을 조형예술에 접목시키며 새로운 가능성을 제시하게 되는데 이를 미디어 아트라 부르며, 과거의 미디어와 구분하기 위해 뉴미디어 아트(혹은 디지털 아트)라고도 부른다. 뉴미디어 아트의 종류에는 비디오 아트, 컴퓨터 아트, 웹 아트(인터넷 아트), 인터랙티브 아트가 있고, 뉴미디어 아트의 기술적 및 미학적 특성으로 크게 일곱 가지를 들 수 있다. 우선 기술적 특성에는 인터액티비티(interactivity: 쌍방향 의사소통), 시뮬레이션simulation, 그리고 인공지능을 활용한 예술이 포함된다. 아울러 미학적 특성에는 시간과 공간적 차원이 자유롭게 확대되고, 결과보다는 과정을 중시하며, 혼성 예술로서의 다중 감각적인 특성을 갖고, 마지막으로 예술의 대중화를 지향한다는 것이 포함된다.

예를 들어 장영혜와 마크 보그Marc Voge가 운영하는 '장영혜 중공업'은 일반적인 중공업 회사가 생산하는 철강, 기계, 주선, 자동차를 생산하는 대신에 미술, 문학(텍스트), 음악, 기술 등을 통합하며 웹 아트를 제작하여 인터넷이라는 미디어를 통해 전시한다. '장영혜 중공업'의 작품은 평면 혹은 입체 작품과 같은 물질이 아니라 텍스트 중심의 웹 아트로 비물질적이다. 감상자들은 이 작품을 전시장이 아닌 인터넷이 연결된 어느 곳에서나 자유로운 시간에 감상할 수 있다. 그 작품들은 정치, 권력, 자본, 욕망, 죽음, 섹스, 여성 등의 사회적 현실의 주제를 주로 다루고, '중공업'이라고 해서 무거운 제품을 만들어내는 것이 아니라 삶의 기초적 근간이 되는 생각을 전달하고 창조한다는 의미를 담고 있다(박상희, 2009). 대표작은 〈삼성〉(1999)으로 이 작품은 우리 사회에서 삼성이 생명의 탄생에서 죽음까지를 함께할 정도로 한국인과 함께 존재한다는 사실을 관객들에게 확인시키며 숙고하게 하는 텍스트로 구성되었다. 이미지 중심의 전달보다는 텍스트, 즉 내용을 강렬한 이미지로 전달함으로써 관객들을 더욱 집중시키고 분명하게 메시지를 전달한다(이민수, 오창근, 2006).

이처럼 미디어 아트는 예술 형식과 매체의 융합, 다중 감각적인 특성을 중심으로 하는데, 이를 활용한 예술 교육 내용으로는 다음과 같은 것들이 포함될 수 있다(박상희, 2009).

첫째, 다양한 미디어 아트를 감상하며 전통적인 미술 작품과 도구, 필요한 기능, 전시 방법의 관점에서 비교하면서 새로운 매체와 기술의 진보가 예술을 어떻게 변화시키는지 이해한다.

둘째, 기술, 미학적인 특징을 이해하고 예술적인 가치에 대해 토론한다. 특히 새로운 매체의 도입으로 다양한 예술 형식의 융합, 다중 감각적인 특성이 인간에게 어떠한 영향을 주고 있는지 살펴본다.

셋째, 미디어 아트의 작품 제작 과정을 이해하고 필요한 매체의 사용 방법을 익혀 제작한다. 다양한 전자 매체가 미술 작품의 새로운 도구로 수용될 수 있다는 것을 이해하고, 자신의 표현 계획에 따라 필요한 도구들을 실험하면서 그 기능들을 익히도록 한다.

넷째, '인공지능이 미술 작품을 제작할 수 있을까?', '인공지능이 할 수 있는 것과 인간만이 할 수 있는 것은 무엇일까?'와 같은 질문에 대한 토론을 통해 테크놀로지가 예술가의 창조활동에 기여하는 점과 예술가의 재능, 독창성은 무엇인지 토의한다.

2) 신체 담론을 담는 신체 미술

최근 미술에서는 인간 신체에 대한 관심으로 종종 생명기술이나 의학적 방식에 직접 참여하는 실험과 연구의 양상을 띠고, 심지어는 신체의 변형으로 옮겨가는 양상을 보이기도 한다. 이를 신체 미술 혹은 신체 변형 미술이라고 하는데 그 작업은 인간의 신체가 겪고 있는 굴레를 넘어서는 다양한 예술적 표현을 시도하는 것이다. 예를 들어 과학과 의학 등 온갖 기술을 동원해 미술가 자신의 몸을 변형하여 스스로 혼성적 존재가 된다거나 유전자 변형된 생물체의 형상을 극사실적인 수법으로 재현한다. 혹은 영상기술을 이용해 포스트휴먼 신체변형이 신화와 상상, 초현실에서 일어난 사건이 아니라 현실성을 지닌 실존적 사건임을 보여주기도 한다. 이들은 공통적으로 인간 신체와 이에 결합되는 이물질 혹은 타자와의 관계를 변증법적 종합으로 이끌면서 포스트휴먼으로서 새로운 하이브리드 인간의 모습을 창출하며, 신체변형으로 인해 발생하는 주체와 정체성의 변화 문제를 매우 진지하고 세밀하게 다루는 것이다(김현정, 2012).

이러한 신체 변형 예술의 대표적인 예로, 오를랑Orlan은 자신의 얼굴을 성형 수술하는 예술 작업을 시도하는데, 1990년 이후 10년간 〈성녀

오를랑의 재림〉이란 제목 하에 아홉 차례에 걸친 성형수술로 자신의 얼굴 여기저기를 미술사에 등장하는 인물들을 참고로 하여 바꿨다. 예를 들자면 이마는 레오나르도 다빈치Leonardo da Vinci의 〈모나리자〉에서, 뺨은 보티첼리Botticelli의 〈비너스의 탄생〉의 여신에게서 따오는 식이다. 1993년 이후에는 디지털 방식으로 여러 이미지를 합성해 수술과 같은 효과를 내는 작품을 발표하고 있다. 자신의 얼굴 사진에 남미 원주민처럼 문신을 그려 넣거나 두개골을 기형적으로 변형시킨 〈자기교배〉 연작이 눈길을 끈다(김소영, 2017).

이러한 신체 미술, 신체 변형 예술 영역에서 인간 신체의 변형과 관련한 인간의 정체성 및 윤리적인 문제를 주제로 하여 다음과 같은 내용을 중심으로 수업을 진행할 수 있다.

첫째, 매체로서의 신체는 작품에서 어떠한 의미를 담기 위해 사용되는가? 왜 미술가는 우리의 신체 문제를 다루고 있는가? 이와 같은 질문으로 신체 미술이 다루는 주제를 찾아본다.

둘째, 우리 신체는 기술·기계와의 융합으로 어떻게 변화할까? 이 작품은 포스트휴먼의 존재에 대해 어떠한 생각을 하게 하는가? 포스트휴먼의 긍정적·부정적 양상은 무엇일까? 그때 필요한 사회 윤리는 무엇일까? 이와 같은 질문으로 포스트휴먼 인간의 모습에 대해 토의한다.

셋째, 앞으로 변화할 우리의 모습을 예상하고 멀티미디어를 활용하여 표현한다.

이와 같이 앞으로 미술수업은 자연이나 생물학적인 인간 혹은 인간들로 이루어진 사회의 주제와 소재들에서 벗어나서 다양한 매체, 기술 및 기계, 그리고 온라인과 오프라인을 넘나드는 존재들 및 현상들을 다루며 이루어지게 될 것이다.

3) 생명공학과 바이오 아트

1990년대부터 본격적으로 시작된 바이오 아트는 '생명 그 자체로서의 미술'을 말하며 현대 예술의 첨단 사조로 부상하고 있다. 바이오 아트는 생물학 또는 생명공학과 깊은 연관성을 가지며 생명 현상을 연구하는 과학자들과 동일한 방식으로 '살아 있는' 동물과 식물, 박테리아와 세포, 분자, 체액 등의 유기체, 유기물을 활용하여 유전자 이식 기술이나 조직공학 기술을 이용해 살아 있는 생명체를 만드는 방식이다.

바이오 아트는 크게 두 종류로 나뉜다. 첫째는 각종 생명기술에 관한 주제들을 회화, 사진, 비디오, 설치, 퍼포먼스 등 다양한 형식으로 표현하는 '바이오토픽bio-topic 바이오 아트'이다. 이는 유전자 시대의 풍경을 기존의 미술 매체를 통해 그려내거나 개념 미술적인 방식으로 언어화하여 유전공학에 대한 주제 의식을 전달한다. 둘째는 미술가들이 유전공학과 조직공학의 기술을 이용하여 살아 있는 세포와 조직 혹은 DNA를 가지고 직접 생물학적 실험을 진행하고 그것을 작품으로 제시하는 '바이오 미디어bio-media 바이오 아트'가 있다. 이 중 생물체의 유전자를 조작하여 새로운 성질을 가지는 생물체로 변화시키는 기술을 이용한 바이오 아트를 유전자 변형 미술(transgenic art)라고 한다. 바이오 아트의 작가는 과학자이면서 예술가이기도 한데, 그에 따라 생명공학기술에 대해 긍정적인 태도를 보이기도 하고 신랄한 비판을 가하기도 한다. 바이오 아트는 살아 있는 생명체(유기물)를 매체로 사용함으로써 이전의 미술적 소재(무기물)와 혁신적인 단절을 보이며 미학적·기술적·윤리적인 관점에서 여러 가지 흥미로운 논의를 제기하고 있다(전혜숙, 2017).

바이오 아트의 대표적인 예를 들면 로크만Rockman의 〈농장〉에서는 화가의 상상력으로 미래 환경과 자연의 모습을 표현하고 있다. 이 작품을 들여다보면, 언뜻 보기에 우리에게 익숙한 밭과 가축의 모습이지만 자세히 보면 등장하는 동물과 식물이 자연스럽지 않고 매우 비정상적이다. 예를 들어 젖소는 과하게 발달한 몸뚱이를 가지고 있는데 우유를 생산하는 젖소의 유용성이 강조된 모습이고, 바구니 속의 토마토는 유전자 변형을 통해 비정상적으로 커진 토마토로 표현되기도 한다. 바이오 아트는 이러한 작품들을 통해 유전공학의 기술에 의해 창조될 수 있는 이러한 동식물이 인간과 자연 생태계에 시사하는 바가 무엇인지에 대한 질문을 던지고 있는 것이다.

바이오 아트를 통한 예술 교육에서는 생명 윤리, 예술과 과학 기술의 융합 등의 주제를 중심으로 다음과 같은 학습 내용을 고안할 수 있다.

첫째, 시대의 변화에 따라 미술가들이 작품에 담는 주제에 대해 고찰하며 과거의 미술 작품이 다루던 주제와 비교하며 시대와 사회의 변화를 인지한다.

둘째, 살아 있는 생명체를 매체로 사용하는 것에 대하여 미학적·기술적·윤리적인 관점에서 토의해본다. 또한 생명공학이 가져올 미래의 모습과 이에 대한 긍정적, 혹은 부정적 양상을 이야기해본다.

셋째, 작가의 아이디어 구상에서 타 분야의 내용들이 어떻게 융합되었는지 이야기해 본다. 예를 들어 이 작품을 한 작가는 미술가인가 아니면 과학자인가?라는 질문을 던질 수 있다.

이제 다음 절에서 포스트휴먼을 위한 미술교육의 방향은 무엇인지 논의해 보자.

4) 포스트휴먼을 위한 미술교육의 방향

지금까지 포스트휴먼적 예술 교육의 세 가지 주요 갈래로써 미디어 아트, 신체 미술, 그리고 바이오 아트에 대해 살펴보았는데, 이를 정리하면 포스트휴먼을 위한 미술교육의 방향으로 다음과 같은 점들이 강조될 수 있을 것이다.

첫째, 미술교육은 감성·감수성 교육을 더욱 강조하여야 하고, 특히 디지털 감수성, 변화하는 세계와 자신에 대한 지각 능력에도 무게 중심을 두어야 한다. 포스트휴먼 관점에서 감성교육은 다양한 매체 변화에 따른 디지털 감수성과 멀티 감각을 계발하는 차원에서도 중요해질 것으로 보인다. 디지털 매체가 더욱 발전하고 각각의 매체 상황이 다양한 모습으로 전개되면서 디지털 매체로 통합되는 디지털 매체 '이후(after)'의 시대인 포스트 디지털 매체 시대가 되었다. 이러한 디지털 문화에 적응하며 주도해가기 위해서는 디지털 감수성이 더욱 필요해진다.

둘째, 미술교육은 포스트휴먼의 주체에 대한 인문학적 사고를 형성시켜주면서 인간의 새로운 정체성과 사회 윤리에 대해 사고하도록 도와주어야 한다. 자기 자신과 인간, 그리고 사회에 대해 끊임없이 질문을 던지면서 인문학 고전 및 그 외 인간의 사고를 담은 다양한 창작물로부터 그에 대한 해답과 실마리를 찾고 다양한 가능성을 탐구함으로써 새로운 가치를 창출하는 자아 성찰적 태도를 형성시키는 교육이 필요하다. 이러한 인문학적 사고를 형성시켜주는 교육이 인문교육이다. 미술 작품은 인간과 사회에 대한 작가의 성찰을 시각적으로 표현하는 것으로 과거 혹은 동시대 미술 작품은 인문학적 사고를 형성하는데 훌륭한 매체가 된다. 포스트휴먼을 인간 진화의 새로운 단계로 보는 긍정적인 양상도 있지만 비인간화, 계층의 격차 등 우려되는 양상도 부인할 수 없다. 그리하여 포스트휴먼 미술교육에서는 인간의 정체성과 연대의식, 사회적 규범 등에 대한 논의가 같이 이루어져야 한다.

셋째, 미술교육은 융복합의 산업과 문화 현상에 대한 이해를 상호 학제적인 접근으로 학습하면서 창의 융합적인 사고를 형성해주어야 한다. 미래의 인재는 지식을 통합적으로 이해할 수 있는 지성과 감성이 융합된 창의적인 사람이다. 전문적인 분과 학문들을 자유자재로 넘나들면서 융합하는 능력, 예술적인 감수성과 창조적 융합의 능력을 가진 인간이 얼마나 무한한 능력을 펼칠 수 있는 것인가는 의심의 여지가 없다. 아울러 미래의 직업은 융복합적으로 나타날 것이기 때문에 창의 융합적인 사고는 미래 사회에 변화될 직업을 위해서도 필수적이다. 현재의 직업에 대한 고정관념에서 벗어나 적극적으로 변화를 관찰하고 사람들의 필요가 무엇인지 파악하면 새로운 미래직업을 창작해보는 사고를 형성시켜주는 교육이 필요하다.

넷째, 미술교육은 새로운 디지털 도구로 소통하고 창작하는 능력을 형성시켜주어야 한다. 다양한 관점을 고려해볼 때 미술교육은 비주얼 리터러시, 미디어 리터러시, 디지털 리터러시를 더욱 확대하고 강화해야 할 것이다. 즉 새롭게 만들어지는 다양한 매체를 사용해 이미지를 제작해보는 활동, 웹 기반의 학습을 해보며 콘텐츠를 창조해보는 활동 등을 통해 매체별로 제작된 콘텐츠와 매체의 특성을 파악하며 더 나아가 미디어 수용자로서 비판적인 태도를 키워 대중 매체 시대의 올바른 시민으로 성장하도록 돕는 교육이 포스트휴먼에게는 더욱 요구될 것이다.

요컨대 포스트휴머니즘을 바탕으로 한 예술 교육은 삶과 문화예술에 기반해 경험과 상상력을 촉발시키고 이를 통해 학생들이 사유와 성찰, 비판적 사고를 할 수 있어야 한다. 아울러 물질, 기계, 도구, 생명체들이 본질적으로 일원적이고 서로 교류하며 소통할 수 있다는 것을 체득하는 교육이 되어야 할 것이다.

제9장

포스트휴먼 시대의 학교교육의 성격과 교사전문성

디지털의 개념을 처음으로 대중화시킨 네그로폰테Negroponte(1995)가 아날로그와 디지털의 차이를 '움직이는 원자'와 '움직이는 비트'의 차이로 설명한 이후 약 20년이 지난 오늘날 우리는 다양한 방식으로 21세기의 디지털 문명을 체험하고 있다. 즉, 인터넷과 정보통신 기술이 결합된 모바일 환경 속에서 게임, 미디어 시청, 인터넷 검색, 소셜미디어 사용 등이 일상화되고 있고, 이러한 정보통신 환경이 일상생활뿐만 아니라 여가 및 취미활동, 업무 및 생산 활동으로도 확대되어 이제는 거의 모든 인간의 행동이 IT 기계나 기술적 도구들에 의존하지 않을 수 없는 환경이 되어가고 있다. 이처럼 인공지능, 로봇자동화 공장 시스템, 사물인터넷, 드론 및 자율주행차, 3D 프린팅, 그리고 나노Nano 및 바이오산업으로 대표되는 첨단 기술들이 인류의 일상적 삶을 획기적으로 바꾸고 있는데, 이러한 사회적 환경의 변화는 인류를 더 이상 인본주의적 존재가 아닌 포스트휴먼적 존재로 바꾸어놓고 있다(Bostrom, 2003; Hayles, 1999).

이와 같이 21세기의 첨단 과학기술의 발전을 토대로 이루어지는 급격한 기술적 변화가 사회와 개인들에 어떠한 영향을 미치고 있는지를 인문사회학적 측면에서 논의하고 있는 개념이 바로 포스트휴머니즘이다.

포스트휴머니즘은 그 용어 자체가 말해주듯이 기존의 휴머니즘적 관점을 넘어서서 미래의 기술 중심 사회의 조건에 맞게 인간 존재의 의미와 역할을 새롭게 해석하려는 입장이다. 본 장에서는 이러한 포스트휴먼적 환경 조건과 포스트휴먼적 학습자가 등장하는 현실 속에서 학교교육을 책임지고 있는 교사의 위상과 역할, 즉 교사전문성의 방향이 무엇인지에 대해 논의하고자 한다. 이를 위한 구체적인 연구 문제는 다음과 같다.

첫째, 포스트휴먼 시대의 학교교육의 성격은 어떻게 달라질 것인가?

둘째, 이에 따른 포스트휴먼 시대의 교사전문성의 방향은 무엇인가?

첫 번째 질문과 관련하여 우선 독자들의 이해를 위해 포스트휴머니즘의 개념과 이론적 배경의 갈래를 정리하여 설명하고자 한다. 이후 포스트휴먼적 학교교육의 변화 양상을 세 가지 측면—즉, 지식의 변화 양상, 포스트휴먼적 학습자의 존재론적 특징, 그리고 포스트휴먼적 학습의 주요 원리—차원에서 다루고자 한다. 이러한 논의를 바탕으로 두 번째 질문인 포스트휴먼적 교사전문성에 대해 포스트휴먼적 교사의 성격이 무엇인지, 포스트휴먼적 교사는 학교에서 어떤 역할을 하게 될지에 대해 논의하고자 한다. 마지막으로 본 장의 가장 핵심적인 주장인 포스트휴먼적 교사전문성의 핵심 요인과 방향이 무엇인지에 대해 제시하고자 한다.

1. 포스트휴먼적 학교교육은 어떻게 변화할 것인가?

포스트휴먼적 조건에서의 학교교육에 부응하기 위한 교사의 역할이 무엇인지를 탐색하기 위해서는 우선 포스트휴먼 시대의 지식의 성격과 학습자에 대한 존재론적 이해, 그리고 학습의 형태들이 구체적으로 어떻게 변하고 있는지 살펴볼 필요가 있다.

1) 포스트휴먼 시대의 지식의 변화

디지털 기술이 현대인 삶의 대부분 영역에 적용되고 있다는 것은 디지털이 더 이상 아날로그analog 영역의 보완적 역할을 하는 것이 아니라 새로운 규범(new normal)이 되었다는 것을 의미한다(Hinsen, 2013). 따라서 앞으로는 새로운 사물이나 기술, 현상 등이 등장할 때 디지털이라는 관용어(예: 디지털 기술, 디지털 장치, 디지털 기계 등)가 쓰이는 대신 오히려 기존의 방식에 대해 '아날로그'란 수식어(예: 아날로그 카메라, 아날로그 음향기기)가 붙게 될 것이다. 이러한 아날로그에서 디지털로의 기술적 환경의 전환으로 인해 인간의 사고, 정보와 지식의 성격, 그리고 학습 형태의 측면에서도 큰 변화가 일어나고 있다. 예를 들어 디지털 시대에 따른 지식과 학습의 성격 변화는 다음 [표 9-1]에서 정리된 것과 같이 포스트휴먼적 지식과 기술(인식론) 및 인간상(존재론)의 차원과 밀접히 관련되어 진다.

[표 9-1] 포스트휴먼 개념의 단계적 변화 과정(박성원·최종화·진설아 외, 2016)

시기 구분	인식론과 지식론 차원에서의 포스트휴먼적 성격	기술적 키워드
1기: 1968~2000	전근대적, 비이성적, 미신적인 사고에서의 탈피 인간의 특성과 한계를 넘어서는 의미에서 트랜스휴먼(transhuman) 개념의 대두	과학적 사고 인간의 한계 사이보그 존재론
2기: 2001~2005	기술의 진보에 대한 다양한 입장 등장 트랜스휴머니즘의 가능성/한계성에 대한 논의 본격화	기술중심주의 생체 로보틱스 환경생태주의

3기: 2006~2010	유전공학, 생명공학, 나노기술 등의 급격한 발전 새로운 과학기술이 초래할 철학적·윤리적 논란 가열	신경망 컴퓨터 휴먼 게놈(인간 복제)프로젝트 나노 컴퓨팅
4기: 2011~2017	스마트 환경과 같은 다양한 포스트휴먼적 삶의 조건들에 대한 기술적 실현의 가시화 휴머니티나 생물종의 개념의 다변화와 인공지능 로봇(사이보그)의 의식·주체성에 대한 철학적 이해 확대	4차 산업혁명 빅데이터 인공지능(딥러닝) 퀀텀 컴퓨팅

위 [표 9-1]에서 보듯이 20세기 후반부터 급속화된 첨단과학기술의 발전은 네 단계의 주목할 만한 변화를 통해 이루어졌다. 즉, 인간의 한계성에 대한 인식과 트랜스휴먼 개념의 등장(1기), 생체 로보틱스 기술과 트랜스휴머니즘 관련 논의 확장(2기), 유전공학·나노·바이오·로보틱스 기술로 대표되는 첨단 기술과 지식 정보의 폭발적 증가(3기), 그리고 4차 산업혁명이라는 용어로 대표되는 7개 기술(인공지능, 사물인터넷, 3D 프린팅, 자율주행차, 빅데이터, 지능형 로봇, 클라우드 컴퓨팅)의 보편화는 우리의 삶을 이미 포스트휴먼적 조건으로 만들어가고 있다. 이미 기술의 개발 양상이 모사(생체모방기술, 인공장기, 뉴로모픽)에서 연결(뇌-기계 인터페이스, 증강 휴먼)로, 연결에서 변형(유전자가위기술)으로, 그리고 조합(합성생물학, 초지능)으로 나아감으로써 기술은 생명체를 닮아가는 수준에서 더 나아가 생명체를 대체하는 방향으로 옮겨가고 있다(박가열·최영순·박성원 외, 2017). 그러한 차원에서 포스트휴먼적 기술은 더 이상 상상의 영역이 아니라 머지않아 인류의 의식, 사고, 감정, 그리고 지식의 영역에서 필수조건이 될 것이다.

이러한 지식의 성격 변화는 교육의 차원에서도 다음과 같은 세 가지 함의를 가져다준다. 첫째, 인간만이 이성적 존재이자 사고하는 존재가 아닐 수 있다는 점이다. 일찍이 해러웨이Haraway(1985)는 인간과 사이보그의 본질적 차이에 의문을 제기함으로써 그동안 인간 존재에게 부여되었던 이성, 주체성, 독립성, 자율성이란 관념이 환상에 불과할 수 있다는 점을 일깨워 주었다. 이성을 가진 인간과 그 이성적 사유의 대상이었던 자연세계의 이원론적 구분(즉, 생각하는 존재이자 학습하는 존재로서의 인간은 다른 동물들 및 사물들과의 구별)은 근대 자연과학적 지식의 기초가 되었을 뿐만 아니라 인간의 독자성, 주체성, 그리고 인간의 지식을 절대화하는 인식론적 근거로 작용하였다(Alsop, 2005). 하지만 인공지능 및 나노 컴퓨팅으로 대표되는 컴퓨터 성능의 비약적인 발전으로 이러한 인간 고유의 사고능력에 대한 환상은 사라지고 있고, 미래의 기술 중심적 세계에서는 과거의 아날로그적 지식이나 그에 대한 '인간적인' 학습이 더 이상 유효하지 않을 수 있는 것이다(Edwards, 2010; Quinn, 2018).

둘째, 지식의 형태와 성격이 바뀌고 있다. 우선 지식과 기술의 융합과 연결성이 급속히 촉진되고 있기 때문에 과거의 근대적 학문 개념의 소산이었던 자연과학, 사회과학, 인문학 등의 구분과 세부적인 교과영역의 구분 등의 인위적 지식 구분은 더 이상 의미가 없어질 것이다. 이미 20세기 초반부터 도서관과 책을 통해 지식이 안정적으로 축적될 수 있다는 관념은 사라졌고 지식의 분류와 체계화, 참조 및 인용, 생성과 전파의 방식이 네트워크, 협력적 태깅(collaborative tagging), 종합적 과정(synthesizing process) 등으로 변화하고 있다(Braun, 2002, Nonaka & Toyama, 2015; Tergan, 2005). 또한 인간과 기계, 현실과 가상, 오프라인과 온라인, 그리고 진품과 복제품 간의 경계를 무너뜨린 디지털 환경은 지식의 고유성이나 소유권(지적 재산권)의 개념도 진부한 것으로 만들어가고 있다(David, 2001; Krikorian & Kapczynski, 2010).

셋째, 지식정보화 사회에서 개인들의 학습의 형태가 바뀜에 따라 학습에 대한 심리학적, 교육학적 이론들도 변화하게 될 것이다. 예를 들어 인공지능과 빅데이터의 만남은 알파고의 딥러닝Deep learning의 사례처럼 인간의 사고력과 판단력을 훨씬 뛰어넘어 창의력과 예술적 감성, 도덕적 판단력 등을 제외한 대부분의 사고 영역에서 인간의 사고를 대신할 수 있는 인공지능 알고리즘을 만들어내고 있다(Kowalski, 2011). 이는 머지않아 더 이상 인간이 아니라 인공지능 컴퓨터를 '사고하는 존재'로 인식하게끔 하는 상황을 초래하게 될 것이고 과거와 같이 암기, 이해, 분석, 추론 등으로 이루어졌던 학습의 형태도 변하게 될 것이다. 특히 오늘날 기술적 발전이 인터넷과 대용량의 데이터를 빠르게 처리할 수 있는 성능의 컴퓨터를 기반으로 한 초연결 사회를 향해 나아가면서 현대인의 삶에 이동성(mobility), 가상성(virtuality), 다양성(diversity), 융통성(flexibility)을 급속히 증가시키고 있다(Poulkov, 2016; Vermesan & Friess, 2015). 그에 따라 학습의 형태도 교실과 같은 제한된 공간에서 단편화된 지식을 일방적으로 주입받는 방식이 아니라 이미 유비쿼터스적이고 쌍방적이며 다양식적(multimodal) 학습의 형태들이 폭발적으로 늘어나고 있음을 주목할 필요가 있다. 예를 들어 교과서나 서적을 통해 지식이 유통되었던 과거와는 달리 현재는 인터넷을 기반으로 폭증하고 있는 웹문서, 유튜브, 온라인 강좌, 그리고 영리 및 비영리 학습 플랫폼들이 제공하는 양질의 교육자료와 빅데이터에 휴대용 단말기를 통해 언제 어디서나 접근이 가능하게 된 것이다.

요컨대 20세기 이전까지만 해도 포스트휴먼적 존재에 대한 막연한 공상적 수준의 논의가 주를 이루었지만 21세기 들어오면서 예측 불가능한 수준의 기술적 발전이 이루어졌고, 이제는 더 이상 포스트휴먼적 미래와 인간존재에 대해 부인하는 사람은 많지 않다(Dinerstein, 2006; Kurzweil,

2014). 그렇다면 위와 같은 포스트휴먼적 지식 정보 사회의 등장은 어떻게 포스트휴먼적 학습자를 만들어내고 있는가?

2) 포스트휴먼적 학습자의 등장

포스트휴머니즘에 기반한 교육은 지식의 성격뿐 만 아니라 교육의 주체인 학습자나 교사의 존재론적 성격도 과거의 인본주의에 기반했던 관점들과는 완전히 달라질 것이다. 대표적 두 가지 차이점을 살펴보면 하나는 포스트휴먼적 교육은 학습자를 순수히 독립적이고 자율적인 존재로 간주하여 개별 인간의 심리적 특성을 바탕으로 한 교육 이론들(예: 행동주의, 구성주의, 인지주의 등)에 의존하지 않는다는 것이다. 사실 기존의 인본주의 교육 이론들은 유럽의 개인주의적이고 계몽주의적 관념에 기반하여 학습자를 이성적·자율적·주체적인 존재로 훈련시키는 것이 주된 교육의 목적이었고(Pedersen, 2010), 그로 인해 오늘날 교육 이론들은 대부분 인본주의(관점), 인지주의(내용), 그리고 개인주의(방법)를 바탕으로 하고 있었다. 하지만 4차 산업혁명으로 대표되는 기술 중심적 세계에서는 과거와 같은 인본주의적 교육원리들의 타당성이나 효과가 미미해질 것이다. 한 가지 예를 들면 인본주의는 인간만을 이성, 주체성, 독립성, 자율성, 그리고 자기 정체성을 가진 존재로 보고, 그러한 특성을 지닌 인간을 사고와 학습의 주체로 상정하고 있다. 하지만 포스트휴머니즘은 인간 개인들을 다른 비인간적 존재들로부터 완전히 구별되고 독립된 존재로서가 아니라 자연적·기술적 환경 속에서 모든 사물들과 밀접한 관계를 맺음으로써만 생존할 수 있는 네트워크의 일부로 본다(Braidotti, 2013, 2016; Haney, 2006).

다른 하나는 휴머니즘이 자기 정체성을 종교적(예: 천부 인권) 혹은 사회문화적(예: 사회적 자아) 차원에서 이해한다면(Holland & Lachicotte, 2007) 포스트휴머니즘은 자기 정체성을 생물학적 요소와 물질적 요소들(도구, 기계, 환경)이 집단적으로 아상블라주assemblage된 역동적이고 관계적인 에너지로 정의한다(de Freitas & Curinga, 2015). 그러므로 휴머니즘이 사고나 학습을 주체적 사고를 가진 인간이 대상적 세계(사물, 지식, 환경)에 대한 정보를 습득하고 이해하는 것으로 여기는 것과는 달리 포스트휴머니즘은 학습의 주체(인간)와 대상(사물이나 지식)을 구분하지 않고 학습을 상호 연결된 관계망 속에서의 동등한 요소들 간의 소통과 교류, 즉 정보의 이동이 일어나는 것으로 본다. 결국 미래의 기술 중심 사회는 과거의 인본주의가 상정한 사회와는 전혀 다른 양상으로 전개될 것이며 위와 같은 학습자의 근본적인 존재론적 차이로 인해 미래의 학습은 인본주의적 학습 방식과는 상당히 달라진다는 것이다.

그렇다면 위와 같은 포스트휴먼적 학습자의 존재론적 성격은 포스트휴먼적 학습에 어떠한 영향을 미치는가?

첫째, 인간 중심적 세계관을 바탕으로 인간의 이성 및 주체성을 절대화하고 세상의 지식, 물질, 환경, 생태계 등을 모두 인간의 지식·학습을 위한 도구나 소모품으로 간주하는 태도는 더 이상 유효하지 않다. 포스트휴먼적 기술 중심 시대의 교육은 기존의 인간 중심적 관념을 넘어서 자연과 환경, 모든 생명체, 그리고 물질세계와 기술들 간의 인위적인 구분과 경계를 넘어서서 그동안 타자화되고 정복의 대상이 되어왔던 자연, 생태계, 그리고 심지어 도구나 기술들까지도 교육의 담론 속에서 포섭하려는 태도를 갖고자 한다. 따라서 포스트휴먼적 학습자는 이해와 통제와 같은 도구적 목적으로 지식을 습득하거나 학습을 수행하지 않고 학습의 대상(지식, 사물, 세계 등)과 '함께 되어감(becoming-with)'의 과정이 바로 학습인 것이다(Postma, 2016).

둘째, 교육의 궁극적 목적은 본래 휴머니즘적이라기보다는 포스트휴먼적이었다는 사실에 주목할 필요가 있다. 예를 들어 교육심리학의 출발점이 되었던 행동주의 이론은 동물에 대한 이해를 바탕으로 이루어진 것이었고, 이를 인간의 행동이나 학습에 대한 이해에 적용한 것이었다(Thorndike, 1910). 이후 100년간 심리학은 인간과 동물의 지능·학습·정서의 차이를 부각시키기 위해 매진해왔고 인간예외주의적 관념을 바탕으로 인간과 동물의 차별성에 대한 많은 이론들이 제시되어왔다. 하지만 최근 인지과학, 신경과학, 그리고 인공지능, 진화 신경과학 등의 최첨단 연구들은 신물질주의적 이론을 바탕으로 인간-동물이나 인간-기계 간의 사고나 학습의 본질적 유사성에 대한 연구가 주를 이루고 있다(McGregor, 2014; Charteris, Smardon, & Nelson, 2017). 예를 들어 자기주도적 학습에 대한 관점도 더 이상 학습자의 주체성과 자율성을 바탕으로 한 인지과정을 강조하지 않고 학습자-내용(지식)-교육매체(네트워크)의 다중적 연결성 속에서 흐르는 데이터(학습내용)의 분석, 보고, 수행, 그리고 피드백 과정(즉, 자기-적응적 네트워크)으로 간주하여 그 학습의 효과를 분석하고자 하는 것이다(Winne, 2006).

셋째, 최근의 뇌신경학 연구들은 인간의 학습과정을 컴퓨터로 연결된 네트워크 속의 데이터의 흐름을 관할하고 통제하는 알고리즘에 비유하여 그 유사성과 차별성을 연구하고 있다(Stollfuß, 2014). 만일 인간의 두뇌가 수행하는 학습이라는 현상의 원리가 위 연구들과 같이 컴퓨터 네트워크 속의 알고리즘으로 이해되거나 재현될 수 있다면 학습의 '주체(subject)'나 교육의 '대상(target)'을 인간(즉, 의식과 정체성을 가진 존재)이 아니라 인간 두뇌를 구성하는 뉴런과 같은 신경 구조 및 활동으로 간주해야 될지도 모른다. 이러한 조건 속에서는 교육이 개인들의 잠재력을 실현하는 과정이라기보다는 신경망들의 구조나 관계성을 미세하게 조율(tuning)하거나 두뇌 시스템의 수행을 최적화하기 위한 데이터 처리의 과정이 될 수도 있다(Busso & Pollack, 2015; Stein, Della Chiesa, Hinton, & Fischer, 2011).

위와 같은 포스트휴먼적 학습자의 성격과 학습 방식의 변화를 고려했을 때, 포스트휴먼적 교육의 구체적인 원리와 방향은 어떻게 될 것인지 살펴보자.

3) 포스트휴먼적 학습의 주요 원리

포스트휴머니즘에 기반한 여러 이론들이 있지만, 본장에서는 포스트휴먼적 학습의 주요 원리로 신물질주의, 객체지향존재론, 그리고 포스트현상학을 상정하고자 한다.

첫째, 신물질주의(New materialism)는 인간에게만 영혼, 이성, 의식 등과 같은 물질 초월적 특성을 부여했던 데카르트의 근대적 마음·신체 이원론에서 벗어나 자연계의 동물이나 사물들에도 능동성을 부여하려는 철학적 태도로서 생기론(vitalism) 혹은 물질-사실주의(matter-realism)적 철학이다(Connolly, 2013). 따라서 신물질주의는 인간을 포함한 동물적 존재들의 사회적 관계, 인간과 도구 및 환경 간의 문화적 관계, 그리고 인간과 우주 만물들 간의 자연적 관계를 스피노자의 일원론(monoism)적 관점을 통해 해석하고자 한다(Barad, 2003). 기술 중심의 미래 사회를 신물질주의적 관점을 통해 이해하려는 이유는 바로 앞서 논의한 바와 같이 인간의 신체와 정신이 컴퓨터와 네트워크를 통해 데이터화·디지털화되고 있기 때문이다. 머지않아 인간, 사이보그, 자동기계(로봇) 등과 같은 포스트휴먼적 존재들이 디지털 알고리즘과 인공지능 기술을 바탕으로 마음(mind) 뿐만 아니라 신체까지도 모두 데이터화됨으로써 점점 컴퓨터가 데이터를 처리하는 방식으로 현실을 가상화하는 경향이 증가하게 될 것이다(Haney, 2006). 예를 들어 컴퓨터가 인간의 사고를 모사하여 입력된 정보(mind file)를 해독하는 마인드웨어Mindware나 사고를 확장 및 촉진해주는 인지적 보철(cognitive-prosthetics) 장치, 신체 기능을 증가시키는 보철장치는 모두 인간의 신체적·정신적 한계를 넘어서게 해주는 디지털 장치들이다(Clark, 2003). 이러한 미래의 기술적 변화들이 가져올 인간적(이성)-동물적(신체)-도구적(물질)-컴퓨터(디지털정보) 요소들 간의 근본적인 경계의 붕괴를 이해하고, 그러한 조건들 속의 구성원으로 살아가게 될 인간과 다른 존재들 간의 소통과 교류, 즉 학습을 이해하기 위해서는 신물질주의적 관점이 필요할 수밖에 없다.

둘째, 행위자-망이론(ANT)은 과학기술의 발전으로 사물이나 도구의 역할이 커짐에 따라 인간과 비인간적(동물, 기술, 도구 등) 존재들 사이의 조합(assemblage)과 관계망을 설명하기 위해 제안된 이론이다(Callion, 1991; Latour, 1993). ANT는 자연의 모든 성취들은 인간만의 독자적 역할에 의해서가 아니라 비인간적 존재들과의 네트워크적 관계 속에서 이루어진 것이므로 모든 존재들을 능동성을 가진 행위자(actors)로 간주한다(Latour, 1993). 따라서 포스트휴먼적 미래에서는 인간을 중심으로 한 사회문화적 요소들이 아니라 행위자-망이론에 기반한 사회기술(socio-technical)적 요소들에 주목하여 인간과 비인간적 존재들이 네트워크 속에서 어떻게 협력하게 되는지에 주목하게 될 것이다(Hughes, 1993). 이처럼 행위자-망이론에 입각한 교육은 인간학습자의 독자적 주체성에 국한된 학습만을 중시하는 것이 아니라 그동안 타자화되어 왔던 다양한 생물종과 기계, 도구, 물질 등의 상호 간의 의존성을 바탕으로 한 공동체적 학습에 초점을 맞추고자 한다(Munro, 2009). 예를 들어 자연과학적 지식을 얻는다는 것은 지구의 생태적 환경을 구성하고 다양한 주체들(인간, 동식물, 물질, 기계들)의 본질과 역할에 대한 이해를 바탕으로 그러한 요소들(행위자들)이 어떠한 상호의존성과 역동성을 바탕으로 자연현상과 과학기술적 결과물을 만들어내고 있는가를 이해하는 것이 바로 ANT에 기반한 학습원리이다.

셋째, 포스트현상학(post-phenomenology: Ihde, 1995, 2008)은 기술 중심 사회의 인간 경험의 질적 변화를 설명하기 위해 기존의 주류 현상학이었던 메를로-퐁티Merleau-Ponty의 현상학(인간 경험을 기술성과 육체성[즉, 체화]로 구분하고, 이를 바탕으로 혼합현실[mixed reality]이라는 미디어 테크놀로지 환경에서의 인간 경험을 설명하고자 함)과 후설Husserl의 현상학(데카르트적 이원론에 입각하여 사유 작용[noesis]-사유 대상[noema]으로 현상을 파악하려고 함)을 넘어서려는 시도이다(Ihde, 2008). 즉, 포스트현상학은 후설의 인간(인식주체)과 사물(인식 대상)을 구분하는 이원론적 현상학 대신 인간과 사물을 동등하게 취급하는 화이트헤드의 중립적 존재론을 바탕으로 한 객체-과정-기반적 사유를 지향한다(Neimanis, 2017).

특히 포스트현상학은 기존의 인본주의적 지식관 및 학습관과 전혀 다른 차원에서의 학습에 대한 관점을 제공한다. 예를 들어 핸슨Hansen(2015)은 포스트현상학의 관점을 바탕으로 오늘날 기술이 점점 인간을 모사하여 사이보그나 로봇과 같은 존재들을 만들어내는 것처럼 학습의 방식도 근본적으로 인공지능 기술, 뉴미디어적 소통, 그리고 사이버 환경이 결합된 방식으로 변화될 것이라고 본다. 그 대표적 방식의 세 가지 예를 들면 다음과 같다. 먼저, 인간의 전통적인 학습이 '전향-먹임(feed-forward)' 방식으로 끊임없이 들어오는 시각적 정보들을 순간적으로 판단하고 맞춤식으로 선택하여 적합한 정보를 의식에 제공함으로써 이루어지는데, 현재 인공지능 기술들도 이러한 눈의 정보처리 방식을 모사하여 외부 정보를 훨씬 빠르고 효과적으로 학습(수용, 판별, 저장, 인출)하는 알고리즘을 개발하고 있다.

다음으로, 오늘날 인터넷 네트워크를 통해 축적된 빅데이터와 유튜브, 페이스북, 블로그 등과 같은 뉴미디어적 매체들이 수많은 정보들을 빠르고 효과적으로 실어 나르면서 학습 주체들에게 영향력을 행사하고 있다. 이러한 뉴미디어의 특징은 비위계적이고 쌍방적인 정보의 흐름, 작가와 독자의 구분 불가능성, 그리고 정보의 진위와 정보의 영향력의 비대칭성이라는 성격을 가지고 있다는 것이다(Lister, Giddings, Dovey, Grant, & Kelly, 2008). 이는 전통적인 학습 방식인 교사에서 학생으로의 일방적 지식 전달, 정보의 생산자와 소비자의 구분, 교과서로 대표되는 규범적 지식의 권위가 오늘날 정보환경 속에서는 더 이상 통하지 않는다는 것이다.

마지막으로, 뉴미디어의 소통 방식은 인간의 사고, 지각, 의식, 주목이 파악하지 못하는 방식으로 정보를 매개하거나 소통의 목적을 달성할 수 있는 미시시간성(micro-temporality)을 가졌다는 것과 간접적이고 비인지적 차원에서 미래의 행동을 예측해주고 안내해주는 방향으로 소통 주체들을 이끌어갈 수 있다는 두 가지 특징을 갖는다(Hansen, 2015). 포스트현상학적 관점에 따르면 이러한 뉴미디어의 소통 방식은 경험 주체(학습자)와 경험 자체(학습 내용)를 구분하는 현상학적 관점('인간적' 학습)으로는 설명되지 않는다. 과거의 미디어가 정보 생산자와 정보 수용자가 구분되었고 지나간 정보의 수집, 기록, 전달하는 기능(feed-backward)을 수행했다면, 뉴미디어는 생산자와 수용자의 구분도 없고 정보는 과거에서 현재로가 아니라 현재에서 미래로 흐르게 되는 '전향-먹임'이다. 결국 이러한 뉴미디어들이 머지않아 인간의 '새로운 기억'의 역할을 하면서 소통, 정보처리, 사고에 있어서의 인간의 유한성을 극복하는 도구의 역할을 할 수 있고(Stiegler, 2011), 빅데이터와 데이터 마이닝 기술 등을 활용하여 지식이나 정보들을 다루면서 추론, 예측, 융합과 재조합, 창의적 아이디어의 생성 등을 촉발함으로써 학생들의 학습과 사고를 지원할 수 있다(Hansen, 2015).

요컨대 뉴미디어의 성격과 역할에 대한 포스트현상학적 해석은 기술 주도적 사회에서 학습의 성격이 어떻게 변할 것인가를 이해할 수 있는 중요한 이론적 기반이 된다. 즉, 뉴미디어의 등장은 포스트휴먼적 존재의 학습과 기술적 도구(미디어), 지식의 관계성이 근본적으로 바뀌고 있음을 보여준다(Hayles, 2012).

지금까지 논의한 포스트휴먼적 학습자의 존재론적 성격, 학습의 양상, 그리고 학습의 주요 원리들을 고려했을 때 이에 부합하는 교사의 위상, 성격, 그리고 그들의 역할은 무엇인가?

2. 포스트휴먼 시대의 교사전문성

포스트휴먼적 교사전문성에 대한 논의는 단순히 교사가 첨단 기술과 장비의 도움으로 교수학습의 효율성을 높이기 위한 것만은 아닐 것이다. 즉, 포스트휴먼적 조건에서는 전통적인 '인본주의적' 교사의 역할에 근본적인 변화가 필요한데 비에스타Biesta(2015)는 이를 '교육이 급격히 학습의 행위로 전환되어지고 있는 현상(learnification of education)'이라 고 지적하여 논의한 바 있다. 예를 들어 인터넷을 통해 엄청난 속도로 지식과 정보가 교류되고 뉴미디어(소설미디어, 유튜브, 개인 블로그 등)를 통해 다양한 형태의 지식이 끊임없이 생성·분배·재생산되는 정보통신 혁명은 더 이상 학습을 교과서나 교사에 의존할 필요가 없는 학습 환경을 만들었고, 결과적으로 미래의 교사는 '지식' 및 '교수' 전문가로서의 전통적 역할이 약화될 수밖에 없다. 그렇다면 이러한 포스트휴먼적 교육환경의 변화 속에서 교사는 어떤 성격과 역할로 자리매김해야할 것인가?

1) 포스트휴먼적 교사의 성격

오늘날 교사에 대한 대중적 인식은 하나의 '인간'적 존재로서 다른 '인간'으로서의 학생들을 가르치는 휴머니즘적 이해를 바탕으로 하고 있다. 그로 인해 교수학습 이론도 이성적이고 독립적인 학습자를 상정한 인본주의적 이론들이 주류를 이루고 있었고 기술·매체·도구의 역할은 대부분 학습의 조연으로서 부수적인 역할로 이해되어왔다. 포스트휴먼적 교육은 학습에 있어서 기술이나 도구를 조연이 아니라 인간과 동등한 수준의 능동자(agency)로서 학습자와 학습 내용, 그리고 학습 매체들 간의 소통의 본질 자체를 변화시키는 역할을 하고 있다. 이 책은 이러한 포스트휴먼적 맥락 속에서의 교사의 성격 변화를 크게 시스템적 교사, 미디어적 교사, 사이버네틱스적 교사 세 가지 측면에서 논의해보고자 한다.

첫째, 네트워크 시스템적 교사의 성격이다. 포스트휴머니즘적 관점에 따르면 교사들이 학생들에게 가르치기 위해 수업의 도구인 분필이나 칠판을 활용하거나 OHP 스크린 옆에 서서 컴퓨터와 리모컨을 소작하는 행위, 그리고 문제를 출제하거나 평가하기 위해 학교 시스템에 데이터를 입력하는 행위들은 모두 교수학습에 기술과 도구가 필수불가결하다는 사실을 보여준다. 아울러 교사에게 국가가 제시한 학교교육과정을 바탕으로 교과서나 교재에 정리된 내용을 지금까지 정착된 수업설계 및 교수방법에 따라 가르칠 것을 기대하는 현실도 교사가 독립적인 교육자라기보다는 '학교'라는 거대한 교육시스템의 일부라는 것을 잘 보여준다(Hoban, 2002).

네트워크적 학습에서 교사는 더 이상 전통적인 타일러Tyler(1949)식의 교수설계의 주도자로서 역할이 아니라 구성주의나 발견학습과 같은 수업모형에서 요구되는 학생주도 학습을 위한 안내자와 조력자의 역할을 할 수밖에 없다. 그리고 교사는 더 이상 지식이나 정보의 제공자라기보다는 '학습전략'의 안내자이고, 학습자와 네트워크 속의 학습 데이터, 기술적 도구들, 학습프로그램 자체 등과 같은 학습 매체들이 공동으로 이루어내는 아상블라주assemblages의 한 요소의 역할을 하게 될 것이다(Barr & Tagg, 1995).

둘째, 뉴미디어적 교사의 성격이다. 맥루언McLuhan(1964)의 "미디어가 메시지다."라는 표현은 현대사회에서의 소통이 내용(메시지)과 수단(미디어)의 경계가 무너지는 방식으로 이루어지고 있음을 강조한 것이다. 하지만 지금까지 학교교육에서는 교사들의 소통의 기술, 즉 교수방법이 교육내용(교육과정이나 교과지식)과 별개의 것으로 분리된 채로 다루어져 왔다. 이러한 내용과 방법의 이원화는 교사들로 하여금 오늘날과 같은 지식의 팽창으로 인한 교과지식의 변화와 첨단 기술을 활용한 교수방법의 변화에도 적절히 대응하지 못하게 하는 근본 원인이 되고 있다. 즉, 지식경제와 정보화 시대의 흐름에 발 빠르게 적응하지 못하는 교사들은 무력감을 느낄 수밖에 없는 것이다(Brabazon, 2017).

할버슨Halverson과 콜린스Collins(2009)는 이를 "테크놀로지의 등장에 의한 교사 권위의 침몰"이라고 표현한 바 있다. 즉, 학생들은 가정이나 사회에서 첨단 정보통신 도구들에 빠르게 익숙해지고 있는 상황에서 학교나 교실의 물리적·행정적 구조와 교사의 교수 행위가 변하지 않는다면 전통적인 교사의 지식과 권위는 어떤 효력도 갖지 못하게 된다는 것이다. 따라서 이미 교과서나 교재의 학습 주제에서 탈피하여 교우들과 사회적 관계망, 어플, 게임, 그리고 인터넷 정보원들을 통해 새로운 정보들을 탐색하고 있는 학생들의 새로운 학습 풍토에 부응하여 교사들도 뉴미디어 리터러시, 테크노 리터러시 등에 대한 적응과 비판적 이해를 갖추어야 한다(Alvermann, Moon, Hagwood, & Hagood, 2018; Tyner, 2014). 예를 들어 교사에게 요구되는 비판적 미디어 리터러시에는 다중 텍스트, 다중양식성(multi-modality), 정보의 이동성·역동성, 교사-학생 혹은 학생-지식 간의 관계의 상호성, 맥락적·과정적 학습 등에 대한 이해와 교수전략이 요구된다(Semali, 2018).

셋째, 사이버네틱스Cybernetics적[1] 교사의 성격이다. 베이트슨Bateson(1972)은 사이버네틱 인식론(cybernetic epistemology)을 통해 순수한 동물적 혹은 인본주의적 인간이 아니라 동물성, 인간성, 기계성이 혼종된 존재로서 물리적 및 생태적 환경을 어떻게 이해하고 그 속에서 어울릴 것인가를 논의한 바 있다. 컴퓨터 보조 학습의 사례에서 볼 수 있듯이 포스트휴먼적 학습은 인간과 지적 기계의 공생 관계를 기반으로 이루어지며 인간의 학습은 지능 기계들의 도움을 통해 극대화될 수 있

1 사이버네틱스(Cybernetics)는 동물과 기계의 통제와 소통에 관한 과학적 연구를 일컬으며 등장한 후(Wiener, 1948), 현재 인간, 동물, 기계 등의 시스템을 통제하고 소통하기 위한 과학적 연구를 총칭하고 있다.

다. 사이버네틱스적 학습에서는 학습자와 시스템(교실, 인터넷, 정보망 등) 간의 상호작용에 초점을 맞추어 학습이 어떻게 시스템 내의 다양한 요소들 간의 관계성 속에서 이루어지는가에 주목하게 된다(Gover, 1996; Thompson & Varela, 2001). 이때 교사와 학생들은 고정적이고 독립된 존재들이 아니라 교수학습 프로그램 속에서 역동적으로 작용하는 자율적인 능동자가 되는 것이다. 결국 교사는 사이버네틱스적 학습의 원리에 의해 테크놀로지와 학생들 간의 상호작용을 촉진함으로써 효과적인 학습 프로그램이 안정적으로 운용될 수 있도록 안내해주는 역할을 하게 된다.

따라서 위와 같은 포스트휴먼 시대의 교사의 성격은 미래 교사의 역할을 다음과 같이 바뀌게 할 것이다(Cook, 2016). 첫째, 교수학습 주도권의 이양이다. 교사는 교실 앞의 지휘자에서 교실 뒤의 조언자의 역할을 하게 될 것이다. 인터넷과 웹을 활용한 지식 정보망은 학생들로 하여금 자발적이고 상호 협동적이며 역동적인 학습을 수행할 수 있는 좋은 조건이 된다. 학생들은 교사의 안내로 인터넷 자료를 활용해 프로젝트를 수행하고 이 과정에서 학습의 주도권은 자연스럽게 학생들에게로 넘어가게 된다. 때로는 쌍방향 소통을 통한 학습의 과정에서 학생 및 교사는 공동학습자가 되며 동시에 학습결과에 대한 공동저자가 되기도 할 것이다.

둘째, 내용 전문가에서 학습(사고) 전문가로의 변화이다. 교사는 교육내용에 대한 배경과 의미에 대해 공평한 관점을 제공하고 학습 내용의 학술적·윤리적인 영향을 검토하여 학습자와의 상호작용을 통해 비판적 인식을 키우는 역할에 주력할 것이 요구될 것이다. 보다 구체적인 예를 들면 교사는 학생들이 학습을 위한 성실한 자세와 노력을 기울이고, 지식을 다양하게 응용하며, 학습 주제에 대해 전략적으로 문제 제기하고, 비판적 사고를 하도록 자극하며, 보다 현실적이고 전문적인 실습 기회를 제공하는 역할을 함으로써, 학생들의 능력 및 수요에 대해 적절히 대응하는 역할을 수행할 것이 요구될 것이다.

셋째, 교수자에서 평가자로서의 변화이다. 평가 및 피드백에서의 모든 교육주체들이 참여할 수 있는 시스템이 개발되고, 그로 인해 교실에서 교사가 학생들을 일방적으로 평가하는 방식은 사라지게 될 것이다. 교사는 직접적 교수보다는 안내와 평가에서 더 큰 역할을 하며, 학습 성과의 최종적 판단자로서 보다는 학습 코치의 역할을 하게 될 것이다. 결국 교사가 학생들의 최종 성적을 매기고 교육적 선발 여부를 결정하는 임무는 점차 현장 교사에게 기대하는 역할의 범주에서 벗어나게 될 수도 있다.

2) 포스트휴먼적 교사의 역할 시나리오

학교교육처럼 오랫동안 안정(평형화)을 이루고 왔고 다양한 목소리들이 공존하는 복잡한 시스템일수록 그 변화에는 오랜 시간과 논의가 필요할 수 있다(Halverson & Collins, 2009). 실제로 칠판과 교과서가 프로젝터와 교육용 PC로 대체되는 과정에도 수십 년이 걸렸고, 그동안 교사나 학생의 역할과 상호작용의 본질도 크게 변하지 않았다. 같은 이유로 오늘날 학교교육 현장에서 위와 같은 포스트휴먼적 교사의 역할에 대해 많은 우려가 존재한다. 중요한 것은 포스트휴머니즘 담론의 시작을 알렸던 해러웨이(1985)가 "기계들이 인간들보다 훨씬 생동감 있고 인간들은 의외로 놀라우리만치 무신경하다"고 지적한 바 있듯이 인간 교사만이 능동적이고 자율적이며, 기계는 수동적이고 보조적인 역할을 할 수밖에 없다는 관념은 한계에 봉착했다. 아무리 '인간' 교사가 수업을 주도한다고 해도 매년 동일한 내용과 방법으로 교과서 내의 고정된 지식이 일방적으로 전달되며 평가가 단순 지식을 평가하는 지필고사에만 의존한다면 그러한 교사의 수업은 첨단 인공지능과 정보망으로 체화된(embodied) 사이보그적 교사에 의한 수업보다 나을 게 없을 것이다.

포스트휴먼적 교실의 미래상은 과거와 같이 교사들이 습관적으로 컴퓨터나 파워포인트에만 의존하고 학생들을 수동적 학습자로 머무르는 교실 상황이 아니며 사이보그 교사가 인간 교사들을 대체하고 정서나 윤리적 학습의 영역만을 인간 교사들이 담당하는 그런 단순한 짜깁기식 교육이 아닐 것이다. 포스트휴먼적 교실의 상황을 이해하기 위해 베이트슨(1972)의 문화융합이론의 시나리오를 통해 분석해보자. 베이트슨(1972)은 휴머니즘적 교사와 포스트휴먼적 기술 환경의 결합이 다음과 같은 세 가지 양상으로 전개될 수 있다고 보았다. 첫째, 인공지능 컴퓨터 및 네트워크가 전통적 교사의 역할을 완전히 대체하여 인간 교사가 사라지는 시나리오, 둘째, 인간 교사가 정보기술(컴퓨터 및 인공지능을 기반으로 한 첨단 기술)의 도움을 바탕으로 수업을 주도하는 시나리오, 그리고 셋째, 인간 교사와 첨단 기술을 장착한 사이보그 교사가 공생하면서 각자의 역할을 수행하는 시나리오가 그것이다. 그렇다면 포스트휴먼적 학교에서 교사는 어떤 시나리오 속에서 자리매김하게 될까?

헤일즈Hayles(1999)는 인간 교사와 지적 기계가 완전히 융합되어 인간과 기술은 더 이상 분리될 수 없는 상태로 나아간다고 보는 첫 번째 시나리오(완전 융합)의 대표적인 지지자이다. 인공지능과 생명공학, 나노공학, 정보공학 등의 발전은 학교교육의 구조와 형태를 흔들고 있고, 실제로 충분한 학습 의지와 동기 그리고 컴퓨터와 적절한 소프트웨어만 갖추어졌다면 누구나 인간 교사의 직접적인 도움 없이 학습을 경험할 수 있다. 앞서 소개한 ANT와 객체지향존재론(OOO)은 이와 같이 AI나 신체의 디지털화가 포스트휴먼적 존재의 학습의 기반이 되는 사고나 의식을 모두 대체하여 인간과 기계가 구분되지 않는 특이점(singularity)에 도달하는 상태까지를 설명하는 입장인 것이다(Bostrom, 2003, 2005). 이러한 교사와 지적 기계가 완전히 융합되어 인공지능 기계가 교사를 대체하는 시나리오는 많은 교사들에게 우려를 불러일으키고 있다.

하지만 위와 같은 기술 환경의 변화에 부응하여 교사의 역할이 달라진다면 당분간 '인간' 교사의 필요성은 여전히 유효할 수 있다. 컴퓨터 혁명이 이루어진지 50여 년이 지난 현재에도 교사의 역할에는 큰 변화가 없다는 사실은 교사의 지속 가능성을 보여주는 반증이 되기도 하는데, 이러한 인간 교사의 주도적 역할을 강조하는 두 번째 시나리오를 지지하는 학자들도 있다(Bayne, 2015; Bolldén, 2016; Burgess, 2015). 이 입장에서는 실제 교사의 출현(embodies presence)이나 면 대 면 만남이 학생들에 대한 정서적 이해와 교감, 신체적 기술의 훈련과 도덕 및 윤리 교육, 실험이나 실습 등의 시연 등을 통해 인공지능이나 완벽한 로봇이 줄 수 있는 교육적 경험과는 다른 의미를 갖는다고 주장한다.

마지막으로 인간 교사와 인공지능 혹은 사이보그 교사의 역할분담을 바탕으로 한 공생이 가능하다는 세 번째 시나리오가 있다. 이 시나리오는 교사와 인공지능 컴퓨터가 공존하기 위한 최적의 조건들이 조성되고 양자의 역할분담이 자연스럽게 이루어져야 실현될 것이다. 이러한 인간 교사와 인공지능의 공존에 대한 기대는 여전히 인본주의적 신념을 기반으로 한 것인데, 기술 중심 사회로 전환되는 미래의 환경 속에서 이러한 인본주의적 신념이 얼마나 유효할지는 아무도 예측할 수 없다. 다만 첨단 기술의 변화에 끊임없이 적응하고 이를 수업에 적극적으로 활용하는 교사만이 미래의 교육적 요구에 부응할 수 있을 것이다(Cook, 2016;

Halverson & Collins, 2009).

요컨대 첨단 기술의 등장 속에서 미래의 교사들이 어떤 역할을 하게 될지는 아무도 정확히 예측할 수 없지만 포스트휴먼적 기술적 변화는 이미 시작되었고, 그 변화는 놀라우리만치 빠르게 진행되고 있다. 결국 어떤 포스트휴먼적 교사의 시나리오든 이러한 변화에 대응해야 할 것이다.

3) 포스트휴먼적 교사전문성의 핵심 요인

전문성(Professionalism)은 일반적으로 피고용자가 자신의 직업에 대하여 갖는 행위나 태도, 혹은 개인이 가진 특정 분야에 대한 지식과 기술을 바탕으로 자신의 업무 향상을 위해 책임감 있게 활용하는 능력 등으로 정의된다(Freidson, 1994). 같은 맥락에서 전문가(professions)는 고도로 전문화된 지식과 기능을 활용하여 그러한 전문성을 부여하는 공적 권위나 사회적 신뢰를 바탕으로 자신의 역할을 수행하는 사람을 말한다(Schön, 2017). 교사전문성은 초기에는 교수학습 차원에서만 논의되었지만 점차 교사의 판단력과 품성, 그리고 학교 조직의 구성원으로서의 역할이나 사회적 인정과 책임을 모두 포함하는 방향으로 확장되고 있다. 그리하여 교사전문성은 교육에 대한 전문적 지식과 기술을 가지고 학생들의 요구나 교실의 상황을 자율적으로 판단하여 가르치면서 교사로서의 윤리 및 책임감이 사회적으로 인정을 받는 것으로 이해될 수 있다(Parkay, Stanford, & Gougeon, 2010). 또한 교사전문성은 교사의 지식이나 기술뿐만 아니라 그의 정체성과도 깊이 관련될 수밖에 없기 때문에 교사전문성의 개념에는 교사의 자기이해(self-understandings), 전문가적 주체성(professional agency), 전문가적 자아(professional selves)와 같은 요소들이 포함되어야 한다(Buchanan, 2015).

하지만 포스트휴먼적 교사의 전문성은 위와 같은 기존의 교사전문성에서 강조되었던 자기 이해나 정체성, 주체성 등을 전혀 다르게 해석할 수 있다. 왜냐하면 앞서 언급한 것처럼 포스트휴먼적 학습자는 더 이상 이성을 갖춘 독립적인 주체로서 다른 사물·지식·세계를 인식·이해·수용하기 위한 대상적 존재들로써만 간주하는 것이 아니라, 그러한 존재들과 '함께-되어가는(becoming-with)' 관계성 속에서 학습이나 인식이 이루어져야 하기 때문이다(Postma, 2016). 교사의 주체성이나 정체성도 같은 맥락에서 이해할 수 있다. 교사는 더 이상 인본주의식의 주체적이고 독립적인 존재가 아니라 학습자, 지식, 사물, 세계와의 밀접한 관계성을 이루면서 학생들의 학습을 돕는 존재로서 자리매김하게 될 것이다. 앞서 논의한 바와 같이 교사는 더 이상 '지식을 전달하는 존재'가 아니라 교사-학생-지식-기술(도구)의 혼일한 공동체의 평등한 구성요소로서 역할을 할 수 있어야 한다. 진보주의 교육철학, 구성주의, 학생 중심 교육이론에서 교사를 협력자, 조력자, 동료로 인식했던 것도 바로 그러한 맥락 속에서 포스트휴먼적 교사관과 일맥상통한다.

그렇다면 포스트휴먼적 교사는 어떤 전문성을 갖추어야 할까?

첫째, 칸Kahn과 칸Kahn(2010)은 오늘날 기술적 환경에 의해 요구되는 필수 역량으로서 기술 문해력(techno-literacy)을 강조한 바 있다. 기술 문해력은 급변하는 기술문명의 방향과 그 세부적인 기능들을 잘 이해하고 이러한 기술들을 어떻게 자신의 직무수행에 적절히 적용하고 그 효과를 '비판적'으로 판단할 수 있는가의 능력을 말한다. 특히 교사의 기술 문해력에 포함되어야 할 부분이 바로 기술에 대한 비판적인 성찰이다. 푸코Foucault(1977)는 현대인들이 전례 없는 감시 시스템 속에서 살고 있고 이는 학교 교육에도 학생들에 대한 통제의 한 형태로 뿌리 깊게 남아 있다고 지적한 바 있다. 오늘날 첨단 정보기술들은 최신 인공지능 알고리즘을 활용하여 광범위한 데이터들이 보안이나 행정, 마케팅, 그리고 교육의 목적으로 활용하고 있는데 그로 인해 개인들의 현 위치, 구매 내역, 인터넷 검색 활동, 통신 내용, 가족 정보 등이 모두 실시간으로 기술을 통제하는 집단에 의해 감시되고 축적되고 있다(Barry, 2001; Lyon, 1994). 이러한 현실 속에서 교사들이 기술 문해력이나 매체 문해력(media literacy)에 대한 비판적 이해를 갖추고, 학생들이 정보통신 기술들의 영향력과 의미에 대해 깨닫도록 도와주는 것이 교사의 역할이 될 것이다.

둘째, 교사는 객체지향존재론에 기반한 존재론적 특성인 사물 접근성(접근성, 상호 연결성, 물질성의 내포 및 체화)을 갖추어야 한다. 우선 노먼Norman(1988, 1999)은 사물이나 도구들이 사용자들에 의해 효과적으로 활용하기 위한 물적 특성과 환경적 요인들을 접근성(affordance)의 개념으로 설명한 바 있다. 노먼Norman(1988)은 "사물이 그 쓰임새(기능)를 충분히 발휘하기 위해 갖추어야 할 근본적인 특성이 사용자에게 얼마나 실제적이고 직관적으로 다가갈 수 있는가"의 여부를 접근성으로 설명하였다. 예를 들어 근대적 학교교육의 전형적 형태인 교과서 내에 갇힌 지식, 군대식 책상 배열, 일방적 프레젠테이션과 개인용 컴퓨터는 '지식→교사→도구→학생'으로 이어지는 일방적 정보의 흐름의 틀에 갇혀있었다. 이 구조 속에서 교사가 사용하는 교수학습 도구들은 정보의 일방적인 전달을 위한 매개 역할만을 수행함으로써 교사-학생 상호작용의 다양성이나 학습자 주도형 학습을 제한하고 결과적으로 학습 도구나 매체가 갖는 접근성을 활용하지 못한 것이다. 이 책의 앞 절에서 논의한 행위자-망이론, 신물질주의, 그리고 객체지향존재론 등도 결국 이러한 사물들(지식 및 도구들)의 접근성을 살리는 것이 포스트휴먼적 교수학습의 출발점이라는 점을 강조하는 관점이라고 이해할 수 있다. 즉, 접근성의 개념은 지식, 학습도구 및 매개, 교수자, 학습자 모두가 학습 네트워크 속에서 동등하고 상호의존적인 주체들로서 어떻게 서로 영향을 미치게 되는가를 설명하는 주요 개념이 되는 것이다.

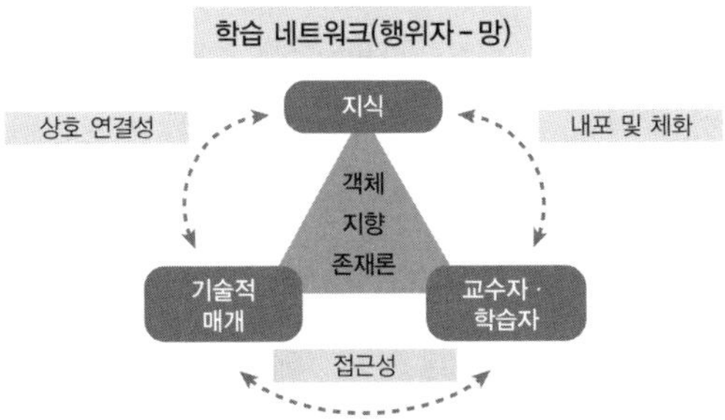

[그림 9-1] 포스트휴먼적 학습의 사물 접근성

아울러 교사는 위 [그림 9-1]에서처럼, 포스트휴먼적 교사는 학습자로서의 인간이 신체, 사물, 환경과 불가분리적 존재이며 학습이라는 정신 활동이 그것을 둘러싼 물리적 조건들에 내포(embedded)되어 체화(embodiment)될 때만이 진정한 학습이 일어날 수 있다는 것을 이해하는 사람이다. 동시에 이는 인간들과 사물들, 지식 및 정보들 간의 상호 연결성(interconnectivity)을 바탕으로 한 교육이며 이는 머지않아 등장하게 될 인간과 지적 기계의 혼성적 존재들로서의 포스트휴먼적 존재들에 대한 교육학적 이해의 실마리가 될 것이다.

셋째, 평가 전문가로서의 경험과 통찰을 갖추어야 한다. 지Gee(2013)는 오늘날 사람들이 더 이상 형시적 교육에 의존하지 않고 인터넷과 사회적 네트워크를 통해 지식과 정보를 자유롭게 공유하는 기술적 환경을 '교육 없는 시대(The Anti-Education Era)'라고 표현한 바 있다. 예를 들어 사람들은 주로 핀터레스트Pinterest, 유튜브YouTube, 페이스북Facebook 등과 같이 자신에게 친근한 공간, 즉 친밀성 공간(affinity spaces)에서 많은 시간을 소모하며 정보를 얻거나 새로운 지식을 학습하게 되는데 이 경우 학교교육에서 존재해왔던 교수자-학습자의 구분이나 형식적 교육의 틀에 구애받지 않는 것이다. 이러한 네트워크를 통한 비형식적 학습은 엄청난 자료의 양과 자료들의 개방성, 그리고 학습시간 및 장소의 융통성 등으로 인해 기존의 형식적 교육보다 훨씬 학습의 효과성이 뛰어날 수 있다.

문제는 그러한 정보와 자료들의 진실성(authenticity)과 전문성이 검증되기 어렵고 학습과정의 체계적 관리와 안내가 이루어지지 않을 수 있다는 것이다. 특히 온라인 공간에는 다양한 배경과 경험을 가진 학습자들이 모여 상호작용하는 이질적(heterotopic) 공간이기 때문에 그 속에서의 학습은 방향성과 내용의 신뢰성에서 혼란이 발생하기 쉽다(Bayne & Ross, 2013). 따라서 정보의 진실성이 빅데이터 분석을 통해 확인되고 내용 검증을 위한 세밀한 알고리즘이 개발되거나 학습의 전 과정을 개인 맞춤형으로 안내해주는 정교한 프로그램이 개발되기 전까지 인간 교사가 그러한 역할을 담당해야 한다. 이 역할이 포스트휴먼적 교사에게 기대하는 평가 전문성으로써 여기서 평가는 학생들의 학습준비도, 흥미, 학습 성취에 대한 평가뿐만 아니라 내용에 대한 검토와 선정, 학습 과정에 대한 평가, 그리고 학습 매체에 대한 평가 모두가 포함될 것이다.[2] 특

2 이러한 교사의 평가자로서의 전문성은 스티긴스(Stiggins, 1999) 등에 의해 논의된 후, 최근 교사의 평가 문해력(assessment literacy)의 개념을 통해 활발히 논의

히 기술적 진보가 교육을 어떤 방향으로 이끌어야 하는지에 대한 통찰을 바탕으로 첨단 기술에 기반한 학습도구들이 학생들의 성장에 기여하게 안내하는 것이 포스트휴먼적 교사들의 평가 전문성이 될 것이다.

요컨대 지금까지 논의한 포스트휴먼적 학교교육의 성격 — 지식, 학습자, 학습원리 — 과 교사전문성에 대한 강조점을 정리하였을 때 포스트휴먼적 학교교육에서의 교사전문성은 다음 [그림 9-2]와 같은 개념적 구조를 가지고 있다고 볼 수 있다.

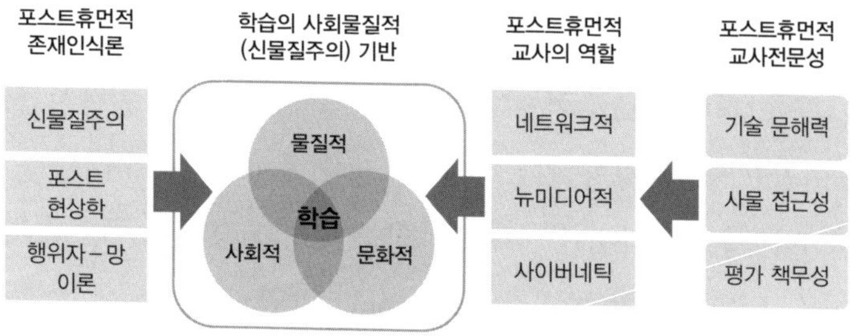

[그림 9-2] 포스트휴먼적 학습 원리에 기반한 교사전문성(박휴용, 2019b 보완)

즉, 포스트휴먼적 존재-인식론과 학습의 기반이 신물질주의와 행위자-망이론, 그리고 포스트현상학에 기반하고 있다면 그에 부응하여 교사도 네트워크적, 뉴미디어적, 그리고 사이버네틱적 교사의 역할을 수행해야 하고, 이를 위해서 포스트휴먼적 교사전문성은 기술 문해력, 사물 접근성, 평가 전문성을 갖추어야 하는 것이다. 결국 포스트휴먼적 교실에서는 인간과 기계(도구), 인간(존재)과 지식(인식), 학습자와 교수자, 그리고 학습이나 놀이 등의 이분법적 구분은 사라지게 될 것이다. 여기서

되고 있다(Xu & Brown, 2016).

교사는 기술적 이해력과 관리 능력을 바탕으로 학습의 대상이자 도구가 되는 사물들에 대해 접근성을 활용하여 수업을 진행하며 학생의 학습과정과 성과를 이해하고 안내하는 평가적 통찰력을 발휘하는 존재가 되어야 하는 것이다.

3. 결론

본장은 지금까지 포스트휴먼 시대를 맞이하여 학교교육의 성격이 어떻게 변하고 있으며, 이에 대응하기 위해 교사의 역할이 어떻게 달라져야 할 것인가를 교사전문성의 차원에서 논의하였다. 이를 위해 우선 포스트휴머니즘의 개념과 성격에 대한 독자들의 이해를 위해 포스트휴머니즘의 세 가지 관점을 소개하였고, 다음으로 포스트휴먼적 학교교육의 성격이 무엇인지를 지식의 변화 양상, 포스트휴먼적 학습자의 존재론적 성격, 포스트휴먼적 학습의 원리를 중심으로 논의하였다. 마지막으로 포스트휴먼 시대에 부응하는 교사전문성이 무엇인지를 논의하기 위해 포스트휴먼적 교사의 세 가지 성격 – 네트워크 시스템적, 뉴미디어적, 그리고 사이버네틱스적 교사 – 과 포스트휴먼적 교실에서의 교사의 역할에 대한 세 가지 시나리오 – 인간과 기계의 완전 융합, 인간 교사의 주도성, 그리고 역할분담 – , 그리고 포스트휴먼적 교사전문성의 세 가지 핵심 요인 – 기술 문해력, 사물 접근성, 그리고 평가 전문성 – 에 대해 설명하였다.

본장의 논의는 포스트휴먼적 교육과 학습자가 보편화된 시대의 교사의 위상 및 역할과 관련하여 다음과 같은 함의점을 지닌다. 첫째, 교육의 주체들은 더 이상 인적 구성원들(교사, 학생, 학부모 등)로만 이루어지지 않는다는 것을 인식할 필요가 있다. 객체지향존재론이 지식, 학습자료, 교구, 교수 학습 매체, 교실 환경 모두 교육의 주체가 될 수 있고 그 주체들의 동등하고 역동적인 상호작용에 의해 교육이 이루어진다는 것을 강조하듯이 교사들도 사물 접근성을 확장하여 그러한 비인간적 요소들이 교육에 어떻게 기여할 수 있는지를 파악해야 한다.

둘째, 테크놀로지와 인간의 활동과의 불가분리성 및 테크놀로지의 가치중립성을 이해하여 테크놀로지가 어떻게 교육에 긍정적 혹은 부정적으로 기여할 수 있는지 고민해보아야 한다. 이를 위해서는 '테크놀로지의 교육(Education *of* Technology)'뿐만 아니라, '테크놀로지에 관한 교육(Education *about* Technology)'이 필요하다. 그런 의미에서 최근 강조되는 4차 산업혁명의 가치나 의미도 기술 자체가 가져오는 환경적 변화뿐만 아니라, 4차 산업혁명으로 인한 기술의 발전이 지구 생태계 모든 구성원들에게 어떠한 영향을 미치는지에 대한 이해와 교육이 이루어져야 한다. 포스트휴먼적 교사의 평가 책무성은 이 문제가 학교교육 속에서 다루어지는 방식을 결정하고, 학생들이 이를 어떻게 배워가고 있는가를 판단하는 역할을 해야 하는 것이다.

셋째, 기술의 급속한 발전이 기술만능주의, 자본의 독점, 생태계와 기술문명의 부조화, 물질문명의 팽배 등을 촉진할 수 있다. 따라서 교사는 테크놀로지에 의존하는 미래가 가져올 방향성에 대한 비판적 인식(기술문해력)이 필요하고, 학생들이 테크놀로지에 대해 비판적인 통찰력을 가질 수 있도록 도와야 한다. 테크놀로지 없는 미래 사회는 상상하기 힘들고, 그 방향과 정도도 예측하기 어려울 만큼 변화가 심하다. 따라서 포스트휴먼적 교육에서의 교사의 역할은 기술을 추종하는 교육이 아니라 모든 인간적·비인간적 주체가 기술의 발전과 어떤 공존적인 관계를 유지할 것인가를 학생들이 고민할 수 있도록 돕는 역할이 되어야 한다.

넷째, 이처럼 첨단 기술이 주도하는 미래 사회의 변화에 따라 지식·정보의 성격이나 학생들의 학습 방식도 달라질 수밖에 없다. 특히, 기술 주도형 사회일수록 학생들이 포스트휴먼적 환경 속에서 다양한 기술 생태적 요소들과 교류하고 협력하며 공존할 수 있도록 돕는 교육이 필요하다. 그러한 교육은 현실 적응형 교육이 아닌 미래 주도형(future initiating) 교육으로써(Sharma & Monteiro, 2016) 미래의 기술적 변화에 대한 올바른 진단과 평가를 바탕으로 적절한 교육적 대응이 이루어져야 한다. 그러한 미래기술적 환경에서의 교육전문가가 바로 포스트휴먼적 교사의 역할이 될 것이다.

제10장

포스트휴먼 시대의 미래교육의 방향과 대응

1. 포스트휴먼 교육의 방향

1) 기술혁신과 미래 사회의 변화

최근 기술의 비약적인 발전으로 사회가 급속하게 변화하고 있다. 인터넷과 정보통신 기술이 결합된 모바일 환경 속에서 게임, 미디어 시청, 인터넷 검색, 소셜미디어 사용 등이 일상화된 생활패턴이 확대되면서 다양한 정보통신 기계들에 대한 의존도가 높아지고, 회사라는 공간적 제약 속에서 이루어지는 업무가 줄어들고 있으며, 일의 성격도 다양한 IT 기계들에 더욱 의존하는 방식으로 변화하고 있다. 2016년 등장한 4차 산업혁명이라는 용어는 이러한 기술의 혁신(인공지능, 로보틱스, 사물인터넷, 드론 및 자율주행차, 3D 프린터, 그리고 나노기술)과 그에 따른 산업구조의 변화, 그리고 현대인의 삶의 급격한 변화 가능성을 상징적으로 잘 표현하고 있다. 그렇다면 이러한 기술적 진보는 우리의 삶에 어떤 영향을 미칠 것인가, 그리고 그에 따른 교육적 대응 방안은 무엇인가?

2015년 세계 경제 포럼(World Economic Forum)은 테크놀로지의 급격한 변화가 사회에 주는 영향이 6가지 거대한 흐름을 가져올 수 있다는 보고서를 발표한 바 있다(Espinel, O'Halloran, Brynjolfsson, & O'Sullivan, 2015). 우선 이 여섯 가지 흐름이 어떤 것이며 그것이 현대인의 삶에 어떤 변화를 가져올 것인지 생각해보자.

첫째, 인터넷 환경 속에서의 인간관계의 변화이다. 인터넷 환경이 더욱 현대인의 삶 속에 파고들면서 다양하게 개발된 테크놀로지의 조합이 사람들과 정보들이 교류하는 방식에 영향을 미치게 될 것이다. 예를 들어 테크놀로지가 사람의 신체 속에 파고들면서(Wearable and implantable) 사람들은 디지털적 존재(digital presence)가 되어 다른 사람들이나 사물들과의 상호작용의 방식이 달라지게 될 것이다.

둘째, 컴퓨팅, 의사소통, 정보 저장이 시공간의 제약을 받지 않게 된다. 컴퓨터와 정보통신기기의 연결 성능이 크기에 반비례하여 비약적으로 발전하게 됨으로써 개인은 언제 어디서나(ubiquitous) 인터넷을 통해 슈퍼컴퓨터에 접속되어 용량이나 성능에 구애받지 않고 정보 활용에 기반한 생활을 영위하게 된다.

셋째, 사물인터넷(Internet of Things)의 확장이다. 보다 작고 똑똑하면서도 값싼 센서들의 개발로 일상생활 거의 모든 기기들이 생산과정에서뿐 만 아니라 소비자의 생활 속에서 서로 연결되어 인간의 삶 속에 자리하게 될 것이다.

넷째, 인공지능과 빅데이터의 활용 양상이다. 세상의 거의 모든 정보가 디지털화됨에 따라 데이터의 양도 기하급수적으로 늘고 있다. 동시에 소프트웨어가 보다 세심한 문제들도 다룰 수 있게 발전됨으로써 이를 통해 소프트웨어가 단순히 인간의 프로그래밍에 의존하는 것이 아니라 인공지능을 활용해 스스로 학습하고 개선해나가게 될 것이다. 이러한 기술은 로보틱스robotics 산업에 영향을 미쳐서 인공지능과 빅데이터를 갖춘 로봇들이 각종 직업 현장에 등장하여 인간의 노동력과 의사결정을 대신하는 역할을 하게 될 것이다.

다섯째, 공유경제와 분배된 신뢰의 사회가 전개된다. 이 역시 인터넷에 기반한 네트워크와 플랫폼에 기반한 사회적·경제적 모델로 인해 가능해진다. 사회적 자산들이 공유되면서 단순히 효율성이 증가하는 것이 아니라 새로운 비즈니스 모델과 사회의 자기 조직화(self-organization)의 기회를 만들어내게 된다. 예를 들어, 블록체인blockchain이라는 새로운 분산적(distributed) 데이터베이스 기술은 재정, 계약, 투표 등의 행위들을 수행해온 외주 기관을 대신하여 사회적 신뢰망을 구축하게 되는데 이로써 사회 기관들의 역할 구조가 정보망에 의존할 수밖에 없는 형태로 변할 것이다.

여섯째, 물질의 디지털화이다. 물리적 사물들이 원재료로부터 3D 프린팅과 같은 부가적 기술을 통해 만들어지는 것이다. 이 과정을 통해 산업계의 생산방식이 가정에서도 이루어질 수 있고 일상생활에 급격한 변화가 이루어진다.

요컨대 기술의 혁신적 변화로 인해 개인들(디지털적 존재)과 그 개인들의 사회적 관계(사회적 네트워크 서비스)가 변화하고 있고 디지털 기술, 인공지능, 로보틱스의 발전은 노동과 직업의 생태계에도 큰 변화를 가져올 것이다. 그뿐만 아니라, 3D 프린터로 대표되는 물질의 디지털화는 산업계의 역할을 단순한 상품 생산이 아니라 재료(나노 공학) 및 에너지 개발, 디자인, 응용(연결과 융합)의 영역으로 전환시켰고 공유경제의 개념과 데이터망 기술에 기반하여 개발된 사회적 신뢰망이 전통적 사회기관(우편, 법률, 행정, 금융 서비스 등)들의 역할을 대신함으로써 사회 각 기관들의 역할에 대한 기대에도 변화를 초래하고 있다.

2) 기술 중심 미래 사회의 기회와 요구

디지털의 개념은 앞서 언급한 것처럼 네그로폰테Negroponte(1995)가 자신의 저서 『디지털이다*Being Digital*』에서 '움직이는 비트(디지털)'와 '움직이는 원자(아날로그)'의 차이로 구분한 데서 유래한다. 이처럼 디지털 기술이 현대인의 삶의 대부분의 영역에 적용되고 있다는 것은 디지털이 더 이상 아날로그 영역의 보완적(complementary) 역할을 하는 것이 아니라 새로운 규범이 되었다는 것을 의미한다. 힌센Hinsen(2013)은 이를 디지털이 뉴노멀new normal화된 시대라고 표현하고 있다. 디지털이 뉴노멀이 되었다는 것은 앞으로 어떤 사물이나 기술, 현상을 설명할 때, 디지털이라는 관용어(예: 디지털 기술, 디지털 장치, 디지털 기계 등)가 더 이상 필요하지 않고 오히려 아날로그analog 방식에 대해 '아날로그'란 수식어를 붙여야 하는 상황(예: 아날로그 카메라, 아날로그 스피커)이 되었다는 것이다. 이처럼 디지털화를 바탕으로 한 기술적 진보가 사회상에 어떠한 영향을 미칠 수 있을까?

첫째, 최근의 혁신적 기술들은 종전의 혁명과 비교되지 않을 정도로 빠르고 넓은 범위에서 산업과 삶에 영향을 줄 것이라고 본다. 이처럼 4차 산업혁명의 영향력이 넓은 영역에서 빠른 속도로 적용될 수 있는 이유는 지식과 기술의 융합과 연결성이 급속히 촉진되어 특정 분야에 국한되지 않고 끊임없이 새로운 가치를 창출해낼 수 있는 가능성 때문이다. 예를 들어 인공지능과 빅데이터의 만남은 알파고의 딥러닝Deep learning의 사례처럼 인간의 사고력과 판단력을 훨씬 뛰어넘는 지적 능력을 발휘하게 되어 창의력과 예술적 감성, 도덕적 판단력 등을 제외한 대부분의 사고 영역에서 인간의 사고를 대신할 수 있는 의사결정 시스템에 적용될 수 있다. 그리고 이러한 기술들과 다양한 분야의 지식이 융합

됨으로써 그 활용성은 무한히 확대될 수 있다.

둘째, 모바일 인터넷, 클라우드 컴퓨팅, 로봇 자동화, 사물인터넷, 드론 및 자율주행차, 나노 및 바이오공학, 연료 전지 및 신소재 공학, 광학 및 레이저 센서 기술 등의 분야에서 등장하는 기술들은 기존의 산업 및 생활 시스템과는 완전히 차별화된 새로운 시스템을 만들어내게 되는데 이러한 기술들을 선도하는 사회와 그렇지 못한 사회의 기술격차가 점차 벌어질 것이다. 또한 각 국가들마다 선도하는 기술의 영역이 차별화될 수 있다. 예를 들어 제조업이 강한 독일은 스마트, 디지털 공장 시스템을 갖춘 보다 효율적인 '21세기 초제조업전략'을 추진 중이고, 영국은 금융기술(Financial technology) 분야를, 미국은 클라우드 컴퓨팅이나 빅데이터 응용 분야를, 일본은 로봇 산업 분야를 특화하고 있는 상황이다.

셋째, 인터넷과 대용량의 데이터를 빠르게 처리할 수 있는 성능의 컴퓨터를 기반으로 초연결 사회가 등장하면서 현대인의 삶에 이동성(mobility), 가상성(virtuality), 다양성(diversity), 융통성(flexibility)을 급속히 증가시키게 될 것이다. 이러한 삶의 변화는 다양한 제품의 소량 생산, 기호(taste) 및 디자인의 중요성 확대, 빠른 제품 수명 주기(product cycle), 가상적 경험의 증가, 레저 활동 특성의 변화 등의 현상을 낳게 될 것이다. 결국 이러한 테크놀로지의 변화는 우리의 삶을 근본적으로 바꾸어 놓을 것이다.

넷째, 기술적 변화는 산업계의 변화에만 영향을 미치는 것이 아니라, 노동시장의 변화를 가져오고 이는 결국 교육 영역의 변화를 초래하게 될 것이다. 노동시장은 새로운 기술문명이 요구하는 지식과 정보에 맞추어 노동자의 자질과 역량의 변화를 요구하고, 실제 직업 생태계의 변화를 가져올 것이다. 현재 산업현장에 로봇들이 완전히 적용되지 못하는 대부분의 경우는 기술적인 문제 때문이 아니라 투자 대비 생산성, 즉 경제성 문제일 뿐이라고 한다. 이미 전자, 자동차, 기계 등의 생산라인의 상당 부분을 차지하고 있는 산업용 로봇에 이어, 4차 산업혁명의 기술들이 본격적으로 산업계에 적용되는 2030년경에는 기술적으로는 인간의 지적 노동의 대부분을 인공지능 시스템이 대신할 수 있게 된다.

요컨대 위와 같은 변화가 우리의 삶을 어느 정도나 바꿔놓을 수 있을지, 즉 그러한 변화가 과장된 것인지 아니면 실제적인 것인지에 대해서는 여러 가지 평가가 내려질 수 있지만(Drath & Horch, 2014), 미래의 삶이 변하는 것은 시간문제이다. 더 중요한 문제는 기술의 혁신이 사회나 개인의 삶에 어떤 변화를 가져오게 될 것인지에 대해 보다 냉철하게 숙고해봐야 한다는 것이다.

3) 미래 사회의 변화에 따른 교육적 도전과 과제

오늘날과 같이 급변하는 기술적 환경은 산업 구조를 재편하게 하였고 그에 따라 기업들의 존립과 미래 직업의 생태계는 큰 영향을 받고 있다. 그렇다면 학교교육은 이러한 미래 사회의 변화에 어떻게 선도적으로 대응할 것인가? 기술의 진보에 따른 미래의 삶의 변화에 대비하기 위한 교육적 대응을 위해서는 다음과 같은 점에 유의할 필요가 있다.

첫째, 일과 여가, 놀이와 학습 등의 경계가 모호해진다는 것이다. 이러한 경계의 모호화는 인간 활동의 성격 차원에서뿐만 아니라 활동 시간과 활동 공간 차원에서의 경계의 파괴를 의미하기도 한다. 예를 들어 미래의 학교에서는 학습내용과 구조에 있어서 경직되고 정적인 교과서에 의존하지 않고 프로젝트나 실천적 현장학습을 중심으로 수업이 이루어지게 되며, 학생들은 가정이나 학교에서 개별 혹은 공동 프로젝트를 바탕으로 학습을 진행하고 그 결과물을 포트폴리오 형식으로 정리하여 평가를 받는 등으로 수업과 평가가 이루어진다. 이러한 학습의 양식은 자기 주도성, 실천적 지식, 협동성, 기획력과 창조성을 기르는데 훨씬 큰 역할을 하게 될 것이다. 이러한 학습을 가능케 해주는 매개적 조건들이 바로 휴대용 기기의 발달과 유비쿼터스 기술, 그리고 대용량 데이터의 초고속 통신 등인데 이를 바탕으로 재택근무, 재택 학습, 사이버 러닝, 증강 현실 및 시뮬레이션을 활용한 업무 수행 및 학습의 수많은 활용 가능성이 생겨난 것이다. 이제 전통적인 사무실이나 학교에서의 작업과 학습이 어떤 필요성이 있는지에 대한 근본적인 성찰이 필요한 시점이 되었이다.

둘째, 빅데이터란 개념이 주목을 받는 것과 같이 엄청난 정보의 홍수 속에서 일의 성격, 목표, 상황에 따라 필요한 지식과 불필요한 지식을 구분하는 것이 중요해진다. 폭증하는 데이터 속에서 의미 있는 것만이 '일반적 정보(information)'가 되고 그 정보들 중에서도 내가 수행하는 작업의 목적에 따라 상황에 맞춰 분석되고 가공된 정보가 바로 '필요한 정보(intelligence)'가 된다. 그러므로 학교교육에서도 학생들이 바로 일반적 정보가 아닌 '필요한 정보'를 탐색하고 적용하는 능력을 키워야 한다. 현재 수많은 지식과 정보 속에서 나에게 필요한 것을 찾아내는 것에 장애가 되는 원인은 정보의 과부하가 아니라 필터링filtering의 실패이다. 수많은 정보를 적절히 걸러내고, 요약하고, 통찰을 얻어낼 수 있는 능력이 요구된다. 그리고 이러한 적절한 정보를 가공해내는 노하우는 바로 융합의 과정에서 나온다. 과거에는 특정 분야나 조직 속에서의 정보들을 연결하는 통합의 작업에만 관심을 가졌다면 융합이 중요성이 부각된 지금은 다양한 분야의 조직 외적 정보들을 융합함으로써 보다 새로운 통찰이 생겨날 수 있다(박휴용, 2018a).

셋째, 유소년기의 학교교육과 청장년기의 직업준비, 그리고 노년기의 은퇴와 여가라는 전통적 인생 여정의 전형적 형태(prototype)가 사라질 것이다. 이는 개개인의 삶이 매우 짧은 주기로 예측 불가능하게 급변하는 사회경제적·기술적·직업적 환경 속에서 끊임없이 학습하고 적응하면서 다양한 사람들과의 역동적인 관계 속에서 살아가야 한다는 것을 의미한다. 테크놀로지의 비약적인 발전에 따라 그러한 기술적 진보를 따라, 국가나 기업이 기술 선점을 목표로 끊임없이 연구개발하거나 개인들 수준에서도 평생 교육과 평생 직업을 위해 자기개발을 하지 않을 수 없는 현실이 되어가고 있다. 아울러 4차 산업혁명의 기술들로 인해 생산자와 소비자의 뚜렷한 경계도 허물어지고 있다. 대부분의 복잡한 첨단 기계들의 생산은 공장에서 로봇이나 자동화된 생산라인에 의해 만들어지겠지만 완제품의 형태가 아니라 미완성의 자가조립(DIY), 3D 프린팅에 의한 사용자의 자체 제작, 그리고 제품 아이디어 개발, 프로그래밍, 디자인 같은 작업이 최종 소비자들의 개입에 의해 이루어지게 된다.

요컨대 오늘날 기술의 폭발적 변화가 오랜 역사 속에서 축적된 인류의 전통적 경험, 가치, 문화적 패턴, 그리고 사고들을 충분한 시간적 여유를 주지 않고 급격히 대체함으로써 여러 가지 개인들의 삶에 변화를 초래하고 있다. 문제는 위와 같은 미래 사회의 변화 양상들의 가장 중요한 성격은 기술의 발전이 양면성을 가지고 있다는 것이다. 즉, 모든 것이 디지털화되고, 정보가 무한하게 흘러 다니며, 일과 놀이의 구분이 모호해지고, 생산자와 소비자의 구분이 모호해졌다는 것이 반드시 긍정적인 측면만 가지고 있는 것이 아니다. 바로 이러한 첨단 기술의 환경 속에서 학생들은 하루를 어떻게 보내며, 무엇을 공부하며, 어떻게 미래를 준비해야 하는지에 관해 교육적 측면에서 큰 도전이 되고 있다.

2. 포스트휴먼 시대를 준비하기 위한 교육적 대응

본 장에서는 다가올 포스트휴먼 시대에 대응하기 위해 학교교육의 성격과 방향을 어떻게 설정해야 할지에 대해 보다 현실적인 방안을 논의하고자 한다. 특히 4차 산업혁명으로 대표되는 오늘날의 정보통신기술의 혁명적 발전을 놓고 보았을 때 미래 학교교육의 방향은 다음 세 가지 성찰적 질문들을 바탕으로 설정되어야 할 것이다(박휴용, 2018a).

1) 기술중심적 미래에 대비하는 존재론적 성찰

급격한 기술 변화의 시대에 대응하는 올바른 미래 교육의 방향을 설정하기 위한 가장 우선적인 질문은 "어떤 인간을 키울 것인가?"의 문제이다. 이는 '교육적 인간상'의 방향을 설정하는 것으로써 학교교육을 통해 어떤 인간 및 인간들 간의 관계성을 형성하고자 하는가의 문제이다.

터클Turkle(2010)은 인터넷과 같은 네트워크 기술들은 초기에는 실용적 정보를 공유하도록 설계되었지만 머지않아 사람들 간의 관계성 성립을 위한 공간으로 탈바꿈했음을 지적하고 있다. 예를 들어, 인터넷의 원조인 미 국방부의 아르파넷ARPAnet은 과학자들이 연구논문을 공유하고 협력하기 위해 고안되었지만 얼마 되지 않아 소속 연구자들 사이의 소문, 연애담, 자녀 얘기 따위를 주고받는 장소로 변모하였다는 것이다. 이러한 사례는 테크놀로지가 순수한 그 자체만의 목적을 달성하는데 사용되는 것만이 아니라 사용자들의 정서나 관계성 형성 과정에 훨씬 더 큰 영향을 미칠 수 있다는 것을 보여준다.

문제는 이러한 테크놀로지의 발달로 인해 인간관계가 점차 파편화되고 단절되어가고 있다는 것인데(Turkle, 2010) 이러한 지적은 오늘날 인터넷, 휴대용전화기, 소셜네트워크(SNS) 등의 발달로 현대인들이 항상 연결되어 있고(connected) 사회적 관계망이 두터워지고 있다는 생각과는 정반대이다. 그런 의미에서 SNS 환경 속에서 현대인들은 '연결되어 있지만 공허한(linked but absent)' 새로운 자아상을 갖게 되었다고 지적한다.

왜 테크놀로지에 기반한 인간관계가 공허해지고 있는가? 현실과 가상의 공간의 구별을 없앤 가상현실 혹은 사이버 세계의 확대도 테크놀로지 발전이 가져온 주요한 변화 양상 중의 하나이다. 즉, 프로이트가 무의식의 세계라는 개념을 만들어냈다면 테크놀로지는 사이버 세계란 개념을 만들어냈다. 대표적인 사례가 세컨드라이프Second Life라는 가상현실 시뮬레이션게임인데 그 속에서는 다음과 같은 사용자의 고백처럼 삶과 게임의 경계를 유지하기가 쉽지 않다.

> "세컨드 라이프는 실제 생활에서 보다 나은 인간관계를 선사한다. 내가 제일 나답다고 느끼는 곳이다. 그 속에서의 상대는 나를 있는 그대로 받아들여주고, 그와의 관계가 실제 내 결혼생활과 가정을 유지하게 해준다."

이러한 가상공간·세계의 출현으로 현대인의 삶은 오프라인(현실 세계)의 삶과 온라인(가상세계)의 삶이 공존하는 혼합적 삶의 양식을 낳고 있다. 다양한 기능과 형태의 스마트 기기들을 통해 페이스북facebook, 링크드인Linkedin, 플락소Plaxo 같은 소셜 네트워킹 사이트들을 드나드는 것이 생활의 필수 요소가 되면서 현대인들은 쉽고 빠르게 현실 세계와 가상세계 간을 왕래하고 있다(Barabasi, 2003). 이러한 삶의 양태들은 현대인의 삶이 가상과 현실이 혼합된 삶(mixed life)을 살고 있고 가상과 현실적 삶이 만들어내는 서로 다른 정체성들 간의 병렬화가 일어날 수 있음을 보여준다. 이러한 병렬적(parallel) 정체성은 기존의 혼성적 정체성과는 다른 개념으로 서로 다른 정체성들이 공존하면서 서로 다른 환경 속에서 발현되는 현상을 가리킨다.

이처럼 가상과 현실이 빠르게 교차하는 세계 속에서의 개인의 정체성은 어떤 속성을 갖고, 그 정체성들 간에는 어떤 상호작용이 일어나며, 그리고 그러한 정체성을 갖는 개인들의 인성, 정서, 그리고 사회성의 발달을 위해 어떤 교육이 필요한지에 대해서는 거의 연구된 바가 없다. 즉, 개인의 정체성에 대한 교육은 4차 산업혁명 시대의 학교교육이 관심을 가져야 할 중요한 부분이 아닐 수 없다.

2) 정보 중심 사회에 대비하기 위한 인식론적 성찰

미래의 정보 기반 사회를 선도하는 교육을 위한 두 번째 질문은 "지식이나 정보는 무엇인가?" 그리고 "학교교육은 어떤 지식과 정보를 다루게 될 것인가?"이다.

이를 전망하기 위해서 지식이 역사적으로 어떻게 다루어져왔는지에 대한 맥닐리McNiely와 월버튼Wolberton(2008)의 설명을 살펴보자.

고대 로마의 원로원 의원이었던 카시오도루스(BC. 490-580)는 수도원을 세우고 저술활동에 전념하기 시작했는데, 이러한 수도원이 수사들의 필사본을 통해서 지식의 보관과 전달의 주된 기능을 담당했던 기관이었다. 기원후 800년경 아바스 왕조가 번성한 바그다드에 설립된 '지혜의 전당'은 당시 알려진 모든 외국 지혜의 모범들을 아랍어로 번역하기 위해 다문화적 학문 공동체를 이루었는데, 이처럼 이슬람 과학이 최고 수준에 도달할 수 있었던 것은 이슬람 세계가 헬레니즘 도서관의 상속자이자 계승자가 되어 다양한 학문들을 수용해 고대의 유산을 계승시킬 수 있었기 때문이다(Montgomery, 2000). 기원후 1100년~1500년 사이에는 유럽의 대학(universitas)이 교수와 학생들의 자유로운 학술적 교류와 학문의 보편화를 바탕으로 지식 교류의 모태 역할을 하였고 대학의 도서관은 지식을 보관하고 전승하는 핵심적인 기능을 수행하였다. 르네상스 이후인 16-17세기에는 유럽의 귀족들과 학식 있는 유한계급들이 기이하고 새로운 사물들과 증거들을 수집하고 이를 박물관에 전시하면서, 박물관은 지식의 소개와 전파의 역할을 하는 새로운 기관으로 성장하여 오늘에까지 이르게 된다(McNiely & Wolberton, 2008).

그렇다면 위와 같은 지식의 역사적 변천에 비추어 봤을 때 21세기 오늘날 지식은 어떻게 교류되고 있는가? 21세기의 지식과 정보의 교류는 로마시대의 수도원이나 중세 대학의 도서관, 그리고 근대의 박물관과 같은 물리적 장소에 한정되어 일어나는 것이 아니라 네트워크를 통한 유동성(mobility)의 개념으로 설명될 수 있다. 21세기의 지식은 한마디로 모빌리티, 관계성, 확장성을 지닌 네트워크의 구조와 작용의 영향을 받아 지식이 형성, 확장, 전파되는 특징을 갖는다(Urry, 2014). 이러한 네트워크의 영향력을 보여주는 예가 메디치 효과(Medichi Effect: 서로 다른 이질적인 분야를 접목하여 창조적·혁신적 아이디어를 창출해내는 현상)인데(Johansson, 2004) 메디치효과로 인해 서로 관련이 없을 것 같은 이종 간의 다양한 지식과 정보가 서로 교류, 융합하여 독창적인 아이디어나 뛰어난 생산성을 나타내고 새로운 시너지를 창출할 수 있다. 요컨대 21세기에 적합한 지식은 그 자체로 의미와 역할을 갖는 단편적이거나 독자적·교조적 지식이 아니라 여러 지식들 간의 상호 융합을 바탕으로 한 관계적인 지식이고 그 유용성이 상황에 따라 판단될 수 있는 융통성 있는 지식으로써 학교교육에서도 지식의 유동성(mobility)을 잘 이해하고 그에 적합한 교육이 이루어져야 할 것이다.

3) 실제적 학습의 방향을 설정하기 위한 방법론적 성찰

학교교육이 미래 사회의 변화를 선도하는 역할을 담당하기 위한 세 번째 질문은 "지식을 어떻게 다룰 것인가?"에 대한 질문이다. 우선 4차 산업혁명 시대에 지식의 공유와 형성은 가상세계(virtual world)에서의 학습과 멀티태스킹multi-tasking이라는 두 가지 개념으로 특징 지워진다(Lin, Mills, & Ifenthaler, 2016). 이에 덧붙여 미래의 지식이 다루어지는 방식도 지식을 갖는 것(소유)이 아니라 지식을 활용하는 것(공유)으로 변화하게 될 것이다. 이러한 지식의 공유, 가상 학습, 멀티태스킹의 개념들을 바탕으로 미래의 학교에서 지식이 다루어지는 방식은 변화될 것이다.

첫째, 전달이나 소유가 아니라 경험의 공유가 될 것이다. 사회 속에서 지식이 교류되는 방식은 여러 가지 방식을 통해 설명된다. 지식을 상품(commodity)으로 보는 관점에서는 학자들처럼 지식을 만들어내는 지식의 생산자(producer)와 교사들과 같은 지식의 전달자(deliver), 그리고 학생들과 같이 수동적 입장에서 지식을 받아들이는 지식의 소비자(consumer)로 구분된다. 또한 자본주의적 관점에서 지식은 특정 개인에게 소유권이 귀속된다는 관점에서 지적소유권(intellectual ownership)의 개념이 생겼고, 그러한 소유권을 나눈다는 의미에서 지식의 공동소유(co-owning)라는 개념도 등장했다. 하지만 지식은 본질적으로 소유권이 개인에게 국한될 수 있는 성질의 것이 아니다. 지식은 개인이나 집단이 자연과 사회의 경험 속에서 얻은 이해와 통찰이라는 정신 작용의 결과물로서 개인들 간의 지식이 공유(sharing)되거나 공유된 기존의 지식을 융합하고 재구성하여 새로운 해석과 가치가 형성(forming)되는 존재일 뿐이다. 학교에서 지식이 다루어지는 방식도 본질적으로 교사와 학생이 지식을 나누거나 새로운 아이디어나 통찰을 만들어내는 경험의 공유가 되어야 한다.

둘째, 지식은 교과서나 학습지와 같은 물질적 도구나 자료의 형태에서 전자적·가상적 형태를 띠게 될 것이다. 가상세계에서의 학습의 모형을 크게 세 가지 발달단계로 구분할 수 있는데 온라인 학습, 사이버학습, 그리고 가상 학습이 그것이다. 가장 초기에는 온라인 학습(online-learning)이 있었는데 온라인 학습은 말 그대로 물리적 교실 현장에서 이루어지는 학습이 아니라 정보통신망을 이용하여 원격으로 이루어지는 수업을 가리키는 말이었다. 그 후 실제 교실의 환경을 컴퓨터 환경으로 대체하여 테크놀로지 기술이 풍부히 적용된 환경 속에서 학습 효과를 극대화시키는 것을 목표로 한 사이버학습(cyberlearning)의 개념이 유행해왔다(NSF, 2017). 예를 들어 미국 과학 재단의 '사이버러닝Cyberlearning 프로그램'이 강조하는 학습을 촉진하기 위한 원리에는 다음과 같은 것들이 있다(http://circlcenter.org/new2cl/).

i) 과학적 통찰력을 학생들의 학습에 적용하는 것

ii) 새롭게 등장하는 테크놀로지를 이용한 학습법을 개발하는 것

iii) 기존의 학습활동에서 벗어나 변혁적 학습활동들을 고안하는 것

iv) 교사나 교육 실천가들의 적극적인 개입과 참여를 조장하는 것

v) 보다 깊이 있는 학습의 결과를 측정하는 방법을 개발하는 것

그런데 4차 산업혁명의 시대에 들어서자 위와 같은 사이버학습도 사람들의 삶이 변화하는 양상에 맞추어가지 못하고 있다. 정보통신 미디어가 늘 대기 상태로 주변에 있게 되자 사람들은 접속되어 있는(connected) 상태와 접속되어 있지 않은 상태의 차이를 망각하게 되었고 실재(real)와 가상(virtual)의 세계 사이에서 실존적 거주처를 혼동하게 되었다. 사람들은 자신들의 삶을 영화관람하듯 관찰자의 시점에서 바라보고 자신의 삶을 엿보려고 자신의 블로그나 커뮤니티 카페 등을 들여다보고 있다. 수업 시간에 스마트 기기 사용의 필요성에 대한 질문을 던지면 그 질문의 의도조차 이해하지 못하는 학생들도 있다. 이러한 상황을 고려하여 현실과 가상의 공간을 오고 가는 학생들을 보다 효과적으로 학습의 장면으로 끌어오기 위한 전략으로써 개발된 학습 모형이 바로 가상 학습의 개념이다(Schank, 1997). 가상세계에서의 학습을 위해 여러 가지 접근법들이 제안되고 있지만, 게임이나 시뮬레이션, 혹은 증강현실(augmented reality) 기술을 활용한 가상 학습(virtual learning), 학교 안팎이나 형식에 구애받지 않는 학습(informal learning), 개인 맞춤형의 주체적 학습(tailored and personalized learning with ownership), 학자들의 탐구방법을 재현하는 학습, 실세계 경험에 기반한 학습(real world experience), 시공간에 구애받지 않는 학습(anytime anywhere learning)이라는 특성들이 가상 학습을 특징짓는다(Borgman, Abelson, Dirks, Johnson, Koedinger, & Linn, 2008).

셋째, 미래의 학습은 또한 멀티태스킹의 성격을 갖게 될 것이다. 정보통신 기술의 보급으로 현대인들은 많은 사람들이 장소나 시간에 구애받지 않고 일을 하거나 과제를 수행하면서 동시에 페이스북, 음악 감상, 문자메시지 확인, 이메일 교환, 심지어 다중 접속 온라인 역할(Massively

Multiplayer Online Role-playing: MMORP)게임까지 동시에 한다. 이러한 멀티태스킹은 현대인의 삶의 특징이고 그 다양한 장점으로 인해 멀티태스킹에 능한 사람들이 사회적 조명을 받기도 하지만 그 효과나 부작용에 대해서는 많은 논란이 일고 있다. 대표적인 예가 운전 중 간식을 먹거나 화장을 하거나 심지어 문자메시지를 보내거나 업무를 수행하는 경우도 있어 큰 위험을 초래하기도 한다(Vogel, 2007). 교육적 측면에서 멀티태스킹은 학습효과의 문제에서부터 집중력 손실의 문제, 생활습관의 문제, 그리고 심리정서적 문제에 이르기까지 그 부작용에 대한 우려가 훨씬 크다(Ophir, Nass, & Wagner, 2009; Jackson, 2008). 멀티태스킹의 효율성에 대한 논란과는 별도로 멀티태스킹을 수행할 때 도취 상태로 유도하는 신경화학물질이 분비되어 보상을 받기 때문에 기분이 좋아지고, 수행자들에게는 특별히 생산적으로 일하고 있다는 착각을 불러일으킨다는 연구결과도 있다(Turkle, 2010).

요컨대 포스트휴먼적 미래에 대응하는 학교교육의 방향을 설정하기 위해서는 어떤 존재를 키울 것인가(Who: 존재론적 성찰), 어떤 지식을 다룰 것인가(What: 인식론적 성찰), 그리고 그러한 지식을 어떻게 다룰 것인가(How: 전략적 성찰)가 동시에 고려되어야 할 것이다. 즉, 미래 교육의 방향은 테크놀로지의 변화에 순응하는 것이 아니라 그 방향을 면밀히 분석하고 그에 대한 비판적인 평가를 바탕으로 설정되어야 할 것이다. 이를 위해 미래의 인간상에 대한 올바른 비전 정립, 학교 교육에서 어떤 지식을 다루어야 할 것인가에 대한 통찰, 그리고 그러한 지식을 어떻게 학생들이 경험하게 할 것인가에 대한 전략적 성찰이 우선 이루어져야 할 것이다.

3. 학교교육의 변화 사례

본 절에서는 지금까지 논의한 포스트휴머니즘에 기반한 학교교육의 변화 방향에 부응하기 위한 현실적인 방안으로 교수학습의 성격은 어떻게 변해야 하는지에 대해 생각해보고자 한다. 이를 교육원리, 교육과정, 그리고 교수법의 차원에서 한 가지씩 사례를 통해 살펴보자.

1) 교육원리적 변화의 예: 자기 적응적 네트워크

과거의 교육에서 교육의 목적, 교육의 대상, 그리고 교육 방법을 설정함에 있어서 가장 기본적 이념의 토대는 인본주의였다. 즉, 이성적이고 자율적인 존재로서의 인간상과 사회적 정의나 인권, 인간 평등주의 등과 같은 다양한 인본주의적 가치들이 교육의 목표가 되었고 인간 특성에 대한 심리학적 이해가 교육 대상을 이해하기 위한 기본 지식이었으며 교육 방법도 그러한 인간관을 바탕으로 설계되었다. 이러한 인본주의적 교육관은 유럽 교육의 전통 속에서 '양성(Bildung)', '훈련(Apprentisage)', 계몽 등과 같은 개념을 중심으로 학교교육 시스템을 통해 세습되어 내려왔고(Pedersen, 2010), 결과적으로 오늘날까지 인본주의적 가치들은 윤리교육, 사회성 교육, 자기주도 학습 등의 교육원리와 방법론을 통해 그대로 이어져왔다.

하지만 4차 산업혁명 이후 기술 중심의 사회로 급변하고 그에 따라 융합 지식의 중요성이 높아진 지금, 과거의 인본주의적 교육의 가치들은 근본적인 한계에 직면할 수밖에 없다. 왜냐하면, 인본주의 교육은 인간 중심적 세계관과 인간의 이성 및 주체성에 대한 절대화로 인해, 세상(시식, 물질, 환경, 생태계 등)을 인간을 중심으로 인식하는 인류중심주의적 이념에 토대하고 있기 때문이다. 반면 포스트휴먼적 기술 중심 시대의 교육은 기존의 인간 중심적 관념을 넘어서 자연과 환경, 모든 생명체, 그리고 물질세계와 기술들 간의 인위적인 구분과 경계를 넘어서서, 그동안 타자화되고 정복의 대상이 되어왔던 자연, 생태계, 그리고 심지어 도구나 기술들까지도 교육의 담론 속에서 포섭하려는 시도이다.

사실 '교육은 본래 포스트휴먼적이다'라고 할 수 있을 만큼 교육원리에는 포스트휴먼적 성격이 많이 녹아있다. 예를 들어 교육심리학의 이론적 토대를 마련하였던 파블로프Pavlov와 손다이크Thorndike 등의 비교심리학적 연구들은 인간과 동물의 차이에 대한 구분 없이 실증주의적이고 경험주의적 실험을 통해 수립되었던 것이다. 실제로 교육심리학의 대표 저널인 『교육심리학(*Educational Psychology*)』의 창립판에서 손다이크(1910)는 "심리학은 인간을 포함한 동물의 지능, 성격, 행동을 연구하는 과학이다"라고 선언한 바 있다. 이후 100년간 심리학은 인간의 학습은 동물의 학습과 본질적으로 다른 것이라는 가정 하에 연구되어왔지만 최근 인지과학, 신경과학, 그리고 인공지능, 진화신경과학 등의 최첨단 연구들의 방향은 이러한 인간과 동물, 혹은 인간과 기계의 학습 사이에 근본적인 차이가 없다는 것을 전제로 한다. 그러한 맥락에서 최근 유행하고 있는 자기주도적 학습(self-regulated learning)의 학습원리도 학습자의 주체성과 자율성에 기반한 인지과정을 학습의 주요 동인으로 파악하는 것이 아니라, 학습을 학습자-내용(지식)-교육매체(네트워크)의 다중적 연결성 속에서 흐르는 데이터(학습내용)의 분석, 보고, 수행, 그리고 피드백 과정을 통해서 이루어지는 자기-적응적 네트워크로 간주하고 있다(Winne, 2006).

마찬가지로 최근 활발히 연구되고 있는 뇌신경학적 연구의 결과들은 인간의 학습과정을 컴퓨터로 연결된 네트워크 속의 데이터의 흐름을 관할하고 통제하는 알고리즘의 차원에서 이해할 수 있다는 것을 보여준다. 만일 인간의 두뇌에서 발생하는 학습의 내적 구조가 이렇듯 컴퓨터 네트워크 속의 알고리즘으로 이해(설명)될 수 있다면 머지않아 학습의 주체 혹은 교육의 대상은 자기 정체성을 가진 '인간'이라기보다는 그 인간의 두뇌 신경 구조나 패턴이라고 보는 것이 더 정확할지도 모른다. 그렇다면 교육은 머지않아 개별적 인간 존재들의 잠재력을 형성하거나 실현하는 과정이라기보다는 신경망들의 구조나 관계성을 미세하게 조절(tuning)하는 작업이나 두뇌 시스템의 수행을 최적화하기 위한 데이터 교류의 과정이 될 수도 있다.

2) 교육과정적 변화의 예: 맞춤형 교육

맞춤형 교육이란 개별 학습자의 학업성취 수준, 심리특성, 가정환경 등을 종합적으로 고려하여 개별 학습자에게 가장 적합한 학습경험을 제공하는 다양한 방식의 교수 지원을 의미한다. 맞춤형 교육은 학생의 다양한 특성을 고려한 차별화(differentiated: 모든 학생의 교육목표와 내용은 동일하지만 교수방법에 있어서는 학습 속도와 선행학습 정도를 반영하여 소규모 집단별로 수업을 진행하는 것) 수업을 말한다. 이 차별화는 개인화(individualized: 소규모 집단별 수업이 아닌 개인별 지도에 의한 차별화 수업)와 개별화(personalized: 각 학생의 교육목표와 내용이 다르고 교수방법도 다르게 이루어지는 것)로 구분될 수 있는데 맞춤형 교육은 저학년 수준에서는 주로 개인화를 의미하며, 이후 학습자로서 성숙하고 자기주도적 학습이 가능할 때 개별화 수업으로 발전할 수 있다

이러한 맞춤형 수업을 위해서는 교육과정 재구조화나 학교 제도의 유

연화 등이 선행되어야 한다. 즉, 지식과 이해 위주의 인지적 교과 학습에서 학습자의 학업성취 수준과 학습 속도에 맞는 학교 제도(예: 무학년제)의 도입이 필요하다. 그리고 음악, 미술, 체육과 같은 예체능 교과나 동아리, 봉사활동 등 창의적 체험활동의 경우와 같은 비인지적 활동에서는 인성과 사회성에 보다 초점을 맞추어 수업이 진행되어야 할 것이다. 교육과정의 측면에서는 개별화 교육과정을 바탕으로 학년군이나 학교급별로 모든 학생들이 성취해야 할 핵심 성취기준(standards)을 설정하고 성취기준에 따라 절대평가에 의해 이수를 점검할 수 있는 성취 수준(mastery level)을 관리하는 것이 필요하다. 교육평가의 측면에서는 모든 학습자들이 학습의 과정에서 성공을 경험할 수 있도록 절대평가가 더 적절할 것이며, 교사의 전문성과 자율성이 존중되면서, 교사는 학생의 성공적인 학습을 지원하는 '학습 멘토, 코치, 컨설턴트'로서 자신의 역할을 재정립할 필요가 있다(정제영, 2017).

3) 교수법적 변화의 예: 게임 기반 교육

학습자와 지식, 가상과 현실, 학습과 놀이의 구분이 모호해지는 현실 속에서 포스트휴먼적 시대의 조건에 걸맞은 여러 교수방법적 접근들 중의 하나로 게임 기반 교육에 대해 생각해보고자 한다. 교육용 게임은 포스트휴먼적 조건에서 가장 보편적인 학습의 형태가 되어질 것이다. 교육용 게임이 학생들로 하여금 지식의 통합적 적용을 자극함으로써 어떻게 학습에 도움을 주는가를 연구하는 분야가 바로 게임 기반 교육 (GBL: Game-based Learning)이다(Mozelius, Fagerström, & Söderquist, 2016). 게임 기반 교육이 학습에 기여하는 원리는 바로 몰입, 관계성(협력), 시뮬레이션의 특성을 극대화할 수 있기 때문인데 이 원리를 다음과 같이 간단히 살펴보자.

첫째, 몰입의 원리이다. 게임을 통한 학습이 가진 가장 두드러진 장점은 재미있기 때문에 학습자들의 몰입을 이끌어낼 수 있고, 실제로 타자 연습 게임처럼 학습효과도 뛰어나다(Malone & Lepper, 1987). 즉, 게임의 장점은 참여자들로 하여금 몰입과 집중을 강화함으로써 게임에 대한 내적 동기화 효과가 크다는 것이다. 지커만Zichermann과 커닝햄Cunningham(2011)은 '게이미피케이션Gamification'을 '게임적인 사고와 기법을 활용해 유저를 몰입시키고 문제를 해결하는 과정'이라고 정의하고 '몰입(engagement)'을 '어떤 사람이 다른 사람이나 장소, 물건, 생각 등과 관계를 유지하는 기간'이라고 정의하였다. 게임이 가진 이러한 재미와 몰입의 특성은 학습의 차원에서 많은 장점을 가지고 있다. 게임이 대부분 내적 동기에 의한 활동이라는 점과 몰입력이 높다는 것 때문에 쉽게 학습의 내용에 집중할 수 있고 초기 학습 효과가 크다는 것이다. 특히 '심시티Sim City'나 '문명(Civilization)'과 같은 시뮬레이션 게임들은 게임의 목표를 달성하기 위해 다방면의 지식들을 활용하고, 메타 인지적 전략을 활용하며, 리얼리티에 입각한 적용을 시도하는 등의 융합 지식의 활용 차원에서 효과를 갖는다.

그러나 이러한 재미, 몰입, 집중이라는 게임의 특성들로 인해 자기 조절 능력이 부족한 청소년들에게 악영향을 미칠 수 있다는 우려도 크다. 예를 들어 청소년 폭력 문제가 불거질 때마다 그들이 몰입했던 게임들과 게임 중독으로 인한 현실감 상실이 문제의 원흉으로 지목되며, 이를 예방하기 위한 정책으로 '셧다운 제도'가 등장하기도 했다. 그러므로 인간의 정신 활동에 있어서 몰입은 긍정적인 효과와 부정적인 영향을 같이 가지고 있는 양날의 섬이기 때문에, 몰입이 가진 이 양면적인 성격을 잘 조절하여 교육적 원리로 활용할 필요가 있다.

둘째, 관계성(relationship)이다. 사람들이 게임에 몰입하고 더 나아가 중독이 되는 이유에는 중독의 메커니즘이 있다. 그 중독의 요인은 목표 의식, 동참자들과의 관계성, 현실 생활의 스트레스 해소와 탈출구라는 측면, 그리고 게임을 통한 보상의 구조가 포함된다. 그렇다면 게임이 갖는 동기화 혹은 흥미 유발의 요소를 학습이나 훈련(운동)에 적용하여 건전한 몰입이 이루어지게 하려면 어떤 보상 체계가 필요할까? 지커맨은 이러한 몰입을 위한 보상책으로 지위(Status), 접근권(Access), 권력(Power), 물품(Stuff) 등 네 가지를 꼽고 있는데, 이 네 가지 보상책은 결국 게임에 참여하는 사람들의 관계성이나 역할 분담의 문제이다. 예를 들어 다중 참여 역할 게임(MMORPG)들은 이러한 관계성이나 역할 분담이 참여자들의 내적 동기를 높일 수 있고 게임 참여의 중요한 요인이 된다(Dickey, 2007). 즉, 학습이든 게임이든 그러한 활동에 있어서 동참자들 간의 관계 형성이나 집단 속에서의 역할을 개인이 그러한 활동에 의미를 부여하고 적극적으로 참여하게 하는데 매우 중요한 역할을 한다는 것이다.

이러한 관계성의 형성과 그 관계성을 만들어가는 협력의 원리를 활용하여 교육적 효과를 누릴 수 있는 많은 게임들이 개발되고 있다. 예를 들어 집단의 참여를 바탕으로 개발된 과학 영역의 게임 프로젝트가 바로 '폴드잇FoldIt'이다. 이 게임은 2008년 5월 데이빗 베이커 워싱턴대 교수팀이 제작했는데 '흔들기', '구부리기', '다시 만들기' 등의 기능을 이용해 단백질의 3차원 구조를 더욱 효율적인 형태로 바꾸는 게임이다. 접힘 현상의 효율이 좋아질수록 높은 점수를 받을 수 있는데 이 게임에는 6만여 명이 참여하였고, 폴드잇 게이머들 덕분에 세포에서 에이즈 바이러스가 증식하는 데 필수적인 한 단백질의 구조를 알아냈다는 연구 결과를 지난해 9월『네이처-구조 분자생물학』에 발표했다. 10년간 수많은 과학자들이 해결하지 못한 문제를 게이머 수만 명이 달려들어 10일 만에 해결했다는 것이다. 이와 유사한 사례로 캐나다 맥길대에서 개발한 컴퓨터의 DNA 해독 오류를 찾아내는 '파일로Phylo'는 컴퓨터와 인간이 서로 부족한 부분을 보완하는 과학 연구 게임도 있다. 이러한 사례들은 게임의 형태로 수행된 집단 지성과 협력이 얼마나 큰 교육적 효과가 있는지를 잘 보여주고 있다. 요컨대 집단 참여 게임은 게임 속에 제시된 문제들을 많은 사람들이 집단 지성을 활용하여 공조와 협력을 통해 해결해나가는 기회를 제공한다. 이때 집단 지성의 역할은 서로 다른 관점에서 문제를 바라볼 수 있고, 브레인스토밍을 할 수 있고, 다양한 사례와 자료들에 대한 통찰을 통해 문제 해결의 실마리에 훨씬 쉽게 접근할 수 있다는 점이다.

셋째, 시뮬레이션simulation이다. 시뮬레이션은 현실을 사실적으로 모사하거나 확대하여 재현할 수 있고, 혹은 현실을 초월한 상황을 보다 창의적으로 구현해내면서도 안전하고 반복적인 장면을 연출해 낼 수 있다는 것이 가장 큰 특징이다. 실제 과업들을 수행해 나감에 있어 필요한 능력이 다양한 지식을 활용하여 문제를 해결하는 것인데 시뮬레이션 게임은 그러한 면에 있어서 탁월한 효과를 가지고 있다(Kriz, 2003; Leger, 2006). 즉, 시뮬레이션 게임처럼 참여자 스스로 목표 의식을 가지고 게임의 내용을 구성해나가는 방식은 교육적 효과가 크다는 것이다.

시뮬레이션 게임의 교육적 효과는 지식의 융합 차원에서 봤을 때도 분명하다. 하나는 현실의 문제를 모델링이나 시뮬레이션을 통해 실제 현실에서 할 수 없는 많은 지적 탐색을 통해 해결 방법을 찾게 한다는 것이다. 또 하나는 시뮬레이션이 문제 해결을 위한 맥락을 제공해 주고 아이디어 산출의 구심점이 되는 플랫폼 역할을 한다는 것이다. 그리고 시뮬레이션 게임은 이론을 실제 기술과 문제 해결에 적용해 볼 수 있는 가장 좋은 방식이라는 점이다. 지금까지 교육계에서는 '에듀테인먼트'라는 명목하에 수많은 게임을 개발해 보급했지만 그리 성공적이지 못했다. 기존의 교육용 게임들은 부모나 교사, 교육 전문가들이 교육용 소프트웨어를 바탕으로 게임적 요소들을 작위적으로 적용하여 게임의 특성과 교육적 효과가 적절히 융합되지 못한 사례가 많았는데 그 이유는, 교육용 게임에 참여하는 학생들이 게임과 교육을 표피적으로 혼합한 시도에 쉽게 파악하고 게임에 지속적인 흥미를 느낄 수 없었기 때문이다. 따라서 시뮬레이션 원리의 교육적 효과를 생각해 볼 때 이는 교육용 게임으로 적용 문제뿐만 아니라 실제 교수학습에서도 어떻게 활용할지에 대한 많은 연구가 필요할 것이다.

요컨대 게임 기반 교육은 학습자들이 게임의 내용을 통해서 내적 동기화가 쉽게 이루어지고, 게임에 참여하는 과정에서 다양한 개인들의 아이디어와 협력이 새로운 통찰과 집단 지성이 발현을 가져올 수 있으며, 이론이나 개념을 현실의 사례에 적용하는 능력을 기를 수 있는 가장 좋은 학습 메커니즘이다. 따라서 이러한 게임 기반 교육은 4차 산업혁명 시대의 산업 및 기술적 세계의 요구에도 부응할 수 있는 가장 효과적인 학교교육의 방법론들 중 하나가 될 수 있을 것이다.

4) 포스트휴먼적 미래의 시나리오: 유토피아인가 디스토피아인가?

포스트휴먼적 미래에 대한 기대 방식에는 일반적으로 회의론, 낙관론, 비관론, 그리고 비판적 재고론으로 나누어질 수 있다. 회의론이란 '포스트휴먼 시대는 오지 않는다'(Alva Noe)라는 관점을 말하며, 낙관론이란

'포스트휴먼은 인간의 진화 과정의 연속선상에 있고 인류는 기술의 도움으로 발전할 것이다'(커즈와일Ray Kerzweil, 보스트롬Nick Bostrom)는 견해이다. 비관론은 '포스트휴먼적 존재들은 결국 인간의 통제를 벗어나 인류의 생존에 위기를 야기할 것이다'(펜로즈R. Penrose, 드레퓌스Herbart Dreyfus)는 관점이며, 마지막으로 비판적 재고론은 '포스트휴먼적 존재의 등장은 과거의 인간중심주의의 문제점들로 인한 것이며 기술과 공존할 수 있는 새로운 인간성에 수립이 필요하다'는 관점이다. 그러나 위 네 가지 전혀 다른 전망들도 사실은 하나의 현상에 대한 다른 관점들(perspectives)일지도 모른다. 즉, 포스트휴먼적 조건들이 지금보다 훨씬 광범위하게 확장되더라도 여전히 포스트휴먼 시대는 아직 오지 않았다거나, 포스트휴먼적 존재가 인간이 더욱 발전된 형태라거나, 아니면 인류의 위기 상태라고 볼 수도 있다는 것이다.

이처럼 포스트휴먼적 미래에 대한 상이한 전망(혹은 관점)들이 있을지라도 분명한 것은 인간과 도구는 불가분리적 관계이며, 과학문명 시대를 겪을수록 인간과 기계는 상호의존적 공생관계를 형성함으로써 공진화한다는 것이다. 이 책에서 다루었던 포스트휴머니즘적 담론의 기본 전제가 인간은 본성적으로 사이보그이고(Clark 2003, Hayles, 1999) 인간과 기계의 관계가 더욱 불가분리적으로 밀접하게 변해갈 것이기 때문에 인간-기계의 공생을 위한 환경이 강화될 것이라는 점이다(Norman, 2009). 그러므로 이러한 기술적 환경 변화에 대응할 수 있는 교육적 패러다임의 변화가 필요한데, 그것이 이 책의 핵심 목표였다. 그렇다면 위의 네 가지 시나리오에 따라 어떤 교육적 대응이 필요할 것인지 생각해보자.

[표 10-1] 포스트휴먼의 시나리오에 따른 교육적 대응

관점	회의론	비관론	낙관론	비판적 재고론
주장	PH는 오지 않을 것이다.	PH는 인간(성)을 파괴할 것이다.	PH는 인류의 진화된 존재이다.	탈휴머니즘이 필요하며, PH의 도래는 필연적이다.
이론적 계보	휴머니즘	네오휴머니즘	트랜스휴머니즘	비판적 포스트휴머니즘
인간/기계의 관계성	휴머니즘의 보완과 역할의 재구성	기계중심주의의 경계	기술의 도움을 활용한 인간 증진과 인류사회의 개선	휴머니즘의 탈피와 인간-기계의 공존
교육의 방향	휴머니즘 교육의 강화	휴머니즘 교육의 반성적 재구성	탈휴머니즘 및 기술 친화적 교육	휴머니즘에 대한 반성과 기술 중심 시대에 맞는 새로운 세계관의 수립
교육의 대상	전통적 인간	개선된 인간	트랜스휴먼적 (사이보그적) 존재	포스트휴먼적 존재 (인간 + 기계)
교육의 전략	기계문명 하의 생존 교육		인간과 기계의 공존 교육	

위 표에서 제시된 바와 같이 미래의 기술 중심 세계에 대한 다양한 전망과 대응 방식이 논의되고 있다. 비록 미래에 어떤 세계가 도래하게 될지는 아무도 예측할 수 없지만 기술문명이 더욱 빠른 속도로 발전하고 인간의 삶 깊숙이 영향을 미치게 될 것이라는 사실은 그 누구도 부인할 수 없을 것이다. 다만 미래가 어떻게 펼쳐질 것인지에 대한 예측과 그 각각의 경우에 대한 대비는 그 자체만으로도 의미가 있다. 교육적 대응 방식에 있어서도 마찬가지이다. 기술 중심 사회가 펼쳐질 것이기 때문에 기술, 과학, 합리주의적 교육이 더 필요할 것이라는 입장도 있고, 오히려 그러한 기술 중심적 변화에 방향성을 제시하고 균형 잡힌 교육을 위해서 인문학과 예술 교육이 더욱 필요할 것이라는 견해도 있다. 예를 들어 잘 알려진 인공지능 프로그램인 Eliza를 개발한 바이젠바움J. Weizenbaum은 미래에 AI가 엄청나게 발전하더라도 중요한 선택은 인간이 내려야 한다는 주장도 이러한 견해에서 나온 것이다.

나가는 말

포스트휴먼 시대를 대비한 교육적 체화

지금까지 이 책은 미래 사회가 포스트휴먼적 조건으로 변함에 따라 포스트휴먼적 존재에 대한 이해가 필요하다는 것과 그에 대비하는 교육적 대응 방안이 무엇인지를 논의하였다. 마지막으로 포스트휴먼 시대를 대비하기 위한 교육적 체화란 무엇인지에 대해 논의하고자 한다. 여기서 교육적 체화란 포스트휴먼적 존재로서 거듭나기 위한 교육적 노력을 의미하는데 이러한 노력은 학교교육 내적(within), 학교 교육 외적(beside), 그리고 교육 전반을 넘어선(beyond) 접근의 세 가지 측면에서 논의될 수 있다.

첫째, 학교교육 내적 접근은 기존의 학교 교육의 범주 내에서의 실천을 통해 달성할 수 있는 부분을 가리킨다. 여기서 포스트휴먼적 교육은 학생, 교사, 교과서 및 도서, 디지털 도구, 다양한 학습공동체, 가정, 그리고 학습의 수단으로서 기호(수학, 언어, 이론들) 등이 내적으로 연관된 활동을 통해(intra-actively) 세상(현실) 속에서, 세상과 함께, 그리고 세상을 위해 뭔가 새로운 것을 끊임없이 생성해내는 작업이다(Kuby & Rowsell, 2017). 포스트휴먼적 교육은 교육의 주체와 객체의 특별한 구별 없이 우리의 삶에 관여된 모든 존재들이 관계를 맺으며 지속적으로 새롭고도 의미 있는 무엇인가가 되어가는 과정이 되어야 한다는 뜻이다.

포스트휴머니즘은 보는 존재들(인간, 비인간, 인간 이상의 존재들)이 상호 간에 얽혀서 세상의 실제를 만들어가고 창조적으로 되어간다는 관계적 존재론(relational ontology)을 바탕으로 하고 있다. 그러므로 학교교육 시스템 내에서 이루어지는 포스트휴먼적 교육은 무엇보다도 비인간적 존재들(nonhumans), 인간 이외의 존재들(other-than-humans), 그리고 인간 이상의 존재들(more-than-humans)에 대한 포용과 주체화(subjectificatoin)가 필요하다. 즉, 기존의 사회 정의를 강조하며 인종 차별, 경제적 불평등, 페미니즘, 그리고 각종 권력과 특권의 문제를 지적했던 사회학적 연구들은 그 관심의 대상을 모든 비인간적 존재들에게로 확대시켜야 할 것이다(Kuby & Rowsell, 2017). 예를 들어, 커비Kuby와 크로포드Crawford(2017)는 '사회적'이란 개념이 지극히 인본주의적 차원에서만 쓰여 왔는데 이러한 인본주의의 관념이 해체되었을 때 인간과 다른 비인간적 혹은 인간 이상의 존재들과의 관계성에서 사회적 정의에 대한 논의를 시작해야 한다고 주장한다.

그러한 측면에서 포스트휴먼적 관점의 사회적 정의와 윤리의 문제는 스프링게이Springgay(2015)의 관계성(relationality)과 대면의 생태학(ecologies of encounter), 테일러Taylor(2016)의 상호 관계의 윤리(ethics of mutual relation), 머리스Murris(2016)의 존재인식론적인 불의·정의(ontoepistemic in/justice) 등의 개념을 통해 논의되고 있다. 이러한 개념들을 바탕으로 우선적으로 지금까지 소외된 인간 존재들에 대한 연구에서부터 시작하여 동물 연구, 생태적 연구, 물질과 도구들이 인간을 위한 수단으로만 간주될 것이 아니라 그 자체가 지구적 생태계를 구성하는 존재들로서 어떤 의미와 역할을 하고 있는지에 대한 연구와 논의가 필요한 것이다.

둘째, 학교교육 외적인 접근은 포스트휴먼적 교육이 반드시 학교라는 전통적인 기관의 틀 속에서 이루어지지 않을 수 있다는 것이다. 포스트휴머니즘은 세상 수많은 존재들의 의미나 역할이 그들을 대표하는 어떤 특정 존재에 의해 규정되지 않고, 결정론적으로 고착되지 않기 때문에 누구나 서로 관계를 맺으며 각자가 되어가는 존재로 간주한다.

특히 아는 것과 존재하는 것은 분리될 수 없기 때문에 새로운 지식을 탐구하는 것과 기존의 지식을 이해하는 것, 가르치는 것과 배우는 것 사이에 명확한 구분이 지어지지 않는다. 즉, 포스트휴먼적 철학은 존재(being)와 아는 것(knowing), 그리고 행동하는 것(doing) 사이의 구분 없이 존재-인식-윤리적 성격이 하나로 통합된 관점을 요구하기 때문에(Barad, 2007) 학교라는 형식적 교육기관의 역할에 큰 의미를 두지 않는다.

들뢰즈Deleuze와 가타리Guattari(1994)의 "사고하는 것은 실험하는 것이다"라는 말은 '사고'하는 것은 우리가 이미 함께 얽혀 살고 있는 외부의 존재와 대면하는 것이고 '사고하지 않음(the unthought)'과 함께 개입하는 것이라는 의미를 갖는다. 이 말은 인간의 사고가 세상에 대한 관념적인 판단에 머무르는 것은 인식의 한계가 있을 수밖에 없기 때문에 진정한 사고란 외부의 존재들과 부딪치고 다양한 방식으로 개입하는 창조적인 행위여야 한다는 것을 강조한 것이다. 이러한 포스트휴먼적 앎의 방식을 체화하는 것은 근대적인 학교교육의 형식과 방법론으로는 한계가 있을 것이다. 특히 분파적이고 위계적이며 인간 중심적 합리성에 기반한 근대적 지식을 전달하는데 최적화된 오늘날의 학교교육 시스템으로는 포스트휴먼적 교육을 수행하기에는 적합하지 않기 때문에 근본적인 변화가 필요할 것이다.

셋째, 이 책에서 교육 자체가 인본주의적 프로젝트라고 지적한 바 있듯이 교육은 '합리적 인간의 완성'이라는 인류적 규모의 거대한 계몽주의 관념의 실천 무대로 여겨져 왔다. 그런 의미에서 포스트휴머니즘에 대한 교육 전반을 넘어서는 접근은 (학교)교육이라는 규범적 틀에 얽매이지 않은 접근을 의미한다.

이러한 '학교' 너머의 교육은 다시 세 가지 주제를 중심으로 이루어진다.

먼저 지금까지의 교육이 인본주의적 구심화(Humanist centrings)였다면 앞으로의 교육은 포스트휴먼적 혼재화(Posthumanist profusion)의 형태로 이루어지게 될 것이다. 포스트휴먼적 교육은 보편주의적 원리를 추출하여 모든 존재들에게 심어주는 방식이 아니라, 다양한 존재들이 각자의 위치과 공간적 구조 속에서 어떤 역사성을 띠면서 다른 존재들과 함께 살아가고 있는가에 관심을 갖는다. 따라서 인간과 비인간적 존재들의 다양한 상호 얽힘(entanglements), 즉 그 존재들의 물질적이고 담론적[1]인 측면에서의 상호 구성적 관계에 대해 연구하고자 한다(Prinsloo, 2005).

아울러 포스트휴먼적 혼재화란 여러 인간적·비인간적 존재들이 공간, 맥락, 장소, 그리고 그 속에서의 존재의 방식들 속에서 얽혀 있으며 끊임없이 역동적으로 새로움을 생성하는 것이다. 맥락은 역사성을 가지고 인간, 비인간, 인간 이상의 존재들의 얽힘을 만들고, 이러한

1 여기서 담론의 연구는 언어적(언어학 체계, 문법, 화행, 대화 등) 연구가 아니기 때문에 담론을 단순히 구어적, 문어적 표현이라고 간주하는 것은 대표성의 오류를 범하는 것이다. 담론은 언급된 바가 아니라 무엇이 언급될 수 있거나 없는지를 구분하는 것이다. 그리고 담론적 실천들은 무엇이 의미 있는 진술로 인정받을 수 있는지를 결정하는 것이다. 진술은 단순히 통일된 주체의 근원적 의식의 언급이 아니다. 진술과 주체들은 가능성의 장에서 드러나는 것이다. 이러한 가능성의 장은 정적이거나 단일적이지 않고 역동적이고 일관된 다중성이다(Barad, 2003).

공간들은 존재들 사이의 긴장 속에서 포괄적인 재구성의 가능성을 배태한다. 이러한 관점에서의 연구를 예를 들면, 해켓Hackett과 솜머빌Somerville(2017)은 물질, 비물질(immaterial), 신체적 · 기질적(somatic) 요소들이 상호 관계적으로 인간의 몸속에서 흐르고 있는데 이러한 에너지들이 어떻게 아동의 학습에 영향을 미치는지에 대해 연구할 필요가 있다고 강조한다. 또 다른 예로, 하우드Harwood와 콜리어Collier(2017)는 인간의, 물질의, 비인간의, 그리고 공간들인 불가분리적 세계가 하나의 숲속에서 공존하고 있다는 것을 강조하고 있다. 따라서 나뭇가지와 같은 단순한 사물을 놓고도 그러한 사물이 어떻게 아이들의 신체, 관계성, 정체성, 그리고 담론들과 공존하거나 상호작용할 수 있는지를 연구하고자 한다.

다음으로 포스트휴머니즘은 물질의 즉각적 생동성에 개입하기 위한 새로운 방법론을 모색하기 위해 물질적 사실주의(material realism)와 이론적 접점을 모색하게 될 것이다(Coole & Frost, 2010). 물질적 사실주의란 인간의 사고나 정보, 지식, 데이터 할 것 없이 세상을 설명하고 묘사하는 정보들의 모두 물질의 한 형태라는 것이고 그것을 통해 모든 존재의 실제(reality)들이 재현(환원)될 수 있다는 것이다. 오늘날 디지털화되어 컴퓨터로 처리되는 모든 정보와 지식들이 현실을 대변하는 것은 바로 이러한 물질적 사실주의의 단면이다. 바라드Barad(2013)는 이를 시공간물질성(spacetimemattering)의 개념을 통해 '공간과 시간은 물질로부터 분리될 수 없고 과거 · 현재 · 미래가 이미 얽혀 있다'고 강조함으로써 물질적 사실주의를 설명하기도 했다.

물질적 사실주의적 관점에서의 교육의 한 예를 들면, 베넷Bennett(2010)은 개별 인간의 윤리적 책임감은 각 개인들이 자신들이 참여하고 있는 아상블라주assemblages에 대해 어떻게 반응하고 있느냐의 문제로 이해될 수 있다고 보았다. 그러므로 포스트휴먼적 문학 교육은 지금까지 당연시 여겼던 사회적 정의, 권력, 주체성, 능동성, 그리고 윤리 등에 대해 다시금 고려하고 이것들이 물질주의적 환경 속에서 어떤 새로운 의미를 갖는지를 인식하는 방향으로 이루어져야 한다고 강조하였다.

또 다른 예로 와고Wargo(2017)는 교실 내에서의 소리의 세계가 어떻게 새로운 형태의 체화된 지식(embodied knowledge)을 생성해내는지 탐구한다. 즉, 소리에 대한 양식적 접근성과 소리 조합, 생성적 듣기(emergent listening)가 창조적 동력이 되어 어떻게 윤리-존재-인식론적 세계관(ethico-onto-epistemological)을 만드는 교육적 공간을 형성할 수 있을지 연구하는 것이다. 요컨대 포스트휴먼적 렌즈는 물질에 대한 우리의 이해를 재구성하고 어떻게 물질이 아동의 학습과 관련하여 이해될 수 있는지를 탐구할 가능성을 열어주는 것이다.

마지막으로 달린Dahlin(2012)은 인간의 본질에 대한 생각들이 초자연적(supranature: 신학적이고 미신적)에서 시작하여 자연적(nature: 자연철학과 기계론적)을 걸쳐 하위 자연적(subnature: 디지털적)으로 변해가고 있다고 지적한 바 있다. 예를 들어 오랫동안 인간은 영적인 존재로 이해되어 왔고 1세기 전부터는 심리과학의 발달로 인간 마음(심리)의 개조를 기반으로 보다 나은 사회를 건설하기 위한 심리-유토피아적(psycho-utopia) 전망이 주도해왔지만, 오늘날에는 고성능 컴퓨터와 신경 임플란트 기술에 기반을 둔 한 두뇌 능력의 증진을 바탕으로 한 디지털 유토피아를 지향하고 있다. 이제 우리는 루돌프 슈타이어Rudolf Steiner가 철학적 영적 존재로서의 인간을 상정하여 발도르프Waldorf 교육을 목표로 하였던 과거와 고도로 복잡한 바이오-컴퓨터로서의 인간을 상정하는 미래적 교육

사이에서 어떤 선택을 해야 할 것인가의 문제를 안고 있는 것이다.

요컨대 포스트휴먼적 교육 연구는 비인간적 요소들을 포용하고, 학습에 있어서 인간 주체성의 역할을 축소하며, 학습의 내용과 방법에 대한 전혀 새로운 접근을 제시하기 때문에 매우 생소하고 도전적인 영역이 될 수밖에 없지만(Taylor, 2016) 그만큼 새로운 기술문명의 시대에 우리가 반드시 이해하고 준비해야 할 교육적 접근이자 태도임을 부정할 수 없을 것이다.

참고문헌

김소영(2017). 예술의 하이브리드, 트랜스아이덴티티를 말하다: '오를랑 테크노바디'를 중심으로. 글로벌문화콘텐츠, 26, 21-43.

김현정(2012). 올랑(orlan)의 예술작품에 나타난 몸의 정치학. 이화여대 석사.

박가열, 최영순, 박성원, 진설아, 홍성민(2017). 인간 기술 융합 트랜스휴먼 시대에 따른 미래 직업세계 연구 [기본연구 2017-37]. 한국고용정보원·과학기술정책연구원.

박상희(2009). 장영혜중공업 작품의 감각성 표현과 언어에 대한 비판적 연구. 디지털디자인학연구, 9(2). 13-22.

박성원, 최종화, 진설아, 이주영, 김은아, 김정현(2016). 트랜스휴머니즘 부상에 따른 과학기술 정책 이슈의 탐색. 정책연구, 1-208.

박휴용(2018a). 융합 지식과 융합 교육과정. 전북대학교출판문화원.

박휴용(2018b). 포스트휴먼 시대를 위한 다문화주의의 비판적 재고찰. 다문화교육연구, 11(4), 25-54.

박휴용(2019a). 포스트휴먼 시대 학습자의 존재론적 이해와 학습이론 패러다임의 변화. 교육방법연구, 31(1), 121-145.

박휴용(2019b). 포스트휴먼 시대의 학교교육의 변화와 교사전문성의 방향. 교육철학연구, 41(2).

박휴용(2019c). 포스트휴머니즘적 존재인식론에 기반한 질적 연구의 성격과 방법. 교육혁신연구, 29(2).

백욱인(2013). 빅데이터의 형성과 전유체제 비판. 동향과 전망, 304-331.

백종현(2015). 인간 개념의 혼란과 포스트휴머니즘 문제. 철학사상, 58, 127-153.

오경자(1998). 실직이 개인의 심리 사회적 기능에 미치는 영향. 한국심리학회 학술대회 자료집(1), 67-95.

이민화(2016). 인공지능과 일자리의 미래. 국제노동브리프, 14(6), 11-24.

이종관(2015). 포스트휴먼을 향한 인간의 미래?. FUTURE HORIZON, 26, 4-9.

전혜숙(2017). 생명에 대한 새로운 이해: 미생물을 이용하는 바이오아트를 중심으로. 미술사학보, 48, 229-250.

조헌국(2017). 4차 산업혁명에 따른 대학교육의 변화와 교양교육의 과제. 교양교육연구, 11(2), 53-89.

채창균(2016). 대졸 청년의 전공일치 취업 실태 분석. *KRIVET Issue Brief* 91, 1-4.

피터 노왁(2015). 휴먼 3.0, 새로운 현재.

Ahmanson, R. G. (2017). The New Dignity. *Journal of Christian Legal Thought, 7*, 10.

http://www.thepublicdiscourse.com/2015/11/15948/

Ahmed, S. (2013). Strange encounters: Embodied others in post-coloniality. Routledge.

Alaimo, S., Hekman, S., & Hekman, S. J. (Eds.). (2008). *Material feminisms*. Indiana University Press.

Allee, V. (2009). *The future of knowledge*. London: Routledge.

Ally, M., & Prieto-Blázquez, J. (2014). What is the future of mobile learning in education?. *International Journal of Educational Technology in Higher Education, 11*(1), 142-151.

Alsop, S. (2005). Bridging the Cartesian divide: Science education and affect. In *Beyond cartesian dualism* (pp. 3-16). Dordrecht: Springer.

Alvermann, D. E., Moon, J. S., Hagwood, M. C., & Hagood, M. C. (2018). *Popular culture in the classroom: Teaching and researching critical media literacy*. London: Routledge.

Anderson, B. & Harrison, P. (2006). *Questioning affect and emotion. Area, 38*, 333-335.

Anderson, B. (2016). *Taking-place: non-representational theories and geography*. London: Routledge.

Anderson, K., & Perrin, C. (2015). New materialism and the stuff of humanism. Australian *Humanities Review, 58*, 1-15.

Anderson, T. (1998). *Networked learning: The pedagogy of the Internet*. Montreal: Chenelière/McGraw-Hill.

Attwell, G. (2007). Personal Learning Environments-the future of eLearning?. *Elearning papers, 2*(1), 1-8.

Austin, J. (2015). Decolonizing ways of knowing: communion, conversion and conscientization.

Ayala, H., & Fu, Y. (2017). Design and Implementation of Bioloid Humanoid Robot. In *Artificial Intelligence: Concepts, Methodologies, Tools, and Applications* (pp. 228-244). IGI Global.

Bacon, F. (1902). *Novum organum* (1620). New York: PF Collier & Son.

Badmington, N. (Ed.). (2000). *Posthumanism(Readers in Cultural Criticism)*. Palgrave Macmillan.

Banks, J. A. (2004). Teaching for social justice, diversity, and citizenship in a global world. In *The educational forum, 68*(4), 296-305. Taylor & Francis.

Barad, K. (2003). Posthumanist performativity: Toward an understanding of how matter comes to matter. *Signs: Journal of women in culture and society, 28*(3), 801-831.

Barad, K. (2007). *Meeting the universe halfway: Quantum physics and the entanglement of matter and meaning*. Durham, NC: Duke University Press.

Barr, R. B., & Tagg, J. (1995). From teaching to learning—A new paradigm for undergraduate education. *Change: The magazine of higher learning, 27*(6), 12-26.

Barry, A. (2001). *Political machines: Governing a technological society*. A&C Black.

Bates, V. C., & Talbot, B. C. (2014). Technology and music education in a digitized, disembodied, posthuman world. *Action, Criticism, and Theory for Music Education, 13*(2), 30.

Bateson, G. (1972). *Steps to an Ecology of Mind*. New York: Ballantine

Baxi, U. (2007). *The future of human rights*. Oxford University Press.

Bayne, S. (2015a). Teacherbot: interventions in automated teaching. *Teaching in Higher Education, 20*(4), 455-467.

Bayne, S. (2015b). What's the matter with 'technology-enhanced learning'?. *Learning, Media and Technology, 40*(1), 5-20.

Bayne, S., & Ross, J. (2013). Posthuman literacy in heterotopic space: A pedagogical proposal. *Literacy in the Digital University: Critical Perspectives on Learning, Scholarship, and Technology*(pp. 95-110). Abingdon: Routledge.

Beishuizen, J., & Steffens, K. (2011). A conceptual framework for research on self-regulated learning. In *Self-regulated learning in technology enhanced learning environments* (pp. 3-19). Sense Publishers.

Bell, D., Brian D., & Loader et al. (Eds.) (2004). *Cyberculture: The Key Concepts*. London: Routledge.

Bennett, C. I. (1986). *Comprehensive multicultural education: Theory and practice*. Boston: Allyn & Bacon.

Bennett, J. (2010). A vitalist stopover on the way to a new materialism. New materialisms: *Ontology, agency, and politics, 91*(1), 47-69.

Bennett, J. (2015). Systems and things: On vital materialism and object-oriented philosophy. *The nonhuman turn*, 223-239.

Bennett, J., Cheah, P., Orlie, M. A., & Grosz, E. (2010). *New materialisms: Ontology, agency, and politics*. Duke University Press.

Beramendi, P., Häusermann, S., Kitschelt, H., & Kriesi, H. (Eds.). (2015). *The politics of advanced capitalism*. Cambridge University Press.

Bergen, V. (2010). Politics as the orientation of every assemblage. *New Formations, 68*, 34-41.

Bergson, H. (1944). *Creative Evolution* (A. Mitchell, trans, pp. 153-154). Random House.

Berlin, I. (2017). Two concepts of liberty. In *Liberty Reader* (pp. 33-57). Routledge.

Berliner, D. C. (1992). Telling the stories of educational psychology. *Educational psychologist, 27*(2), 143-161.

Berns, G. (2013). Dogs are people, too. The New York Times, Oct, 5.

Biesta, G. J. (2015). *Good education in an age of measurement: Ethics, politics, democracy*. London: Routledge.

Bijker, W. E., Hughes, T. P., & Pinch, T. J. (Eds.). (1987). *The social construction of technological systems: New directions in the sociology and history of technology*. MIT press.

Bissell, D. (2008). Comfortable bodies: sedentary affects. *Environment and Planning A, 40*, 1697-1712.

Bjork, R. A., Dunlosky, J., & Kornell, N. (2013). Self-regulated learning: Beliefs, techniques, and illusions. *Annual review of psychology, 64*, 417-444.

Bogost, I. (2009). What is object-oriented ontology. *Videogame Theory, Criticism, Design*.

Bogost, I. (2012). *Alien phenomenology, or, what it's like to be a thing*. Twin Cities: University of Minnesota Press.

Bogue, R. (2008). *Deleuze and Guattari*. London: Routledge.

Bolldén, K. (2016). Teachers' embodied presence in online teaching practices. *Studies in Continuing Education, 38*(1), 1-15.

Bostrom, N. (2003). *The Transhumanist FAQ: A General Introduction* (Version 2.1). World Transhumanist Association.

Bostrom, N. (2003). What is transhumanism. In F. Adams (Ed.), *Ethical Issues for the 21st Century*. Oxford: Philosophical Documentation Center Press.

Bostrom, N. (2005). In defense of posthuman dignity. *Bioethics, 19*(3), 202-214.

Bostrom, N. (2008). Why I want to be a posthuman when I grow up. In *Medical enhancement and posthumanity* (pp. 107-136). Springer, Dordrecht.

Boyd, D. & Crawford, K, (2012). Critical Questions for Big Data: Provocations for a Cultural, Technological, and Scholarly Phenomenon. *Information,*

Communication & Society, 15(5), 662-79.

Brabazon, T. (2017). From Digital Disruption to Educational Excellence: Teaching and Learning in the Knowledge Economy. *International Journal of Social Sciences & Educational Studies, 3*(3), 188-203.

Braidotti, R. (2006a). Posthuman, all too human: Towards a new process ontology. *Theory, culture & society, 23*(7-8), 197-208.

Braidotti, R. (2006b). *Transpositions: On nomadic ethics*. London: Polity.

Braidotti, R. (2009). Animals, anomalies, and inorganic others. *Pmla, 124*(2), 526-532.

Braidotti, R. (2011). *Normadic theory: The portable Rosi Braidotti*. New York: Columbia University Press.

Braidotti, R. (2013a). *The posthuman*. Cambridge: Polity Press.

Braidotti, R. (2013b). Posthuman humanities. *European Educational Research Journal, 12*(1), 1-19.

Braidotti, R. (2016). Posthuman critical theory. In *Critical posthumanism and planetary futures* (pp. 13-32). New Delhi: Springer.

Braun, P. (2002). Digital knowledge networks: linking communities of practice with innovation. *Journal of Business Strategies, 19*(1), 43.

Brown, W. (1995). *States of Injury: Power and Freedom in Late Modernity*. Princeton: Princeton University Press.

Buchanan, R. (2015). Teacher identity and agency in an era of accountability. *Teachers and Teaching, 21*(6), 700-719.

Buckingham, D., & Willett, R. (Eds.). (2013). *Digital generations: Children, young people, and the new media*. London: Routledge.

Burgess, O. (2015). Cyborg teaching: The transferable benefits of teaching online for the face-to-face classroom. *Journal of Online Learning and Teaching, 11*(1), 136.

Bussey, M. (2016, November). Neohumanism: Rethinking Education for Planetary Futures. In *International Educational Futures Conference* (p. 20).

Bussey, M. P. (2006). *Neohumanism: Critical spirituality, tantra and education*.

Busso, D. S., & Pollack, C. (2015). No brain left behind: Consequences of neuroscience discourse for education. *Learning, Media and Technology, 40*(2), 168-186.

Callon, M. (1991). Techno-Economic Networks and Irreversibility. In J. Law (Ed.),

A Sociology of Monsters: Essays on Power, Technology and Domination. London: Routledge.

Callon, M., & Latour, B. (1981). Unscrewing the big Leviathan: how actors macro-structure reality and how sociologists help them to do so. *Advances in social theory and methodology: Toward an integration of micro-and macro-sociologies*. Boston: Routledge.

Castells, M. (1996). *The rise of the network society* (Vol. 1). Malden, MA: Blackwell.

Chabot, P. (2013). *The philosophy of Simondon: Between technology and individuation*. A&C Black.

Chambers, I. (2013). *Culture after humanism: History, culture, subjectivity*. London: Routledge.

Childers, J. (1995). *The Columbia dictionary of modern literary and cultural criticism*. Columbia University Press.

Choi, K. J. (2011). Should Race Matter?: A Constructive Ethical Assessment of the Postracial Ideal. *Journal of the Society of Christian Ethics, 31*, 79-101.

Ciongaru, E. (2012). Human rights and multiculturalism. In *Proceedings of the International Conference on Innovation within Libraries (BIBLIO)*. Transilvania University of Brasov.

Clark, A. (2003). *Natural Born Cyborgs: Minds, technologies, and the future of human intelligence*. Oxford: Oxford University Press.

Clough, P. (Ed.) (2007). *The Affective Turn: Theorizing the Social*. London: Duke University Press.

Cohen, J. J., & Duckert, L. (Eds.). (2015). *Elemental ecocriticism: Thinking with earth, air, water, and fire*. Twin Cities: University of Minnesota Press.

Colebrook, C. (2014). *Death of the PostHuman: Essays on Extinction*(vol. 1). Open Humanities Press.

Comas-Diaz, L. (2012). Humanism and multiculturalism: An evolutionary alliance. *Psychotherapy, 49*(4), 437.

Connolly, W. E. (2013). The 'new materialism' and the fragility of things. *Millennium, 41*(3), 399-412.

Cook, D. A., Levinson, A. J., & Garside, S. (2010). Time and learning efficiency in Internet-based learning: a systematic review and meta-analysis. *Advances in Health Sciences Education, 15*(5), 755-770.

Cook, J. P. (2016). *The Posthuman Curriculum and the Teacher*. Doctoral Dissertation for Georgia Southern University. Statesboro, Georgia.

Cordeiro, J. (2011). 인간의 경계: 휴머니즘에서 트랜스휴머니즘까지. 제1회 세계인문학포럼 발표자료집(pp. 325-334).

Curran, E. (2002). Hobbes's Theory of Rights: A Modern Interest Theory. *The Journal of Ethics, 6*(1), 63-86.

Dahlin, B. (2012). Our posthuman futures and education: Homo Zappiens, Cyborgs, and the New Adam. *Futures, 44*(1), 55-63.

David, P. A. (2001). Tragedy of the Public Knowledge 'Commons'? *Global Science, Intellectual Property and the Digital Technology Boomerang*.

de Freitas, E., & Curinga, M. X. (2015). New materialist approaches to the study of language and identity: Assembling the posthuman subject. *Curriculum Inquiry*, 45(3), 249-265.

Deleuze, G. (1988). *Spinoza: Practical Philosophy*. San Fransisco: City Lights Books.

Deleuze, G. (1994). *Difference and repetition*. New York: Columbia University Press.

Deleuze, G. (1997). *Essays Critical and Clinical*. Twin Cities, MN: University of Minnesota Press.

Deleuze, G., & Guattari, F. (1988). *A thousand plateaus: Capitalism and schizophrenia*. Bloomsbury Publishing.

Deleuze, G., & Guattari, F. (1994). *What is philosophy?* Columbia University Press.

Dennett, D. (1991). Consciousness Explained: New York: Little Brown & Co.

Denzin, N. K., & Giardina, M. D. (Eds.). (2016). *Qualitative inquiry and the conservative challenge*. New York: Routledge.

Dewsbury, J. D. (2000). Performativity and the event: enacting a philosophy of difference. *Environment and Planning D: Society and Space, 18*, 473-496.

Dewsbury, J. D. (2003). Witnessing space: Knowledge without contemplation. *Environment and Planning A, 35*, 1907-1932.

Dewsbury, J., Harrison, P., Rose, M. and Wylie, J. (2002). Introduction: Enacting Geographies. *Geoforum, 33*, 437-440.

Diamandis, P. & Kotler. S. (2012). Abundance: The future is better than you think. New York, Free Press.

Dickens, P. (2002). *Reconstructing nature: alienation, emancipation and the division of labour*. London: Routledge.

Dielenberg, R. (2013). The speculative neuroscience of the future human brain. *Humanities, 2*(2), 209-252.

Dinerstein, J. (2006). Technology and its discontents: On the verge of the posthuman. *American Quarterly, 58*(3), 569-595.

Dirckinck-Holmfeld, L., & Jones, C. (2009). *Issues and Concepts in Networked Learning: Analysis and the future of networked learning*.

DiSalvo, C. (2016). The Irony of Drones for Foraging: Exploring the Work of Speculative Interventions. In R. C. Smith et al. (Eds.), *Design Anthropological Futures* (139-54). New York: Bloomsbury Press.

Donna, H. (1985). A manifesto for cyborgs: science, technology, and socialist feminism in the 1980s. *Socialist Review, 15*(2), 65-107.

Douzinas, C. (2000). *The end of human rights: critical thought at the turn of the century*. Bloomsbury Publishing.

Dreyfus, H. L. (1980). Holism and hermeneutics. *The Review of Metaphysics*, 34(1), 3-23.

Dunn, R. G. (1997). Self, identity, and difference: Mead and the poststructuralists. *The Sociological Quarterly, 38*(4), 687-705.

Edelstein, D. (2010). *The Enlightenment: A genealogy*. Chicago: University of Chicago Press.

Edwards, R. (2010). The end of lifelong learning: a post-human condition?. *Studies in the Education of Adults, 42*(1), 5-17.

Edwards, R., & Usher, R. (2000). Modern field and postmodern moorland: Adult education bound for glory or bound and gagged. *Adult education and social responsibility,* 27-56.

Edwards, R., Fenwick, T., & Sawchuk, P. (2015). *Emerging approaches to educational research: Tracing the socio-material*. London: Routledge.

Esposito, R. (2011). Politics and human nature. *Angelaki, 16*(3), 77-84.

Fenwick, T., & Edwards, R. (2014). Networks of knowledge, matters of learning, and criticality in higher education. *Higher Education, 67*(1), 35-50.

Fenwick, T., & Landri, P. (2012). Materialities, textures and pedagogies: socio-material assemblages in education. *Pedagogy, Culture & Society, 20*(1), 1-7.

Ferguson, M. (2014). *Subject to Others (Routledge Revivals): British Women Writers and Colonial Slavery, 1670-1834*. London: Routledge.

Ferrando, F. (2013). Posthumanism, transhumanism, antihumanism, metahumanism, and new materialisms. *Existenz, 8*(2), 26-32.

Forlano, L. (2017). Posthumanism and Design. *She Ji: The Journal of Design, Economics, and Innovation, 3*(1), 16-29.

Foucault, M. (1977). *Discipline and punish* (A. Sheridan, trans.). New York: Pantheon.

Foucault, M. (1986). Other spaces+ the principles of heterotopia. *Lotus International, 48*, 9-17.

Foucault, M. (2002). *The Order of Things*. London: Routledge.

Foucault, M., Davidson, A. I., & Burchell, G. (2008). *The birth of biopolitics: lectures at the Collège de France, 1978-1979*. Springer.

Freidson, E. (1994). *Professionalism reborn: Theory, prophecy, and policy*. University of Chicago Press.

Freire P. (1993). *Pedagogy of the Oppressed*. New York: Continuum.

Gabrys, J. (2016). Program Earth: Environmental Sensing Technology and the Making of a Computational Planet. Minneapolis: University of Minnesota Press.

Gay, G., & Kirkland, K. (2003). Developing cultural critical consciousness and self-reflection in preservice teacher education. *Theory into practice, 42*(3), 181-187.

Geddes, A. (2008). *Immigration and European integration: Beyond fortress Europe?*. Manchester Univ. Press.

Gee, J. P. (2013). *The anti-education era: Creating smarter students through digital learning*. St. Martin's Press.

Gilroy, P. (2000). *Against race. Imaging political culture beyond the colour line*. Cambridge, MA: Harvard University Press.

Gilroy, P. (2009). *Race and the Right to be Human*. Utrecht: Faculteit Geesteswetenschappen, Universiteit Utrecht.

Gleason, S. C. (2014). Don't Fear the Cyborg: Toward Embracing Posthuman and Feminist Cyborg Discourses in Teacher Education and Educational Technology Research. *Canadian Journal of Science, Mathematics and Technology Education, 14*(2), 120-134.

Glenn, J. C., Gordon, T. J. & Florescu, F. (2014). *The state of the future*. Washington, D.C.: The Millennium Project.

Goff, P. (Ed.). (2011). *Spinoza on Monism*. New York: Palgrave Macmillan.

Gorham, G. (1994). Mind-body dualism and the Harvey-Descartes controversy. *Journal of the History of Ideas, 55*(2), 211-234.

Gover, M. R. (1996). The Embodied Mind: Cognitive Science and Human

Experience (Book). *Mind, Culture, and Activity, 3*(4), 295-299.

Gray, C. H. (2000). *Cyborg citizen: Politics in the posthuman age*. Routledge.

Greenfield, A. (2010). *Everyware: The dawning age of ubiquitous computing*. New Riders.

Grusin, R. (2015). *The nonhuman turn*. University of Minnesota Press.

Gumbrecht, H. G. (2004). *The Production of Presence: What Meaning Cannot Convery*. Stanford: Stanford University Press.

Hagner, M. (2009). The mind at work: the visual representation of cerebral processes. In *The body within* (Vol. 176, pp. 67-90). Brill.

Hagner, M., & Borck, C. (2001). Mindful practices: On the neurosciences in the twentieth century. *Science in Context, 14*(4), 507-510.

Halberstam, J. M., & Livingston, I. (Eds.). (1995). Posthuman bodies. Indiana University Press.

Hallen, P. (1987). Making peace with nature: Why ecology needs feminism. *Trumpeter, 4*(3), 3-13.

Halverson, A. C., & Collins, R. (2009). *Rethinking education in the age of technology*. New York: Teachers College, Columbia University.

Haney, W. S. (2006). *Cyberculture, Cyborgs and Science Fiction: Consciousness and the Posthuman*. Amsterdam: Rodopi Editions.

Hanley, D. (2018). A Comparison of Achievement between the One-to-One and Traditional Classrooms (Doctoral dissertation, Trevecca Nazarene University).

Hannon, J. (2013). Incommensurate practices: Sociomaterial entanglements of learning technology implementation. *Journal of Computer Assisted Learning, 29*(2), 168-178.

Hansen, M. B. (2015). *Feed-forward: On the Future of Twenty-first-century Media*. University of Chicago Press.

Harari, N. Y. (2014). *Sapiens: A brief history of humankind*. Signal Books.

Harari, N. Y. (2016). *Homo Deus: A brief history of tomorrow*. Signal Books.

Haraway, D. (1985/1991). A cyborg manifesto: Science, technology, and socialist-feminism in the late twentieth century. *Simians, cyborgs, and women: The reinvention of nature* (pp. 149-182). New York: Routledge.

Harman, G. (2011). *Guerrilla metaphysics: Phenomenology and the carpentry of things*. Open Court,

Harman, G. (2015). Object-Oriented Ontology. In *The Palgrave Handbook of*

Posthumanism in Film and Television (pp. 401-409). London: Palgrave Macmillan.

Harrison, P. (2000). Making sense: embodiment and the sensibilities of the everyday. *Environment and Planning D: Society and Space, 18*, 497-517.

Harrison, P. (2007). 'How shall I say it?' Relating the non-relational. *Environment and Planning A, 39*, 590-608.

Harrison, P. (2008). Corporeal Remains. Vulnerability, proximity and living-on after the end of the world. *Environment and Planning A, 40*, 423-445.

Hart, L. A. (1983). *Human brain and human learning* (Vol. 82283795). New York: Longman.

Haslam, N., Kashima, Y., Loughnan, S., Shi, J., & Suitner, C. (2008). Subhuman, inhuman, and superhuman: Contrasting humans with nonhumans in three cultures. *Social Cognition, 26*(2), 248-258.

Hasse, C. (2018a). *Posthuman learning: On educational cyborgs and robots*.

Hasse, C. (2018b). Posthuman learning: AI from novice to expert?. *AI & SOCIETY*, 1-10.

Hawkridge, D., Vincent, T., & Hales, G. (2018). *New information technology in the education of disabled children and adults*. London: Routledge.

Hayles, K. (1999). *How we became posthumans: Virtual bodies in cybernetics, literature, and informatics*. Chicago: University of Chicago.

Hayles, N. K. (2012). What does it mean to be posthuman. In Nayar, P. K. (Ed.), *The new media and cybercultures anthology* (pp. 19-28). Oxford: Wiley-Blackwell.

Herbrechter, S. & Callus, I. (2012). Introduction: Posthumanist Subjectivities, or Coming after the Subject. *Subjectivity, 5*, 241-64.

Herbrechter, S. (2013). *Posthumanism: A critical analysis*. A&C Black.

Hoban, G. F. (2002). *Teacher learning for educational change: A systems thinking approach*. London: Open University Press.

Holland, D., & Lachicotte, W. (2007). Vygotsky, Mead, and the new sociocultural studies of identity. *The Cambridge companion to Vygotsky*, 101-135.

Hood, E. J., & Kraehe, A. M. (2017). Creative matter: New materialism in art education research, teaching, and learning. *Art Education, 70*(2), 32-38.

Hughes, T. P. (1987). *The Evolution of Large Technological Systems*. In W. E. Bijker, T. P. Hughes, & T. J. Pinch (Eds.), *The Social Construction of Technological Systems:*

New Directions in the Sociology and History of Technology (pp. 51-82). Cambridge, MA: MIT Press.

Hughes, T. P. (1993). *Networks of power: electrification in Western society, 1880-1930*. JHU Press.

Hunter, S., & Brisbin, R. A. (2016). *Pet politics: The Political and legal lives of cats, dogs, and horses in Canada and the United States*. Purdue University Press.

Husserl, E. (1970). *The crisis of European sciences and transcendental phenomenology: An introduction to phenomenological philosophy*. Northwestern University Press.

Ihde, D. (1995). *Postphenomenology: Essays in the postmodern context*. Evanston, IL: Northwestern University Press.

Ihde, D. (2008). Introduction: postphenomenological research. *Human Studies, 31*(1), 1-9.

Ito, M., Baumer, S., Bittanti, M., Cody, R., Stephenson, B. H., Horst (2009). *Hanging out, messing around, and geeking out: Kids living and learning with new media*. MIT press.

Jeffery, S. W. (2013). Superhuman, Transhuman, Post/Human: Mapping the Production and Reception of the Posthuman Body.

Jolliffe, A., Ritter, J., & Stevens, D. (2012). *The online learning handbook: Developing and using web-based learning*. London: Routledge.

Jordan, M. I., & Mitchell, T. M. (2015). Machine learning: Trends, perspectives, and prospects. *Science, 349(6245)*, 255-260.

Kahn, R., & Kahn, R. V. (2010). *Critical pedagogy, ecoliteracy, & planetary crisis: The ecopedagogy movement (Vol. 359)*. Peter Lang.

Kanth, R. (2016). *Against Eurocentrism: A transcendent critique of modernist science, society, and morals*. Springer.

King, Y. (1989). The ecology of feminism and the feminism of ecology. *Healing the wounds: The promise of ecofeminism, 19*.

Knappett, C., & Malafouris, L. (Eds.). (2008). *Material agency: Towards a non-anthropocentric approach*. Springer Science & Business Media.

Kowalski, R. (2011). *Computational logic and human thinking: how to be artificially intelligent*. Cambridge University Press.

Krikorian, G., & Kapczynski, A. (2010). *Access to knowledge in the age of intellectual property*.

Krueger, O. (2005). Gnosis in cyberspace? body, Mind and Progress in

Posthumanism. *Journal of Evolution and Technology, 14*(2), 55-67.

Kuby, C. R., & Rowsell, J. (2017). *Early literacy and the posthuman: Pedagogies and methodologies*.

Kumagai, A. K., & Lypson, M. L. (2009). Beyond cultural competence: critical consciousness, social justice, and multicultural education. *Academic Medicine, 84*(6), 782-787.

Kurzweil, R. (2014). The singularity is near. In *Ethics and emerging technologies (pp. 393-406)*. London: Palgrave Macmillan.

Latour, B. (1992). Where Are the Missing Masses?: The Sociology of a Few Mundane Artifacts. In Bijker, W. E. & J. Law(Eds.), *Shaping Technology/ Building Society: Studies in Socio-technical Change*. Cambridge, MA: MIT Press.

Latour, B. (1993). *We Have Never Been Modern*. Cambridge, MA: Harvard University Press.

Latour, B. (2005). *Reasssembling the Social: An introduction to actor-network theory*. Oxford University Press.

Laurier, E. & Philo, C. (2006). Possible geographies: a passing encounter in a cafe. *Area, 38*, 353-364.

Lawrence, D. (2017). More human than human. *Cambridge Quarterly of Healthcare Ethics, 26*(3), 476-490.

Lenoir, T. (1980). Kant, Blumenbach, and vital materialism in German biology. *Isis, 71*(1), 77-108.

Leppink, J., & van Merriënboer, J. J. (2015). The beast of aggregating cognitive load measures in technology-based learning. *Educational Technology & Society*, 18(4), 230-245.

Levidow, L., & Robins, K. (1989). *Cyborg worlds: The military information society*. Columbia University Press.

Lister, M., Giddings, S., Dovey, J., Grant, I., & Kelly, K. (2008). *New media: A critical introduction*. London: Routledge.

Loader, B. D., Bell, D. J., Pleace, N., & Schuler, D. (2004). *Cyberculture: The key concepts*. London: Routledge.

Lorimer, H. (2005). Cultural geography: the busyness of being 'more-than-representational'. *Progress in human geography, 29*(1), 83-94.

Lorimer, H. (2008). Cultural geography: non-representational conditions and concerns. *Progress in human geography, 32*(4), 551-559.

Lowy, R. F. (1995). Eurocentrism, ethnic studies, and the new world order: Toward a critical paradigm. *Journal of Black Studies, 25*(6), 712-736.

Lyon, D. (1994). *The electronic eye: The rise of surveillance society*. U of Minnesota Press.

MacCormack, P. (2013). Gracious pedagogy. *Journal of Curriculum and Pedagogy, 10*(1), 13-17.

MacLure, M. (2017). Qualitative methodology and the new materialisms. *Qualitative inquiry in neoliberal times*, 48-58.

Mann, N. (1996). *The Origins of Humanism*. Cambridge: Cambridge University Press.

Marder, M. (2013). *Plant-thinking: A philosophy of vegetal life*. New York:Columbia University Press.

Markram, H. (2012). The human brain project. *Scientific American, 306*(6), 50-55.

Martín-Lucas, B. (2012). Of Aliens, Monsters, and Vampires: Speculative Fantasy's Strategies of Dissent. *Unruly Penelopes and the Ghosts: Narratives of English Canada*(pp. 107-130). Transnational Feminist Fiction.

Marwick, A. E. (2013). Status Update: Celebrity, Publicity, and Branding inthe Social Media Age. New Haven: Yale University Press.

Massumi, B. (2002). *Parables of the virtual: Movement, Affect, Sensation*. London: Duke University Press.

Massumi, B. (2004). Notes on the Translation and Acknowledgments. In Deleuze, G. and Guattari, F. (Eds.), *A Thousand Plateaus: Capitalism and Schizophrenia*. London: Continuum.

Mazzei, L. A., & Jackson, A. Y. (2012). Complicating voice in a refusal to "let participants speak for themselves". *Qualitative Inquiry, 18*(9), 745-751.

Mbembe, A. (2008). Necropolitics. In *Foucault in an Age of Terror* (pp. 152-182). London: Palgrave Macmillan.

McCormack, D. (2002). A paper with an interest in rhythm. *Geoforum, 33*, 469-485.

McCormack, D. (2003). An event of geographical ethics in spaces of affect. *Transactions of the Institute of British Geographers, 28*, 488-507.

McCormack, D. (2005). Diagramming practice and performance. Environment and Planning D: Society and Space, 23, 119-147.

McGregor, 2014; Charteris, Smardon, & Nelson, 2017

McLuhan, M. (1964). *Understanding media. The Extensions of Man*. New York.

Meillassoux, Q. (2008). *After Finitude: An Essay on the Necessity of Contingency*. London: Continuum.

Merleau-Ponty, M. (2013). *Phenomenology of perception*. London: Routledge.

Miah, A. (2008) A Critical History of Posthumanism. In Gordijn, B. & Chadwick R. (Eds.), Medical Enhancement and Posthumanity(71-94). Springer.

Mills, S. (2016). *Gilbert Simondon: Information, Technology & Media*. Roman & Littlefield International.

Minsky, M. (2007). *The emotion machine: Commonsense thinking, artificial intelligence, and the future of the human mind*. Simon and Schuster.

Minsky, M. L. (1985). *Robotics*. New York: Doubleday.

Mitchell, R., & Thurtle, P. (2013). *Data made flesh: Embodying information*. Routledge.

Morgan, D. F. (2016). Post what? The liminality of multi-racial identity. *Humanities, 5*(2), 46.

Morton, T. (2011). Here comes everything: The promise of object-oriented ontology. Qui Parle: *Critical Humanities and Social Sciences, 19*(2), 163-190.

Morton, T. (2013). *Hyperobjects: Philosophy and Ecology after the End of the World*. University of Minnesota Press.

Mouflard, C. (2016). Zombies and Refugees: Variations on the Post-human and the Non-human in Robin Campillo's Les Revenants (2004) and Fabrice Gobert's Les Revenants (2012-2015). *Humanities, 5*(3), 48.

Moulier-Boutang, Y. (2011). *Cognitive capitalism*. London: Polity.

Mowitt, J. (2001). In the Wake of Eurocentrism: An Introduction. *Cultural Critique, 47*, 3-15.

Munro, R. (2009). Actor-network theory. In S. R. Clegg & M. Haugaard (Eds.), The SAGE handbook of power(pp. 125-139). London: Sage.

Murdoch, J. (1998). The spaces of actor-network theory. *Geoforum, 29*(4), 357-374.

Nash, C. (2000). Performativity in practice: some recent work in cultural geography. *Progress in Human Geography, 24*, 653-664.

Neimanis, A. (2017). *Bodies of water: Posthuman feminist phenomenology*. Bloomsbury Publishing.

Nietzsche, F. (1974) The Gay Science. Vintage Books, New York.

Nonaka, I., & Toyama, R. (2015). The knowledge-creating theory revisited: knowledge creation as a synthesizing process. In The essentials of knowledge management (pp. 95-110). London: Palgrave Macmillan.

Norman, D. A. (1988). *The Design of Everyday Things*. New York: Doubleday.

Norman, D. A. (1999). Affordance, 333conventions, and design. Interactions, 6(3),

38-43.

Nussbaum, M. C. (2001). *Women and human development: The capabilities approach* (Vol. 3). Cambridge University Press.

Oxford English Dictionary Online (2017). *post-humanism, posthumanism*. Retrieved on December 15, 2017 from https://en.oxforddictionaries.com/definition/

Parkay, F. W., Stanford, B. H., & Gougeon, T. D. (2010). Becoming a teacher (pp. 432-462). Pearson/Merrill.

Pedersen, H. (2010). Is 'the posthuman' educable?: On the convergence of educational philosophy, animal studies, and posthumanist theory. *Discourse: Studies in the Cultural Politics of Education, 31*(2), 237-250.

Peller, G. (2015). Multiculturalism, Imperialism, and White Anxiety. In *Critical Race Consciousness* (pp. 113-146). Routledge.

Pepperell, R. (1995). *The post-human condition*. Intellect books.

Pepperell, R. (2003). *Towards a theory of conscious art. Technoetic Arts, 1*(2), 117-134.

Peterson, C., & Seligman, M. E. (2004). *Character strengths and virtues: A handbook and classification* (Vol. 1). Oxford University Press.

Phillipson, R. (1996). Linguistic imperialism: African perspectives. *ELT journal, 50*(2), 160-167.

Pierce, C. (2012). The Promissory Future (s) of Education: Rethinking scientific literacy in the era of biocapitalism. *Educational Philosophy and Theory, 44*(7), 721-745.

Pierre, E. A. S. (2016). Rethinking the empirical in the posthuman. In *Posthuman research practices in education* (pp. 25-36). London: Palgrave Macmillan.

Piñuelas, E. (2008). Cyber-heterotopia: Figurations of space and subjectivity in the virtual domain. *Watermark, 2*, 152-169.

Pitkin, H. F. (1988). Are freedom and liberty twins?. *Political Theory, 16*(4), 523-552.

Plumwood, V. (2001). Nature as Agency and the Prospects for a Progressive Naturalism. *Capitalism Nature Socialism, 12*(4), 3-32.

Plumwood, V. (2007). Human Exceptionalism and the Limitations of Animals: a review of Raimond Gaita's The Philosopher's Dog. Australian Humanities Review, 42.

Popovici, F. G. (2017). The paradise revealed: The promised land of technology in the posthuman era. I. Boldea (Ed.), *Literature, Discourses and the Power of Multicultural Dialogue* (pp. 370-375). Tîrgu Mureş: Arhipelag XXI Press.

Postma, D. (2016). The ethics of becoming in a pedagogy for social justice. A posthumanist perspective. South African Journal of Higher Education, 30(3), 310-328.

Poulkov, V. (2016). Beyond the Next Generation Access. In Wireless World in 2050 and Beyond: A Window into the Future! (pp. 17-39). Springer, Cham.

Quinn, T. P. (2018). *The behavior and ecology of Pacific salmon and trout*. University of Washington Press.

Radvansky, G. A. (2017). *Human memory*. Routledge.

Ratner, S. (2015). *The Thin Justice of International Law*, 177-78.

Ratts, M. J. (2011). Multiculturalism and social justice: Two sides of the same coin. *Journal of Multicultural Counseling and Development, 39*(1), 24-37.

Rheingold, H. (2007). *Smart mobs: The next social revolution*. London: Basic books.

Riley, N. S. (2006). The risks of multiracial identification. *Chronicle of Higher Education, 53*(12), B5.

Rossi, P. (2013). *Francis Bacon: from magic to science*. London: Routledge.

Ryan, S., Scott, B., Freeman, H., & Patel, D. (2013). *The virtual university: The internet and resource-based learning*. London: Routledge.

Salleh, A. (1997). *Ecofeminism as Politics. Nature, Marx and the postmodern*. Zed Books.

Schmidhuber, J. (2015). Deep learning in neural networks: An overview. *Neural networks, 61*, 85-117.

Schön, D. A. (2017). The reflective practitioner: How professionals think in action. Routledge.

Searle, J. R. (1990). Consciousness, explanatory inversion, and cognitive science. *Behavioral and Brain Sciences, 13*(4), 585-596.

Segal, J. M. (1996). *Agency and alienation: A theory of human presence*. Rowman & Littlefield.

Semali, L. (2018). Intermediality: Teachers' Handbook Of Critical Media Literacy. Routledge.

Sharma, R., & Monteiro, S. (2016). Creating social change: The ultimate goal of education for sustainability. International Journal of Social Science and Humanity, 6(1), 72-76.

Simonsen, K. (2013). In quest of a new humanism: Embodiment, experience and phenomenology as critical geography. *Progress in Human Geography, 37*(1), 10-26.

Singer, P. (2009). Speciesism and moral status. *Metaphilosophy, 40*(3-4), 567-581.

Singer, P. (2011). *Practical ethics*. Cambridge university press.

Sloman, S., & Fernbach, P. (2018). *The knowledge illusion: Why we never think alone*. New York: Penguin.

Sloterdijk, P. (1988). *Critique of cynical reason*. Twin Cities: University of Minnesota Press.

Snaza, N., & Weaver, J. (Eds.). (2014). *Posthumanism and educational research*. London: Routledge.

Snaza, N., Appelbaum, P., Bayne, S., Morris, M., Rotas, N., Sandlin, J. (2014). Toward a posthumanist education. *Journal of Curriculum Theorizing*, 30(2), 39-55.

Spinoza, B. (1996). *Ethics*. London. Penguin,

Stein, Z., Della Chiesa, B., Hinton, C., & Fischer, K. W. (2011). Ethical issues in educational neuroscience: Raising children in a brave new world. The Oxford handbook of neuroethics, 803-822.

Stewart, K. (2007). *Ordinary Affects*. London: Duke University Press.

Stiegler, B. (2001). Derrida and technology: fidelity at the limits of deconstmction and the prosthesis of faith. *Jacques Derrida and the Humanities: a Critical reader*, 238.

Stiegler, B. (2011). *Desire and knowledge: The dead seize the living*. Paris: Ars Industrialis.

Stollfuß, S. (2014). The Rise of the Posthuman Brain: Computational Neuroscience, Digital Networks and the 'In Silico Cerebral Subject'. *Trans-Humanities Journal, 7*(3), 79-103.

Taylor, P. C. (2014). Taking postracialism seriously: From movement mythology to racial formation. *Du Bois Review: Social Science Research on Race, 11*(1), 9-25.

Taylor, S. J. (2016). *Neohumanism: ideological dimensions, racialised minorities, and HBO drama series* (Doctoral dissertation). Melbourne: University of Melbourne.

Taylor, T. L. (2002). Living digitally: Embodiment in virtual worlds. In *The social life of avatars* (pp. 40-62). London: Springer.

Tergan, S. O. (2005). Digital concept maps for managing knowledge and information. In Knowledge and information visualization (pp. 185-204). Springer, Berlin, Heidelberg.

Thacker, E. (2003). Data made flesh: biotechnology and the discourse of the posthuman. *Cultural Critique, 53*(1), 72-97.

Thompson, E., & Varela, F. J. (2001). Radical embodiment: neural dynamics and consciousness. Trends in cognitive sciences, 5(10), 418-425.

Thorndike, E. L. (1910). The contribution of psychology to education. *Journal of Educational Psychology, 1*(1), 5.

Thrift, N. (1996). *Spatial Formations*. London: Sage.

Thrift, N. (1997). The Still Point. In Pile, S. & Keith, M. (Eds.) *Geographies of Resistance*. London: Routledge.

Thrift, N. (1999). Steps to an Ecology of Place. In Massey, D., Allen, J. & Sarre, P. (Eds.) *Human Geography Today*. Cambridge: Polity Press.

Thrift, N. (2000). Afterwords. Environment and Planning D. *Society and Space, 18*, 213-255.

Thrift, N. (2003). Practicing Ethics. In Pryke, M., Rose, G. & Whatmore, S. (Eds.) *Using Social Theory: Thinking through Research*. London: Sage.

Thrift, N. (2004). Intensities of Feeling: Towards a spatial politics of affect. *Geografiska Annaler B, 86*, 57-78.

Thrift, N. (2007). *Non-representational theory: Space, poltics, affect*. London: Routledge.

Thrift, N. (2011). Lifeworld Inc. and what to do about it. *Environment and Planning D: Society and Space, 29*(1), 5-26.

Tien, J. M. (2017). Internet of Things, Real-Time Decision Making, and Artificial Intelligence. *Annals of Data Science, 4*(2), 149-178.

Tomlinson, J. (2001). *Cultural imperialism: A critical introduction*. A&C Black.

Trappenberg, T. (2009). *Fundamentals of computational neuroscience*. Oxford: Oxford University Press.

Tyler, R. W.(1949). Basic principles of curriculum and instruction. Chicago: University of Chicago.

Tyner, K. (2014). Literacy in a digital world: Teaching and learning in the age of information. Routledge.

Ulmer, J. B. (2017). Posthumanism as research methodology: Inquiry in the Anthropocene. *International Journal of Qualitative Studies in Education, 30*(9), 832-848.

Uricchio, W. (2011). The algorithmic turn: Photosynth, augmented reality and the changing implications of the image. *Visual Studies, 26*(1), 25-35.

Valera, L. (2014). Posthumanism: beyond humanism?. Cuadernos de bioética, 25(3).

van der Zaag, A. C. (2016). On posthuman subjectivity. *Journal of Cultural Economy, 9*(3), 330-336.

Vannini, P. (2015). Non-representational research methodologies: an introduction. In *Non-Representational Methodologies* (pp. 11-28). London: Routledge.

Vermesan, O., & Friess, P. (Eds.). (2015). Building the hyperconnected society: Internet of things research and innovation value chains, ecosystems and markets (Vol. 43). River Publishers.

Verner, I., Cuperman, D., Krishnamachar, A., & Green, S. (2017). Learning with Learning Robots: A weight-lifting project. In *Robot Intelligence Technology and Applications 4* (pp. 319-327). Springer, Cham.

Vincent, J. A. (2006). Ageing contested: Anti-ageing science and the cultural construction of old age. *Sociology, 40*(4), 681-698.

Virilio, P. (2005). Democracy of emotion. *Cultural Politics 1*(3), 339-52.

Wallin, J. J. (2014). Dark posthumanism, unthinking education, and ecology at the end of the anthropocene. In *Posthumanism and educational research* (pp. 148-162). London: Routledge.

Wallin, J. J. (2014). Dark posthumanism, unthinking education, and ecology at the end of the anthropocene. In Posthumanism and educational research (pp. 148-162). Routledge.

Walters, N. (1997). *Humanism: What's in the word*. London: Rationalist Press.

Weaver, J. A. (2010). Educating the posthuman: Biosciences, fiction, and curriculum studies. Brill Sense.

Weingart, P. (2006). Knowledge and inequality. Inequalities of the World. *New theoretical frameworks, multiple empirical approaches* (163-90). London: Verso.

Weiser, M. (1993). Ubiquitous computing. *Computer, 10*, 71-72.

Whitehead, A. N. (1978). *Process and reality* (Corrected edition). NY: Macmillan.

Whittaker, J. (2004). *The cyberspace handbook*. Psychology Press.

Wiener, N. (1948). Cybernetics: Or Control and Communication in the Animal and the Machine. Cambridge, Massachusetts: MIT Press.

Wilson, S., & Haslam, N. (2009). Is the future more or less human? Differing views of humanness in the posthumanism debate. *Journal for the Theory of Social Behaviour, 39*(2), 247-266.

Winne, P. H. (2006). How software technologies can improve research on learning and bolster school reform. *Educational Psychologist, 41*(1), 5-17.

Wittrock, M. C. (1974). Learning as a generative process. *Educational psychologist, 11*(2), 87-95.

Wolbring, G. (2008). Why NBIC? Why human performance enhancement?. Innovation: The *European journal of social science research, 21*(1), 25-40.

Wolfe, C. (2009). Human, all too human: Animal studies and the humanities. *PMLA, 124*(2), 564-575.

Wolfe, C. (2010). *What is posthumanism?* (Vol. 8). University of Minnesota Press.

Wylie, J. (2002). An essay on ascending Glastonbury Tor. *Geoforum, 33*, 441-454.

Wylie, J. (2005). A single day's walking: narrating self and landscape on the South West Coast Path. *Transactions of the Institute of British Geographers, 30*, 234-247.

Wylie, J. (2006) Depths and folds: on landscape and the gazing subject. *Environment and Planning D: Society and Space, 24*, 519-535.

Xu, Y., & Brown, G. T. (2016). Teacher assessment literacy in practice: A reconceptualization. Teaching and Teacher Education, 58, 149-162.

Zizek, S. (2011). *Living in the end times*. Verso.

그림/표 목차

• 그림 •

[그림 2-1] 인간의 생물학적 두뇌의 기술적 전환
[그림 2-2] Internet of People(IoP) 개념도 middleware.
[그림 2-3] 유기적 뇌와 무기적 뇌의 만남(출처: Robohub)
[그림 5-1] 포스트휴먼 연구의 재개념화를 위한 접두사와 전치사
[그림 5-2] 인간과 도구(자전거)의 공진화
[그림 6-1] 의료시술의 기계화(출처: https://www.computerworld.com)
[그림 7-1] 학습이론 패러다임의 변화
[그림 7-2] 포스트휴먼적 학습의 이론적 기반과 방향
[그림 9-1] 포스트휴먼적 학습의 사물 접근성
[그림 9-2] 포스트휴먼적 학습 원리에 기반한 교사전문성(박휴용, 2019b 보완)

• 표 •

[표 4-1] 미래 연구의 통합화 방향
[표 4-2] 지식의 네 가지 특성
[표 6-1] 대학생과 직장인이 응답한 미래적 주요 이슈들(박가열 외, 2017에서 정리)
[표 6-2] 단기적 미래 사회에 대한 전망
[표 6-3] 장기적 미래 사회에 대한 전망
[표 6-4] 미래 사회와 대학의 변화에 따른 교양교육의 과제와 해결 방안
[표 6-5] Education 3.0의 비전(Basu, 2012)
[표 6-6] 미래 사회의 변화에 따른 교육의 변화(교육3.0)
[표 7-1] 기술적 변화와 포스트휴먼적 학습의 특성
[표 7-2] 기술-향상적 학습(Technology-enhanced learning)에서의 학습주체들의 성격
[표 9-1] 포스트휴먼 개념의 단계적 변화 과정(박성원 · 최종화 · 진설아 외, 2016)
[표 10-1] 포스트휴먼의 시나리오에 따른 교육적 대응

색인

ㄱ

가상현실 31~33, 65, 67, 69, 74, 99, 110, 117, 143, 169, 211~214, 217, 221~222, 237, 250, 269, 323

객체지향존재론 7~8, 17, 142, 155~156, 224, 235~236, 255, 293, 303, 307, 312

게이미피케이션 334

공생 6, 8, 28~30, 73~74, 79~81, 110, 238, 267, 272, 300, 303~304, 338

관계주의 173, 237

금융공학 143

기술 문해력 306~307, 310~312

기술애호주의 36

기술유전학 143~144

기술적 매개 235, 274, 308

기술혐오주의 36

ㄴ

나노봇 82

나노 컴퓨팅 287~288

나노테크 143~144

남성세 188

네오휴머니즘 33, 36~37, 164, 169~170, 172, 339

뉴로모픽 287

뉴미디어 12, 119, 132, 217, 254~255, 259, 261~262, 269, 274, 276, 295~300, 310~311

ㄷ

다문화주의 17, 94~95, 97~102, 105~106, 108~110, 112~113, 115~117, 119~125, 127~128, 130~133, 347

다중양식성 300

데이터 마이닝 255, 297

동물복지론 119

동물-산업복합체 272

동종국성 148

드론 48, 117, 217, 238, 284, 314, 318

딥러닝 229, 287, 289, 317

ㄹ

로보틱스 33, 65, 92, 111, 116~117, 133, 145~146, 234, 238, 244, 286~287, 314~316

로봇존재론 39

ㅁ

마인드 업로딩 91, 115, 249

마인드웨어 39, 79, 109, 237, 294

만물인터넷 65, 67~69, 71, 80, 146, 239, 243

만인인터넷 67~71

매체 문해력 307

메타 두뇌 147

모바일 러닝 243

목적론 30, 76, 84, 118, 262

몰입 40, 101, 170, 172, 333~335

물질적 능동성 107

ㅂ

바이오로이드 11, 240, 243~245, 247, 262
바이오 미디어 280
바이오 아트 276, 280~282
바이오테크 143~144
보철물 10, 30, 75, 204
복잡계 150
분자공학 144
분자생물학 143, 336
브레인넷 67
블록체인 146, 316
비대표성이론 17, 155, 159~162, 181~182, 190, 226
비물질적 노동 202~203
빅데이터 33, 89, 117, 145~147, 192, 210~211, 217, 238, 255, 274, 287, 289, 296~297, 309, 315, 317~318, 320, 347

ㅅ

사물인터넷 65, 67~69, 71, 117, 145, 239, 284, 287, 314~315, 318
사물 접근성 307~308, 310~312
사이버네틱스 84, 87, 116, 128, 143, 244, 259, 298, 300~301, 310~311
사이보그 존재론 286
사회물질이론 12, 248~249
상호 연결성 165, 175, 274, 307~308
생기론 17, 48~49, 160, 180~181, 183~185, 293
생명공학 10, 33, 39, 47, 54, 66~67, 89, 101, 116, 168, 210, 276, 280~281, 287, 303
생명기술 125, 278, 280
생명보존주의 51~52, 57
생명유전학 125, 133
생명정치 48, 50, 121, 123, 125~127, 131, 272
생물계 물질주의 118~119
생물물리학 143~144
생물 합성 기술 65
생성론 262
생체모사 243
생체 자본 272
생태세 188, 190
생태적 리터러시 269
시공간물질성 344
시뮬레이션 30, 76, 84~87, 112, 170~171, 195, 276, 320, 323, 328, 333~334, 336~337
신경정보학 86
신물질주의 7, 30, 48, 78, 108, 118, 138, 142, 153~154, 164, 173, 186, 189~190, 237, 251~253, 256, 259, 261~262, 266~267, 275, 292~294, 307, 310
신체 변형 예술 278~279

ㅇ

아상블라주 98, 119, 130, 133, 140~141, 154, 161, 270, 273~275, 291, 299, 345
애드웨어 242
엑소슈트 217
연결주의 237, 245
웨트웨어 87
유비쿼터스 75, 111, 146, 163, 239~240, 289, 320

유사 인종 42
육체초월성 179
의료정보학 86
의식 10, 28~29, 31, 39, 43, 45~46, 49, 52, 58, 61, 67, 69, 74, 76~79, 82, 89~90, 92~93, 96~97, 99~101, 103, 105, 109~110, 114~115, 123, 128, 153, 160~161, 169, 173, 201, 236~238, 241, 250, 253~254, 256, 265, 280, 282, 287, 292~293, 296, 304, 323, 335~336, 343
이-러닝 223, 241, 243
이원론 7, 26, 79, 115, 165, 171, 196, 236, 252~253, 262, 288, 293, 295
이질 공간 242
이질성 227, 266
인간 소외 117, 203, 225
인간예외주의 6, 40, 103~104, 118, 122, 129, 292
인간 증진 6, 10, 52, 57, 61, 62, 77, 81, 91, 104, 147, 339
인공두뇌프로젝트 85~87, 91
인류세 176~177, 180, 188, 190
인류중심주의 6, 40, 43, 59, 165~168, 173, 176, 206, 252~253, 260, 273, 330
인류혐오세 188
인지 노동 199~200, 205
인지자본주의 125, 168, 199~202
인포-테크 143~144
일원론 6, 8, 26, 30, 48, 112, 179, 293
임베디드 68

ㅈ
자기 생산 148, 151~152
자기 조절 148, 334
자기 조직화 146, 316
자본세 188
자율주행차 284, 287, 314, 318
접근성 214, 241, 307~308, 310~312, 345
정보본질주의 88
정보자본주의 200~201
정보 접근권 102
조에 48~50
존재인식론 6, 17, 154~155, 160, 163, 174, 226, 310, 341, 347
종차별주의 122
죽음의 정치학 47~49, 126
진보된 자본주의 50, 121, 125~128, 131, 165, 167~169, 198, 205

ㅊ
체화 19, 61, 73, 153, 160, 171, 253, 262, 295, 303, 307~308, 340, 342, 345
초지능 55, 287

ㅋ
퀀텀 컴퓨팅 76, 287

ㅌ
타자-되기 129
탈동조화 209
탈인간중심주의 116, 119, 128, 130
태아 생성 66
트랜스휴머니즘 6, 19, 27, 31, 33, 36,

38~40, 51, 54, 60~61, 164, 170~171, 198, 233, 286~287, 339, 347, 353

ㅍ

판옵티콘 242
페미니즘 8, 61, 119, 154, 160, 164~165, 173, 179~180, 251~252, 257, 266, 341
평형화 148, 302
포디즘 201
포스트-질적 탐구 17, 186
포스트현상학 7, 12, 251, 253~254, 256, 259~262, 293, 295~297, 310
포스트휴머니즘 5~9, 11~13, 16~17, 19, 23, 25~27, 30~38, 40~41, 43, 46~47, 50~51, 55, 58~63, 77~79, 84, 94~97, 104, 107, 109~110, 113, 116, 119, 121, 123~124, 127~131, 137~138, 142, 153~154, 156, 163~165, 167~170, 172~174, 176~179, 181, 183, 187, 189~191, 222, 246, 251, 253, 270, 272, 276, 283~285, 290~291, 293, 298, 302, 311, 330, 338~340, 342~344, 347
핀-테크 143~144

ㅎ

합성생물학 244, 287
항상성 148
행위자-망이론 7, 17, 108~109, 113~114, 116, 119, 142~143, 155~159, 161, 190, 226, 251, 255~256, 259~262, 270, 275, 294~295, 303, 307, 310
혼합현실 253, 295
환경생태주의 286
휴먼 게놈 66, 287

A~Z

AI 117, 217, 244, 263, 303, 339, 357
MOOC 220, 228
NBIC 10, 32, 234, 367
STEAM 228

0~9

4차 산업혁명 5, 16, 32, 65, 146, 200, 210, 221, 225, 264~265, 287, 290, 312, 314, 317, 319, 321~322, 324, 326, 328, 330, 337, 347